Sigmund Riezler

Geschichte der Hexenprozesse in Bayern

Im Lichte der allgemeinen Entwicklung dargestellt

Sigmund Riezler

Geschichte der Hexenprozesse in Bayern
Im Lichte der allgemeinen Entwicklung dargestellt

ISBN/EAN: 9783743319950

Hergestellt in Europa, USA, Kanada, Australien, Japan

Cover: Foto ©ninafisch / pixelio.de

Manufactured and distributed by brebook publishing software
(www.brebook.com)

Sigmund Riezler

Geschichte der Hexenprozesse in Bayern

Geschichte der Hexenprozesse

in Bayern.

Im Lichte der allgemeinen Entwickelung dargestellt

von

Sigmund Riezler.

Stuttgart 1896.

Verlag der J. G. Cotta'schen Buchhandlung

Nachfolger.

Druck der Union Deutsche Verlagsgesellschaft in Stuttgart.

Inhaltsübersicht.

Die christliche Welt unter dem Banne dämonischer Vorstellungen;
jede Verfolgung muß den Hexenwahn fördern S. 231. —

Seite

Einleitung.

Wer Hexenprozesse studiert, glaubt sich — nicht inmitten der Angeklagten, sondern der Richter — unter ein Geschlecht versetzt, das alle edlen menschlichen Anlagen: Vernunft und Gerechtigkeit, Scham, Wohlwollen und Mitgefühl erstickt hat, um dafür alle teuflischen in sich großzuziehen. Aus der Sphäre, die vielleicht den meisten Menschen die teuerste und erhabenste des Lebens bedeutet, aus dem Heiligtume der Religion, grinst dem Beschauer ein Medusenhaupt entgegen und hemmt ihm das Blut in den Adern. Unter christlichen Völkern, im Schoße einer tausend Jahre alten Kultur ist vom 15. bis ins 18. Jahrhundert hinein der Justiz= mord zur stehenden Einrichtung erhoben, Hunderttausende von Unschuldigen, meistens Frauen, werden nach ausgesuchten Martern des Leibes und unnennbaren Seelenqualen auf die grausamste Weise hingerichtet. Diese Thatsache ist so ungeheuerlich, daß nur die verwandten Verfolgungen Andersgläubiger damit verglichen werden können, alle anderen Verirrungen des Menschengeschlechtes aber daneben zurücktreten. Eine Welt scheint uns bereits von diesen Greueln zu trennen! Aber man darf nicht vergessen, daß von den vierzehn Jahrhunderten, welche die beglaubigte Geschichte unseres Stammes umfaßt, fast dreizehn von dem, was sie bedingt, vom Glauben an Hexerei mehr oder minder erfüllt sind.

Wenn irgendwo, hat die Geschichte gerade auf diesem Gebiete ihren alten Ruhmestitel als Lehrerin der Menschheit zu bewähren. Mustern wir aber die fast unübersehbare, diesem Gegenstande

gewidmete Litteratur [1]), so hinterläßt dieselbe trotz vieler trefflichen
und einiger hochbedeutsamen Leistungen im ganzen keinen erfreu=
lichen Eindruck. Wohl auf keinem Gebiete der Geschichte machen
sich falsche Richtungen so breit wie hier. Dilettanten auf dem
Felde geschichtlicher Forschung erheben haltlose Einfälle zu Er=
klärungsgründen und sprechen allgemeine Urteile aus, zu denen
ihre Kenntnis des Stoffes und ihre Uebung in historischer Kritik
sie nicht bevollmächtigt. Uebereifrige, wahrheitsfeindliche Apologeten
der Kirche, denen das Ergebnis ihrer Studien feststeht, noch ehe
sie an dieselben herangetreten sind, wollen nur dem dienen, was
ihnen die gute Sache scheint, und vermögen dieses Ziel nur
zu erreichen durch Entstellen, Verschweigen und falsches Aus=
legen von Thatsachen. Daß diese verwerflichen Richtungen so
üppig gedeihen, mag zum Teil damit zusammenhängen, daß die
Berufshistoriker diesem kulturgeschichtlichen Stoffe meist unver=
hohlene Geringschätzung entgegenbringen und in unverhältnis=
mäßig geringer Zahl unter den Autoren der Hexenprozeßlitteratur
vertreten sind. Gelehrte und umfängliche Werke über das 16.
und 17. Jahrhundert, die Blütezeit der Hexenprozesse, ließen sich
nennen, Werke, die nicht auf die politische Geschichte beschränkt,
in benen aber die Hexenverfolgungen nicht einmal erwähnt sind.
Gleich als wären diese nichts als eine häßliche Warze in einem
Gesichte, dessen geistigen Ausdruck es allein festzuhalten gilt, als
gehörten sie nicht mit zu diesem geistigen Ausdruck! Den besten
Maßstab für die Vernachlässigung dieses Kapitels der Kultur=
geschichte bietet die „Allgemeine Deutsche Biographie", die nun
ihrer Vollendung entgegensieht. Während im allgemeinen in diesem
großen nationalen Werke, das der deutschen Wissenschaft zur Ehre
gereicht, lückenhafte oder gar unzulängliche Artikel nur seltene Aus=
nahmen bilden, halten diese den gründlichen zum mindesten die
Wage, sobald es sich um Männer handelt, die mit der Geschichte
des Hexenwesens verknüpft sind, um Hexenschriftsteller, um Hexen=
verfolger und sogar um die des höchsten Ruhmes würdigen Bekämpfer

---

[1]) Bis 1845 verzeichnet in der unten erwähnten Abhandlung v. Wächters.
Für die neuere Zeit gewähren die Referate in der Zeitschrift für die gesamte
Strafrechtswissenschaft eine dankenswerte Uebersicht.

des Hexenwahns. Die von Ranke eingeschlagene und noch immer tonangebende Richtung liebt es nicht, von ihrer vornehmen politischen Höhe zu kulturgeschichtlichen Niederungen herabzusteigen. Wem gar das geschichtliche Erkennen sich auflöst oder abschwächt zu einer Art ästhetischen Betrachtens, wird als dessen Gegenstand nicht Bilder wählen, wie sie die Hexenprozesse bieten. Auch wer mit Goethe der Ansicht huldigt, daß das Beste, was wir von der Geschichte haben, der Enthusiasmus sei, den sie erregt, wird sich leicht widerwillig von Greueln abwenden, deren Schilderung nur niederbrücken und entmutigen kann. Und was soll den vielen, die, dieser Stimmung entgegenkommend, über ihre historischen Darstellungen einen idealisierenden Hauch breiten, der wüste Wahnwitz der Hexengreuel! Doch wer von der Geschichte fordert, daß sie uns das Jahrhundert im reinen Abbruck seiner Gestalt zeige, unbekümmert darum, ob dieser anziehend oder abstoßend, ob er für die großen historischen Institutionen ehrenvoll oder belastend sei — wer von der Geschichte die Wahrheit, die volle Wahrheit und nichts als die Wahrheit verlangt, der wird auch angesichts dieser schrecklichen Nachtseite der menschlichen Entwickelung zum vollen Verständnis durchzubringen wünschen. Und wem dies gelingt, dem mag, verglichen mit der nährenden Kraft dieses bitteren Trankes, mancher weit eifriger durchforschte Stoff aus der politischen oder dynastischen Geschichte wie „Wasser in Likörgläschen" erscheinen.

Die hervorragendsten Werke allgemeinerer Bedeutung auf diesem Gebiete rühren von einem Juristen und zwei protestantischen Theologen her: das erste, C. G. v. Wächter, Die gerichtlichen Verfolgungen der Hexen und Zauberer in Deutschland vom 15. bis zum 18. Jahrhundert [1]), für die juristische Seite grundlegend und nahezu erschöpfend. Das andere, Soldans Geschichte der Hexenprozesse [2]), neu bearbeitet von (Soldans Schwiegersohn) Heppe, hochverdienstlich als die im großen und ganzen gelungene

---

[1]) In v. Wächters Beiträgen zur deutschen Geschichte, insbesondere zur Geschichte des deutschen Strafrechts (Tübingen 1845), S. 81—110, und Exkurse S. 277—331.

[2]) Die erste Auflage erschien 1845, die sehr durchgreifende Neubearbeitung in zwei Bänden 1880.

Bewältigung eines ungemein schwierigen Stoffes. Es läßt sich nicht leugnen, daß die Unterschätzung einerseits der germanisch-heidnischen Grundlage des Hexenwahns, anderseits des schlimmen Einflusses der Reformatoren und vieler Prädikanten auf die Verfolgungen fühlbare Mängel dieses Werkes bezeichnen. Doch geradezu den Vorwurf der Parteilichkeit gegen die Verfasser zu erheben ist man nicht berechtigt, und diejenigen, die es thun, sind stets solche, die den Balken im eigenen Auge nicht sehen. Dann hat Längin in dem trefflichen, wiewohl nicht in jedem Betracht streng wissenschaftlichen Werke: Religion und Hexenprozeß (1888), die Beziehungen der Hexenprozesse zur Religion, der kirchlichen Ueberlieferung und den christlichen Ideen verfolgt und jene katholischen Schriftsteller bekämpft, welche die Hauptschuld der Verirrung dem Protestantismus aufbürden. Der protestantische Theologe verrät sich freilich auch hier in der etwas zu glimpflichen Art, wie Luthers Stellung zur Hexenfrage beurteilt wird. Einen gründlichen und besonders im Aufstöbern wichtiger neuer Quellen glücklichen Forscher hat das Studium der Hexenprozesse an dem Amerikaner George L. Burr (Cornell University) gewonnen. Erst in allerneuester Zeit hat sich den oben genannten grundlegenden Werken eine aus Historikerkreisen rührende, umfassende und durch ausgedehntes Wissen in Einzelheiten über Soldan-Heppe hinausführende Darstellung der deutschen Hexenprozesse gesellt. Aber ich brauche nur die Namen der Autoren: Janssen und seinen Fortsetzer Pastor[1]), zu nennen, um den Kundigen zu verraten, daß für diese Darstellung unbefangene Erforschung und rückhaltloses Aussprechen der Wahrheit nicht die heiligsten Prinzipien sind. Die Verfasser verfolgen mit den bekannten Künsten, die an den ersten Bänden des Werkes zur Genüge nachgewiesen worden sind[2]), das doppelte Ziel: die katholische Kirche reinzuwaschen, dagegen das Odium des Greuels auf den Protestantismus zu wälzen. Wenn sie einräumen, daß „durch Berichte von allerlei

---

[1]) Im 8. Bande der Geschichte des deutschen Volkes, S. 494—694, 1.—12. Aufl. 1894.

[2]) Besonders hat Max Lenz, Janssens Geschichte des deutschen Volkes (Hist. Zeitschrift N. F. Bd. XIV), Geist und Methode dieser ultramontanen Geschichtschreibung treffend gezeichnet.

Hexengeschichten Geistliche und Mönche den Volksglauben vom
Hexenwesen förderten", so reicht dies noch lange nicht an die
Wahrheit, und wenn sie die Entwickelung des Hexenwahns und
der Hexenverfolgungen zeichnen, ohne schon vor dem Hexenhammer
die Wirksamkeit der päpstlichen Inquisitoren in den Vordergrund
zu stellen, so reiht sich dieses Ende würdig an die Anfänge des
Werkes, wo von der Kirchenspaltung, aber nicht von dem sie be=
dingenden Verfall des Papsttums und der mittelalterlichen Kirche
die Rede war — das Ergebnis ist hier wie dort ein Zerrbild
der Geschichte.

Eine Geschichte der Hexenprozesse im Herzogtum, dann Kur=
fürstentum Bayern ist bisher noch von keiner Seite versucht worden.
Dem Bearbeiter fällt hier fast überall die Aufgabe des Pfad=
finders zu — eine dankbare, stiege nur nicht aus den Morästen,
durch die der Pfad führt, die giftigste Stickluft auf. Weiter aus=
zuholen aber wird unerläßlich sein, wenn ein sicherer Standpunkt
zur Beurteilung der partikularen Zustände und Vorgänge gewonnen
werden soll. Indem ich auf die allgemeine Entwickelung eingehe,
glaube ich auch hier manches Neue bringen, anderes in neues
Licht rücken zu können. Ueber die Lückenhaftigkeit des archiva=
lischen Materials, das mir zu Gebote stand und das ich zum
größten Teil als der erste verwerte, gebe ich mich trotz seiner
verhältnismäßigen Fülle keiner Täuschung hin. Aus älteren
Zeiten haben wir nur zufällige Erwähnungen. Die Hochflut der
Prozesse fällt dann in eine Zeit, da das schriftliche Verfahren
allgemein war, aber man weiß, mit welcher Achtlosigkeit die
Kriminalakten vergangener Jahrhunderte vielfach verschleudert oder
eingestampft wurden. Was gerettet wurde, sind zweifellos nur
Bruchstücke. Auch darf man annehmen, daß noch manches in
Archiven, besonders geistlichen, verborgen liegt, und ich will den
Vorwurf der Unvollständigkeit gern auf mich nehmen, wenn mein
Versuch den Anstoß geben sollte, daß man von anderer Seite mit
Nachträgen zu meiner Arbeit hervortritt. Selbst einer voll=
ständigen Kenntnis der gedruckten Quellen stellen sich große
Schwierigkeiten entgegen. Indessen zählt bei dieser Aufgabe das
Erschöpfen der Einzelheiten nicht zu den höchsten Zielen. Wichtiger
ist, daß dem Forscher kein für die Entwickelung wesentlicher Zug

entgeht, und dieses Ziel hoffe ich erreicht oder mich ihm doch sehr genähert zu haben. Breite Auszüge aus den Prozeßakten sollen im Rahmen dieser Uebersicht nicht geboten werden; zumal da in eingehender Veröffentlichung von Hexenprozeßakten des Guten, wie mir scheint, bereits genug geschehen ist. So richtig es ist, daß jeder Fall für sich geprüft werden muß, so wahr ist es auch, daß die überwiegende Mehrzahl sich in allem Wesentlichen gleicht. Veröffentlichung im Wortlaut oder in umfänglicheren Auszügen dürfte sich daher nur mehr für sehr alte und die allerjüngsten Prozesse empfehlen, sowie für solche, die durch besondere Eigen= tümlichkeit des Falls oder durch die Bedeutung oder wenigstens höhere gesellschaftliche Stellung der Verfolgten aus dem Rahmen des allgemeinen Typus heraustreten. Und gewiß ist eine Publi= kation auch dann mit Dank zu begrüßen, wenn der Herausgeber an sich interessante Akten aus intimer Kenntnis des provinzialen Volkslebens heraus so vortrefflich zu erläutern und mit Sitten und Zuständen von heute zu verknüpfen versteht, wie dies z. B. der verdiente schwäbische Medizinalrat Buck an den Hexenprozessen aus der Herrschaft Königseck[1]) geübt hat.

Zum Schlusse dieser einleitenden Bemerkungen noch ein Wort über den Ton der folgenden Darstellung! Westenrieder[2]), der hoch= und ehrwürdige, hat den historischen kalten Ernst, mit dem die Thatsachen vorgebracht werden, den „stets für sich gewinnen= den" genannt, aber zugleich die Unmöglichkeit erwähnt, ihn unter allen Umständen festzuhalten. Gewiß muß der Historiker das Gefühl unnachsichtig zurückdrängen, so lange er untersucht. Hat er aber in kühler und gewissenhafter Untersuchung das Ergebnis gezeitigt und geht an die Darstellung, so darf er, wenn der Gegenstand es erheischt, auch das Gefühl zu Wort kommen lassen. Es wäre Ziererei, wollte man von dieser Erlaubnis angesichts eines Gegenstandes wie die Hexenprozesse keinen Gebrauch machen.

---

[1]) Alemannia XI (1883).
[2]) Geschichte der bayer. Akad. d. Wiss. II, 385.

I.

Der heidnische Hexenwahn und die alte Kirche.

—

Ob sich an den Hexenwahn Verfolgungen knüpfen, wird stets und überall nur davon abhängen, ob diejenigen, die ihn hegen, die Macht dazu haben. Denn gibt es Dämonen und Menschen, die mit deren Hilfe Unheil stiften, so begreift man, daß die Gesellschaft die letzteren auszurotten versucht. „Eine Grausamkeit ist es, der Hexen, die gegen Unschuldige wüten, zu schonen,“ sagt der Trierer Weihbischof Binsfeld [1]). Und so erklärt Kurfürst Maximilian I. die Hexenverfolgungen ausdrücklich und folgerichtig als eine Pflicht seines landesfürstlichen Amtes und Ausfluß väterlicher Fürsorge für seine Unterthanen. Die weitaus schwerste Verantwortung für alle diese Greuel lastet daher auf jenen, welche den Hexenwahn gelehrt und verbreitet haben, wiewohl nicht verkannt werden darf, daß jeden Gebildeten, der sich mit Unterdrückung seiner Vernunft blindlings diesen Führern unterwarf, eine Mitschuld trifft. Selbst in der Blütezeit der Hexenprozesse fehlte es, wie wir sehen werden, nicht an solchen, die verständig und wohlwollend genug waren, dem Drucke der gewaltigen Strömung sich zu entziehen. Der so beliebten allgemeinen Entschuldigung durch den Bann des Zeitgeistes darf doch nicht die Tragweite beigelegt werden, als wäre hiemit die individuelle

---

[1]) De confessionibus maleficorum et sagarum (ed. 1623). Epistola dedicatoria, f. 5. Aehnlich p. 513: „Für Gott Verbrechen zu strafen ist nicht Grausamkeit, sondern Frömmigkeit.“

Selbstthätigkeit und Verantwortung gänzlich aufgehoben. Der Hexenwahn war kein ehernes Verhängnis wie ein Erdbeben oder ein Wirbelsturm, er wurde durch bestimmte Menschen ausgebildet und genährt, verbreitet und angewendet, und in der Stellung, die der Einzelne zu dieser Lehre einnahm, vermochte sich seine Individualität immerhin geltend zu machen.

Aus welchen Wurzeln nun immer der Vorstellungskreis dieses Wahns ursprünglich erwachsen sein mag, zur Zeit der Hexenprozesse, von denen wir eine bestimmtere und auf einzelne Fälle sich erstreckende Kunde haben, spielte er auf dem Boden der christlichen Glaubenslehre. Für die Fragen, ob und wie weit Teufel durch Menschen oder Menschen durch Teufel wirken können, war entscheidend, wie sich die kirchliche Autorität dazu stellte. Verdammte sie diesen Glauben, so mochte derselbe vielleicht trotzdem in niedrigen Volksschichten ein dunkles Dasein fristen, mochte sogar hie und da zu einem wilden Akte barbarischer Volksjustiz führen, wie solche aus halb= zivilisierten Ländern noch heute zuweilen berichtet werden. Aber von einer großen öffentlichen Gefahr dieses Wahns, von massen= haften und epidemischen Hexenprozessen konnte dann nicht die Rede sein. Daß Fürsten, hohe und niedere Gerichte, juristische und theologische Autoritäten und Fakultäten die Lehren des Hexenglaubens vertraten, wäre in katholischen Ländern unmöglich gewesen, wenn er nicht der Lehre der römischen Kirche, in pro= testantischen, wenn er nicht der Lehre der Reformatoren und Prädikanten entsprochen hätte. Vielleicht wird man einwenden, daß die Macht der Kirche in derartigen Dingen doch ihre Schranken hatte, und wird darauf hinweisen, daß der Widerstand der päpst= lichen Kurie gegen die Gottesurteile deren Anwendung vor den weltlichen Gerichten sehr lange Zeit nicht zu hindern vermochte. Von Papst Nikolaus I. (867) bis auf die Päpste Honorius III. (1222) und Alexander IV. (1257) ist eine Reihe von Verboten gegen die Ordalien erlassen worden und doch finden wir dieselben am Ende des Mittelalters noch regelmäßig und in einzelnen Gegenden sogar lange darüber hinaus bei den weltlichen deutschen Gerichten in Uebung. Aber der wesentliche Unterschied zwischen diesen beiden Dingen springt in die Augen: die Ordalien waren nur ein rechtliches Beweismittel, das ins Religiöse herüberspielte;

bei der Zauberei aber gehörte die Substanz des Deliktes selbst dem religiösen Gebiete an.

Indes läßt sich der vielgestaltige Reichtum des historischen Lebens nirgend in allgemeinen Deduktionen erschöpfen. Unzweideutige Zeugnisse lehren, daß der Standpunkt der Kirche gegenüber der Frage der Zauberei im Laufe der Jahrhunderte nicht immer derselbe geblieben ist. Einheitlich ist er nur insofern, als die Kirche von Anfang an wie noch heute stets die Möglichkeit der Zauberei gelehrt und diese als schweres Vergehen verdammt hat. Aber bei allen Völkern des Abendlandes, welche die Religion des Kreuzes ihrer Herrschaft unterwarf, trat deren Sendboten und Priestern der Glaube an Zauberei zunächst als ein Rest der so eifrig bekämpften heidnischen Volksreligion entgegen. Zu diesem Rest gehörten auch die Vorstellungen, in denen man den Vorläufer, ja starke Wurzeln des späteren Hexenwahns zu suchen hat. Gegenüber diesen Ueberlebseln war eine zweifache Stellung der Kirche denkbar: sie konnte dieselben als heidnischen Aberglauben, als nichtigen Wahn bekämpfen — oder sie konnte in den übermenschlichen Mächten, die hiebei als wirksam gedacht wurden, die Teufel ihres eigenen Lehrgebäudes und auf Grund dieser Erklärung in dem behaupteten Eingreifen dieser übermenschlichen Mächte in das menschliche Leben eine schreckliche Realität erkennen.

Das erstere war der überwiegende, freilich nicht ausschließliche Standpunkt der alten Kirche. Daß seit dem 13. Jahrhundert die entgegengesetzte Auffassung in der Kirche allmählich die Oberhand gewann, hat, wie wir nachweisen werden, die Grundlage für die ausgedehnten Hexenverfolgungen des 16. und 17. Jahrhunderts gebildet. Zu deren Verständnis ist es also, wie aus diesen Vorbemerkungen erhellt, nötig, drei Faktoren voraus in das Auge zu fassen: den altheidnischen, volkstümlichen Wahn, die Stellung der älteren Kirche zu dieser Frage, endlich den Umschwung in der kirchlichen Auffassung.

Ueber den altheidnischen, volkstümlichen Wahn können im Rahmen unserer Darstellung nur einige Bemerkungen Raum finden, welche die Grundzüge zeichnen und dem Leser zur Gewinnung des richtigen Standpunktes verhelfen mögen. Es ist

unbestreitbar, daß der Hexenwahn starke Elemente des alten ger=
manischen Volksglaubens in sich aufgenommen hat. Diese Elemente
berühren sich vielfach mit Anschauungen der römischen und griechi=
schen Mythologie. Die Strigen, Lamien, Empusen der Römer und
Griechen sind im Wesen und nach manchen einzelnen Merkmalen
dasselbe wie die germanischen Hexen und Unholden. Liebestränke,
Töten und Krankmachen durch Zauber, wie anderseits magische
Heilungen, Herbeiziehen von Hagel und Regengüssen, das Zaubern
mit Bildern, mit Hinrichtungswerkzeugen, mit Leichen, mit un=
verständlichen Beschwörungsformeln, Sprüchen und Versen, das
Verzaubern durch den Blick, das Vermögen, Tiergestalt anzu=
nehmen, die Fähigkeit, Getreide auf anderen Grund zu zaubern —
alles dies sind Züge, die dem römischen und germanischen Zauber=
wahn gemeinsam scheinen [1]), wenn auch der eine hier, der andere
dort eine größere Rolle spielt. Während bei Soldan=Heppe der
Zusammenhang mit dem germanischen Heidentum nur nachträg=
lich (II, 355 f.) behandelt und in seiner Bedeutung nicht genügend
anerkannt wird, findet man in diesem Werke (Kap. 4 und 5) die
griechischen und römischen Wurzeln des Hexenwahns eingehend
und vortrefflich erörtert. Die Inquisitoren, welche den Hexen=
wahn verkirchlichten und in ein System brachten, haben, wie sie
verschiedenen Nationalitäten angehörten und unter verschiedenen
wirkten, aus beiden Quellen, aus dem germanischen, wie aus dem
antik=römischen Volksglauben geschöpft. Trotz der Berührung
zwischen heidnisch=germanischen und klassischen Vorstellungen wird
man vielleicht sagen dürfen, daß der Inhalt jenes Hexenwahns,
der den großen Verfolgungen seit Ende des 15. Jahrhunderts
zu Grunde lag, soweit derselbe ursprünglich heidnische Bestand=
teile in sich schließt, noch mehr in der germanischen als in der
römischen Mythologie wurzelt. Ist diese Beobachtung richtig, so
erklärt sich das Verhältnis daraus, daß Inquisitoren von deutscher
Abstammung, die ihre hexenrichterliche Thätigkeit in Deutschland
ausübten, in ihrem großen grundlegenden Werke, dem Malleus
maleficarum, dem kirchlichen Hexenwahn die für die ausgedehnten

---

[1]) Für die römische und germanische Heimat vgl. Grimm, Deutsche Mytho=
logie [2], S. 1043, 1045 f., 1047, 1053, für die römische Soldan=Heppe I, 57 f.

Prozesse entscheidende Fassung gegeben haben. Vergleicht man ein älteres und noch nicht so abgeschlossenes Bild des Hexenwahns, wie es der Dominikaner Nider hinterlassen hat, ein Bild, dem neben vereinzelten Zeugnissen deutscher Inquisitoren vorwiegend solche aus dem Munde französischer Inquisitoren zu Grunde liegen, so läßt dieses die Verwandtschaft mit der germanischen Mytho= logie wohl nicht so stark hervortreten wie der Hexenhammer.

Insofern alles Zaubern ein Wirken mit Hilfe übernatürlicher Mächte bedeutet, fällt auch die Hexerei unter diesen Begriff. Aber schon in der heidnischen Zeit läßt sich eine Unterscheidung zwischen Zauberern und Hexen beobachten, die dann auch in die christliche Anschauung übergegangen ist. Diese Unterscheidung ist sehr be= deutungsvoll, wiewohl sie nicht immer streng festgehalten wird und die einzelnen Merkmale zuweilen ineinander überfließen.

Die Zauberer und Wahrsager nämlich berühren sich im Heidentum mit den Priestern und suchen durch übernatürliche Mittel Vorteile für sich oder andere zu erlangen. Sie heilen durch Segen Krankheiten und Gebrechen, sagen die Zukunft voraus, finden verborgene Schätze, bringen gestohlenes und verlorenes Gut zurück. Schon im Heidentume gab es, wie später in der christlichen Zeit, neben der verbotenen eine erlaubte Zauberei, neben der schwarzen eine weiße Kunst[1]). Als Ausübende der Zauberei erscheinen sowohl Männer wie Weiber. Von der Seherin Velaeda berichtet Tacitus[2]), daß sie geradezu göttliche Verehrung genoß.

Dagegen sind die Hexen schon nach der heidnischen Vor= stellung weit überwiegend Weiber, die durch übernatürliche Ein= wirkung Besitz, Gesundheit oder Leben der Menschen schädigen. Ihrer Thätigkeit schrieb man empfindliche, plötzlich hereinbrechende Uebel zu, die man sich auf natürlichem Wege nicht erklären konnte und für die man nach einem Sündenbock suchte. So Lähmung und Geschwulst bei Mensch und Tier, Gelenkrheumatismus, Tob= sucht. In dem Namen Hexenschuß für rheumatische Steifheit des Kreuzes lebt diese uralte volkstümliche Anschauung noch heute

---

[1]) Vgl. Golther, Handbuch der germanischen Mythologie (1895), S. 646 f.
[2]) Germania, c. 8.

fort. Man glaubte sogar, daß die Hexen Menschen (wohl nur Kinder) aufzehren. Vorzugsweise aber führte man auf Hexen Naturereignisse zurück, welche Feld und Flur schädigten. Versengte ein nächtlicher Frost die Blüten des Weins, des Obstes, warf ein Hagelwetter das der Sichel entgegenreifende Getreide nieder, so ward dies wohl dem boshaften Wirken einer Hexe zugeschrieben. Die älteste Erwähnung der Hexerei in Bayern ist eine im Volksrechte erwähnte Schädigung des Getreides, die sogenannte Erntescharte, aranscarti, niedergelegte Streifen im Getreidefeld, die sonst auch als Werk eines bösen Geistes, des Bilwis [1]), bezeichnet werden.

In der Lex Salica [2]) wird mit Geldstrafe bedroht, ein freies Weib eine Hexe zu schelten. Seltsamerweise steht nach diesem Gesetzbuche ebenfalls nur Geldstrafe darauf, wenn eine Hexe einen Menschen aufgegessen hat. Dagegen war schon bei den heidnischen Sachsen die übliche Strafe der Hexen der Feuertod. Dies lehrt eines der grellsten Zeugnisse für altgermanische Barbarei, ein für Sachsen erlassenes Capitulare Karls des Großen [3]). Wenn jemand, heißt es hier, vom Teufel verblendet, nach Art der Heiden glaubt, daß ein Mann oder eine Frau eine Hexe (striga) sei und Menschen verzehre, und wenn er deshalb sie verbrennt oder ihr Fleisch zum Aufessen hingibt oder es aufißt, soll er mit dem Tode bestraft werden. Nach demselben Capitulare sollten die Zauberer und Wahrsager (divini et sortilegi) nur an die Kirchen und Priester ausgeliefert werden. Deutlich tritt hier der altgermanische Hexenwahn, seine Bekämpfung durch den christlichen Gesetzgeber und die Unterscheidung zwischen Zauberern und Hexen [4]) hervor.

---

[1]) Der Name Bilwis scheint slawischen Ursprungs. S. Mogk, Mythologie in Pauls Grundriß der germanischen Philologie I, 1019.

[2]) Ed. Holder, nach dem Codex Vossianus c. 65, Codex Lescurianus c. 64, nach dem Codex von Trier-Leiden c. 67.

[3]) Capitulatio de partibus Saxoniae (zwischen 775 und 790), Mon. Germ. Leg. Sect. II, T. I, p. 68, c. 9.

[4]) Quitzmann, Die heidnische Religion der Baiwaren, S. 226, ist daher auf falscher Fährte, wenn er die Hexen im höheren Altertum mit den Priesterinnen und Aerztinnen zusammenwirkt.

Daß aber die Hexen als Anstifterinnen übernatürlichen Un=
heils gedacht wurden, war wohl nicht die ursprüngliche Phase
dieses Vorstellungskreises. Als die ursprüngliche wird vielmehr
zu betrachten sein, daß übernatürliche Mächte ohne Vermittelung
von Menschen eingreifen. Diese übermenschlichen Wesen, in deren
Thätigkeit sich zum Teil die den späteren Hexen zugeschriebene
nicht verkennen läßt, waren nach germanischer Vorstellung vor=
zugsweise die Elben [1]). Ob in ihnen ursprüngliche Seelengeister [2])
oder Personifikationen der Naturkräfte und des Wetters zu suchen
sind, lassen wir dahingestellt. Wiewohl sie überwiegend gute und
holde Geister sind, wirken sie auch zum Schaden der Menschen;
sie sind bald licht, schön, nützlich, dienstfertig und gütig, bald
dunkel, häßlich, schädlich, gewaltsam und boshaft, wie auch die
Snorra Edda zwischen Lichtelben und schwarzen Elben unter=
scheidet. Wenn in Volkssagen und Märchen Frau Holle, in
Bayern Frau Berchta als freundliches und hilfreiches höheres
Wesen auftritt [3]), ist dies wohl ein Nachklang der guten Licht=
elben. Die Elben, die auch unter den Namen: Trute, Mare,
Alp, das Schrattel [4]), auch Holde, Holle erscheinen, verkünden
bevorstehendes Unglück, haben eine sinnberückende Macht, können
mit ihrem Blick bezaubern und Erblindung verursachen, können
jede Gestalt, besonders die menschliche, annehmen. Sie schädigen
mit Schuß und Schlag, ihr Hauch, Elbhauch, ist Gliedgeschwulst,
auf den schlafenden Menschen üben sie den beängstigenden Alp=

---

[1]) Näheres f. bei Hugo Elard Meyer, Germanische Mythologie, S. 117 f.,
135 und die im Register unter Hexen verzeichneten Stellen; und Golther
a. a. O. S. 122 f.

[2]) Diese Anschauung vertritt besonders Mogk (f. a a. O. 1001, 1007). Nach
ihm sind die Elfen Seelen Verstorbener. „Die Seele, die den Körper verlassen
hat, nimmt einen neuen Körper an, gesellt sich zu den Scharen der Geister
und erscheint als Gespenst, als Mare, Trude, Alp, Hexe, Bilwis, Walkyre."
Die Auffassung der Hexe selbst als eines Geistes ist jedoch abzulehnen; sie
wird am entschiedensten durch das Capitulare Karls des Großen widerlegt.

[3]) Grimm, Deutsche Mythologie ², 245, 250 f.

[4]) Der Malleus maleficarum erwähnt (p. 11, q. 1, c. 3), daß es be=
sonders in Norwegen viele „Grollen und Schratel" gebe. — Eine weit ab=
weichende Auffassung der Trud (als eine Art priesterlicher Hebamme) f. bei
Quitzmann, Die heidnische Religion der Baiwaren, S. 229 f.

druck. Sie tragen Verlangen nach kleinen Kindern und legen an
deren Statt Wechselbälge in die Wiege. Die isländischen Elben [1]),
álfar, knüpfen mit Mädchen der Menschen Liebschaften an, helfen
auch den Menschen, verschaffen ihnen verlaufenes Vieh, schenken
ihnen wunderkräftige Gegenstände und heilen Siechtum. Wenn
Trithemius in seiner Beantwortung der acht Fragen des Kaisers
Maximilian sechs Geschlechter der Teufel, nämlich Feuer-, Luft-,
Wasser- und Erdteufel, unterirdische und lichtscheue Teufel unter-
scheidet, liegt es nahe, hier noch einen Zusammenhang mit den
germanischen Vorstellungen von den Elben anzunehmen.

Eine Stelle der Lex Salica [2]) wird auf gemeinsames Kochen
von Hexen gedeutet. Es scheint hier als Beschimpfung hervorgehoben zu werden, wenn ein Mann Hexenkesselträger, einer, der
sich hergibt, den Hexen ihr Gerät zu tragen, genannt wird.
Nehmen wir auch an, daß Grimms [3]) Auslegung der dunklen
Stelle die richtige ist, so muß doch betont werden, daß vor der
kirchlichen Färbung des Hexenwahns dies das einzige Zeugnis ist,
das auf gemeinsames Wirken, auf Versammlungen von Hexen
gedeutet werden kann. An irgendwelchen Zusammenhang des
späteren Hexensabbats mit Opfern und Volksversammlungen der
heidnischen Germanen ist sicher nicht zu denken. Mit Recht hat
sich Soldan [4]) gegen die Annahme ausgesprochen, daß die Hexenversammlungen an Plätzen stattgefunden haben sollen, wo vor
Alters Gericht gehalten oder geopfert wurde. Auch nach meiner
Kenntnis der Akten muß ich bestreiten, daß auf die in den Hexengeständnissen genannten Oertlichkeiten irgend ein Gewicht zu legen
sei. Abgesehen von den norddeutschen „Blocksbergen", besonders
dem Brocken im Harz, brachte man die Hexentänze keineswegs

---

[1]) Golther S. 134.
[2]) Si quis alterum herborgium clamaverit hoc est strioportio aut
illum qui eneum portat ubi strias coquinantur (oder: ubi striae con-
cinnunt). Nach den verschiedenen Zählungen c. 64—67. Auch die Lesearten
der Handschriften gehen ziemlich weit auseinander. S. die Ausgaben von
Alfred Holder.
[3]) Deutsche Mythologie [4], 998.
[4]) Soldan-Heppe II, 358 f. Die ältere Anschauung vertritt noch Mogk
a. a. O. S. 1022.

mit beſtimmten, feſtſtehenden Plätzen in Verbindung. Irgend einen Ort mußten die Hexen auf die geſtellte Frage nennen, daß aber verſchiedene Hexen aus derſelben Gegend einen und denſelben Platz nennen, iſt nicht die Regel, ſondern Ausnahme und erklärt ſich leicht daraus, daß dieſer aus einem früheren Prozeſſe in den Ruf eines Hexenverſammlungsplatzes gekommen war oder daß er als abgelegener, ſchauerlicher Ort oder als einſam aufragender Berg dazu beſonders geeignet erſchien. Mit demſelben Rechte, mit dem man der Wiederholung eines Berg= oder Flurnamens in den Hexengeſtändniſſen Bedeutung beilegt, könnte man aus den innerhalb derſelben Landſchaft häufig wiederkehrenden Be= zeichnungen des teufliſchen Buhlen, wie Federle, Meiſter Häm= merle u. ſ. w. ſchließen, daß an der Teufelsbuhlſchaft etwas Wahres ſein müſſe.

Die altdeutſchen Bezeichnungen für die Hexen ſind Hexe (ahb. hagazussa und verkürzt hâzus, hâzissa) und Unholb. Bei beiden Worten bezeichnet die Etymologie, die für den urſprüng= lichen Begriff ſo lehrreich iſt, ſtreitige, in der germaniſtiſchen Litte= ratur vielbeſprochene Fragen. Wie mir ſcheint, ſind die Germaniſten in neueſter Zeit auf eine falſche Fährte geraten, wenn ſie haga- zussa mit dem Walde in Zuſammenhang bringen und als feindlichen Walbbämon oder ähnlich deuten [1]). In den alten Zeugniſſen über Hexen müßte ein Zuſammenhang mit dem Walbe ent= ſchiedener hervortreten, wenn die Hexen danach benannt ſein ſollten. Was ſich, abgeſehen von Hypotheſen, dafür geltend machen läßt, iſt jedoch nur eine Stelle der Kaiſerchronik [2]) und etwa die im Walbe hauſende Hexe des Kindermärchens. Hag iſt auch nie der Walb ſchlechtweg, ſondern nur Gebüſch, Walbſtrecke,

---

[1]) So Noreen in den Inbogermaniſchen Forſchungen IV, 320; Kauff= mann in den Beiträgen zur Geſchichte der deutſchen Sprache und Litteratur XVIII, 155 (weibliches Walbgeſpenſt); Weiganb, Deutſches Wörterbuch [2] I, 685; Kluge, Etymolog. Wörterbuch der deutſchen Sprache [3] unter Hexe; Golther, S. 153.

[2]) B. 12201; ſ. Golther S. 117:
    du soltest pillicher dâ ze holz varen,
    danne die maegede hie bewarn;
    du bist ain unholde.

Walb mit Unterholz [1]). Es ist nicht einzusehen, wie der Begriff Hexe an diese Unterart des Waldes geknüpft sein sollte. Mehr empfiehlt sich beim Hag mit Heyne [2]) an die erste und vorwiegende Bedeutung des Wortes zu denken: Zaun, Einfriedigung und die eingefriedete Oertlichkeit, das umhegte Feld und die Flur. Der Walb ist die ursprüngliche Natur, der Hag, die umhegte Flur, ist, was der Mensch dem Walde mit harter Arbeit abgerungen und sich dienstbar gemacht hat, was aber den schäblichen Einflüssen der Natur, dem Hagel und Sturm, Reif und Frost ausgesetzt bleibt. Es scheint die Vorstellung zu Grunde zu liegen, die sich in dem Verse ausspricht: „Die Elemente hassen das Gebild' der Menschenhand", nur daß statt der Elemente an mißgünstige Menschen, die sich übernatürlicher Kräfte bedienen, gedacht wird. Die auf Korn, Wein, Obst, Vieh und Weide gerichtete zerstörende Thätigkeit der Hexen ist das sicherste Merkmal des ursprünglichen germanischen Hexenbegriffs. Heyne hat das zweite Wort des Kompositums hagazussa mit dem angelsächsischen tesu, teosu, Schaden, Verderben, in Verbindung gebracht. Dagegen denkt Noreen (der Hag als Walb deutet) an ein ursprüngliches haga-hazus (sa) und erklärt hazus (su) wohl besser als eine partizipiale Bildung, zu gotisch hatan, anfeinden, gehörig. Daß in der zweiten Wurzel der Begriff: feindlich, schäblich liegt, darin sind alle Erklärer einig. Bei dieser Voraussetzung muß es aber als unnatürliche Deutung erscheinen, wenn unter dem ersten Begriff des Kompositums etwas anderes als das zum Partizip hazussa gehörige Objekt gesucht wird. Da eine „Walbhasserin" oder „Walbschädigerin" mit dem Begriffe Hexe unvereinbar ist, erscheint auch unter diesem Gesichtspunkte unsere Auslegung von Hag als geboten.

Die Hexe ist demnach die Feld und Flur Anfeindende, Schäbigende.

Im bayerischen Stammesgebiet erscheint häufiger als Hexe der Ausdruck Unhold [3]). Und während in althochdeutschen Denk-

---

[1]) S. Heyne in Grimms Deutschem Wörterbuch IV, 137 f.

[2]) A. a. O. IV, 1299.

[3]) Vgl. den Artikel bei Schmeller-Frommann, der auch (c. 1091) den Flurnamen: Unholdenthal bei Scheiern aus dem 12. Jahrhundert nachweist.

mälern das Femininum unholda als Uebersetzung für diabolus gebraucht wird, hat der bayerische Dialekt bis in das 18. Jahr=hundert hinein hartnäckig an der männlichen Form: der Unhold oder Unholber, auch in der Anwendung auf die weiblichen Hexen festgehalten [1]). Jakob Grimm [2]) meinte: Weil man im Altertum eine Göttin Hulba verehrt hatte, so lag es nahe, im Gegensatze zu ihrer Milde ein bösgesinntes, feindliches Wesen als weibliche unholda zu betrachten. Diese Erklärung ist nun mit dem Nachweise gefallen, daß die Göttin Hulba nur eine Ein=bildung war [3]). Daß das Adjektiv unholb, feindlich, bei der Er=klärung aus dem Spiel bleiben muß, hat Kauffmann, wie mir scheint, mit Recht ausgesprochen. Dieser Forscher [4]) bringt den Namen in Verbindung mit einer durch vier Inschriften bezeugten Dea Hludana, die im Walde wohnend gedacht und mit der Suevengöttin Nerthus identisch sei, und betrachtet als das wahr=scheinlichste, daß sich in Unholb ein altes Kollektivum erhalten habe, welches die Gesamtheit der unheimlichen Geister bedeutete, dann aber auf männlich vorgestellte Wesen übertragen worden sei. Dabei bleibt jedoch das Präfix Un= unerklärt. Ich möchte eine andere Deutung vorschlagen. Wie Elard Hugo Meyer [5]) nachgewiesen hat, ist auch Holbe, Holle, ein Ausdruck für Elben. Dem modernen Sprachgefühl ist das Bewußtsein fast verloren gegangen, daß der Vorsilbe Un= nicht nur verneinende, sondern auch verstärkende Bedeutung innewohnt. Man denke an Untier (schreckliches Tier), Unthat (schlimme That), Ungewitter, Unkosten, Unmasse, Unzahl, Ungelb [6]). Un=, sagt Lexer [7]), drückt Aufhebung des guten, Verstärkung des bösen Begriffs aus. Auch Weinhold bemerkt, daß dieser Begriff des Uebermäßigen schon im Mittel=

---

[1]) U. a. in den unten zu erwähnenden Akten des Prozesses gegen die Kloitermüllerin und deren Tochter vom Jahr 1600, aber auch noch viel später.

[2]) Deutsche Mythologie [3], 942.

[3]) Vgl. Kauffmann, Beiträge XVIII, 150.

[4]) Mythologische Zeugnisse aus römischen Inschriften a. a. O. S. 134 f.

[5]) Germanische Mythologie S. 118, § 161.

[6]) Ueber Ungelb f. meine Geschichte Bayerns III, 735.

[7]) Mittelhochdeutsches Handwörterbuch II, 1749.

hochdeutſchen auftritt [1]). Sollte demnach Unholb nicht bedeuten:
ein rechter, arger Holbe, b. i. Elbe? Die männliche Form im
bayeriſchen Dialekte ließe ſich badurch erklären, daß der bayeriſche
Stamm die Elben ober boch dieſe Art der Elben, auf die es hier
ankam, als männliche Weſen bachte. Man ſagte auch: Der Alp
brückt. Um der Hypotheſe größere Wahrſcheinlichkeit zu verleihen,
wird freilich noch der Nachweis erforderlich ſein, ben ich für jetzt
nicht zu erbringen vermag, baß Un= ſchon im Althochbeutſchen
auch dieſe verſtärkenbe Bebeutung hatte.

In den Prebigten Bertholbs von Regensburg, in Konrabs
von Megenberg Buch der Natur, in vielen Heiligenlegenben unb
an anberen Stellen zerſtreut finben ſich Anſpielungen auf Aeuße=
rungen eines Volksaberglaubens, der ebenſo zweifellos aus bem
germaniſchen Heibentum ſtammt, wie er ſich anberſeits mit bem
Hexenwahne berührt. Dazu gehört u. a. das Wirken mit bem
Zauberkraut, mit „ben böſen Betonjen“, Schlüſſelblumen, bie in
Schwaben noch heute „Patengele“ heißen. Eine Menge von
heibniſchen abergläubiſchen Gebräuchen, zum Teil mit dem Hexen=
wahn ſich berührend, zum Teil mit chriſtlichem Anſtrich, weiſt
nach der ſogenannte „Corrector Burchardi“ (bes Biſchofs Burcharb
von Worms), verfaßt zwiſchen 1012 unb 1022, nebenbei bemerkt:
burch ſeine betaillierte Schilberung gerabezu ſcheußlicher Unſtätig=
keiten [2]) ein bebenklicher Vorläufer der jeſuitiſchen Moralkaſuiſtik.
Die reichhaltigſte Funbgrube bes ſpätmittelalterlichen Volksaber=
glaubens aber bietet eine dem bayeriſchen Stammesgebiet ange=
hörenbe Dichtung: die auf der Burg Runkelſtein gebichteten
„Pluemen der Tugent“ von Hans Vintler [3]) aus dem Anfange
bes 15. Jahrhunderts. Der Dichter, ber als Pfleger bes Gerichtes
Stein auf dem Ritten bei Bozen lebte unb 1419 ſtarb, benützte
für ſein Gebicht als Vorlage eine um 1320 entſtanbene, bem
Tomaſo Leoni zugeſchriebene italieniſche Dichtung, bie Fiori di
virtù. Die Verſe 7594—8497 aber, welche dieſes Repertorium

[1]) Weinholb, Mittelhochbeutſche Grammatik S. 249. Belege ſ. in Wein=
holbs Alemanniſcher Grammatik S. 264 unter Nr. 30, c.

[2]) Vgl. Migne, Patr. lat. T. CXL, p. 160 f.

[3]) Herausgegeben von Ignaz v. Zingerle, Innsbruck 1874 (Aeltere
Tiroliſche Dichter. I.).

des Volksaberglaubens enthalten und auf welche schon Gervinus als ein für Kulturgeschichte und Mythologie wichtiges Zeugnis hinwies, sind Vintlers eigenes Produkt [1]). Daß die hier auf= gezählten Formen des Aberglaubens nicht nur Tirol angehörten, sondern selbst heute noch auch in anderen Gegenden fortleben, hat Zingerle in seinen erläuternden Anmerkungen nachgewiesen [2]). Speziell für Bayern, zu dessen Stamme die von Vintler beob= achtete Bevölkerung größtenteils gehörte, wird das unten zu erwähnende Landgebot Maximilians I. gegen den Aberglauben den Nachweis erbringen, wie viel von diesen abergläubischen Bräuchen und Anschauungen zweihundert Jahre später noch im Schwange war. Der Dichter selbst nimmt gegenüber dem Hexenwahne eine wenigstens teilweise aufgeklärte Stellung ein, er glaubt weder an die Realität der Hexenfahrten noch überhaupt an zauberische Künste alter Weiber. „Der Teufel wär' nicht für einen Gott zu haben, sollt' ihm gebieten ein altes Weib" (V. 8451). „Ob das also sein sollt', daß ein altes Weib Gott zwingen wollt', so wär' er Knecht und sie wär' Herr. Die solche Dinge glauben, sind der Wahrheit fern." Man darf nach diesen Aussprüchen annehmen, daß er den Aberglauben auch da nicht teilt, wo er gegen denselben keinen Widerspruch erhebt, und dessen Aeußerungen mit den Worten anführt: manche können dies und jenes. Da= gegen lassen seine Aeußerungen keinen Zweifel darüber, daß er an Teufelsbündnisse glaubte, und darum würden wir nicht zu behaupten wagen, daß der Richter Vintler nie und nimmer einen Hexenprozeß geführt haben würde.

Folgende Formen des Aberglaubens, die Vintler anführt, berühren oder decken sich mit Bestandteilen des Hexenwahns. V. 7754: Viele alte Weiber können die Herzen verwandeln zu Liebe oder Feindschaft. V. 7773: Etliche beten den Teufel an, Sterne, Sonne und Mond. V. 7781: Viele sagen, sie können Ungewitter machen. V. 7791: Etliche stehlen das Schmalz aus dem Kübel, derweil man es rührt. V. 7796: Manche Dummen

---

[1]) S. v. Zingerles Einleitung, S. XXVII.
[2]) Für Ueberlebsel des germanischen Götterglaubens speziell in Bayern vgl. u. a. Quitzmann, Die heidnische Religion der Baiwaren; Sepp, Altbayerischer Sagenschatz; Schöppners Sagenbuch.

sprechen, die Trutte sei ein altes Weib und komme die Leute
saugen, und etliche glauben, der Alpe minne die Leute. V. 7804:
Etliche sagen, das Schrattel sei ein kleines Kind, so gering (leicht)
wie der Wind und ein verzweifelter Geist. V. 7811: So nutzen
etliche ben Erbschnitt zu mancherlei Zauberei. V. 7851: Viele
sagen, man stehle der Kuh die Milch aus der Wammen. V. 7853:
So sind auch etliche Ammen, dieselben nehmen die jungen Kinder,
so sie erst geboren sind, und stoßen's durch ein Häle (Kette und
Haken, woran der Kessel über dem Feuer hängt). V. 7899:
Viele können salben den Kübel, daß sie oben ausfahren. V. 7903:
Etliche sind so behend, daß sie fahren hundert Meilen gar in
einer kleinen Weil'. V. 7909: Manche meint, sie könne auch
wohl Regen hin= und herwenden. V. 7950: Etliche nehmen
Katzengestalt an. V. 7952: So findet man Zauberinnen un=
rein, die Leuten den Wein trinken aus den Kellern verstohlen,
dieselben heißet man Unholden. V. 7993: So fahren etliche „mit
der Var" auf Kälbern und auf Böcken durch Stein und durch
Stöcken. Dagegen spricht der hl. Augustin: „Es fährt kein Mensch
nicht und wähnt doch mancher, daß er fahr'." Das mag man
auch an den bösen, unreinen Leuten wahrnehmen: die fahren,
sind doch daheim, als man dessen gute Beweisung hat. Ihr Leib
kommt nicht von statten, sie werden nur verzückt im Sinn, daß
sie wähnen, sie fahren dahin; mit dem bestrickt sie Sathanas, daß
sie ihm desto besser glauben. Denn wer sich also dem Teufel
ergibt, der wähnt, er fahre alle Zeit. V. 8234: Etliche gehen
Gott zu Leibe des Nachts an eine Wegscheide und rufen dem
Milleartifer.

Vintlers Zeugnis wird hier um so gehaltvoller erscheinen, wenn
man im Auge behält, daß es aus dem Munde eines Richters
kommt. Anderseits darf man nicht übersehen, daß er wohl von
seiner dichterischen Freiheit Gebrauch macht, wenn er einige
Formen des Wahns mit den Worten einführt: viele oder manche
sagen oder meinen, sie können so oder so zaubern. Genau aus=
gedrückt müßte es heißen: manche behaupten, daß andere Weiber
so oder so zaubern können. Denn da die Zauberei gesetzlich ver=
boten war, wird niemand so unsinnig gewesen sein, sich selbst
dieser Kunst zu beschuldigen.

Doch ein noch wichtigeres Bedenken müssen wir an dieses Gemälde des herrschenden Aberglaubens knüpfen. Soll in der That jeder einzelne Zug desselben als Zeugnis für altgermanischen, in der Tiefe des Volksbewußtseins schlummernden Wahn betrachtet werden? Oder sind damit nicht schon Anschauungen verbunden, die erst in christlicher Zeit von oben herab dem Volke eingeimpft wurden? — Im Jahre 1510 spricht eine zu Völs am Fuße des Schlern gefolterte Hexe in ihren Bekenntnissen von den Zeiten des Filius Zabres [1]. Dies ist der Zauberer Virgilius, der Dichter, der dem ganzen Mittelalter als großer Schwarzkünstler galt. Auf welchem anderen Wege sollte die Kunde von ihm zu Tiroler Bauernweibern gedrungen sein, wenn nicht mittelbar oder unmittelbar durch Geistliche? Und so darf man auch in Vintlers Angaben nicht in jeder Form des Aberglaubens unterscheidungslos germanischen Ursprung suchen. Bemerkt doch der Dichter selbst (V. 7701): Viele, die Zauberei treiben, sprechen, mich hat's ge- lehrt ein Pfaff, wie möcht' es bös gesein? Einen solchen Pfaffen, fügt er hinzu, sollte man darum hart strafen. Weiter heißt es V. 7738: Etliche haben Gemeinschaft mit der bösen Erobiana und viele glauben an Diana, die eine falsche Göttin ist. Ero- biana und Diana haben nichts mit der germanischen Mythologie zu thun, die erstere entstammt dem biblischen, Diana dem römisch- heidnischen Vorstellungskreise, in derselben Verbindung erscheinen beide im Canon Episcopi, nur von dort aus und nur durch Geistliche können sie in das Volk eingedrungen sein. Ebenso weist ein Wahn von Hexenfahrten, den schon Augustinus erwähnt, natürlich nicht auf germanisches, sondern römisches Heidentum.

Dies führt uns auf die zweite der Fragen, die zu erörtern sind, auf die Stellung der älteren Kirche gegenüber dem Hexen- wahn.

Daß Abfall von Gott und Hingebung an den Teufel unter den Menschen vorkomme, ist schon den ältesten kirchlichen Lehrern kein fremder Gedanke. Christliche Apologeten der ersten Jahr-

---

[1] Rapp, Die Hexenprozesse und ihre Gegner aus Tirol (1874), S. 150, vgl. 176. Auch in den Nürnberger Faustgeschichten von Roßhirt (1575) er- scheint Virgilius als Filius. S. W. Meyer, Nürnberger Faustgeschichten, S. 380.

hunderte und Kirchenväter betrachten den Teufel als Anstifter der
Zauberei. Die Bestimmung der Reisbacher Synode von 799,
auf die wir zurückkommen, wird nicht anders gedeutet werden
können, als daß die kirchlichen Gesetzgeber in Bayern damals den
Glauben an die Möglichkeit des Wettermachens durch Zauberei
teilten. Schon in früherer Zeit aber ist eine andere Aeußerung
des Zauberwahns, die sich mit dem späteren Hexenwahn deckt,
in einem berühmten kirchlichen Gesetze als nichtiger Aberglauben
verworfen worden. Im Canon Episcopi, der auf der Kirchen=
versammlung von Ancyra um 900 entstanden ist und in Gratians
Dekret aufgenommen wurde, wird zuerst der Glaube an Hexen=
ritte erwähnt, und zwar geschieht dies mit folgenden Worten:
Verbrecherische Weiber, durch satanische Einflüsterung verführt,
glauben und geben an, daß sie nächtlicher Weile mit der Göttin
Diana oder der Herobias auf gewissen Tieren reitend, über weite
Strecken Landes dahinfliegen und der Diana als ihrer Herrin
gehorchen.

Wie dieser Wahn hier gezeichnet wird, tritt er deutlich als
römisch=heidnisch hervor. Auf römischen Ursprung weist auch die
ursprüngliche Bedeutung eines der lateinischen Ausdrücke für Hexe:
strix heißt ursprünglich Nachtvogel, Eule [1], und schon bei
Petronius [2] werden die herumschwirrenden (stridentes) Hexen
erwähnt. An einer römisch=heidnischen Wurzel dieses Wahns läßt
sich also nicht zweifeln. Weniger sicher steht, daß sich parallel
mit diesem römischen auch aus dem germanischen Heidentum ein
Faden zu dem Wahne von Hexenfahrten herüberzog. Die Er=
wähnung der Hexenfahrten bei Burkhard von Worms kann die
deutsche Heimat dieses Wahns nicht beweisen, da Burkhard hier
nur dem Canon Episcopi folgt und seine Sammlung aus Ge=
setzen und Konzilsbeschlüssen verschiedener Länder zusammengetragen
hat, ohne sie auf solche Verirrungen zu beschränken, die in Deutsch=
land wirklich vorkamen. Zweifellos ist allerdings, daß die ger=
manische Mythologie ähnliche Vorstellungen kannte. Nordische
Zeugnisse berichten von den Walkyrien, von Abendreiterinnen,

---

[1] Grimm, Mythologie², II, 992.
[2] Cena Trimalchionis ed. Friedländer, p. 157.

Dunkelreiterinnen, Zaunreiterinnen, von Zauberweibern, die im Fluge die Luft durchfahren, von Thor, dem Bezwinger nacht=fahrender Unholden [1]. Das Einherfahren in Wetterwolken oder im Wirbelwind, in Sieben oder auf Besen wird als eine den Elben und Hexen gemeinsame Kunst bezeichnet [2]. Auch wird man die Möglichkeit nicht völlig in Abrede stellen können, daß unter den Inquisitoren, welche den Glauben an Ausfahrten der Hexen in ihr System aufnahmen, auch solche waren, die von Nachklängen dieser altheidnischen germanischen Vorstellungen gehört hatten. Besteht aber darum schon ein innerer Zusammenhang zwischen dem kirchlichen und dem germanischen Wahn, wie ein solcher in dem Glauben an die schädigende Macht der Hexen, an das Wetter=machen, Lähmen, Vergiften, unverkennbar besteht? Dies ließe sich doch nur dann behaupten, wenn noch im 13. bis 15. Jahr=hundert im deutschen Volke der Glaube lebendig gewesen wäre, daß in seiner Mitte nächtliche Ausfahrten von Weibern durch die Lüfte vorkommen, wenn man Weiber, die dies trieben, gehaßt, gemieden, verfolgt hätte. Davon läßt sich aber, abgesehen von Vintlers Zeugnis und von dem unten zu erwähnenden eines bayerisch=österreichischen Dichters aus der Mitte des 13. Jahr=hunderts, keine Spur entdecken. Bei diesen beiden Zeugnissen aber erscheint nicht ausgeschlossen, daß sie bereits durch den In=quisitorenwahn beeinflußt sind. Der erste beglaubigte Fall, wo ein Ketzerrichter einer Angeklagten das Geständnis auf Hexen=ausfahrt erpreßt, spielt, wie wir hören werden, 1239 in Frank=reich und vor einem französischen Inquisitor.

Man darf nicht übersehen, daß die Gelehrsamkeit nachträg=lich wohl in analogen oder verwandten Zügen Berührung zwischen heidnischem Wahn und späterem Hexenglauben entdecken mag, ohne daß deshalb innerer Zusammenhang zwischen beiden herrscht. Noch entschiedener als bei den Hexenritten tritt dieses Verhältnis, um diese Frage hier sogleich vorwegzunehmen, bei dem Aberwitz der Teufelsbuhlschaft hervor. Dieser hat sicher keine germanische Wurzel, wenn auch Erzählungen von den Liebesverhältnissen wilder

---

[1] Mogk, S. 1015, 1021; Golther, S. 117, 119.
[2] Elard Hugo Meyer, S. 135.

Frauen mit Menſchen [1]), die Sagen von der ſchönen Meluſine, von den Schwanfrauen [2]), von der Königin Theobelinde, die ein Meerungetüm vergewaltigt [3]), von der übernatürlichen Abſtammung des Zauberers Merlin und anderes der Art zeigt, daß der Ge= danke eines geſchlechtlichen Verkehrs zwiſchen Menſchen und über= menſchlichen Weſen den alten Germanen nicht fremd war. Zur Herſtellung eines inneren Zuſammenhanges zwiſchen derartigen Vorſtellungen und der Hexerei fehlt ſchon das Merkmal, daß mit ſolchem Treiben der Menſchen ein ſchlechter Begriff verbunden wurde. Nur ein merkwürdiges, altes Zeugnis, die gotiſche Sage von dem Urſprung der Hunnen, ſchreibt gerade Zauberweibern oder Hexen ſelbſt geſchlechtlichen Verkehr mit Geiſtern zu. Nach Jordanis, dem Geſchichtſchreiber der Goten (Mitte des 6. Jahr= hunderts), ſind nämlich die Hunnen entſtanden aus den Ver= bindungen unreiner Geiſter mit Zauberweibern (magae mulieres), welche die Goten Haliurunnen nannten und welche der Gotenkönig Filimer weit von ſeinem Heere vertrieben und in Wüſteneien herumzuſchweifen gezwungen hatte [4]). Bedenkt man aber, daß ſechs Jahrhunderte zwiſchen der Aufzeichnung dieſer Sage und dem erſten Auftauchen des Glaubens an Teufelsbuhlſchaft liegen, ſo wird man den Gedanken an eine Beeinfluſſung des letzteren durch germaniſchen Volksglauben ablehnen. In den letzten drei Jahrhunderten des Mittelalters, in der Zeit, da der Hexenwahn ausgereift ward, glaubte doch wohl kein Menſch mehr ernſtlich an ſolche wunderbare Verbindungen, ſoweit nicht etwa der kirch= liche Wahn der Teufelsbuhlſchaft ſich rückwirkend mit volkstüm= lichen Vorſtellungen verbunden hatte. Dies dürfte in Bezug auf das Alpbrücken geſchehen ſein, wenn Vintler ſagt: Etliche glauben, der Alpe minne die Leute.

Im 11. Jahrhundert (vor 1022) hat Biſchof Burkhard von Worms den Canon Episcopi in ſeine Anleitung für die Beicht= väter, den ſogenannten Corrector, aufgenommen, aber die ur=

---

[1]) Golther, S. 154.

[2]) Grimm, Deutſche Mythologie [2], 1216.

[3]) Dreſcher, Hans Sachs und die Heldenſage (Acta germanica II, 1891, S. 436 f.).

[4]) Jordanis Getica, Mon. Germ. Auctor. Antiquiss. V, a, p. 89.

sprüngliche römisch-heidnische Färbung des Wahns fallen gelassen. Die Stelle ist eines der bedeutendsten Zeugnisse für eine dem Hexenwahn widerstrebende kirchliche Richtung, denn der ganze Glaube an Unholden, Hexen wird hier geradezu auf die Dummheit des Volks zurückgeführt. „Hast du geglaubt," so läßt Burkhard [1]) seinen mit der Sprache etwas unbehilflichen Beichtvater fragen, „daß es ein Weib gebe, welches zu thun vermag, was einige vom Teufel getäuscht, thun zu müssen versichern: nämlich daß sie mit einer Schar Teufel, die in die Gestalt von Weibern verwandelt sind, welche die Dummheit des Volks Unholden nennt, in gewissen Nächten auf Tieren reiten müssen und zu deren Gesellschaft gezählt werden. Wenn du dich dieses Aberglaubens (incredulitas) teilhaftig gemacht hast, hast du ein Jahr Buße zu thun."

Im Einklang mit dieser allgemeinen Zurückweisung des Hexenwahns faßt dann der Corrector Burchardi auch andere einzelne Formen heidnischen Wahns, die sich mit dem Hexenwahn berühren, nicht als Realität auf. „Hast [2]) du je geglaubt oder

---

[1]) Ed. Wasserschleben, Die Bußordnungen der abendländischen Kirche, S. 645, c. 60. Wasserschleben und andere Herausgeber haben die Lesart: holdam vorgezogen (cum demonum turba in similitudinem mulierum transformata, quam vulgaris stultitia hominum holdam vocant). Diese Holda hat man dann (so mit Grimm, Mythologie I, 244, Solban=Heppe I, 109, während II, 361 Bedenken ausgesprochen werden, Diefenbach, Janssen=Pastor u. a.) auf eine germanische Göttin gedeutet. Schon Luther (der zehn Gebot Gottes eine ... Erklärung; unter dem 1. Gebot: das dritt Alter) spricht, anknüpfend an diese Stelle, von der Frau Hulde. Lesart und Deutung verbieten sich aber schon darum, weil quam, wie bereits Schmeller bemerkte, sich nur auf demonum turba beziehen kann. Die Lesart: unholdam statt holdam, welche u. a. clm. 17736, s. XII, f. 141ᵛ bietet, ist daher sicher vorzuziehen. Die Korruption dürfte daraus entstanden sein, daß der Ausdruck unholda vom Abschreiber nicht verstanden wurde. S. nun auch Kauffmann (in den Beiträgen z. Gesch. d. deutschen Sprache u. Litteratur XVIII, 150), der vermutet, daß hinter unholdam ein urschriftlicher gen. plur. unholdon steckt. Wenn Döberlein in den Norbgauer Altertümern (s. Schöppner, Sagenbuch d. bayerischen Lande I, 124) von Frau Holle berichtet: Da sie für Diana gehalten wurde, gab man von ihr vor, sie durchstreiche die Lande mit einem wilden Heere, so hat hier die bekannte Sage vom wilden Heer ihre Färbung offenbar in gelehrten Kreisen erhalten.

[2]) A. a. O. c. 59.

Teil gehabt mit jenen, die sagen, sie könnten durch Verzauberung
Wetter machen oder die Gesinnung der Menschen bewegen? Wenn
du dies geglaubt oder daran Teil gehabt hast, hast du ein Jahr
Buße zu thun." Und: „Hast [1]) du geglaubt oder teilgenommen
an jenem Wahn (illius credulitatis, nach einigen Handschriften:
incredulitatis), daß ein Weib sei, welches vermittelst gewisser
Zaubereien und Beschwörungen die Gesinnungen der Menschen,
so Haß in Liebe oder Liebe in Haß zu verwandeln oder die
Güter der Menschen durch ihre Blendwerke zu rauben vermöge?
Wenn du dies geglaubt oder daran teilgenommen hast, hast du
ein Jahr Buße zu thun."

Zusammenfassend kann man sagen: Die alte Kirche hat die
Möglichkeit der Zauberei gelehrt und durch diese Uebereinstimmung
mit dem Volkswahn den Boden geschaffen, auf dem die Straf=
bestimmungen gegen Zauberei in der weltlichen Gesetzgebung, in
den Volksrechten u. s. w. möglich waren. Aber sie hat gerade
spezielle Aeußerungen des heidnischen Hexenwahns als Aberglauben
verworfen, ihre Vertreter haben das Volk, so viel wir wissen, nie
zur Spürjagd auf Hexen aufgehetzt und, soweit von kirchlicher
Seite gegen Zauberei eingeschritten ward, geschah es im Geiste
schonender Milde, nicht nach dem später immer und immer wieder
angerufenen Bibelworte: Die Zauberer sollst du nicht leben lassen
(Exod. 22)! Burkhard von Worms bedroht sogar den Glauben
an Realität der Hexerei mit Kirchenstrafen — während einige
Jahrhunderte später die päpstlichen Inquisitoren im Gegenteil
jeden, der diesen Glauben nicht teilte, als einfältig verschrieen,
als Ketzer verdammten und mit Verfolgung bedrohten.

Fassen wir nun die Nachrichten über Zauber= und Hexen=
wesen aus unserem engeren Vaterlande ins Auge. Die älteste
Erwähnung findet sich im bayerischen Volksrechte. Hiernach wird
Zauberei, durch welche die Ernte geschädigt wird, aranscarti, Ernte=
scharte, mit 12 Schillingen gebüßt [2]). Ueberdies hat der Urheber für

---

[1]) A. a. O. c. 64.
[2]) Lex Baiuwar. XIII, 8; Mon. Germ. Leg. III, 315: et familiam
eius et omnem substantiam eius vel pecora eius habeat in cura usque
ad annum. In der Deutung des letzteren Satzes folge ich Brunner, Deutsche
Rechtsgeschichte II, 680.

jeben Schaden zu haften, der Haus, Gut oder Vieh des Eigen=
tümers binnen Jahresfrist trifft. Aus einer dem Heidentum
noch naheslehenden Zeit ist auch die Weisung des Papstes Gregor II.
an seine Nuntien nach Bayern, daß sie dort die eitle Traum=
und Zeichenbeuterei, die Zauber= und Beschwörungsformeln, die
Zauberkünste der Wahrsager und Loswerfer verbieten sollen [1]).
Ein Dekret Tassilos von der Synode von Neuching droht die
Buße von 40 Schillingen dem, der gestohlenes Gut, besonders
Pferde und Vieh, durch Zauberkünste (machinis diabolicis) außer
Landes entführt oder verbirgt. Enblich die bayerische Kirchen=
synode von Reisbach bestimmt 799 [2]): Der Archipresbyter hat
gegen solche, die wahrsagen, zaubern und Wetter machen, vorzu=
gehen und soll sehen, sie durch sorgfältigste Untersuchung zu einem
Bekenntnis zu zwingen: videat, ut diligentissima examinatione
constringantur, si forte confiteantur etc. Auf Folter wird man
bies angesichts der milden Strafe nicht deuten dürfen. Die
Schuldigen sollen aber nicht am Leben, sondern nur so lange,
bis sie Besserung ihrer Sünden geloben, mit Haft gestraft
werden.

Bei diesen Erwähnungen des Zauberwahns aus dem 8. Jahr=
hundert, in dessen Beginn die Christianisierung des bayerischen
Volkes erst vollständig durchgeführt worden war, ist es unmöglich,

---

[1]) Sterzinger, der bayerische Bekämpfer des Hexenwahns, hat dieses
Schreiben erläutert in seiner akad. Rede: Entwurf von dem Zustande der
bayer. Kirche unter Herzog Theodo II. (1773), S. 16. Ueber die mit Unrecht
angefochtene Echtheit des Schreibens s. meine Mitteilung in den Forschungen
z. Deutschen Gesch. XVIII, S. 519 f.

[2]) Mon. Germ. Leg. III, p. 464, c. 2; 454, c. 9; 471, § 15 und Leg.
Sectio II, Capitularia 1, 228. Eine Uebersicht der einschlägigen Stellen aus
Bollsrechten und Gesetzen aus dem übrigen Deutschland s. bei Hugo Clard
Meyer, S. 18 f. Die Predigten gegen Aberglauben in der Freisinger Hand=
schrift, clm. 6298, aus dem 7./8. Jahrhundert erwähne ich nicht, da diese eine
Kompilation aus Predigten des hl. Augustin, Maximus von Turin, Cäsarius
von Arles u. a. enthält, die nicht an Bayern gerichtet wurden. Die Annahme
Quitzmanns (Heidnische Religion der Baiwaren, S. 220), daß man bei der
Auswahl der Sermonen zur Abschrift diejenigen vorgezogen habe, welche dem
Sittenzustande der neubekehrten Bayern am meisten entsprachen, beruht auf
der unerweislichen Voraussetzung, daß die Handschrift für Freising geschrieben
wurde.

ben heidnischen Ursprung zu bestreiten. Aber nur gegenüber den Bestimmungen des Volksrechtes und des Neuchinger Dekretes kann man zweifeln, ob sie nicht durchaus auf weltlicher Anschauung beruhen; in den beiden anderen Stellen spricht sich bereits deut= lich aus, daß die Kirche den heidnischen Wahn an die Möglichkeit zu zaubern zu ihrem Glauben gemacht hat und kraft ihrer Auto= rität gegen Zauberei einschreitet. Die Bestrafung aber ist die denkbar mildeste.

Neben solchen, die man als Schaden bringende Zauberer und Hexen in Verdacht hatte, gab es, wie erwähnt, seit der heidnischen Zeit auch solche, die mehr oder minder offen abergläubische Kunst zu Heilzwecken oder sonst in guter Absicht anwandten. Während des ganzen Mittelalters, ja noch darüber hinaus, ist diese Klasse der abergläubischen Kurpfuscher und Pfuscherinnen nicht aus= gestorben. Vom hl. Corbinian, dem ersten Bischofe von Freising, erzählt sein Biograph Arbeo [1]): Als der Bischof eines Tages zum Schlosse in Freising hinaufstieg, begegnete ihm ein Bauernweib, das er schon lange wegen Zauberei im Verdacht hatte; mit ihr gingen Männer, beladen mit Fleisch, und einer, der ein lebendes Tier führte. Corbinian frug sie, was sie hierher geführt. Worauf das Weib antwortete: Des Herzogs (Grimoald) Knabe sei durch heimliche Blicke der Dämonen aufgeregt worden; sie habe ihn mit ihren schändlichen Segensprüchen (carmine) und unerlaubten Künsten geheilt. Da übermannte den Bischof solcher Zorn, daß er vom Pferde herabsprang, auf das schon bejahrte Weib mit eigenen Händen losschlug und alle Geschenke, die sie empfangen hatte, vor dem Stadtthore unter die Armen verteilte. Er mied fortan die Stadt, kehrte nach Hause zurück und beklagte die Treu= losigkeit der Herzogin (Pilitrud). Die Geschichte spielt etwa zwischen 718 und 724. Später wird noch erzählt, daß der geliebte Knabe, den das Weib durch teuflische Künste mit ihrem schändlichen Liebe angesungen hatte, trotzdem bald des Todes verblich.

Ueber gerichtliches Einschreiten gegen Zauberer und Hexen hat

---

[1]) S. meine Ausgabe von Arbeo's Vita Corbiniani in der ältesten Fassung; Abhandlungen d. Münchener Akad. b. Wiss., hist. Kl., XVIII (1889), S. 265, 267, cap. 23, 25 (= 25, 27 bei Meichelbeck).

sich aus Bayern aus dem ganzen Mittelalter kein einziges sicheres
Zeugnis erhalten, doch wohl ein Beleg dafür, daß solches nicht
häufig vorkam. Dagegen ist in den Annalen von Weihenstephan
ein in mehrfacher Richtung höchst lehrreicher Fall von Volksjustiz
aus dem Jahre 1090 überliefert¹), der auch auf die Frage der
gerichtlichen Hexenverfolgungen einiges Licht wirft. „Während in
Freising Meginward und Hermann (Gegenbischöfe in den inneren
Wirren unter Kaiser Heinrich IV.) um das Bistum stritten und
niemand Recht und Unrecht unterschied (nulloque pectore nec
fas aut nefas discernente), entbrannten" — so erzählt unser
Bericht — „die Einwohner von Vötting (am Fuße des Weihenstephaner Bergs), von Neid getrieben, in teuflischer Wut gegen
drei arme Weiber, als ob sie Giftmischerinnen und Verderberinnen
von Menschen und Früchten seien. Eines Tages, in aller Frühe,
rissen sie dieselben aus dem Schlaf und ihren Betten und ließen
sie die Wasserprobe bestehen (ad aquam eas examinantes), fanden
aber keine Schuld an ihnen. (Nichtsbestoweniger) peitschten sie
sie dann grausam und wollten ihnen das Geständnis dessen, was
man ihnen lügnerisch vorwarf, erpressen, aber vergebens. Dann
liefen einige von ihnen zum Volk von Freising und brachten einen
gewissen Rudolf und Konrad dahin, daß sie Volksscharen ver-
sammelten, diese Weiber ergriffen und nach Freising schleppten.
Dort geißelte man sie zum zweitenmal, konnte aber wieder kein
Geständnis aus ihnen herausbringen. Da führte man sie an den
Isarstrand und verbrannte alle drei — eine war gesegneten Leibes
(viventis pueri praegnans) — auf einmal. So erlitten sie am
18. Juni im Feuer den Martyrertod (martyrizatae sunt). Einer
ihrer Verwandten beerdigte die Ueberreste am Isarstrande. Später
aber wurden sie dort von einem Priester und zwei Mönchen
erhoben und in der Hoffnung, daß die Getöteten der christlichen
Gemeinschaft würdig seien, im Vorhofe von Weihenstephan be-
stattet."

Dies ist der älteste und für das ganze Mittelalter auch der

---

¹) Zuerst veröffentlicht bei Meichelbeck, Hist. Fris. I, a, 284, der „in
hoc anno" irrig auf 1091 bezog. Jetzt unter 1090 in den Annales St. Ste-
phani Frising., Mon. Germ. Script. XIII, 52. Weiland hat den Fall in
der Zeitschrift f. Kirchengeschichte IX, 592 f. besprochen.

einzige sicher beglaubigte Fall von Hexenverfolgung aus unserem
engeren Vaterlande. Er läßt aber erkennen, daß es damals auch
gerichtliche Hexenverfolgungen gab, denn die Volksjustiz wird,
wenn auch nicht ganz deutlich[1]), dadurch erklärt, daß die Recht=
sprechung infolge des Streites der Oberhirten lahm gelegt war,
und wenn das Volk das Gottesurteil der Wasserprobe gegen die
Hexen anwendete, wird dies darum geschehen sein, weil man ge=
wohnt war, diese Probe bei Gericht gegen Hexen angewendet zu
sehen. Bekanntlich war diese Form des Gottesurteils für die Hexen
günstig, denn als unschuldig galt, wer mit gebundenen Armen
und Beinen im Wasser untersank. Die für die Angeklagten
günstige Entscheidung des Gottesurteils aber hat nur zur Folge,
daß man ihnen durch grausame Mißhandlung ein Geständnis zu
erpressen versucht, die Erfolglosigkeit der Folter führt nur zu ihrer
Wiederholung, und da die Weiber auch dann auf ihrer Unschuld
bestehen, werden sie gleichwohl verbrannt — ein Verfahren,
das für viele gerichtliche Hexenprozesse der späteren Zeit vor=
bildlich ist. Nach anderen Seiten aber unterscheiden sich die
Zustände, in welche dieser Vorgang einen Einblick gestattet, wesent=
lich von denen, die ein halbes Jahrtausend später, in der Blüte=
zeit der Hexenprozesse, herrschten. Später gehen die Verfolgungen
von den Behörden aus, hier vom Volke, und dessen wüste Justiz
ist aus einem Wahne entsprungen, den man mit hoher Wahr=
scheinlichkeit noch als heidnisches Ueberlebsel beanspruchen darf.
Daß die Böttinger an ihren Freisinger Nachbarn gefällige Helfer
finden, zeigt, daß dieser Wahn keine vereinzelte Erscheinung war.
In erfreulichem Gegensatze aber steht die Haltung, in welcher die
Diener der Kirche hier erscheinen, zu der von einflußreicheren
Nachfolgern vom 16. bis 18. Jahrhundert eingenommenen. Unser
Weihenstephaner Berichterstatter, der ja zweifellos ein Kleriker
war, erklärt die Beschuldigungen gegen die Hexen als lügnerisch,
findet das Teuflische nicht bei den armen Hexen, sondern ihren
barbarischen Verfolgern und spricht von ihrem Tod als Martyrium.

---

[1]) Deutlicher geschähe dies, wenn Meichelbecks Lesart: rectore statt
pectore, die richtige wäre. Ich habe mich durch Einsicht der Handschrift
(clm. 21 557, f. 126 ') überzeugt, daß es pectore heißt.

Und Geistliche waren es, die sich der Gemordeten wenigstens nach ihrem Tode annahmen, indem sie für ihr christliches Begräbnis sorgten.

Dies steht nur im Einklang mit der Stellung des deutschen Klerus zur Hexenfrage, welche der Corrector Burchardi verrät. Gegenüber dem Hexenwahn der Inquisitoren erscheint diese ein= sichtigere, ablehnende oder doch zurückhaltendere Auffassung in der Kirche bald wie ein dünner Faden klaren Wassers, der sich mit einer breiten schmutzigen Flut verbindet und seine Reinheit nicht auf die Dauer bewahren kann. Merkwürdig ist aber, wie lange sich diese Auffassung gleichwohl behauptet hat. Eine Münchener Handschrift aus Kloster Scheiern von 1468 und den folgenden Jahren[1]) gibt eine lehrreiche Uebersicht volkstümlichen Aber= glaubens, die als Merkzettel für die Beicht dienen soll. Die meisten hier erwähnten Aeußerungen des Aberglaubens knüpfen an kirchliche Einrichtungen an, Taufe, Fasten, Weihnachtsfeier u. s. w., und können erst in christlicher Zeit entstanden sein. Nur ein kleiner Teil zeigt altheidnischen Charakter, auf das Hexenwesen aber bezieht sich vollends nur ein verschwindender Teil dieser abergläubischen Anschauungen, nämlich unter achtundvierzig nur zwei — auch ein Zeichen, daß der Hexenwahn damals im Leben des Volkes keine große Rolle spielte. Unter den Abergläubischen werden nämlich aufgeführt: die Liebe oder Haß zwischen den Menschen machen wollen, und: die glauben, daß den Kühen die Milch geraubt werden könne. In diesen Fassungen, besonders in der des zweiten Wahns, spricht sich deutlich der altkirchliche Kampf gegen die Realität der Hexerei aus. Noch in dem Er= scheinungsjahre der verhängnisvollen päpstlichen Bulle, 1484, nennt der Wiener Propst Stephan von Lanzkranna in seiner „Himmelstraß, im Latin genent Scala celi"[2]), unter den Aber= gläubischen jene, die an Frau Bercht oder Frau Hold, an Hero= biabiß, an Diana die heidnische Göttin oder Teufelin, an die Nachtfahrenden, an die Bilweiß, an die Hynprüchtigen, an die

---

[1]) Clm. 17 523. Hieraus ediert von Usener, Religionsgeschichtliche Unter= suchungen, II, 83 f.

[2]) Ausgabe von 1510, f. 34ᵛ.

Druten, an die Schrätel, an die Unholden, an die Werwolf, an den Alp oder andere gar mancherlei Läpperei und Gedichtung glauben, die etliche heidnische, närrische, verzagte Leute wirken und treiben. 1499 sträubt sich der Pfarrer von Abensberg, wie wir hören werden, Hexenprebigten zu halten und gegen angeb= liche Hexen in seiner Stadt einzuschreiten. Ja in der offiziellen Vertretung des bayerischen Kirchentums, in den bayerischen Metro= politan= und Diözesansynoden, ist diese gesündere Strömung bis an die Schwelle der Hexenprozeßepidemie, bis tief in das 16. Jahr= hundert hinein die vorherrschende geblieben.

Mustert man die Konstitutionen dieser Versammlungen durch, so empfängt man den Eindruck, daß entweder die Bischöfe einer Besprechung dieses schlüpfrigen Kapitels, wo innerhalb der Kirche zwei miteinander nicht vereinbare Strömungen bestanden, am liebsten aus dem Wege gingen, oder daß der Hexenwahn unter der Bevölkerung Bayerns sich nur wenig geltend machte. Wahr= scheinlich haben beide Gründe zusammengewirkt, wenn in den Synodalbeschlüssen auffallend selten von Zauberei die Rede ist. Sogar auf dem nächsten nach dem Erscheinen der Bulle Summis desiderantes (1484) abgehaltenen Provinzialkonzil, dem von Salzburg 1490, fand man es, ebenso wie auf der Salzburger Synode von 1420, entweder nicht der Mühe wert oder nicht opportun, sich mit dieser Frage zu beschäftigen. Diese Zurück= haltung tritt erst dann in das rechte Licht, wenn man darauf achtet, nach wie mannigfachen Richtungen sich sonst die Beschlüsse dieser Synoden bewegen, in wie viele Lebensgebiete sie mahnend, warnend und befehlend eingreifen. Die Regensburger Synode von 1377[1]) zog die Frage der Zauberei nicht in Erwägung und ihre Beschlüsse de hereticis[2]) enthalten nichts, was an diese Art der Ketzerei denken läßt. Auch die Augsburger Synodalbeschlüsse von 1452[3]) erwähnen Zauberei nicht, auch nicht unter den

---

[1]) Mon. Boica XV, 569 f.

[2]) l. c. p. 611.

[3]) Mon. Boica XVI, 605 f., vgl. besonders p. 624. Ebenso nicht die Rede des Generalvikars Aufleger von der Regensburger Synode 1419 (vgl. Janner, Geschichte der Bischöfe von Regensburg III, 381 f.), und die Regens= burger Synodalbeschlüsse von 1465 (Janner a. a. O. 528 f.).

reservierten Fällen. Unter den neununbfünfzig Konstitutionen der Synode von 1420, wie unter den fünfundvierzig von 1490 ist keine, die sich auf diesen Gegenstand bezieht, nur in der langen Liste derer, die von der Kommunion zurückzuweisen sind, werden 1490 auch die Wahrsager, Zauberinnen (incantatrices), die vom Teufel Besessenen oder die auf andere Weise den Gebrauch ihrer Vernunft verloren haben, genannt [1]). Die Freisinger Diözesansynode von 1440 bestimmte, daß nur der Bischof von dem Laster der Zauberei lossprechen könne, besonders wenn dazu Sakramente, Sakramentalien oder Gebeine von Toten benutzt wurden [2]). Die Regensburger Synode von 1512 [3]) geht zuerst näher auf die Frage der „haeretici et sortilegi" ein, aber nicht ganz im Sinne der Bulle: Summis desiderantes. Die Synode verdammt neben allen von der katholischen Religion abweichenden Sekten auch alle eitlen und abergläubischen Gebräuche, das Wahrsagen und die Teufelskünste der Hexen (artesque maleficas Phitonissarum) [4]), mit denen diese schändliche Bitten an den Altären der Abgötter aussprechen, Teufel befragen und deren Antworten empfangen: die so Getäuschten wähnen, daß dadurch Güter erlangt und Uebel vermieden werden können (unde decepti putant bona provenire et mala posse evitari). In dem Wunsche, dieses pestbringende Geschlecht auszurotten, wird verordnet, daß fortan jeder Presbyter und Kleriker die in solche Irrtümer Verstrickten, welches Standes sie seien, Kleriker wie Laien, oder welche die erwähnten Zaubereien und teuflischen Aberglauben üben, in der Beicht zum Bischof, seinem Vikar oder Kommissär schicke, um dort die Absolution zu empfangen. Die aber öffentlich mit solchem Laster befleckt sind, sind, wenn sie nicht innerhalb neun Tagen nach der Ermahnung durch ihren Seelsorger ihre Irrtümer abgeschworen haben, ipso facto erkommuniziert

---

[1]) Dalham, Concilia Salisburgensia p. 190 f., 275.
[2]) Janssen-Pastor VIII, 502 nach Colleti, IX, 17 b. Meichelbeck II, 224 hat von diesen Synobalbeschlüssen nur die Titel mitgeteilt.
[3]) Schannat-Hartzheim, Concilia Germaniae, VI, 105.
[4]) Sic. Vgl. zu dieser falschen Form (statt Pithonissarum) unten den Titel der Schrift des Molitoris und die Anmerkung. Diese Schrift scheint dem Redakteur der Synobalbeschlüsse bekannt gewesen zu sein.

und werden nach Ablauf der genannten Frist öffentlich als Ex=
kommunizierte bekannt gegeben.

Noch die Beschlüsse der Salzburger Provinzialsynode von
1569 [1]) bewegen sich auf dem Boden derselben Anschauung: auch
hier heißt es, daß die Menschen, durch die Künste der Zauberer
und Hexen getäuscht, Güter zu erlangen oder Uebel zu vermeiden,
die Zukunft vorherzusehen, verborgene Schätze zu finden und
anderes der Art zu vollbringen sich einreden (sibi persuadent).
Gleichwohl trägt diese Synode dem Zeitgeist einige Rechnung durch
den Hinweis auf die weltliche Bestrafung: wenn ein solcher gefunden
werde, solle er nach den Bestimmungen der Rechte schärfer gestraft
werden. Immerhin erscheint auch hier der eigentliche Codex des
Inquisitorenhexenwahns stillschweigend abgelehnt. Weiter aber
kommt die Synode dieser Strömung doch wieder etwas entgegen:
Wer Kunde hat, daß jemand in solche Irrtümer verstrickt oder
anderem teuflischen Verkehr, Zusammenkünften, Ver=
trägen (familiaritatibus, conventionibus, pactionibus sive
confoederationibus) ergeben sei, hat dem Bischof oder dessen
Offizial Anzeige zu erstatten und braucht deshalb nicht zu be=
fürchten, daß er als Angeber verraten werde, denn der Bischof
darf ihn nicht offenbaren. Gleich darauf aber wieder deutliches
Widerstreben gegen das Hexenverbrennen: Den so Angeschuldigten
soll der Bischof mit Klugheit und Eifer und mit aller Liebe
zu bekehren sich bemühen [2]), gelingt ihm dies nicht, soll er nach
den kanonischen Vorschriften verfahren. In einem Punkte ist
dieser Beschluß noch milder als der von 1512: Hat jemand in
der Beicht einen derartigen Irrtum seinem Seelsorger geoffenbart,
so soll ihn dieser väterlich belehren, daß dies nur teuf=
lische Illusionen sind, welche jedem wahren Christen fern
bleiben müssen, und soll ihn ermahnen, sich derselben zu enthalten.

---

[1]) Dulham p. 372. Jetzt werden die haeretici (p. 369) aus ihrer ge=
wöhnlichen Verbindung mit den magicae artes (p. 372) abgelöst, eine Folge
des Kampfes gegen das Luthertum, das zu große Bedeutung gewonnen hatte,
um noch wie die früheren Häretiker mit Zauberern, Sodomiten u. s. w. über
einen Kamm geschoren zu werden.

[2]) Dies erinnert an die Bestimmung der Reisbacher Synode, s. oben
S. 27.

Nur wenn der Seelsorger einen mit Zauberei Befleckten nicht auf
den rechten Weg zurückführen kann und derselbe wegen seiner
Verirrung bei anderen in schlechten Ruf gerät, soll sich der Seel=
sorger wegen der Vollmacht, den Sünder zu absolvieren, an den
Bischof oder dessen Pönitentiar wenden.

Deutlicher kann sich die zwiespältige Strömung, die in der
Kirche waltete, nicht offenbaren, als in diesem Salzburger Statut
von 1569, am Vorabend der allgemeinen Hexenbrände.

II

Der kirchliche Hexenwahn.

———

Seit dem 13. Jahrhundert, das Leibniß als das dümmste der Weltgeschichte erschien, trat die unheilvolle Wendung ein, auf welcher die großen Hexenprozesse des 16. und 17. Jahrhunderts beruhen. Sie bildet einen der schlagendsten Belege dafür, welche Gefahr für wahre Religion eine über Gebühr starke kirchliche Macht in sich birgt. „Zwischen Religion und Kirche besteht das Verhältnis notwendiger Verknüpfung und zugleich inneren Gegen=satzes, eines der großen historischen Gesetze des menschlichen Lebens. Die Kirchenbildung geht mit Notwendigkeit aus der religiösen Idee hervor und bedeutet zunächst für sie Schutz und Förderung, aber sie verändert zugleich die religiöse Idee in ihrem Wesen und ihrer Wirksamkeit und zwar um so mehr, je vollkommener das Kirchenregiment ist" [1]. Eine Reihe von schlimmen Gebrechen der mittelalterlichen Kirche: Herrschsucht, Verfolgungsgeist, blinder Autoritätsglaube, Kritiklosigkeit, wirkte zusammen, um den kirch=lichen Hexenwahn und ausgedehnte kirchliche Hexenverfolgungen zu erzeugen. Entscheidend war vor allem, daß Papst Gregor IX. „das heilige Amt der Inquisition ketzerischer Schlechtigkeit" den Dominikanern übertrug. Papst Lucius III. hatte, als er 1184 alte Gesetze gegen die Ketzerei erneuerte, die Inquisition noch den Bischöfen zugewiesen. 1232 eröffneten Dominikaner ihre Wirk=

———

[1] Tröltsch, Religion und Kirche; Preußische Jahrbücher, LXXXI, 247, 242.

samkeit als Inquisitoren in verschiedenen Ländern. Wie die Ver=
fasser des Hexenhammers (p. I, q. 6) rühmen, wird der hl. Do=
minikus, Führer und Vater der Dominikaner, als bellender Hund
mit einer brennenden Fackel im Maul gezeichnet, „weil er durch
sein Gebell bis auf die Gegenwart die häretischen Wölfe von der
Herde Christi zurückscheucht". Diesem Vorbild nachzueifern war
der Stolz seiner Jünger, in Frankreich des großen Ketzerrichters
Robert „le Bougre", in Deutschland des berüchtigten Konrad
von Marburg. Robert le Bougre, der seinen Beinamen führte,
weil er ein bekehrter Katharer war, wurde von Gregor IX. (nicht
vor 1233) zum Generalinquisitor von Frankreich ernannt und
bereiste in dieser Eigenschaft bis 1239 das mittlere und nördliche
Frankreich. Wohin er kam, flammten die Scheiterhaufen auf.
An einem Tage, am 13. Mai 1239, ließ er in Gegenwart vieler
Prälaten und einer zahllosen Menschenmenge in Mont=Aimé bei
Châlons s. M. 183 Ketzer (Bulgri = Katharer) verbrennen — ein
großes und Gott wohlgefälliges Brandopfer, sagt der Chronist
Alberich. Darf man Matthäus Paris glauben, so trieb es dieser
fanatische Konvertit dem Papste selbst zu arg, ward von diesem
wegen Mißbrauch seines Amtes entsetzt und für den Rest seines
Lebens zu Gefängnis verurteilt[1]). In Deutschland liehen die
Ketzergesetze eines Ungläubigen, des Kaisers Friedrich II., der
Kirche den weltlichen Arm, trotzdem nahm hier das Treiben der
Inquisitoren zunächst ein rasches Ende, da ihr Haupt, Konrad
von Marburg, nach Verübung entsetzlicher Greuel 1233 bei Mar=
burg als Opfer wohlverdienter Volksrache fiel.

Diese päpstlichen Inquisitoren, in erster Reihe Dominikaner,
daneben mehr vereinzelt auch Franziskaner, verwendeten nun in
ihrem Kampfe gegen verschiedene Ketzer, gegen Katharer, Albigenser,
Waldenser, Begharden, Stedinger und andere als wirksamste Waffe
auch die Beschuldigung der Zauberei. Aus der Bibel, den Kirchen=
vätern und Scholastikern griffen sie auf, was sich für diesen Glauben
und seine Ausgestaltung im einzelnen verwerten ließ, sie verknüpften
diese Aussprüche mit den Ueberlebseln heidnischen Hexenwahns,

---

[1]) Vgl. Jules Frederichs, Robert le Bougre; Université de Gand,
Recueil de Travaux, VI, 1892.

der bei den christlichen Völkern, Germanen wie Romanen, bald in offener Flamme loderte, bald leise unter der Asche fortglomm, erhoben Aeußerungen des Aberglaubens, die auch die kirchlichen Kreise vorher als Wahn verdammt hatten, zu schauerlichen Reali= täten und brachten das Ganze allmählich in ein zusammenhängendes System. Wir können ihnen nicht zusehen, wie sie Stein um Stein zu diesem Bau auftürmen; doch überall, wo der neue, aus= gedehnte Hexenwahn auftritt und Verfolgungen entzündet, werden wir gewahr, daß Inquisitoren die Hand im Spiel haben, indem sie als Zeugen und Repräsentanten des Wahns oder als die Ver= folger, oft aber in dieser doppelten Eigenschaft erscheinen. Daß die verhängnisvolle Wendung in der kirchlichen Auffassung der Hexerei nur im eigenen Schoße der Kirche sich vollziehen, daß sie ihr nicht von der Laienwelt aufgedrungen werden konnte, ist ja selbstverständlich. Und da die Hexerei als Ketzerei betrachtet wurde, muß der für Verfolgung der Ketzerei kompetenten Behörde der Inquisitoren hiebei die entscheidende Rolle zugefallen sein. Wer sich die Augen nicht absichtlich verschließt oder wem die Gabe des historischen Blicks nicht gänzlich versagt ist, wird sie als die Bau= meister und Maurer dieses Neubaus erkennen, an dem selbst ein Teil der verwendeten Steine aus ihrer Fabrik stammt. Zugleich wurden das Prozeßverfahren und die Strafart eingeführt, die auch für die späteren Hexenprozesse herrschend blieben: der In= quisitionsprozeß trat an die Stelle des Accusationsprozesses, wenn auch dieser nicht gänzlich verdrängt wurde; seit Innocenz IV. ward die (wahrscheinlich schon früher angewendete) Folter zur Erpressung von Geständnissen angeordnet und als Strafe der überführten Ketzer der Scheiterhaufen gesetzlich eingeführt. Seit= dem begann jener entsetzliche Kreislauf von Ursache und Wirkung: durch die Folter zwang man die Angeklagte, das durch die Fragen des Richters ihr suggerierte Hexenwahnsystem anzuerkennen, und die so erpreßten Geständnisse verwertete man hinwiederum in Wort und Schrift zur Bekräftigung und Verteidigung des Systems und zur Rechtfertigung neuer Verfolgungen.

Unter den Ketzern, die der Generalinquisitor Robert le Bougre 1239 in Mont=Aimé verbrennen ließ, war eine Frau, welche auf sein Drängen (ad instantiam fratris Roberti) bekannte, daß sie

vom Teufel in der Nacht bis Mailand entführt worden ſei, um
dort den Katharern (Bulgris) bei Tiſche zu dienen. Ihren Platz
an der Seite des Gatten habe unterbeſſen ein ihr gleichſehender
Teufel eingenommen [1]). Dies iſt der erſte, bis jetzt ſicher be=
glaubigte Fall einer auf eigentliche Hexerei lautenden Anklage.
Daß ein Geſtändnis ſolchen Inhalts ohne richterliche Suggeſtion
und ohne Folter abgelegt worden ſei, kann man nicht leicht an=
nehmen. Ein biſchöfliches Statut von Doornick aus dem 13. Jahr=
hundert nennt unter denen, die der Exkommunikation verfallen
ſollen, wer mit dem Leibe des Herrn Zauberei treibt, überhaupt
alle Zauberer und Hexen, Wahrſager, Beſchwörer des Teufels
u. ſ. w. [2]). Sicher nachweisbare Opfer des neuen Wahnſyſtems
ſind ferner in den ſiebziger Jahren des 13. Jahrhunderts vor den
Inquiſitionsgerichten in Carcaſſonne und Toulouſe gefallen. Die
dort verbrannten Zauberer und Hexen waren unter anderem be=
ſchuldigt, den Hexenſabbat beſucht und mit dem Teufel Unzucht
getrieben zu haben [3]). Nehmen wir dazu die Lehre von der
Teufelsanbetung und vom Teufelsbündnis und das Wiederauf=
greifen der Hexenfahrten, ſo ſind die weſentlichen Züge genannt,
um welche der neue Hexenwahn der Inquiſitoren reicher war als
der alte heidniſch=germaniſche.

Unter dieſen Zügen iſt nur einer, die Teufelsanbetung und
der Teufelsbund, bei welchem die Möglichkeit des Vorkommens
nicht von vornherein geleugnet werden muß. Die Inquiſitoren
warfen dieſe Dinge den Katharern und ſpeziell den Luziferianern
vor, die den Teufel als Lichtgott und Prinzip des Guten verehrt
haben ſollen. Der öſterreichiſche Dichter Stricker (gegen die Mitte
des 13. Jahrhunderts) klagt in einem Gedichte über die Ketzer,
die Gott verleugnen und an den in der Hölle Brennenden, von
Gott Verſtoßenen glauben [4]). Bruder Berthold von Regens=

---

[1]) Chronica Albrici Monachi Trium-Fontium; Mon. Germ. Script.
XXIII, 945.

[2]) Paul Fredericq, Corpus documentorum inquisitionis Neerlandicae
(1889), I, p. 149, Nr. 158.

[3]) Solban=Heppe I, 223.

[4]) Kleinere Gedichte von dem Stricker, herausgeg. von Hahn, S. 70,
V. 503 f. Ueber Ketzerverfolgungen im öſtlichen Bayern und Oeſterreich etwa

burg[1]) (gest. 1272) aber bringt die Teufelsanbetung bereits mit Zauberei in Verbindung: er spricht von solchen, die den Teufel anbeten, Gott verleugnet haben und mit unseres Herrn Leichnam zaubern; an anderen Stellen von solchen, die mit Gottes Leichnam, mit dem hl. Chrisma, mit Totengebein, mit Kröten, mit einem Holzapfel zaubern, ja ihre eigenen Kinder fressen. Daß die Anklagen der Teufelsanbetung und des Teufelsbundes zunächst gegen ketzerische Sekten gerichtet wurden, erst von diesen aus später auf Hexen und Zauberer übertragen worden sind, darf als gesichert gelten. Abgesehen von allen anderen Bedenken ist schon die Idee, daß eine religiöse Verirrung fast ausschließlich unter Weibern und vorzugsweise bei alten Weibern hervorgetreten sein soll, eine widersinnige. Bei dem Cisterziensermönche Cäsarius von Heisterbach, dessen Dialogus miraculorum (erste Hälfte des 13. Jahrhunderts) voll ist von den wüstesten Teufelsgeschichten, tritt doch der Gedanke eines eigentlichen dauernden Teufelsbundes noch nicht hervor[2]). Erasmus, der die meisten seiner Zeitgenossen an historischer Einsicht überragte, hat wohl richtig geurteilt, daß den Teufelsbund die Ketzermeister erfunden hätten. Sollte ihre Quelle nicht in dem bekannten Vorläufer der Faustsage, in der von Eutychianus, wie es scheint, noch im 6. Jahrhundert verfaßten griechischen Legende des Ciliciers Theophilus, zu suchen sein? Nach dieser im Abendlande in der lateinischen Bearbeitung des Diakons Paul von Neapel[3]) verbreiteten Schrift hat Theophilus, vom Ehrgeiz gestachelt, unter Vermittelung eines Zauberers mit dem Teufel einen Pakt geschlossen und in einem besiegelten Schreiben Christus abgeschworen. Man erwäge nur, daß den Mönchen aus diesen „Vitae Sanctorum" Tag für Tag während der Mahlzeit vorgelesen und daß ihr Inhalt bis in den kleinsten Zug nicht minder gläubig als die hl. Schrift aufgenommen wurde. Wer

---

seit der Mitte des 13. Jahrhunderts, besonders gegen Lyonisten (Waldesier), f. meine Geschichte Bayerns II, 226 f. Sind etwa hier auch schon Anklagen auf Teufelsdienst und Hexerei erhoben worden?

[1]) Deutsche Predigten, ed. Pfeiffer, II, 109, 147; I, 206.

[2]) Soldan-Heppe I, 188.

[3]) Acta Sanctor. Boll. 4. Febr. I, 483 f.

freilich mit modernen französischen Mystikern [1]) an eine noch heute in Frankreich existierende Sekte von Teufelsanbetern glauben will, die den Satan als Prinzip des Bösen, nicht wie die Luziferianer als Prinzip des Guten verehren, der wird sich um so weniger sträuben, den Behauptungen der Inquisitoren von einem unter den Hexen organisierten Teufelsdienst Glauben zu schenken.

Anderseits warb die Realität der Hexerei gerade gegenüber solchen geltend gemacht, welche die Existenz oder Wirksamkeit des Teufels leugneten. Gegen diese sich wendend, hat der hl. Thomas von Aquino erklärt: „Der katholische Glaube will, daß die Dämonen etwas sind, daß sie durch ihr Wirken schädigen und die fleischliche Vermischung verhindern können" [2]). Da Thomas in seinem Kommentar zu Job auch aussprach, daß die Teufel Sturm und Ungewitter machen und Feuer vom Himmel (Meteore) fallen lassen können [3]), hat er dem Hexenwahn mächtigen Vorschub geleistet. Insbesondere aber warb die überwältigende Autorität dieses Kirchenlehrers verhängnisvoll für die Lehre von der Teufels= buhlschaft.

Die Teufelsbuhlschaft bildet später bei den meisten Hexen= prozessen in katholischen wie protestantischen Ländern geradezu den Kern der Anklage und ist wohl das Scheußlichste, was mensch= licher Aberwitz je ersonnen hat. Mit Entsetzen fragt man sich, wie diese Verirrung möglich war. Für die Antwort kommen zwei echt mittelalterliche Eigenschaften in Betracht: der unkritische Autoritätenglaube und die Art, wie man seine Quellen benützt: indem man sich auf sie beruft, geht man doch schon einen Schritt darüber hinaus. Als Grundlage zeigt sich einerseits die Schriftstelle Genes. 6, 1—4, die Verbindungen von Söhnen Gottes (diese

---

[1]) Jules Bois, Le Satanisme et la Magie. Mit Vorrede von Huys= mans (Paris 1895). Die Verfasser bringen mit dem Kultus dieser satanischen Sekte die Diebstähle geweihter Hostien, welche seit einigen Jahren in Frank= reich große Ausdehnung angenommen haben sollen, in Verbindung. Das Buch versetzt uns in die dunkelsten Zeiten des Hexenwahns zurück. Die Illustra= tionen zeichnen alle Aeußerungen der Hexerei bis auf den Hexensabbat und die Incubus und Succubus.
[2]) Quodlibet. XI, q. 8, art. 1 (Opera ed. Parisiis 1660, XI, p. 153).
[3]) Vgl. Soldan=Heppe II, 143.

wurden als gefallene Engel aufgefaßt) mit Töchtern der Menschen
erwähnt, anderseits die Anschauung der alten Kirchenväter, daß
die Gestalten der römisch-heidnischen Mythologie reale Wesen
und zwar Teufel seien. Augustinus sagt: viele behaupten, daß
die Silvanen oder Faune, welche das Volk Incuben nennt,
den Weibern nachstellen, und von den Dämonen, welche die
Gallier Dusii nennen, wird dies so häufig und von solchen ver=
sichert, daß es unverschämt wäre, dies zu leugnen [1]). Von dieser
und einer anderen Stelle des Augustinus ausgehend, hat dann
Thomas von Aquino die schon von dem Byzantiner Psellus aus=
gesprochene Annahme von den incubus und succubus zu einer
neuen Theorie [2]) ausgebildet, die zu ekelhaft ist, als daß sie wieder=
gegeben werden könnte. Auf seiner Autorität fußten die Nach=
folger — wo immer man die für diese Ansicht citierten Beweis=
stellen [3]) prüft, findet man, daß nur die bei Thomas den Charakter
eines deutlich ausgesprochenen Lehrsatzes trägt. Der „engelgleiche
Doktor", der gefeierte Heilige und Gelehrte des Dominikaner=
ordens, muß daher als derjenige bezeichnet werden, der am meisten
zur Festsetzung dieses Wahnwitzes beigetragen hat. Auf diesen
Grund hat u. a., wie die Verfasser des Hexenhammers berichten,

---

[1]) De Civitate Dei lib. 15, c. 23; Migne, Cursus patrologiae XLI, c. 468.

[2]) Die Hauptstelle ist Summa theologica, p. 1, q. 51, art. 3 (Thomae
Opera omnia, Romae 1889, V, p. 19). In dem zwölfbändigen Werke: Die
katholische Wahrheit oder die theolog. Summa des hl. Thomas von Aquino,
deutsch wiedergegeben von Ceslaus Maria Schneider (Regensburg, Manz, 1892,
vgl. Bd. III, 85—87 mit dem Originaltext), vermißt man diese verhängnisvolle
Stelle. Die Bearbeitung gibt sich aber weder auf dem Titel noch sonstwo als
eine in usum delphini veranstaltete, vielmehr wird auf S. LXXIII ange=
kündigt: „Der ganze vollständige Text der summa liegt in möglichst fließendem
Deutsch vor."

[3]) So beruft sich Niber (Formicarius p. 338) auf Bibelstellen, Augustinus
und Isidor und fährt dann fort: überdies bestimmt dies (determinat) der
hl. Doktor (Thomas). Vgl. ferner Malleus maleficarum (1519), u. a. fol. 64
bis 67; cod. lat. Monac. 11935, f. 119ᵛ (Augustinus, Isidor, Thomas und
Niber, der hinwiederum auf Thomas fußt); Silvester Prierias, De Strigimagarum demonumque mirandis (1521), l. II, c. 3, punct. 2 (der doctor
sanctus ist Thomas); Binsfeld, De confess. maleficor. et sagar. (ed. 1623,
p. 172). Psellus wird von den alten Hexenschriftstellern nie erwähnt —
Graeca non leguntur.

deren Kollege, der Inquisitor von Como, in der Grafschaft Bormio
oder Wormserbad, in dem e in e n Jahre 1485 41 Frauen ver=
brennen lassen, während viele andere dem gleichen Schicksal nur
dadurch entgingen, daß sie über die Grenze nach Tirol flüchteten.
Der Wahn von Hexenversammlungen und Orgien wurzelt
in jener absurden Verleumdung, die sich mit trauriger Zähigkeit
durch die ganze Kirchengeschichte des Mittelalters fortpflanzt und
stets da hervortritt, wo der religiöse Fanatismus, aufs höchste
entfacht, nach einem unfehlbaren Mittel sucht, die Gegner zu
vernichten. Im 2. Jahrhundert von dem Apologeten Minucius
Felix dem Repräsentanten des Heidentums als Anklage gegen die
Urchristen in den Mund gelegt, wird diese Verleumdung später
als Waffe gegen die verschiedensten Widersacher der Kirche, gegen
Gnostiker und Manichäer, Katharer und Albigenser, Waldesier,
norddeutsche Ketzer und Tempelherren ¹) gebraucht. Sie besagte,
daß ruchlose Menschen sich zu unsittlichen Festen versammeln, wo
unter schauerlichem und obscönem Zeremoniell der Teufel ange=
betet oder ihm gehuldigt, geschmaust, getanzt und schändliche Un=
zucht getrieben wird. Noch 1560, als die römische Inquisition
Tausende von Waldesiern in Calabrien hinschlachten oder ver=
brennen ließ, wurden den unglücklichen Opfern durch die Folter
vorher Geständnisse von derartigen nächtlichen Orgien erpreßt ²).
Und noch 1752 finden wir in den Anmerkungen unseres Gesetz=
gebers Kreittmayer zum bayerischen Strafgesetzbuche den entsetz=
lichen Wahn fortleben.

Wie erklärt sich aber die auffallende Thatsache, daß trotz der
kirchlichen Entscheidung des Canon Episcopi die Inquisitoren auch
den Glauben an die Realität der nächtlichen Hexenausfahrten
unter ihre Fittiche nahmen und für diese Realität in ihren
Schriften eintraten? In Gratians Dekret aufgenommen, konnte
ja der Canon Episcopi nicht der Vergessenheit anheimfallen. In
der That hat der Dominikaner Nikolaus Jaquier 1458 einen
guten Teil seines Flagellum haereticorum fascinariorum der

---

¹) Hierüber vgl. u. a. Lea, History of Inquisition III, 267; Döllinger,
Der Untergang des Tempelordens (Akademische Vorträge III, 262); Gmelin,
Schuld oder Unschuld des Templerordens, bes. S. 67.
²) Döllinger, Die römische Inquisition; Kleinere Schriften, S. 403.

Bekämpfung dieses Canons gewidmet [1]), der fanatische Binsfeld
verdächtigt die Authenticität dieses Konzilsbeschlusses, von dem sich
keine Handschrift finde [2]), und noch im 17. Jahrhundert wird uns
der unten zu erwähnende Erläuterungsversuch des Jesuiten Tanner
wie im 18. Jahrhundert die Litteratur des bayerischen Hexen=
kriegs beweisen, daß der Canon in der Erinnerung der Theologen
fortlebte.

Die Erklärung dieses Widerspruches liegt wohl darin, daß
die Inquisitoren die Verleumdung von unsittlichen Festversamm=
lungen auf die Hexen übertragen hatten. Die nächtlichen Hexen=
fahrten erschienen nun als ein unentbehrliches Glied in der Kette
des Systems. Ohne diesen Zug hätte sich auch die Annahme
geheimer nächtlicher Versammlungen und Orgien der Hexen schwer
aufrechthalten lassen, da nie Zeugen aufzutreiben waren, welche
die Hexen auf dem Wege zu diesen Zusammenkünften beobachtet
hätten. Um die Möglichkeit dieser Versammlungen zu erklären,
griff man daher auf den alten römischen Wahn zurück: die Hexen
mußten auf übernatürliche, geheimnisvolle Weise, durch die Lüfte
reitend, ihre Sammelplätze erreichen. Eine Stütze dafür fand
man in Stellen der hl. Schrift, welche zu bestätigen schienen, daß
böse ebenso wie gute Geister die Macht haben, Menschen durch
die Lüfte zu entführen [3]). Wie eng die nächtlichen Versammlungen
und Orgien mit den Hexenausfahrten zusammenhingen, zeigt auch
die päpstliche Hexenbulle von 1484, welche in ihrem sonst voll=
ständigen Verzeichnisse der den Hexen zugeschobenen Unthaten
gerade diese beiden Vorwürfe nicht enthält. Für die Ver=
schweigung der Hexenausfahrten liegt der Grund offenbar darin,
daß man mit dem Canon Episcopi nicht in Widerspruch geraten
wollte; und nachdem man die Ausfahrten unterdrückte, fand man
geraten, auch von den Versammlungen zu schweigen, weil diese
ohne die ersteren nicht glaubhaft erschienen.

Aber es gab kaum einen Punkt in dem kirchlichen Hexen=
wahn, gegen den sich die gesunde Vernunft der Menge so beharr=

---

[1]) Soldan=Heppe I, 247.
[2]) De confessionibus maleficor. et sagar. (ed. 1623, p. 317).
[3]) S. u. a. Binsfeld=Vogel, Von Bekenntnis der Zauberer und Hexen
(1591), S. 30.

lich sträubte. Wenn es auch die ganze Welt beschwört — singt der Stricker oder ein Landes= und Zeitgenosse desselben —, ich glaube es nicht, ich hätte es denn mit meinen Augen gesehen. Er erwähnt die Erzählungen von Hexen, die auf einer „Dechsen" [1]) reiten oder auf einem Hausbesen nach Salz „je Halle" fahren, aber es sei verlorene Arbeit, einen das glauben zu machen. Das ganze Hexenwesen scheint diesem Dichter „gelogene Mähre"; auf seinen weiten Reisen hat er vergebens nach Unholden gefragt; die „rechten Unholder" seien die falschen Räte, die ihren Herren Herz und Blut aussaugen [2]). 1453 mußte der Prior von St. Ger= main=en=Laye, der sich auf der Kanzel gegen die Wirklichkeit der Hexenfahrten erklärt hatte, abschwören und seinen Widerspruch gegen die Inquisitoren mit lebenslänglichem Gefängnis büßen [3]). Die Kurie hat nie gewagt, über den Canon Episcopi sich aus= drücklich hinwegzusetzen, aber stillschweigend ließ sie ihre Inqui= sitoren und die theologischen Lehrer auch in dieser Frage ge= währen.

Es liegt in der Natur der Sache, daß ein bestimmter Zeit= punkt für die klare Ausscheidung des Begriffes Hexerei aus dem allgemeinen Begriffe Zauberei und für den vollständigen Abschluß des Hexenwahnsystems nicht bezeichnet werden kann. Bei einem südfranzösischen Inquisitionsprozesse von 1329 kann man in Zweifel sein, ob man die Anklage unter Zauberei oder speziell Hexerei rechnen soll, zumal da nicht alle Anklagepunkte deutlich bezeichnet sind. Damals verurteilten die Inquisitoren von Carcassonne und Toulouse gemeinschaftlich mit dem Bischof von Pamiers den Karmeliter Petrus Recordi, der unter Teufelsbeschwörung fünf

---

[1]) Man wird eher an Fichtenzweige, die als Besen verwendet wurden (bayerisch noch heute Taxen), als an einen Spinnrocken zu denken haben Vgl. Lexer, Mhb. Handwörterbuch I, 416.

[2]) Nach der Wiener Hdschr. 428, 154 d bei Grimm, Mythologie [2], 1000 f. Grimm hat bereits bemerkt, daß man unter Halle eine der bayerisch=öster= reichischen Salzstätten, Reichenhall, Hall in Tirol, Hallein oder Hallstadt zu verstehen hat. Vgl. über die Stelle auch Soldan=Heppe II, 357. Sollte etwa auch der gotische Ausdruck „Haliurunnen" für Hexen bei Jordanis (vgl. oben S. 24) mit der von Soldan bestrittenen Beziehung der Hexen mit Salzstätten zusammenhängen?

[3]) Soldan=Heppe I, 247.

Wachsbilder gefertigt und mit deren Hilfe die Liebe von drei
Frauen gewonnen, außerdem eine Menge anderer Zaubereien be=
gangen haben sollte, zur Degradation und lebenslänglichem Ge=
fängnis, „also daß ihm das Leben nach dem Tode schmecke, der
Tod aber das ewige Leben bringe" [1]). Die Geständnisse waren
jedenfalls durch die Folter erzwungen und wurden vom Ange=
klagten wiederholt widerrufen. In anderen Fällen aus dieser
Zeit knüpfen sich an die, wie es scheint, nicht grundlose Beschul=
bigung des Zaubereiversuches keineswegs weitere Anklagen auf
Hexerei, so nahe dies gelegen wäre. Zwischen 1318 und 1325
wurden zu Pamiers einige Frauen angeklagt, weil sie Tote er=
wecken wollten. Einem Verstorbenen waren von seiner Witwe
und anderen Personen Haare und Nägel abgeschnitten worden,
die zur Anfertigung eines Talismans dienen sollten [2]). Von
eigentlicher Hexerei aber ist hier keine Rede. In den Inqui=
sitionsprozessen gegen Walbesier in Norbitalen 1387, 1388 lautet
auch eine Anklage auf Bereitung von Zaubertränken [3]). Dem
1357 gestorbenen italienischen Juristen Bartolus war der Begriff
der Hexerei noch etwas Neues [4]). Daß aber spätestens mit dem
Beginne des 15. Jahrhunderts der kirchliche Hexenwahn ziemlich
vollständig ausgebildet war, muß man aus Nibers Formicarius
schließen. Silvester Prierias, der spätere Dominikanergeneral,
der sich in seinen drei Büchern de Strigimagarum demonumque mirandis (Romae 1521) mit dem unbequemen Canon Episcopi auseinanderzusetzen sucht (l. II, c. 1, punct. 6 und 7), macht
zu diesem Zwecke geltend, daß dieser Canon sich nicht auf die
Hexen beziehe; denn die Sekte der Hexen habe „um 1404, in
der Zeit des Papstes Innocenz VIII.", wie aus dessen Hexenbulle
erhelle, ihren Anfang genommen. Ein Ausspruch, der die histo=
rische Unwissenheit und Kritiklosigkeit des Verfassers auf gleicher
Höhe mit dem übrigen Inhalt seines Buches zeigt. Daß Prierias

---

[1]) Urk. aus dem Inquisitionsarchiv von Carcassonne bei Lea III, 657.

[2]) Molinier, Rapport in den Archives scientifiques et littéraires,
III. Série, T. XIV (1888), p. 231 aus einer vatikanischen Hdschr.

[3]) Döllinger, Beiträge z. Sektengeschichte des Mittelalters II, 258, viel=
leicht auch 264, 265.

[4]) Lea, History of the Inquisition III, 534.

hinsichtlich der Regierungszeit des Papstes Innocenz VIII., in
welche seine Jugend fiel, so sehr im Unklaren gewesen sei, daß
er dieselbe um achtzig Jahre zu früh ansetzt, ist ausgeschlossen.
Man wird daher 1404 als Druckfehler statt 1484 betrachten
müssen. Die Annahme aber, daß die Existenz der Hexen, das
heißt der Glaube an ihre Existenz, erst von der päpstlichen
Bulle von 1484 datiere, gehört zu dem Absurdesten, was die
Dominikaner als Hexenschriftsteller je geleistet haben, zumal da
Prierias wiederholt die Hexengeschichten aus Nibers Formicarius
citiert. Die Dürftigkeit unserer Nachrichten vor dem 15. Jahrhundert hängt wohl vor allem mit der Zerstörung [1]) zusammen,
welche die Archive der französischen Inquisition zum größten Teile
betroffen hat.

Um zu begreifen, wie das Hexenwahnsystem entstehen konnte,
darf man die Fülle von Aberglauben, welche nach Vintlers und
Hartliebs deutlichen Zeugnissen alle Stände durchdrang, nicht
außer Augen lassen. Insbesondere aber muß man sich in den
Ideenkreis jener Mönche versenken, die der Realität der Welt
entrückt, ihren Geist Tag für Tag mit den läppischen Wunder-
geschichten der Heiligenlegenden [2]), mit scholastischen Subtilitäten,
Schrullen und Absurditäten nährten. In diesen Köpfen herrschte
ein Bild des irdischen Daseins, in dem das Uebernatürliche so
breiten Raum einnahm, daß die Vorstellungen der Hexerei sich
mit Leichtigkeit einfügten. So rächte sich die unheilvolle Geistes-
richtung der Scholastik, welche die Beobachtung des Lebens durch
die Spekulation ersetzte, der „docta ignorantia", wie sie Nikolaus
von Kues nennt, weil diese Unwissenheit eine alles Wissen über-
steigende Erkenntnis sei [3]).

Die autoritative Anerkennung der Hexerei als Realität und
jener erweiterte Begriff der Hexerei, der den furchtbaren Verfolgungen des 16. und 17. Jahrhunderts zu Grunde lag, ent-

<hr>

[1]) Molinier, L'Inquisition dans le Midi de la France au 13. et
14. siècle (1881), p. 453.

[2]) Deren Einfluß auf den Hexenwahn nicht nur bei den ältesten Hexenschriftstellern, sondern noch bei späteren Theologen zu erkennen ist. S. u. a.
die Citate in des Jesuiten Tanner Theologia scholastica, III, 995.

[3]) Franz Brentano, Die vier Phasen der Philosophie, S. 21.

sprangen dem Schoße jener kirchlichen Korporation, die befugt und beauftragt war, auszuspüren und festzustellen, in welcher Weise sich Ketzerei äußere, und die Träger dieser Ketzerei auszurotten. Das Obsiegen des wahnwitzigen Systems wäre nicht zu erklären, wenn dasselbe nicht von autoritativer, hier also von der kirchlichen Seite gehegt und gepflegt worden wäre. Diese historische Thatsache drängt sich dem Betrachter mit so zwingender Gewalt auf, daß sie längst allgemein anerkannt wäre, sträubte sich dagegen nicht Pietät gegen die Kirche. Darf aber diese so weit getrieben werden, wissenschaftliche Wahrheiten zu unterdrücken? Im Leben ist es eine Tugend, über Fehler und Schwächen von Menschen hinwegzusehen, an welche uns Liebe, Verehrung und Dankbarkeit knüpfen; der Geschichte aber raubt man ihre Hoheit und ihren bildenden Wert, wenn das gleiche Verfahren, sei es in Bezug auf Institutionen oder auf Menschen, auf sie übertragen wird.

Auch schon vor der ausdrücklichen päpstlichen Approbation kann man den Hexenwahn der Inquisitoren nicht anders als einen kirchlichen bezeichnen. Denn die Päpste haben ihn sowie die schauerliche Anwendung, welche die Inquisitoren in ihren Hexenprozessen davon machten, nie mißbilligt. Soweit sie aber Lehre und Treiben ihrer Inquisitoren nicht mißbilligten, hat man selbstverständlich anzunehmen, daß sie es stillschweigend guthießen. Denn die Inquisitoren waren eben das von ihnen berufene kompetente Organ für alles, was mit Ketzerei zusammenhing. Zauberei und Hexerei aber wurden von den Inquisitoren als eine Form der Ketzerei erklärt — mit solchem Erfolg, daß sie auch in den weltlichen Gesetzgebungen, in katholischen Ländern bis ins 17. Jahrhundert hinein, unter diesen Begriff eingereiht erscheinen. Goethe zeigt sich als Kenner der Kirchengeschichte, wenn er im zweiten Teile des Faust den Kanzler ausrufen läßt: „Die Ketzer sind's, die Hexenmeister! Und sie verderben Stadt und Land!"

Wenn die Hexenprozesse seit dem 16. Jahrhundert von den geistlichen an die weltlichen Gerichte übergingen, darf man sich nicht darüber täuschen, daß sie im Grunde immer blieben, was sie unter den Inquisitoren waren: ein Glaubensgeschäft, negotium fidei oder processus fidei, wie die amtliche Sprache der

Inquisitoren sie getauft hatte [1]). Dies verriet sich zum Teil schon in äußerlichen Veranstaltungen. Die bayerische General- und Spezialinstruktion für den Herenprozeß von 1622 [2]) verordnete: So lange zauberische Personen verhaftet sind, sind geistliche Sachen, als Weihwasser, Kruzifix, geistliche Bilder, Agnus Dei und dergleichen, bereit zu halten, damit des Teufels Gewalt verhindert werde. Die Instruktion folgte damit den vom Herenhammer (p. III, quaest. 15) gegebenen Ratschlägen, wie das „maleficium taciturnitatis" zu überwinden sei. Bei Herenprozessen, die 1721 und 1722 in Moosburg und Freising spielten, wurde die Folterkammer mit Weihrauch ausgeräuchert, die zur Peinigung der Angeklagten gebrauchten Spihruten wurden geweiht, bei jedem Examen wurden geweihte Lichter gebrannt und vermittelst des St. Johannisweins wurden den Angeklagten „heilige Reliquien eingegeben" — alles dies, um die Kraft der Verzauberung zu brechen [3]). Ja noch Kreittmayers Strafgesetzbuch von 1751 rät gegen das maleficium taciturnitatis u. a. Anwendung geistlicher Mittel (II, c. 8, § 13).

Freilich in ihrer vollen Reinheit, wie sie von den Inquisitoren ausgeprägt worden, hat sich die geistliche Färbung des Herenprozesses bei den weltlichen Gerichten nicht erhalten. Die Inquisitoren ließen z. B., wenn eine Here gefoltert wurde, auf das gute Gelingen der Tortur eine heilige Messe lesen, wobei die Anwesenden, ohne Mitteilung des besonderen Falles, nur aufgefordert wurden, zu beten, daß den Anfechtungen des Teufels widerstanden werde [4]). Auch hatten sie die Erfahrung gemacht, daß am Freitag mit der Folter am sichersten Geständnisse erzielt

---

[1]) S, u. a. Malleus maleficar. (ed. 1669), p. 251.

[2]) Reichsarchiv; Herensachen Nr. 1½.

[3]) Reichsarchiv; Herensachen Nr. 8 u. 9 und „Ausführliche Erzählung des Verhörs und der Hinrichtung des 1722 der Hexerei beschuldigten Georg Prölß" (1806), S. 123.

[4]) Malleus maleficarum, p. III, quaest. 16, p. 249: Primo quod sacratioribus diebus et infra missarum solemnia sunt maleficae interrogandae, ita ut populus adhortetur ad implorandum divinum auxilii in generali, nihil specificando, nisi ut contra quascumque daemonum infestationes sancti invocentur.

werden und hier wieder gerade in dem Augenblicke des Gebet=
läutens — fromme Bräuche und Erfahrungen, die den späteren
Generationen abhanden kamen.

Wenn es noch eines Beweises für den kirchlichen Charakter
des neuen Hexenwahns bedürfte, so liegt dieser in seiner Inter=
nationalität. In allen Ländern, wo die römische Kirche herrschte,
ob sie von Romanen, Kelten oder Germanen bewohnt waren,
tritt seit dem 13. Jahrhundert allmählich dasselbe umfassende
Hexenwahnsystem hervor. Es ist klar, daß dies nicht ausschließlich
auf altem Volksglauben beruhen kann, so viele Aehnlichkeiten in
Bezug auf Hexerei dieser auch bei den verschiedenen Nationen
aufwies. Nur die Diener der römischen Kirche hatten die Macht,
alle christlichen Völker des Abendlandes mit einem gemeinsamen
Netze übernatürlicher Vorstellungen zu umspannen. Von der
Kanzel herab verbreiteten die Inquisitoren überall ihren Wahn
als „Wort Gottes" und entfalteten eine demagogische Wirksam=
keit, indem sie an die schlechtesten Instinkte der Masse, an Neid
und Haß, Aberglauben und Dummheit, appellierten. Unter den
romanischen Nationen Frankreichs, Italiens, Spaniens stoßen wir
daher auf den nämlichen Hexenwahn wie in Deutschland und den
germanischen Ländern. Um aus Hunderten von Belegen nur
einen hervorzuheben: Der italienische Dominikaner Bartholomäus
de Spina, der 1546 in Rom als magister sacri palatii starb,
schildert in seinem „Novus Malleus maleficarum" (1531) die
Hexerei ebenso wie seine deutschen Vorgänger in dem älteren
Werke des gleichen Titels und beruft sich für seine Anschauungen
neben der hl. Schrift und päpstlichen Bullen auf die Zeugnisse
mehrerer mit Namen aufgeführter Männer: Geistlicher, Aerzte,
Bauern, aus Ferrara, aus Venedig, aus dem Veltlin, aus Lugano,
aus Como, also durchweg Italiener aus Gegenden, in denen von
Ueberlebseln germanischen Heidentums keine Rede sein kann. Er
erwähnt [1]) italienische Hexentanzplätze: bei Benevent, im Gebiet
von Ferrara, in der Ebene von Mirandola, auf dem Monte Pa=
terno bei Bologna.

In den der byzantinischen Kirche angehörigen slavischen

---

[1]) P. 128.

Nationen ist altheidnischer Volksaberglaube von Hexen mindestens ebenso zu Hause wie bei den germanischen und romanischen Völkern. Gleichwohl haben sie keine Hexenprozesse, die man nur entfernt mit den abendländischen vergleichen könnte [1]. Der Grund liegt darin, daß der kirchliche Hexenwahn erst entstanden war, nachdem die morgenländische Kirche sich von Rom abgelöst hatte, und daß die päpstlichen Inquisitoren in deren Bereich nichts zu sagen hatten. Es fehlte also hier die geistliche Autorität, welche den Wahn des Volkes zum kirchlichen Glauben stempelte und ihm hiemit erst die volle Gefährlichkeit für das Gemeinwohl verlieh.

Endlich werfe man einen Blick auf die Litteratur des Hexen-wahns und der Hexenprozesse! Mit Ausnahme des französischen Richters Jean Bodin (Traité de la démonomanie des sorciers, 1580), des lothringischen Geheimrats und Oberrichters Nikolaus Remigius (Daemonolatria, 1595) und des spanischen Advokaten Torreblanca (Daemonologia, 1615), welche aber ihre Lehren ihrerseits wieder nur auf kirchliche Autoritäten gründen, gehören sämtliche Klassiker des Hexenwahns, die Lehrer und Berater, welche für diesen Wahn sowie für die Verfolgungen der Hexen, auch in Gutachten von Juristen über einzelne Prozesse, immer und immer wieder angerufen werden, dem geistlichen Stande an. So der spanische Dominikaner Nikolaus Eymericus, Großinqui-sitor von Arragonien, der in seinem Directorium Inquisitorum (verfaßt um 1358, zuerst gedruckt 1503 in Rom) die erste syste-matische Unterweisung für den Ketzerrichter gab, überdies aber in seinem „Tractatus contra daemonum invocatores" (spätestens 1359) nachwies, daß Hexerei Ketzerei sei und vor das Tribunal der Inquisition gehöre [2]. So der Dominikaner und Inquisitor

---

[1] Wie schon Rippold und Längin S. 164 f. hervorgehoben haben. Professor Krumbacher, der ausgezeichnete Kenner der byzantinischen Verhält-nisse, bestätigt mir die Thatsache. Was Hergenröther, Katholische Kirche und christlicher Staat, II. Abt., S. 613 f. dagegen anführt, beweist nur, was von niemanden bestritten wurde, daß auch die byzantinische Kirche Zauberei verfolgte. Jede Hexerei fällt auch unter den Begriff der Zauberei, aber nicht jede Zauberei ist Hexerei.

[2] Vgl. über diesen nur handschriftlich vorliegenden Traktat Burr, The Literature of Witchcraft (Papers of the American Historical Association 1890), p. 250.

Nikolaus Jaquier (Flagellum haereticorum fascinariorum, 1458), ſo die Verfaſſer des Hexenhammers, die Inquiſitoren und Domini= kaner Inſtitoris und Sprenger, der Inquiſitor und Dominikaner Bernhard von Como (geſt. 1510; de strigiis), der Profeſſor der Theologie und magister sacri palatii apostolici, ſpäter Domini= kanergeneral Silveſter Mazzolino Prierias (de strigimagarum demonumque mirandis libri 3; Romae 1521); der Verfaſſer des „Neuen Hexenhammers", der Dominikaner Bartholomäus be Spina, der Trierer Weihbiſchof Peter Binsfeld (de confessionibus male- ficorum et sagarum, 1589), der ſpaniſche Jeſuit Martin Delrio (Disquisitiones magicae, 1599; bis 1755 elf [!] Auflagen), der Münchener Jeſuit Paul Laymann (Processus iuridicus contra sagas, 1629). Auch unter den Proteſtanten erſcheinen, dem kirch= lichen Charakter des Wahnes entſprechend, Geiſtliche als die Führer jener Litteratur, die den Glauben an Hexerei lehrte und verbreitete: bei den Lutheranern eine lange Reihe von Pfarrern und Superintendenten wie der Augsburger Albrecht, der Frank= furter Walbſchmidt, der Leipziger Meber, der Thüringer Rübinger, der Württemberger Graeter, der Magdeburger Scriver, der Rigaer Samſon und viele andere, die Hexenpredigten, zum Teil ganze Serien von ſolchen drucken ließen; bei den Calviniſten der Genfer Prediger Lambert Danäus (de veneficis, 1575); bei den Angli= kanern der Geiſtliche Glanvil, deſſen Sadducismus triumphans (1681) noch immer eine Reihe von Auflagen, auch eine Ueber= ſetzung ins Deutſche erlebte und den Reigen der hervorragenden theologiſchen Verteidigungsſchriften des Hexenglaubens abſchließt.

In der katholiſchen Kirche aber betrachteten beſonders die Dominikaner („Domini canes") — und zwar mit hiſtoriſchem Recht — ebenſowohl die theoretiſche Erörterung über Ketzer und Hexen wie deren Aufſpürung und Verfolgung als ihre eigenſte Domäne. Man höre nur den Wutausbruch des genannten Bartho= lomäus be Spina, als ein weltlicher Juriſt, Joh. Franz Ponzi= nibius in einer Abhandlung über Hexen andere Anſichten als die Dominikaner zu verteidigen wagte. „Daß ein reiner Legiſt" — ſagt Spina [1]) — „eine theologiſche Materie erörtert und den

---

[1]) Novus Malleus maleficarum (Köln 1531), p. 202.

tiefsinnigsten Theologen, was die Herren Inquisitoren der ketze=
rischen Schlechtigkeit durchweg (communiter) sind, opponiert, scheint
von vornherein die äußerste Anmaßung zu verraten und kann bei
den Einsichtsvollen nur Spott und Heiterkeit erwecken. Ich wun=
derte mich über die Frechheit dieses Mannes und schauderte."
Ein späterer Dominikaner, P. Concinna, wollte Luther und den
Reformatoren nicht einmal die Ehre gönnen, daß sie den Hexen=
glauben mit den Rechtgläubigen teilten, und erklärte in grober
Unwissenheit, daß es keine Hexen gebe, hätten „Luther, Melanch=
thon und deren Spießgesellen" behauptet [1]).

Papst Innocenz VIII. hat an jenen Klerikern und Laien, welche
sich dem Hexenwahn und den Verfolgungen der von ihm aus=
gesandten Inquisitoren entgegenstemmten, gerügt, daß sie „mehr
wissen wollen, als ihnen zustehe" (quaerentes plura sapere, quam
oporteat). Was heißt dies anderes', als daß über diese Fragen
nur die kompetenten kirchlichen Autoritäten, an erster Stelle die
vom Papste delegierten Inquisitoren der ketzerischen Schlechtigkeit
zu befinden haben? Wenn jetzt von Anwälten der Kirche die
kirchliche Verantwortung für die Hexenprozesse abgelehnt, ja diese
Auffassung als „absurb und lächerlich" erklärt wird, so ist darauf
hinzuweisen, daß die alten kirchlichen Hexenschriftsteller im Gegen=
teil — und zwar mit vollem Recht — den Glauben an Hexerei
als kirchlichen Glauben und die Verfolgung der Hexen als kirch=
liche Institution in Anspruch genommen haben. In der Ab=
schwörungsformel, welche im Malleus maleficarum [2]) für die nicht
an Hexerei Glaubenden aufgestellt wird, heißt es: Der Unglaube
an Hexerei verstößt ausdrücklich gegen die Entscheidung der heiligen
Mutter, der Kirche, aller katholischen Lehrer und der kaiserlichen
Gesetze. Die Entscheidung zweifelhafter Dinge im Glauben, heißt
es in demselben Buche (p. III, q. 1, p. 219) mit Bezug auf die
Hexerei, steht vor allem bei der Kirche und vornehmlich beim
Papste; von der Kirche aber ist gewiß, daß sie nie im Glauben
geirrt hat. Aehnlich folgert der Inquisitor Bernhard von Como:

---

[1]) (Agnellus Merz) Urteil ohne Vorurteil, S. 56; Sterzinger, Betrügende
Zauberkunst, S. 80.

[2]) Pars III, quaest. 24.

Ohne Zustimmung des Papstes hätten nicht so viele Hexen verbrannt werden können; also ist die Hexerei eine Realität, denn
die Kirche straft nur zweifellose Verbrechen [1]. „Wer die Hexenfahrten als Träume und Täuschungen erklärt" — sagt der Jesuit
Delrio in seinem unter ausdrücklicher Approbation der Oberen
erschienenen Buche — „versündigt sich an der Kirche; denn die
katholische Kirche bestraft nur sichere und offenbare Verbrechen. Entweder irrt die Kirche oder jene Zweifler irren — wer aber sagt,
daß die Kirche in einer dogmatischen Frage (in re ad fidem perti-
nente) irren könne, der sei verflucht!" [2]. „Daß etliche Menschen",
ruft der Jesuit Laymann [3]), „in ihrem iudicio so singulares und
eigensinnig sein, daß sie der ganzen Christenheit, gemeiner Praxis,
geistlichen und weltlichen Gerichtsprozessen ihren Kopf widersetzen
dürfen (indem sie die Realität der Hexerei leugnen) . . ., was ist
das anderes als alle Decreta Patrum, Concilia Pontificum,
Academias, Tribunalia und die Kirche Gottes selbst der
Unwissenheit, Ungerechtigkeit oder Tyrannei bezichtigen und dem
Antichristen das Thor aufsperren?"
    Die Auffassung der kirchlichen Schriftsteller aus der Zeit der
Hexenprozesse selbst steht also in biametralem Gegensatze zu der
von modernen Apologeten der Kirche ausgesprochenen, wonach die
Kirche an dem Hexenglauben keinen Anteil gehabt habe, auch die
päpstliche Bulle Summis desiderantes affectibus durchaus keine
dogmatische Entscheidung über das Hexenwesen enthalte. Als der
Professor der Theologie Cornelius Loos, ein eifriger Katholik,
1591 den Hexenwahn bekämpfte, ließ ihn der päpstliche Nuntius
Frangipani in Trier einsperren und zwang ihn zum Widerruf.
Unter anderem mußte er anerkennen, daß seine Behauptung, die
Hexenausfahrten seien eine Täuschung, stark nach Ketzerei rieche
(haereticam pravitatem prorsus subolet). Der Jesuit Delrio,
der uns die Urkunde seiner Revokation überliefert hat [4]), fügt
hinzu: Mögen die Anhänger des Loos erfahren, wie vermessen

---

[1]) De strigiis c. 3—6. Vgl. Lea, History of the Inquisition III, 498.
[2]) Delrio, Disquisitiones magicae (ed. 1606), II, 441.
[3]) Processus, p. 53.
[4]) Disquisitiones magicae III, 316—319.

und schädlich es sei, die Delirien eines Weier (der ebenfalls den Hexenwahn bekämpfte) dem Urteil der Kirche vorzuziehen! Nur wenn man sich dieser Einsicht nicht verschließt, daß der Hexenglaube von der gewaltigen Autorität der Kirche getragen war, verliert die Thatsache, daß ein solcher Wahnwitz Jahrhunderte hindurch auch die Gebildeten beherrschen konnte, ihren rätselhaften Charakter. Die modernen Bestrebungen [1]), die Kirche in diesem

---

[1]) Außer Janssen-Pastor seien hervorgehoben: Hergenröther, Handbuch der allgemeinen Kirchengeschichte (1877), II, 185, und: Katholische Kirche und christlicher Staat, II, 608 f. An der ersteren Stelle lesen wir: „Darauf entstand in Deutschland der viel mißbrauchte Hexenhammer. Noch Alexander VI., Leo X. und seine Nachfolger beschäftigten sich mit dem in Deutschland und Oberitalien besonders hervortretenden Unwesen." „Viel mißbraucht" wurde auch die Bibel. Sollte der Hexenhammer charakterisiert werden, was man allerdings zu den Aufgaben einer dickleibigen Kirchengeschichte rechnen wird, so mußte wenigstens so viel gesagt werden, daß er von Inquisitoren verfaßt und daß seine Wirkung um so unheilvoller war, je richtiger und umfassender er gebraucht und angewendet wurde. Ferner: die Artikel von Kaulen über Hexen und von Diefenbach über Hexenprozesse in Wetzer und Welte's Kirchenlexikon [2], V, von denen besonders der letztere in Geschichtsentstellung kaum überboten werden kann. (U. a. c. 1994: „Nachdem so der Hexenwahn unter den deutschen Protestanten epidemisch geworden war, brach er sich auch in katholischen Territorien Bahn.") Dr. X in den „Geschichtslügen" [2], u. a. S. 179: „Bis zur Zeit der eigentlichen Hexenprozesse begnügte sich die Kirche immer mit den genannten Strafmitteln (Diöziplinarstrafen und Ausschluß von der Kirchengemeinschaft) und rief niemals den Arm der weltlichen Gerechtigkeit zur blutigen Bestrafung der Zauberei zu Hilfe." Man beachte das Wort: blutig — die Hexen wurden ja verbrannt! Also ist der „Freund der Wahrheit" bei der Wahrheit geblieben! Ferner (S. 182, 191): „Es ist absurd und lächerlich, der Kirche eine Verantwortung für die Hexenprozesse beizumessen." In den neuesten (12. und 13.) Auflagen der „Geschichtslügen" ist der Artikel über Zauber- und Hexenwesen weggelassen. Diefenbach, Der Hexenwahn (S. 273: „Die Katholiken können mit einem befriedigenden Bewußtsein auf dieses traurige Geschichtsbild zurückblicken: einzelne haben sich befleckt mit dem Irrwahn ihrer Zeit, die Kirche dagegen hat sich makellos erhalten"). Nicht so weit geht Paul M. Baumgarten (Die deutschen Hexenprozesse; Frankfurter Zeitgemäße Broschüren, N. F. IV, 144): „Indirekt dürfen wir allerdings die Geistlichkeit und die Hierarchie der katholischen Kirche für die Greuel der Hexenprozesse verantwortlich machen." Das Zugeständnis ist zwar nicht ausreichend, berührt aber gegenüber den oben erwähnten Urteilen wohltuend als Zeugnis der unwiderstehlichen Macht der historischen Wahrheit. —

Punkte reinzuwaschen, gehen gewiß von wohlmeinendem Eifer für
das Ansehen und die Ehre der Kirche aus, aber mit historischer
Wissenschaft, mit unparteiischer und unbestechlicher Erforschung
der Wahrheit haben sie nichts gemein. Auf diese Litteratur
trifft — doch in anderem Sinne, als es gemeint war — Goethe's
Wort zu: Geschichte schreiben ist eine Art sich das Vergangene
vom Halse schaffen. Nicht um ein Suchen nach der Wahrheit
handelt es sich in diesen Schriften, sondern nur um Taktik. Aber
selbst vom Standpunkte der Taktik aus beurteilt, erscheinen ihre
groben Geschichtsfälschungen als unklug. Denn bestrittene und
geleugnete Wahrheiten ist der Verteidiger um so nachdrücklicher
hervorzuheben gezwungen.

Das lehrreichste Zeugnis für den Hexenwahn der Inquisitoren
bietet vor dem Hexenhammer der 1441 entstandene „Formicarius"
des schwäbischen Dominikaners Johannes Niber. Niber, zuerst
Professor der Theologie in Wien, dann Prior des Predigerklosters
in Nürnberg, war einer der gefeiertsten Kanzelredner seiner Zeit,
ein eifriger Reformator der Klöster seines Ordens, daneben ein
Hauptvertreter des kirchlichen Aberglaubens. Im Formicarius

Nach Döllinger (Kleinere Schriften: Pius IX., S. 590) hat noch Papst
Pius IX. ein Edikt erlassen, welches jeden, der Zauberei getrieben und mit
dem Satan sich eingelassen habe, der von ihm wiederaufgerichteten Inquisition
anzuzeigen befahl. Ueber den gegenwärtigen Stand des Hexenglaubens vgl.
auch Nippold, Die gegenwärtige Wiederbelebung des Hexenglaubens (1875);
Längin, Der Wunder- und Dämonenglaube der Gegenwart (1887); E. P. Evans,
Modern Instances of Demoniacal Possession und Recent Recrudescence
of Superstition (The Popular Science Monthly, Dec. 1892, Oct. and
Nov. 1895). Die kirchlichen Autoren sind nicht dünngesät, die noch heute
ihren Glauben an Realität der Zauberei und Hexerei aussprechen, womit dann
freilich die ganze Beurteilung der Hexenprozesse eine andere wird. So erklärt
Pfarrer Sauter (Die Hexerei mit besonderer Berücksichtigung Oberschwabens.
Zur Hexenbulle. 1884, S. 60): „Es mag sein, ausgemacht ist es aber nicht,
daß überhaupt keine dämonische Beeinflussung stattgefunden, und die entgegen=
stehenden Bedenken sind nicht ohne weiteres von der Hand zu weisen." Mit
dankenswerter Deutlichkeit spricht Kaulen in dem Artikel „Hexen" in Wetzer
und Weltes Kirchenlexikon ², V, c. 1992 aus: „Die Möglichkeit der als
Hexerei zusammengefaßten Vorkommnisse (also auch der Teufels=
buhlschaft, der Hexenritte, des Wettermachens u. s. w.) kann nicht geleug=
net werden."

bietet er uns eine Sammlung der wüstesten Gespenster= und Hexengeschichten, oft unter Berufung auf analoge Erzählungen der Heiligenlegenden. Wie schon erwähnt: will man sich die Verschrobenheit in den Köpfen dieser Mönche begreiflich machen, so darf man nicht übersehen, daß die von den albernsten Wunder= und Teufelsgeschichten strotzende Litteratur der Heiligenleben das tägliche Brot ihres Geistes bildete.

Bei Niber erscheint die Hexerei noch nicht scharf von der Zauberei geschieden, vorteilhafte und schädliche Kunst und Wirk= samkeit, weit überwiegend freilich die letztere, wird bei ihm einer und derselben Klasse von Zauberern oder Hexen zugeschrieben. Auf sieben Arten, sagt er, können diese schaden: sie können Liebe einflößen, Haß einflößen, Zeugung und Empfängnis verhindern, Siechtum an einem Glied erzeugen, Menschen des Lebens berauben, sie des Verstandes berauben, sie auf eine der obengenannten Arten in ihren Sachen (sic) oder Tieren schädigen. Was er weiter anführt, beruht auf Geständnissen in Hexenprozessen, d. h. auf den Suggestivfragen der Richter. Zauberer und Hexen verleugnen Christus, den Glauben und die Sakramente, huldigen dem Teufel, verzehren Kinder, können sich in Mäuse verwandeln, können Getreide oder Heu vom fremden Grund auf den eigenen herüberzaubern, können Wetter machen, durch Blitzstrahl töten, Kinder vor den Augen ihrer Eltern ins Wasser werfen, Unfruchtbar= keit erzeugen, Pferde unter den Reitern durch die Lüfte entführen, Verborgenes offenbaren und die Zukunft weissagen, Abwesendes sehen wie Gegenwärtiges (s. p. 314—318). Auch von Incuben und Succuben weiß Niber viel zu erzählen (p. 337 f.), u. a. von einer der zahllosen zum Constanzer Konzil herzugeströmten Dirnen, die sich einem Cursor bei Winterthur als succubus enthüllte.

Höchst bezeichnend ist nun die Art, wie dieser Dominikaner seine Erzählungen einkleidet: ein Gespräch zwischen einem Theologen und einem „Trägen" (Piger). Der Träge führt seinen Namen deshalb, weil er durch die Zauber= und Hexenerzählungen des Theologen erst zum Glauben an die Wirklichkeit und Ausdehnung der Hexerei und dieser ganzen übernatürlichen Welt gebracht oder doch seiner Zweifel und Bedenken überhoben werden muß. Der Theologe entspricht genau dem päpstlichen Inquisitor, der „Träge"

der Mehrheit des deutschen Volkes. Ohne es zu beabsichtigen, hat
uns Niber so bestätigt, was wir auch ohne sein Zeugnis wüßten,
daß dieser neue ausgedehnte Hexenwahn dem Volke nur durch die
Geistlichkeit eingeimpft worden ist.

Von Hexenprozessen seiner Zeit hebt Niber besonders die in
Bern geführten hervor. Seinem südfranzösischen Ausgangspunkte
entsprechend, berührte der Greuel der Inquisitionshexenprozesse
Deutschland zuerst im äußersten Südwesten, in dem teilweise zur
französischen Nationalität gehörigen Sprengel von Lausanne. Bei
diesen Prozessen ward schon ausgiebiger Gebrauch von der Folter
gemacht. Unter anderen ließ der Richter einen gewissen Stabelin,
der Wetter machte und sich als Schüler eines sechzig Jahre vor
Nibers Zeit wirkenden Zauberers Namens Schaf (Schafius) be=
kannte, mindestens viermal aufziehen [1]). „Die Berichte über die
Berner Prozesse", sagt Niber, „habe ich zum Teil von Doktoren
unserer Fakultät, zum Teil von einem wackeren und gläubigen
weltlichen Richter, dem Herrn Peter von Bern, der aus den
Fragen und Bekenntnissen (quaestionibus et fassionibus) und
aus amtlicher und privater Erfahrung viel gelernt und viele
Zauberer beiderlei Geschlechts verbrannt, andere aus dem Berner
Gebiete ausgewiesen hat. Mit ihm habe ich mich oft und ein=
gehend darüber unterhalten." Man beachte, daß Herr Peter auch
aus den an die Hexen gestellten Fragen viel gelernt hat. Die
Fragen waren also nicht von ihm selbst gestellt. Wer anders soll
sie gestellt haben als geistliche Inquisitoren, wahrscheinlich eben
jene Doktoren der Theologie, die Niber ebenfalls als seine Ge=
währsmänner nennt? Daß diese Deutung die richtige ist, erhellt
auch daraus, daß Niber (p. 333) die Inquisitoren, welche die
zwei Helferinnen der Jungfrau von Orléans examinierten, eben=
falls nur als „Doktoren der Theologie" bezeichnet. Der welt=
liche Richter in Bern lieh den Inquisitoren nur seinen Arm zur
Folterung und Verbrennung der Opfer, genau so, wie dies ein

---

[1]) Das fünfte Buch des Formicarius, das vom Hexenwesen handelt, ist
mehreren Ausgaben des Malleus maleficarum angehängt. In der Ausgabe
Lugduni 1669, die ich benützte, f. für das Obige p. 314 f. Für die Ent=
stehungszeit kommt die Angabe p. 333 in Betracht, daß die Geschichte der
Jungfrau von Orléans „vor zehn Jahren" gespielt habe.

halbes Jahrhundert später bei den Hexenprozessen der Inquisitoren Institoris und Sprenger geschah. In Sachen der Inquisition hatte ja der Staat der Kirche, wie die Quellen besagen, „mit geschlossenen Augen blinden Gehorsam" zu erweisen[1]. Niber aber läßt die Thätigkeit seiner Kollegen bescheiden zurücktreten, wie dies die Inquisitoren immer liebten, wenn es an das Peinigen und Verbrennen ging. Aehnlich würde man aus dem Buche des Trierer Weihbischofs Binsfeld über die Hexengeständnisse nie erfahren, daß eben der Verfasser selbst es ist, der als Haupt= urheber diese Verfolgungen in Gang gebracht hat. Daß die Berner Prozesse vor dem weltlichen Gericht spielten, erhellt aus keinem Worte von Nibers Bericht, und muß schon darum als höchst unwahrscheinlich gelten, weil die weltlichen Gerichte im 15. Jahrhundert nach allem, was wir wissen, gegen Hexen nicht die Folter, sondern das Gottesurteil anwandten[2].

Niber nennt weiter als Gewährsmann für die Hexenerzählungen einen Wiener Benediktiner Benedikt aus einem der reformierten Klöster des Ordens, der vor zehn Jahren noch als ein beim Adel sehr beliebter Nekromant, Spaßmacher (ioculator) und Schau= spieler dem weltlichen Stande angehörte. Ferner den Inquisitor der ketzerischen Schlechtigkeit von Autun, den frommen Reformator des Dominikanerordens auf der Synode von Lyon, der im Sprengel von Autun die Inquisition gegen viele Zauberer betrieb.

---

[1] S. Camillo Henner, Beiträge zur Organisation und Kompetenz der päpstlichen Ketzergerichte (Leipzig 1890), S. 348.

[2] Aus der Darstellung bei Janssen=Pastor VIII, 504 muß der Leser den Eindruck gewinnen, als hätten diese Berner Prozesse vor dem weltlichen Gericht gespielt. Von Nibers Gewährsmännern wird dort nur der weltliche Richter als der hauptsächlichste genannt. — In der Ueberschrift der von mir benützten Ausgabe des Formicarius, lib. V (p. 305) wird Niber selbst als haereticae pravitatis inquisitor bezeichnet. In sämtlichen alten Drucken von Nibers Werken (f. Hain, Repertorium Nr. 11780—11854 und Copinger, Supplement) findet sich jedoch dieser Titel nicht. Als Inquisitor würde sich auch Niber bei seinen ausgedehnten Berichten über Ketzereien doch wohl hie und da auf eigene Erfahrungen berufen haben. Auch Schieler, Magister J. Niber, S. 243 erklärt, er habe nirgend finden können, daß Niber Inqui= sitor war. Man wird Schieler beipflichten müssen, daß Niber dieses Amt nie bekleidete.

Weitere Zeugnisse verdankt er (p. 332) einem deutschen Inqui=
sitor, dem Professor der Theologie Heinrich Kalteisen, der ein
Jahr, bevor Niber schrieb, in der Stadt Köln sein Amt als In=
quisitor ausübte.

Die berühmteste Hexe des 15. Jahrhunderts ist die jetzt selig
gesprochene Jungfrau von Orléans. Von diesem Fall erzählt
Niber, was er vom Magister Nikolaus Amici, Lizentiaten der
Theologie, der damals Gesandter (ambasiator) der Universität
Paris war, gehört hat. Die Jungfrau habe zuletzt gestanden, daß
ihr ein Schutzengel zur Seite stehe; dieser aber wurde nach dem
Urteil der gelehrtesten Männer als ein böser Geist erkannt; sie
ließen die Jungfrau daher durch öffentliches Gericht als Zauberin
dem Feuer übergeben, „worüber der König von England unserem
Kaiser Sigmund weitläufig geschrieben hat". Ferner ließ der
Inquisitor von Frankreich, wie Niber aus derselben Quelle weiß,
zwei Frauen verhaften, die in der Gegend von Paris aufstanden
und aussprengten, sie seien der Jungfrau Johanna von Gott zu
Hilfe gesandt. Diese wurden durch mehrere Doktoren der Theo=
logie examiniert. Die eine blieb hartnäckig und ward verbrannt,
die andere ließ sich bekehren und schwor ihren Irrtum ab. Der
„Träge" spricht darüber seine Verwunderung aus. Aber der
Theologe erwidert ihm: Den Einfältigen deinesgleichen erscheinen
solche Dinge freilich wunderbar, vor den Augen der Klugen aber
keineswegs als etwas Seltenes. Es sind drei Dinge, welche, wenn
sie ihre Schranken übersteigen, den Gipfel des Guten oder aber des
Bösen erreichen: die Zunge, der Geistliche und das Weib.

Aus Nibers Buch fällt auch ein Lichtstrahl auf einen Weg
und wahrscheinlich den Hauptweg, auf dem die Folter, diese un=
erläßliche Voraussetzung der massenhaften Hexenprozesse, in die
weltlichen Gerichte eingedrungen ist. Dem alten deutschen Recht
war dieses Beweismittel fremd. Von den Volksrechten kennt es
allein das westgotische, das hierin unter römischem Einfluß steht.
Durch die Inquisitoren aber wurden die weltlichen Richter, welche
diesen die staatliche Gewalt zur Verfügung stellten, angewiesen,
die Folter zu gebrauchen, und nachdem sich die Richter in den
Ketzer= und Hexenprozessen an dieses Beweismittel gewöhnt hatten,
lag es nahe, daß sie dasselbe auch bei anderen, rein weltlichen

Prozessen anwandten. Die Möglichkeit, daß daneben noch ein anderer, direkt von der Kenntnis des römischen Rechtes her führender Weg betreten wurde, soll nicht bestritten werden. Anfangs hatte sich die Kirche selbst dem Gebrauche der Folter widersetzt. Aber das wiederauflebende Studium des römischen Rechtes und der Wunsch, für die von der Kirche verbotenen Gottesurteile Ersatz zu schaffen, hatten einen Umschwung herbeigeführt. Durch Papst Innocenz IV. ist die Folter bei Hexenprozessen gesetzlich eingeführt worden, und wenn anfangs den Inquisitoren nicht einmal gestattet war, ihrer Anwendung beizuwohnen, wurden doch diese und andere Beschränkungen sehr bald fallen gelassen[1]).

Das Verbrennen von Hexen und Giftmischern greift bei Franken und Sachsen bis in die heidnische Zeit zurück[2]). Auch im Anfange des 13. Jahrhunderts treffen wir in ganz Deutschland den Feuertod als die übliche Strafe der Keßerei, während man sich in Italien mit dem Banne begnügte. Die Keßerebikte Friedrichs II. erhoben dann die Hinrichtung der Keßer zum Reichsgeseß. Auch hier scheinen die Dominikaner die Hand im Spiel gehabt zu haben. Ficker hat darauf hingewiesen, daß zur Zeit, da der Kaiser seine harten Gesetze gegen die Keßer erließ (Februar und März 1232), Bischof Guala von Brescia, ein Dominikaner, bei ihm in Ravenna weilte, und derselbe Forscher hat mit Recht die Vermutung als eine wohlbegründete erklärt, daß Guala die dem Papste zuliebe erlassenen Keßergesetze beeinflußt habe.

Die in den Keßergesetzen Friedrichs II. eingeschlagene Richtung der Nachgiebigkeit seitens der weltlichen Gerichte gegen die Forderungen des Papstes und der Inquisitoren setzte sich im Sachsen- und Schwabenspiegel fort, wo für Keßerei und Zauberei die Strafe des Feuertodes ausgesprochen wurde. Nach dem Schwabenspiegel soll, wer ungläubig ist oder mit Zauber oder Vergiften umgeht, auf einer Hürde verbrannt werden. In späteren Redaktionen ist auch der Umgang mit dem Teufel oder die Ergebung an den Teufel genannt.

---

[1]) Lea, A History of the Inquisition of the Middle Ages, I, 421 f.

[2]) Vgl. oben S. 12. Zum Folgenden vgl. Ficker, Die gesetzliche Einführung der Todesstrafe für Keßerei (Mitteilungen des Instituts f. österr. Geschichtsforschung, I, s. bes. S. 181, 201, 216).

In Bayern hat Herzog Otto II. (um 1233) seinen Beamten
befohlen, die Dominikaner in der Ausrottung der Ketzerei zu
unterstützen [1]. Dagegen ist sehr beachtenswert, daß die bayerische
Landesgesetzgebung seit Kaiser Ludwig sich von dieser Nachgiebig=
keit gegen die römisch=kirchliche Anschauung frei gehalten hat. Das
Rechtsbuch Kaiser Ludwigs enthält keine Bestimmung über Zauberei
und Hexerei. Ruprecht von Freising erwähnt zwar Ketzerei, ver=
steht aber darunter, wie aus dem Inhalt seines § 132 [2] deutlich
erhellt, nur widernatürliche Unzucht. Bedenkt man, daß Kaiser
Ludwig an sich selbst erfahren hatte, wie rasch einer von der
päpstlichen Kirche zum Ketzer gestempelt ward, und daß er, als
sein Gesetzbuch entstand, selbst ein gebannter Ketzer war, so wird
man kein Bedenken tragen, das Schweigen seines Gesetzbuches
über diesen Punkt als ein vom Kaiser beabsichtigtes und wohl=
überlegtes aufzufassen.

Mit Kaiser Ludwigs Stellung zur Kirche hängt es wohl zu=
sammen, daß die bayerischen Landesfürsten auch in der Folge die
Pest der päpstlichen Inquisitoren von ihrem Lande sich fernhielten.
Wenigstens ist bisher bis auf den unten zu erwähnenden Fall
von 1497 eine Wirksamkeit der Ketzermeister im Fürstentum
Bayern nicht nachgewiesen worden. Von den Herzogen Stephan II.,
Stephan III. und Friedrich liegt aus dem Jahre 1367 sogar die
kühne Erklärung vor, ihre Lande seien freie Lande, in denen
weder der Papst noch der Kaiser oder König etwas zu gebieten
habe [3], ein Satz, der allerdings den rechtlichen wie thatsächlichen
Verhältnissen nicht völlig entsprach und seinen besonderen Anlaß
nicht in der Inquisition, sondern in päpstlichen Steuerforde=
rungen hatte.

Daß Zauberei in diesem Zeitraume von den weltlichen Ge=
richten Bayerns verfolgt wurde, ist freilich, da der Schwaben=
spiegel auch hier seine Geltung hatte, nicht ausgeschlossen. Der

---

[1] S. meine Geschichte Bayerns II, 225.
[2] Westenrieder, Beiträge VII, 59. Auch unter den Biztumhändeln
(vgl. über diese meine Geschichte Bayerns III, 680 f.) wird Zauberei vor 1514
nicht genannt. S. die Biztumhändel von 1474 bei Krenner, Landtagshand=
lungen VII, 448 f., 476 f.
[3] Regesta Boica IX, 181.

Mangel an Nachrichten ist doch kein ausreichender Beweis dafür, daß gerichtliche Verfolgungen nicht vorkamen. Bei einem Falle, den die Verfasser des Hexenhammers erwähnen [1]), der aber erst in den letzten Jahrzehnten vor deren Auftreten, also etwa zwischen 1450 und 1487 gespielt haben dürfte, ist nicht ganz sicher zu erkennen, ob es sich um Ketzerei oder Hexerei handelt, wenn auch die Erwähnung des „maleficium" die letztere wahrscheinlicher macht. Sein Schauplatz ist die Diözese Regensburg, also entweder das Herzogtum Bayern, die Reichsstadt Regensburg oder die Oberpfalz. Am ehesten dürfte die letztere, wo durch Mathias von Kemnat Hexenprozesse bezeugt sind, in Betracht kommen. In diesem Falle wurden einige Häretiker, die durch ihre Bekenntnisse überführt, nicht nur unbußfertig, sondern sogar Verteidiger ihrer Schlechtigkeit blieben, zum Tode verurteilt, doch das Feuer ließ sie unversehrt. Als man sie durch ein neues Urteil zum Tode durch Ertränken verdammte, konnte ihnen auch das Wasser nicht an das Leben. Alles staunte und schon wagten einige den Glauben der Verurteilten als gerecht zu verteidigen. Da legte der kluge Bischof (praesul) seiner Herde dreitägiges Fasten auf. Nachdem man diesem Befehle in aller Frömmigkeit nachgekommen war, wird jemanden berichtet, daß die Verurteilten in der einen Achselhöhle zwischen Haut und Fleisch eingenäht ein „maleficium" trügen. Man findet es, entfernt es und nun können die Verurteilten ohne Schwierigkeit auf dem Scheiterhaufen verbrannt werden.

Ein berühmter bayerischer Prozeß, wobei man an Hexerei, speziell an Liebeszauber denken könnte, ist der gegen Agnes Bernauerin, die Gemahlin Herzog Albrechts III. von Bayern-München. Bekanntlich ließ sie Albrechts Vater, Herzog Ernst, am 12. Oktober 1435 zu Straubing in der Donau ertränken. An sich wäre nicht unwahrscheinlich, daß die Anklage auf Zauberei lautete, wie denn 1421 in Kempten eine Frauensperson wegen Liebeszaubers in Haft saß [2]). In der Instruktion Herzog Ernsts für seinen Gesandten Aichstätter, der dem Kaiser Sigmund die That im Sinne

---

[1]) Ed. 1669, p. 248.
[2]) Regesta Boica XII, 364.

Ernsts barstellen und den vollbrachten Justizmord rechtfertigen sollte, wird Agnes zwar Giftmischerei (gegen den Prinzen Abolf), also eine der gewöhnlichen Beschuldigungen gegen Hexen, vorgeworfen, aber Liebeszauber und andere Hexereien nicht einmal angebeutet. Wiewohl der Vorgang durch unfer bürftiges Quellenmaterial nicht völlig klargestellt und nicht einmal die Frage bestimmt bejaht werden kann, ob der Ertränkung ein Gerichtsverfahren vor dem Straubinger Hofgerichte vorausging, ist doch soviel sicher, daß von einem eigentlichen Hexenprozeß hier nicht die Rede sein kann [1]).

Das Jahr vorher war in Regensburg gegen eine gewisse Magbalena Walpotin [2]) eingeschritten worden, welche Irrlehren glaubte, die das Konzil von Vienne verdammt hatte, nämlich daß es Menschen in diesem Leben so weit bringen könnten, daß sie nicht mehr zu sündigen vermöchten. Sie glaubte, daß sie die Jungfrau von Orléans wäre, begnabigt durch Gottes Enthüllungen und begabt mit der Macht, Kranke zu heilen, ja sie erklärte, sie sei die von Gott gesandte Mutter der Christenheit. Offenbar war sie geistesgestört. In solchen Unglücklichen sah das Mittelalter meist vom Teufel Besessene, biese aber behandelte man als Ketzerin, warf sie ins Gefängnis und ließ sie im Regensburger Münster abschwören, in dem grotesken Aufzug der verurteilten Ketzer, in feuerfarbigem Kleid mit rotem Kreuze, auf dem Haupt eine Papiermütze mit der Umschrift: „Dies Weib warb als Ketzerin erfunden, durch Gottes Gnabe aber bekehrt." Dies war ein rein geistliches Verfahren, benn die weltlichen Behörden fernstanden.

Ein hervorragender Vertreter des Occultismus, wie man heute sagen würde, lebte um die Mitte des 15. Jahrhunderts in München als Rat und Leibarzt des Herzogs Albrecht III., bann seines Sohnes Sigmund: Dr. Johann Hartlieb aus Neuburg an der Donau [3]). Daß ein Occultist bieses Zeitalters, wenn er auch wie Hartlieb ein humanistisch gebildeter Mediziner und von seltener

[1]) Vgl. meine Abhandlung: Agnes Bernauerin und die bayerischen Herzoge; Stz.-Ber. der hist. Kl. der Münchener Akad. 1885, S. 304 f., 309 f.

[2]) Andreas Ratispon. bei Eccard, Corpus hist. I, 2165.

[3]) Er starb zwischen 1471 und 1474. Ueber seine Lebensverhältnisse und Schriften vgl. v. Oefele in der Allgem. Deutschen Biographie X, 670 f.; Riezler, Geschichte Bayerns III, 867 f.

Mannigfaltigkeit der geistigen Interessen war, nur die abergläubische, nicht die höchst moderne wissenschaftliche Seite der Geheimwissenschaften vertrat, bedarf keiner Erwähnung. Hartlieb brachte allem Geheimnisvollen und Rätselhaften in der Natur und im Menschen eine unwiderstehliche Neigung entgegen. Er verfaßte astrologische Werke, er schrieb für Anna von Braunschweig, die Gemahlin Herzog Albrechts III., eine Chiromantie, deren Bilder zu den ältesten Incunabeln der Holzschneidekunst gehören, er übersetzte den Alexanderroman, diese Fundgrube märchenhafter Fabeleien, und für Herzog Sigmund die dem Albertus Magnus untergeschobene Schrift von den Geheimnissen der Frauen. Sein bedeutendstes Werk in dieser Richtung aber ist das 1456 verfaßte „Buch aller verbotenen Kunst, Unglaubens[1]) und der Zauberei", das die nach Analogie der sieben freien Künste siebenfach geteilten Zauberkünste schildert und ebenfalls auf Wunsch eines oberdeutschen Fürsten und Freundes der Magie entstand[2]). Johann, mit dem Beinamen: der Alchemist, der älteste Sohn des Kurfürsten Friedrich I. von Brandenburg, Bruder der Kurfürsten Friedrich II. und Albrecht Achilles, war durch die Erbfolgeordnung des Vaters von 1437 auf den Besitz der oberfränkischen Landschaften seines Hauses beschränkt und residierte auf der Plassenburg. Von dort aus verwaltete er (bis 1448) auch die oberpfälzischen Lande seines wittelsbachischen Schwiegersohnes, des Königs Christoph von Dänemark. Hartlieb nennt ihn einen rechten Liebhaber wahrer Kunst, einen Fürsten, an dem kein Mangel und Gebrechen sei, als daß er nicht Latein verstünde. Dieser Markgraf Johann von Brandenburg-Kulmbach bat nun Hartlieb als einen Geistesverwandten, der jedoch das litterarische Wissen vor ihm voraushatte, um eine Darstellung aller magischen Künste. Hartlieb kam diesem Wunsche

---

[1]) Unglauben bedeutet dieser Zeit auch Aberglauben, welches Wort erst durch Luther aufkam.

[2]) Handschriften in Wolfenbüttel, Dresden (diese unvollständig) und Heidelberg. Ich benützte die letztere, Cod. Palat. Germ. 478, eine prachtvoll in gepreßtes Leder mit dem vergoldeten Bilde des Kurfürsten Ott Heinrich von der Pfalz, der Jahrzahl 1558 und (rückwärts) dem pfälzischen Wappen gebundene Papierhandschrift, 78 beschriebene Blätter in 8°. Am Schlusse der Name (der durch ihr Liederbuch bekannten Besitzerin): Clara Hätzlerin.

nach, aber es war ihm unheimlich dabei zu Mute. Sagt er doch
in seinem Buche (cap. 53): Die vier Elemente sind mit des
Teufels Listen und Gespenstern vergiftet und niemand trägt so
große Schuld daran wie die leichtfertigen Fürsten, die keinen
rechten wahren Glauben haben. Er fürchtete durch seine Mit=
teilungen den abergläubischen Fürsten erst recht in die Netze der
Zauberei zu treiben; daher seine immer wiederholten, flehentlichen
Warnungen, daß sich der Fürst nicht in Zauberlist und Unglauben
verstricken lassen möge.

Diese Schrift gewährt nun den besten und einen über=
raschenden Einblick in die Fülle und Mannigfaltigkeit des damals
herrschenden Aberglaubens, wenn man auch den entschiedenen
Eindruck empfängt, daß Hartlieb den größeren und gerade den
weniger harmlosen Teil desselben nicht aus der Praxis des Lebens,
sondern nur aus den von ihm in stattlicher Menge aufgeführten
Zauberbüchern kennt. Auch wo er praktische Zauberei andeutet, ist
dies nicht immer beim Wort zu nehmen: behauptet er doch, das Reiten
auf Zauberrossen sei unter den Fürsten seiner Zeit sehr verbreitet
(cap. 31)! Nicht ohne Interesse wäre es wohl, der von Hartlieb
aufgeführten Zauberlitteratur nachzuspüren — bei einigen Werken,
die er wohl nur vom Hörensagen kennt, muß fraglich erscheinen,
ob sie je existierten — und sie darauf zu untersuchen, ob und
inwieweit sie einen Niederschlag des Hexenwahns enthält oder ob
etwa dieser auch durch sie beeinflußt wurde. Darf man Hartliebs
Angaben Glauben schenken, so ist das Teufelsbündnis und die
Teufelsverschreibung diesen Zauberbüchern und dem Hexenwahn
gemeinsam. Im Gegensatz zu dieser überwiegend litterarischen
Kenntnis vom Zauberwesen stammt Hartliebs Kunde von der
Hexerei meist aus der Praxis — aber von den 132 Kapiteln des
Buches handeln nur drei von Hexerei: ein sprechendes Zeugnis
für die untergeordnete Stellung, die dieser Wahn im ganzen der
Zauberei damals noch einnahm. Ja der in allem Aberglauben
so bewanderte Verfasser würde augenscheinlich vom Hexenwahn
außer den Hexenfahrten und der Hexensalbe, die er als Bestand=
teile der Kunst Nekromantie erwähnt, nichts wissen, hätte er nicht
zweimal, in Rom und in Heidelberg, selbst Hexenprozesse, und
zwar zweifellos Inquisitionsprozesse, erlebt. Hartlieb glaubt fest

an die Hexerei, und während ihm bezüglich anderen Aberglaubens
nicht entgangen ist, welchen Anteil die Geistlichen, „die strafen
und selber ungestraft bleiben wollen", daran haben, zeigt er hier
nicht die leiseste Ahnung von solcher Einwirkung. Ueberhaupt
beruht sein eigener Aberglaube durchaus auf der kirchlichen Lehre
von der Macht des Teufels. Wo diese nicht hereinspielt, vermag
sich in ihm wohl der aufgeklärte Naturkundige geltend zu machen.
So in der Erklärung des Nießens und der großen Stürme, in
den Fragen der Pyromantie, des Bleigießens, der Chiromantie.
Daß er die letztere Kunst als Sünde und rechten Unglauben be=
zeichnet, gleichwohl aber selbst eine Anleitung zu dieser Kunst
verfaßte, gehört zu den vielen Widersprüchen seines Wesens. Auf
der geistigen Höhe seiner Zeit stehend, vielgereister Arzt, Diplo=
mat, Humanist und Litteraturkenner [1]), verrät er einen Glauben
an die Macht und mannigfache Wirksamkeit des Teufels auf
Erden, daß die gute Aufnahme, die später der Hexenhammer
unter den Gebildeten finden konnte, begreiflicher erscheint. Schon
unter diesem Gesichtspunkte empfiehlt es sich, seine Schrift näher
kennen zu lernen. Wir teilen in unserer ersten Beilage einen
Auszug derselben mit [2]), halten jedoch zugleich geboten, eine
Warnung vorauszuschicken. Hartliebs Schilderung und besonders
seine wiederholte Klage, daß Zauberei in Deutschland ungestraft
bleibe, könnten für die bereits laut gewordene Auffassung ver=
wertet werden, daß die als Hexen Verfolgten sich vielfach mit
phantastischen Zaubergebräuchen abgegeben hätten. Eine solche
Schlußfolgerung wäre jedoch zurückzuweisen. Die Leute, welche
die von Hartlieb beschriebenen Zaubereien trieben, sind, wie Hart=
lieb an einer Stelle (c. 79) selbst deutlich zu erkennen gibt, in

---

[1]) Nur Jurist, wozu er bei Janssen=Pastor VIII, 503 (ohne genannt zu
werden) gemacht wird, war er nicht.

[2]) Zur Erläuterung der Schrift, von der hier abgesehen werden muß,
wäre u. a. der vielfach verwandte, weitläufige Kommentar des Hexenverfolgers
Binsfeld über die Lex de maleficis et mathematicis (Köln 1622, in
Verbindung mit dem Traktat de confess. malefic. et sugar. ed. 1623.
p. 329 f.) heranzuziehen, sowie zur Erläuterung speziell der mythologischen
Zusammenhänge die oben erwähnten Werke von J. Grimm, Hugo Elard Meyer,
Mogk, Golther. Ein vielfach mit Hartlieb übereinstimmendes Verzeichnis aber=
gläubischer Bräuche findet man auch in dem Buche „Himmelstraß", fol. 34 f.

ganz anderen Kreisen zu suchen als die Opfer der Hexenprozesse,
und bei diesen Prozessen kam es nur sehr selten vor, daß neben
den bekannten absurden Anklagen auf Hexerei auch eine solche
auf anderweitige Zauberthätigkeit nebenher lief. Die bayerischen
Landgebote gegen Aberglauben und Zauberei von 1611, 1665
und 1746 bezeichnen als deren Hauptträger neben alten Weibern
Nachrichter und Schmiede, zwei Menschenklassen, die als Angeklagte
von den Hexenprozessen so gut wie gar nicht betroffen wurden.

Von jenen, die den kirchlichen Charakter des Hexenwahns
leugnen, wird immer und immer wieder betont, daß Rom selbst
keine Hexenprozesse gehabt habe [1]). Diese Behauptung als falsch
zu erweisen, bedurfte es nicht erst des Zeugnisses unseres Münchener
Arztes. Der römische Chronist Stefano Infessura [2]) berichtet, daß
am 8. Juni 1424 in Rom die Hexe Finicella verbrannt wurde,
weil sie teuflischer Weise viele Kreaturen getötet, andere beschädigt
habe. Ganz Rom ging hin, es zu sehen. Es geschah in dem=
selben Monat, in dem der Bußprediger Bernardino von Siena
an derselben Stelle vor dem Capitol auf einem Scheiterhaufen
Frauenputz, Glücksspiele, Musikinstrumente und anderen weltlichen
Tand verbrannt hatte. Im Chronicon generale des Andreas
von Regensburg [3]), eines Zeitgenossen, Chorherrn von St. Mang,
lesen wir: Zur Zeit des Papstes Martin V. tötete zu Rom eine
Katze viele Kinder in den Wiegen. Ein kluger Mann verwundete
endlich das Tier mit einem Schwerte und als man der Blutspur
nachging, merkte man, daß die Katze ein in der Nähe wohnendes
altes Weib sei [4]), das von einem „Cirologus" (Chirologus, Wahr=

---

[1]) U. a. Geschichtslügen [2], S. 184: „Zu Rom ist keine einzige Hexe
verbrannt worden." Andere Vertreter dieser Ansicht citiert Solban=Heppe II,
207, der vorsichtiger sagt: Eigentliche Hexenbrände scheinen in Rom nicht
vorgekommen zu sein.

[2]) Diarium Urbis Romae; Eccard, Corpus hist. (1743) II, c. 1874.
v. Reumont, Geschichte der Stadt Rom III, 70, berichtet von einer Hexen=
verbrennung, die in Rom am 28. Juni 1421 stattgefunden habe. Ob dies
eine andere ist als die von Infessura erwähnte, oder ob sich nur in Reumonts
Datierung Fehler eingeschlichen haben, vermag ich nicht festzustellen.

[3]) Eccard, Corp. hist. I, c. 2159.

[4]) 1640 wurde zu Neuburg a. D. eine gerichtliche Untersuchung angestellt
wegen zweier „transfigurierter Katzen", deren eine eines Metzgers Ochsen, die

sager aus der Hand) unterhalten ward, sich, wenn es wollte, in
eine Katze verwandelte und in dieser Gestalt, um ihr Leben zu
verlängern, Kindern das Blut aussaugte. Diese Alte, eine neue
Circe, ward als Hexe verurteilt und verbrannt. Augenscheinlich
ist dies derselbe Fall, von dem nun Hartlieb in seinem 33. Kapitel
als von einer Sache, die er selbst und mancher andere in Rom
gesehen und gehört habe, erzählt. Es war, berichtet er, im sechsten
Jahre der Regierung des Papstes Martin[1]), da stand zu Rom
ein Unglauben auf, daß etliche Weiber und Männer sich ver=
wandelten in Katzen und töteten gar viele Kinder zu Rom. Ein
Nachbar, der von einer Frau in dieser Weise geschädigt wurde,
brachte das an den Senat, die Frau ward gefangen und schrie
auf dem Capitol überlaut: hätte sie ihre Salbe, so wollte sie
hinfahren. „O wie gerne hätt' ich und mancher Curtisan gesehen,
daß man ihr die Salb' geben hätt'!" Aber ein Doktor stand
auf und sprach, daß man ihr die Salbe nicht geben sollte, da
der Teufel mit Gottes Verhängnis große Irrung machen könnte.
„Die Frau ward verbrannt, das hab' ich gesehen." Zu Rom
sagte man auch, daß es solcher Leute viele gebe, man sagte auch,
wie etliche alte Weiber einen Mann auf Kälbern und Böcken
führen könnten. Ist dem also, so zweifle nicht, daß das der Teufel
thut. „Deine Gnade möchte fragen: warum thun das mehr die
alten Weiber als die Männer? Darauf antworten die Meister
(d. h. die Ketzermeister, die Inquisitoren), daß gewöhnlich die
Weiber leichter sind an ihrem Gemüt und Glauben; darum mischt
sich der Teufel fester zu ihnen als zu den Mannen."

In seinem 34. Kapitel erzählt Hartlieb von Heidelberger
Hexenprozessen. Hagel und Schauer machen, sagt er, ist auch
eine der Künste; wer damit umgeht, muß sich nicht nur dem
Teufel geben, sondern auch Gott, die Heiligen und alle christliche
Gnade verleugnen. Niemand treibt diese Kunst mehr als die
alten Weiber, die an Gott verzagt sind. Hör' und merk', o hoch=

---

andere eines Metzgers Kuh geritten und krank gemacht haben sollen. Reichs=
archiv, Hexenakten Nr. 33. Ueber das Verwandeln in Katzen vgl. Grimm,
Mythologie², 1051; W. Hertz, Der Werwolf, S. 71 f.
    [1]) Also 1423. Darf man Hartliebs Zeitbestimmung beim Worte nehmen,
so ist der von ihm angeführte Prozeß ein anderer als der der Finicella.

gelobter Fürst, eine große Sach', die mir selbst bekannt ist und
geschehen, da man zählt von Christi Geburt 1400 und im 46. Jahr.
Da wurden etliche Frauen zu Heidelberg verbrannt wegen Zauberei.
Ihre rechte Lehrmeisterin kam davon. Im nächsten Jahr kam ich
in Botschaft von München zum Pfalzgrafen Ludwig, dem Gott
gnade, und eben in diesen Tagen kam Nachricht, daß die Meisterin
gefangen wäre. Ich bat Seine Gnaden, daß er mich zu ihr ließe.
Der Fürst willigte ein und ließ die Frau, auch den Ketzer=
meister [1]), mir zubringen in ein Städtlein, heißt Götscham, in
seines Hofmeisters Peter von Thalheim Haus. Ich erwarb von
dem Fürsten die Gnade: wann mich die Frau lehrte Schauer und
Hagel machen, daß er sie leben wollt' lassen, doch daß sie sein
Land verschwören sollte. Als ich zu der Frau und dem Ketzer=
meister in eine Stube allein kam und begehrte ihre Lehre, da
sprach die Frau, sie könnte mich die Sache nicht lehren, ich wollte
denn alles thun, was sie mich lehre. Ich fragte, was dies wäre,
damit ich Gott nicht erzürnte und nicht wider christlichen Glauben
handelte: das wollt' ich thun. Sie lag mit einem Fuße in einem
Eisen und sprach zu mir diese Worte: Lieber Sohn, du mußt
vor allem Gott verleugnen und keinen Trost noch Hilfe nimmer
von ihm begehren, danach mußt du die Taufe und alle Sakra=
mente, womit du gesalbt und bezeichnet bist, verleugnen. Danach
mußt du alle Heiligen Gottes und seine Mutter Maria verleugnen.
Danach mußt du dich mit Leib und Seele ergeben den drei Teufeln,
die ich dir nenne. Die geben dir eine Zeit zu leben und versprechen,
deinen Willen zu leisten, so lange bis diese Zeit abgelaufen ist.
Ich sprach zu der Frau: Was muß ich mehr thun? Die Frau
sprach: Nicht mehr als daß, wenn du der Sache begehrst, du an
einen geheimen Ort gehst und rufst den Geistern und opferst ihnen
das N. (sic). So kommen sie und machen dir in einer Stunde
Hagel, wie du willst. Ich sagte der Frau, daß ich von alledem
nichts thun wollte, da ich ja vorher davon gesprochen hätte, sie
möchte mir nur solche Kunst mitteilen, mit der ich Gott nicht
erzürnte, auch nicht wider christlichen Glauben handelte; dann

---

[1]) Also wurden auch diese pfälzischen Prozesse vor Inquisitionsgerichten
geführt, dem unten genannten Hans von Thalheim lag als weltlichem Richter
nur Folter und Hinrichtung ob.

wollt' ich sie lebig machen. Darauf sprach sie, daß sie die Sache
nicht anders könnte. Die Frau ward dann Hans von Thalheim
wieder ausgeantwortet und dieser ließ sie verbrennen, da er sie
gefangen hatte. O tugend- und ehrenreicher Fürst, hör' und
merk', wie schwere, große Sünde das ist, und wo es an dich
kommt, so leib' der Weiber keines! Es sind etliche Leute, die
das Marterbild Christi in ein tiefes Wasser versenken und treiben
damit ihre Zauberei, was eine große Ketzerei und Unglaube ist.
Zu dem hilft und reizt dann der Teufel, damit er die Leute
verführe und in ewige Pein verleite.

So wunderlich dieser Bericht lautet und wenn auch mittlerweile acht Jahre verstrichen waren, wird man nicht bezweifeln
können, daß Hartlieb den ganzen Vorgang und sein Gespräch mit
der Hexe richtig wiedergibt. Der abergläubische Doktor hat also
selbst ganz ernsthaft geglaubt, die Kunst des Wettermachens lernen
zu können! Ferner aber scheint seine Erzählung nach dem ersten
Eindruck einen starken Beweis dafür zu liefern, daß es Weiber
gab, die sich wirklich dem Teufel überliefert hatten und hexen zu
können glaubten. Eine Gefangene nennt, nicht auf der Folter,
und nicht einem Richter, sondern einem Besucher die Mittel, wie
man Hagel und Schauer machen könne! Sieht man schärfer zu,
so läßt der Vorgang doch eine andere Auslegung zu, die vorzuziehen sein wird. Die Unglückliche stand unter dem Drucke ihres
Ketzermeisters. Man wird anzunehmen haben, daß sie vor Hartliebs Besuch bereits erprobt hatte, daß jede Erklärung ihrer
Schuldlosigkeit und Unwissenheit in der Hexerei ihr nur neue
Folterqualen zuzog. Entweder witterte sie in den Fragen des
Besuchers die Gefahr neuer Torturen oder sie war durch Folter
und Haft in solche Gemütsstimmung gebracht, daß sie die Menschen
nur mehr ironisch behandelte.

Wie bei Hartlieb der Hexenwahn in dem vollständigen Gemälde der Zauberei zurücksteht, so wird jeder, der auf die Frage
des Aberglaubens eingehende Predigten oder religiöse Traktate
vor der Zeit des Malleus maleficarum durchblättert, den Eindruck
gewinnen, daß die eigentliche Hexerei damals in der Gedankenwelt des Volkes und auch des Klerus nur eine geringe Rolle
spielte. Von praktischem Aberglauben war im Mittelalter viel-

mehr das Wahrsagen und das Kurieren von Krankheiten mittelst abergläubischer Mittel am meisten verbreitet. Der Gegenstand kann hier nicht weiter verfolgt werden, nur ein paar Belege aus Münchener Handschriften seien hervorgehoben. In den Predigten des Johann Herolt (c. 1454) ist wohl von Wahrsagerei, Beschwörung des Teufels, Nekromantie, aber nicht von eigentlicher Hexerei die Rede [1]. Das Buch: Medicina Animae (15. Jahrhundert) handelt u. a. von jenen, welche die Gesinnungen der Menschen zu verwandeln hoffen, nach dem Poenitentiale Romanum, übereinstimmend mit Burkhard von Worms, und wiederholt ebenso bezüglich anderer Formen der Hexerei und heidnischer Gebräuche (u. a. de incantatione cum collectione herbarum; de eo, qui aliquod opus per sortilegam invocationem fecerit) nur die Beschlüsse alter Konzilien und die dort festgesetzten Kirchenbußen [2]. In dem Traktat des Nikolaus von Jauer de superstitionibus diabolicis [3] ist von Hexerei nur wenig die Rede. Auch von den 44 Quästionen einer Abhandlung de St. Thoma et de aliis superstitionibus, die in einer Pollinger Handschrift enthalten ist [4], berühren nur ein paar die Hexerei, freilich wird hier [5] die Frage, ob es Incuben und Succuben gebe, unter Berufung auf Augustinus, Isidor, Thomas von Aquino und Nibers Formicarius bejaht, aber das Entstehungsjahr der Handschrift (1497) und einige Uebereinstimmungen in Einzelheiten machen wahrscheinlich, daß dem Verfasser des Traktates der Hexenhammer bereits bekannt war.

Im ganzen Mittelalter ist kein deutscher Säkularkleriker zu nennen, der den Aberwitz der Inquisitoren so dummgläubig nachgebetet hätte wie der Oberpfälzer Mathias von Kemnat, Hofkaplan Friedrich des Siegreichen von der Pfalz. Wie er in seiner Chronik dieses Fürsten erzählt [6], sah er viele Hexen zu

---

1) Clm. 3093, f. 80ᵛ.
2) Clm. 5883 (aus Ebersberg), f. 185 und 187ᵛ.
3) Clm. 658 (15. Jahrhundert), f. 219 f.
4) Clm. 11935, f. 109 f.
5) Quaestio 22, f. 119ᵛ.
6) Cgm. 1642, f. 133 f., hieraus ediert in Quellen und Erörterungen zur bayerischen und deutschen Geschichte II, 113 f.

Heibelberg und an anderen Orten, zwei davon 1475 auf der Zent zu Tilsberg (in der nördlichen Oberpfalz) verbrennen. Vor dem Auftreten des Jnstitoris und Sprenger sind diese in der Litteratur der Hexenprozesse bisher nicht beachteten Nachrichten über deutsche Hexenprozesse die eingehendsten, die wir besitzen. Was Mathias von den Zauberern und Hexen berichtet, ist nichts anderes als der Hexenwahn der Jnquisitoren, der den Unglück- lichen auf der Folter stückweise in Frageform vorgelegt wurde. Man sieht, daß damals eine geschlossene Organisation der Zauberer und Hexen in einer Sekte angenommen wurde, wofür aus der- selben Zeit auch das Flagellum haereticorum fascinariorum des Dominikaners und Jnquisitors Jaquier einen Beleg bietet. „Nun komme ich", sagt Mathias, „auf die allergrößte Ketzerei und Sekte und heißt ein Jrrsal und Sect Gazariorum, d. i. der Unholden und die bei der Nacht fahren auf Besen, Ofengabeln, Katzen, Böcken oder anderen dazu dienenden Dingen. Ist die allerver- fluchteste Sekt und gehört viel Feuers ohne Erbarmen zu." Wer in diese verfluchte Sekte kommen will, muß schwören, auf den Ruf eines Mitgliedes von Stund' an alle Dinge liegen zu lassen und mit dem Berufer in die „Sinagoga" oder Versammlung gehen [1]), doch also, daß der Verführer Salben, Besen oder Stecken mit sich nehme, die er dem Verführten überantwortet. Jn der Synagoge wird dann der verführte arme Mensch dem Teufel überantwortet, der in Gestalt einer schwarzen Katze, eines Bocks oder auch eines Menschen erscheint. Er hat zu schwören, daß er dem Ketzermeister und seiner Gesellschaft getreu sein und Fleiß anwenden werde, so viele neue Mitglieder als möglich anzuwerben. Ferner daß er bis in den Tod verschwiegen sein, alle Kinder unter drei Jahren töten und in die Gesellschaft bringen, auf jeden Ruf sofort in diese eilen, alle Eheleute verwirren und impotent machen wolle u. s. w. Dann betet er den Ketzermeister an und gibt sich ihm hin. Die Schilderung der gräßlichen Orgie, die folgt, wobei gesottene und gebratene Kinder gegessen und die

---

[1]) Man beachte, daß auch der Jnquisitor Jaquier in seinem Flagellum haereticorum fascinariorum p. 170 von der congregatio sive synagoga der Zauberer spricht.

widernatürlichste Unzucht verübt wird, entspricht bis in kleine
Einzelzüge hinein der einst gegen die Tempelherren geschleuderten
Verleumdung. Man braucht nur diese Uebereinstimmung in den
am Beginne des 14. Jahrhunderts gegen französische Ritter und
im 15. Jahrhundert gegen pfälzische und oberpfälzische Land=
bewohner gerichteten Anklagen ins Auge zu fassen, um sofort zu
erkennen, daß das verbindende Glied in der Erfindung der An=
kläger liegt. Weiter wird geschildert, wie das neue Mitglied der
Sekte gelehrt wird, seinen Stab zu schmieren mit einer aus dem
Fett der gebratenen Kinder und vergifteten Schlangen, Eidechsen,
Kröten, Spinnen bereiteten Salbe. Durch Bestreichen mit dieser
Salbe können sie Menschen töten, durch Pulver aus Eingeweiden
die Luft vergiften und ein großes Sterben hervorrufen. „Und
das ist Ursach, daß in etlichen Dörfern Pestilenz regiert und zu
allernächst dabei ist man frisch und gesund."

Es widersteht uns, den ganzen Blödsinn zu wiederholen.
Nur folgendes sei noch erwähnt. Mathias erklärt als die Motive,
welche die Menschen in diese Sekte führen, Rachbegier, Verlangen
nach gutem Essen und Trinken und die Begierde der Wollust.
Diebstähle von Gold, Silber, Kleinoden verbietet ihnen der Teufel,
ihr Meister, streng, damit sie nicht gefangen und dadurch ihre
Buberei offenbar werde. Die Jünger des Ketzermeisters Johannes
haben, als man sie verbrannte, gestanden: bei der Aufnahme
in die Gesellschaft zieht der Teufel oder Meister dem Verführten
Blut aus den Adern, schreibt damit auf ein Pergament und
behält die Schrift bei sich — wie sich Mephistopheles „ein paar
Zeilen ausbittet, mit einem Tröpfchen Blut zu unterschreiben",
weil „Blut ein ganz besonderer Saft". Die Erwähnung des
Mathias von Remnat bietet wohl eines der ältesten Zeugnisse für
diese Teufelsverschreibung mit Blut. Etliche Frauen, heißt es
weiter, so die verbrannte Johanna, bekannten, daß sie ihre eigenen
Kinder getötet und gegessen hätten. Ferner bekennen sie, daß jene
die frömmsten und besten in der Sekte seien, die oft das Sakra=
ment nehmen, oft beichten, gern Messe hören u. s. w. Sie thun
das zum Schein, damit nicht Verdacht auf sie falle. „Viel Feuers
zu, ist der beste Rat!" Diejenigen aber, die man zu Heidelberg
und auf der Zent verbrannte, meint Mathias, seien nicht gar so

boshaft gewesen wie die oben geschilderten, denn sie bekannten
(nur), daß sie in der Goldfasten[1]) fahren, Wetter machen und
die Leute lähmen. Von den zwei 1475 auf der Zent bei dem
Tilsberg verbrannten Frauen bekannte die eine, daß sie ihren
Nachbarn dadurch krank gemacht habe, daß sie ihm die Haare
genommen und in einen Baum geschlagen. So lang das Haar
dort war, hatte der Arme keine Ruhe in seinem Kopf „und das
Haar fand man in dem Baum". Quecksilber in einem Rohr oder
Federkiel bei sich zu tragen, empfiehlt Mathias als ein gutes
Mittel gegen Zauberei. Von dem Fahren der Frauen in der
Goldfasten hält er wenig und beruft sich dafür, wie der Dichter
Vintler[2]), auf die Legende vom hl. Germanus.

Die Unterscheidung von bösen und noch böseren Zauberern
und Hexen, die Mathias macht, hat ihren Grund vielleicht darin,
daß jene Prozesse, welche Schuldige der ersteren Art zu Tage
förderten, vor weltlichen Gerichten geführt wurden. Dort ward
nur auf den im Volke wurzelnden, vielleicht auf Hexenfahrten
ausgedehnten Hexenwahn inquiriert, während die noch schlimmeren
Geständnisse von der teuflischen Sekte und deren Orgien von
Inquisitionsgerichten erpreßt wurden. Wie man aus der Er=
zählung des Mathias sieht, waren in Deutschland Hexenverfol=
gungen durch Inquisitoren im 15. Jahrhundert schon vor dem
Auftreten des Institoris und Sprenger doch nicht so selten, wie
gewöhnlich angenommen wird. In diesen Fällen wurden durch
die von Ort zu Ort ziehenden Inquisitoren die Prozesse eingeleitet
und durch dieselben die Untersuchung geführt, die sich unter An=
wendung der Folter auf den ganzen Codex ihres Hexenwahns
erstreckte; die weltlichen Gerichte liehen nur ihren Arm zur Folte=
rung und Hinrichtung.

Daneben aber liefen auch die von weltlichen Gerichten nach
alter Art selbständig eingeleiteten wie durchgeführten Hexenprozesse
fort, nur daß diese wahrscheinlich seltener waren als die Prozesse
der Inquisitoren. Von den letzteren unterschieden sich die Hexen=
prozesse der weltlichen Gerichte dadurch, daß ihr Ausgangspunkt

---

[1]) = Quatember, die vierteljährlichen gebotenen Fasttage.
[2]) S. die Pluemen der Tugent, B. 7996 f.

nur der alte Volksaberglaube von schädlicher Einwirkung der
Hexen auf Gewitter, Feldfrüchte, Gesundheit von Menschen und
Vieh u. s. w. war, ferner daß hier nie oder nur ganz ausnahms=
weise die Folter angewendet wurde. Das regelmäßige Beweis=
mittel vor diesen Gerichten war das Gottesurteil. Aus dem
Hexenhammer klingt deutlich heraus, daß die von den Inquisitoren
erhobenen Anklagen auf Teufelsbuhlschaft und Glaubensverleug=
nung dem Volke etwas Unerhörtes waren. Die Fragen über
diese Vergehen — so raten die Verfasser (pars III, quaest. 16,
p. 251) — sind erst am Schlusse des Examens zu stellen, weil
über diese Punkte nie Geständnisse erfolgen, wenn nicht schon andere
Geständnisse über Beschädigung von Menschen und Vieh u. s. w.
vorausgegangen sind. Das letztere war eben der alte, im Volke
lebende Aberglaube; in dieser Richtung zu bekennen fiel den An=
geklagten immerhin leichter als auf die ihrer Gedankenwelt fremden
neuen Beschuldigungen.

Erwägt man, daß vor dem 16. Jahrhundert schriftliches
Verfahren vor den Gerichten eine Seltenheit war, ferner daß
wir von den mindestens achtundvierzig Hexenbränden, welche die
Inquisitoren Institoris und Sprenger an verschiedenen Orten
veranstalteten, nichts wüßten, wenn es nicht die Inquisitoren selbst
im Hexenhammer erwähnten, so scheint in der Annahme etwas
Bestechendes zu liegen, daß unsere Nachrichten über mittelalterliche
Hexenprozesse [1] nur wegen der mangelhaften Ueberlieferung um
so vieles spärlicher seien als die aus dem 16. und 17. Jahr=
hundert. Gleichwohl ist sie unbedingt abzulehnen. Denn die Zahl
der Hexenverfolgungen hängt vor allem von Stärke und Aus=
breitung des Hexenwahns ab und daß dieser im 15. Jahrhundert
unter dem Volke nur mehr schwach war, geht aus dem oben
Angeführten und noch schlagender, wie wir sehen werden, aus
dem Hexenhammer hervor.

Neben den Inquisitions= und weltlichen Prozessen erhielt sich
endlich drittens bis in das 16. Jahrhundert hinein ein von den
ältesten Zeiten herrührendes, mildes Verfahren [2] vor dem ein=

---

[1] Solche über deutsche Hexenprozesse aus dem 15. Jahrhundert s. wohl
am vollständigsten bei Janssen=Pastor VIII, 503.

[2] In ganz vereinzelten Fällen läßt sich ein milderes Verfahren auch

heimischen geistlichen Richter, dem Offizial, wo die Angeklagte durch Eid ihre Unschuld erhärten konnte: die sogenannte kanonische Purgation. Ob durch dasselbe ein nachfolgender Prozeß vor den weltlichen oder Inquisitionsgerichten regelmäßig ausgeschlossen, ja ob ein solcher nicht zuweilen badurch gerabezu heraufbeschworen wurde, muß freilich dahingestellt bleiben. Dieses Verfahren der einheimischen geistlichen Gerichte wird besonders durch den Malleus maleficarum und die Gravamina der deutschen Nation, auf die wir zurückkommen, sichergestellt, ist aber von den drei Prozeßarten noch am wenigsten aufgeklärt [1].

Aus Bayern ist ein geistliches Gerichtsverfahren gegen eine Landshuterin vom Jahre 1417 überliefert, doch dürfte es sich hier eher um anderweitige Zauberei, etwa Wahrsagen oder aber= gläubische Heilkunst, als um Hexerei handeln. Am 6. April 1417 schreibt der Dekan Hilprand, Domherr von Freising und geist= licher Vikar des erwählten Bischofs Hermann, an die Pfarrer von St. Martin und Jobok in Landshut: Nachdem er durch ein

---

vor weltlichen Gerichten und noch im 16. Jahrhundert beobachten. So mußte 1539 zu Cham in der Oberpfalz die als Hexe verschrieene Hutmacherswitwe Barbara Eyler Urfehde schwören, niemanden mehr zu behexen. Daß Gottes= urteil mit günstigem Ergebnis oder erfolglose Folterung vorausgegangen war, ist freilich nicht ausgeschlossen. Lukas, Geschichte der Stadt und Pfarrei Cham, S. 237.

[1] Ein Fall, der 1441 und in den folgenden Jahren im südlichen Schwarz= walde spielte (s. Ladewig, Eine Zauberin zu Todtnau. Zeitschr. f. Gesch. des Oberrheins, Bd. 41, S. 236 f.), hat nichts mit Hexenprozessen gemein. Er betraf eine wohlhabende und angesehene „Doktorbäuerin" namens Bela Küferin im Thale Todtnau, die sich bei ihren Kuren auch abergläubischer Mittel be= diente. Vom bischöflichen Ordinariat zu Constanz ward ihr Abschwören und eine sehr milde Kirchenbuße, nämlich Vorantragen des Kreuzes bei Prozessionen, auferlegt. Unmittelbar darauf aber gestattete Bischof Heinrich von Constanz selbst einem kranken Edelknecht, seine Heilung durch die Todtnauer Kur= pfuscherin, freilich nur unter Anwendung natürlicher Heilmittel, versuchen zu lassen. Bei dieser Nachsicht und bei dem Vertrauen, das die Landbevölkerung derartigen Heilkünstlern stets entgegenbringt, begreift man, daß die Küferin ihre Praxis fortsetzte, worauf nach drei Jahren (1444) ihretwegen neue Mandate an den Klerus der ganzen Diözese ergingen. Die Küferin ward aber nur aufgefordert, sich absolvieren zu lassen, den Parochianen ward verboten, sie zu konsultieren oder Arzeneien von ihr zu begehren.

Schreiben der Bürgermeister und Räte von Landshut von einem „sakrilegischen Weibe" daselbst vernommen, besiehlt er den Pfarrern unter Berufung auf Aussprüche des hl. Augustin und des hl. Gregor, die sich auf Ausrottung der Zauberei beziehen, im Einvernehmen mit den Stadtbehörden dieses schändliche Weib zu belehren und dahin zu bringen, daß es von seinen Irrtümern abstehe und dieselben im einzelnen öffentlich abschwöre. Ueberdies sollen sie dem Weibe auf zwei Jahre Kirchenbuße auferlegen: an bestimmten Tagen hat es in Gegenwart einer größeren Volksmenge, mit geschorenem Haupthaar und am Oberkörper entblößt (sic!), auf dem Kirchhof zu stehen. Bessert sie sich auch dann noch nicht, so trifft sie die Exkommunikation, Auspeitschen (citra mutilationem membrorum) und Ausweisung aus der Stadt Landshut und dem Sprengel Freising. Allen Pfarrkindern soll dies öffentlich verkündet und ihnen der Verkehr mit diesem Weibe verboten werden[1]). Von kanonischer Purgation ist hier keine Rede, wahrscheinlich war der Thatbestand offenkundig.

Einen Beweis für die Anwendung des Gottesurteils vor einem weltlichen Gerichte bietet die folgende Erzählung des Hexenhammers[2]), für die ich 1879, ohne es zu wissen, die urkundliche Bestätigung veröffentlichte. Um darzuthun, daß man die Hexen nicht das glühende Eisen tragen lassen dürfe, erzählen die Inquisitoren: „Vor drei Jahren ereignete sich im Constanzer Sprengel, in der Herrschaft der Grafen von Fürstenberg, daß eine berüchtigte Hexe, als man sie folterte, an das Urteil des glühenden Eisens appellierte. Der junge Graf, der in dieser Sache keine große Erfahrung hatte, ließ dies zu. Drei Schritte weit sollte sie das glühende Eisen tragen. Sie aber trug es sechs Schritte weit, ja erbot sich, es noch weiter zu tragen. Noch heute lebt sie heil und munter, freilich nicht ohne Aergernis der Gläubigen." Auf diesen Vorgang bezieht sich der folgende im Fürstenbergischen Urkundenbuche IV, 42 veröffentlichte Urfehdebrief: 1485, am 14. März schwört Anna Henni von Röthenbach (in rauher, abseits vom Verkehr gelegener Schwarzwaldgegend, bei Löffingen),

---

[1]) Cod. lat. Monac. 11042, f. 260ᵛ.
[2]) Ed. 1669, p. 254.

die lange Zeit „im Lümben" (in üblem Gerede) und eine ver=
leumdete Frau Hexenwerks halber gewesen und als Hexe ange=
schuldigt, vor dem Gerichte des Grafen Heinrich zu Fürstenberg
die Feuerprobe bestanden hat, Urfehde. Die würdige Mutter und
Magd Maria hat ihr beim Tragen des Eisens ihre Gnade gespendet,
daß es sie nicht gebrannt hat, worauf sie nach Erkenntnis als
unschuldig erklärt wurde.

Ob die Angabe der Inquisitoren, daß die Hexe auch gefoltert
worden sei, richtig ist, muß bei dem Schweigen des Urfehdebriefs
über diesen Punkt dahingestellt bleiben. In der Regel schloß
jedenfalls die Anwendung des Gottesurteils die der Folter aus.
Ebenso bleibe dahingestellt, wie es der Angeklagten gelang, die
Feuerprobe unversehrt zu bestehen. Die Verfasser des Hexen=
hammers erwähnen (p. III, q. 17) den Saft einer gewissen
Pflanze, mit dem die Hand eingerieben werde, um sie vor dem
Verbrennen zu bewahren, und noch heutzutage verstehen herum=
wandernde „Feuerkünstler" ihre Haut auf kurze Zeit gegen Feuer
unempfindlich zu machen; dagegen hilft in einem Gedichte des
13. Jahrhunderts ein heimlich in den Aermel gesteckter Span das
glühende Eisen aufheben [1]. In jenen oberdeutschen Gegenden,
wo die Inquisitoren Institoris und Sprenger hausten, scheint nur
die Feuerprobe üblich gewesen zu sein, da die Inquisitoren nur
gegen diese polemisieren und der Wasserprobe nicht erwähnen [2].
Sie verwerfen die Feuerprobe, weil sie durch den Teufel unwirk=
sam gemacht werde, und geben den Rat (p. 250): will eine auf
der Folter nicht bekennen, so frage man sie, ob sie etwa ihre
Unschuld durch die Probe des glühenden Eisens erhärten wolle.
Dies bejahen alle (omnes illud affectant) [3], da sie wissen, daß
sie der Teufel vor Schaden bewahren werde. Und daran erkennt
man, daß sie wahre Hexen sind. Aber zulassen zu dieser Probe
darf man sie nicht.

---

[1] Grimm, Rechtsaltertümer II, 916.

[2] Malleus maleficarum, p. III, q. 16 und 17.

[3] Vielleicht nur darum, um zunächst wenigstens den Folterqualen zu
entgehen. Oder hat bei dieser Bejahung etwa auch der alte Glaube an
„Gottes" Urteil mitgespielt? Oder im Gegenteil die Hoffnung, das Gericht
bei dieser Probe hinters Licht führen zu können?

Die Wasserprobe wurde als Gottesurteil gegen Hexen, wie der Freisinger Fall von 1091 zeigt, in den ältesten Zeiten auch in Bayern angewendet. Im späteren Mittelalter aber scheint sie in ganz Oberdeutschland abgekommen zu sein. Dagegen erhielt sie sich noch lange im nördlichen Deutschland, besonders in Westfalen. Am Ende des 16. Jahrhunderts erwähnt Binsfeld [1]), daß die Wasserprobe bei den Westfalen in häufigem Gebrauch sei und dermalen, wie das Gerücht gehe, auch von einzelnen Richtern in den mittelrheinischen Gegenden noch angewendet werde. Noch 1597 ließ der Lizentiat Jakob Rickius von Arweiler in Köln eine „Defensio probae aquae frigidae" im Druck erscheinen, worin die gegen die Wasserprobe erhobenen Einwände bekämpft, die Entscheidung übrigens dem päpstlichen Stuhle überlassen wird. Und noch in Hexenprozessen aus den Jahren 1645—1707 im hannöver'schen Amte Diepholz geht von den Angeklagten wiederholt der Antrag auf Erkennung der Wasserprobe aus. 1707 hat dort eine Witwe Kuhlmann, die als Hexe verdächtigt ward, noch ehe sie vor Gericht gestellt wurde, mit einem Stricke sich selbst Füße und Hände gebunden und sich so ins Wasser geworfen, um für sich die Wasserprobe zu machen. Sie wurde „wegen der von ihr versuchten abergläubischen Wasserprobe" mit fünftägigem Gefängnis bestraft [2]).

Endete sogar die Feuerprobe, wie man nach dem Zeugnisse der Inquisitoren nicht bezweifeln kann, meistens zu Gunsten der Hexen, so war diesen die Wasserprobe, ohne daß es hier eines Unterschleifs bedurfte, besonders günstig, da Untersinken als Beweis der Unschuld galt. Ging alles mit rechten Dingen zu, so mußte die Angeklagte untersinken, da ihr nach dem regelmäßigen Verfahren Hände und Füße — es heißt sogar: kreuzweise — gebunden und sie so an einem Stricke in das Wasser gelassen wurde. Mit Recht hat daher schon einer der Autoren im baye

---

[1]) De confessionibus sagarum, ed. 1623, p. 288.

[2]) Wilhelm, Hexenprozesse aus dem Archive des hannover'schen Amtsgerichtes Diepholz (Hannover 1862), bes. S. 18 f. Belege für Anwendung der Wasserprobe an Hexen aus neuerer Zeit (bis 1836!) s. bei Du Prel, Die Hexen und die Medien (s. unten S. 81 Anm. 2), S. 23 f. Vgl. über das Hexenbad auch Soldan-Heppe I, 394 f.

rischen Hexenkriege [1]) bemerkt, daß es von der Bosheit oder Gunst desjenigen, der den Strick hielt, abhing, die Hexe schwimmen oder versinken zu lassen. Wenn in neuester Zeit ein anderer Er-klärungsversuch für das Obenaufschwimmen der Hexen gemacht wurde, so wird derselbe trotz der geneigten Stimmung, welche überraschende naturwissenschaftliche Entdeckungen derartigen Er-klärungen bereiten, aus nichtoccultistischen Kreisen wohl wenig Beifall finden. Du Prel meint, daß in gewissen, mit dem Somnambulismus verwandten Zuständen die natürliche Schwer-kraft des Organismus durch eine entgegenstehende, irgendwie mit Elektrizität zusammenhängende Kraft überwunden werde [2]). Gegen die hier zu Grunde liegende Voraussetzung, daß die Hexen oder doch deren Mehrzahl eine Art von Somnambulen waren, sprechen sowohl die innere Wahrscheinlichkeit als die Akten, wie auch die Annahme, daß die Wasserprobe in der Regel zu Ungunsten der Hexen endete, nicht zutreffen dürfte.

Gegen Ende des 15. Jahrhunderts war im deutschen Volke und bei den weltlichen Gerichten Deutschlands, wohl im Zusammen-hang mit der steigenden Bildung des humanistischen Zeitalters, eine verständige Opposition gegen Hexenwahn und Hexenverfol-gungen rege. Natürlich mußte ja der heidnische Volksaberglauben schwächer und schwächer werden, je gedrängter die Reihe der Menschenalter ward, die ihn von seinen Quellen trennte. Schon hatte sich der Fortschritt soweit Bahn gebrochen, daß, wie die Verfasser des Hexenhammers (p. III, q. 6) bezeugen, die meisten wegen Hexerei Angeklagten — trotz der Gefahr, die sie dadurch gegen sich heraufbeschworen — sich dem Hexenwahn

---

[1]) Anpreisung der Landesverordnung u. s. w. (Jordan Simon), S. 150.

[2]) Du Prel, Die Hexen und die Medien (Studien aus dem Gebiete der Geheimwissenschaften I, 5): „Dies war ohne Zweifel der Fall bei der soge-nannten Wasserprobe der Hexen und auch hier hat der Aberglaube nur in der Erklärung geirrt, nicht aber bezüglich der Thatsache." Du Prel zieht auch die zu Oudewater gebrauchte Hexenwage heran (über diese s. auch Anpreisung der Landesverordnung S. 224). Die Hexen, die schwerer befunden wurden, als sie geschätzt waren, wurden dort freigesprochen, während den leichter Befundenen der Prozeß gemacht wurde. Auch zu Szegedin soll eine Hexenwage in Ge-brauch gewesen sein. S. v. Mussinan, Bayerns Gesetzgebung, S. 53.

gegenüber als ungläubig erklärten. Für die Entwicke=
lungsgeschichte der Hexenprozesse ist es von höchster Wichtigkeit,
daß dieses unanfechtbare Zeugnis in seiner vollen Tragweite
gewürdigt werde. Von der weiteren Entwickelung dieser Tendenz
ließen sich die besten Früchte erwarten. Da schnitt ein unheil=
volles Eingreifen des Papstes und seiner Ketzerrichter diese Ent=
wickelung jäh ab, belebte den Hexenwahn in der Bevölkerung
aufs neue, dehnte ihn nach seinem Inhalt und auf weitere Kreise
aus und lieh ihm die Stütze einer unanfechtbaren Autorität. Aus
Gründen, die nicht in der inneren Geschichte des Hexenwahns zu
suchen sind, ließ die Blütezeit der Hexenprozesse nach diesem Er=
eignis noch mehrere Jahrzehnte auf sich warten. Gleichwohl bildet
das Eingreifen des Papstes und die dadurch ermöglichte littera=
rische und praktische Wirksamkeit seiner deutschen Inquisitoren in
den achtziger Jahren des 15. Jahrhunderts für Deutschland den
Ausgangspunkt dieser Greuel. An die Stelle des pöbelhaften
Aberglaubens trat nun der gelehrte, der theologische, ein Wahn,
der um vieles schrecklicher war, sowohl durch seinen Inhalt als
weil er seinen Lebenssaft aus der Autorität der Kirche saugte.
Der alte heidnische Volksglaube von Hexerei, der Abdeckern und
Nachrichtern den Stoff zu ihren Orakeln bot oder den in welt=
vergessenen Winkeln ein altes Mütterchen dem anderen zuraunte,
ward bekräftigt und zugleich aufgesogen durch eine von der
Kanzel gepredigte kirchliche Lehre. Und von da an wurden auch
die weltlichen Gerichte, sowohl was den Wahn als was das
Prozeßverfahren betrifft, durchaus in die reißende Strömung, die
von Rom und den Inquisitoren ausging, hereingezogen.

Zwei päpstliche Inquisitoren, Heinrich Institoris [1]) und Jakob

---

[1]) Da sein Name ebenso wie der des Hexenschriftstellers Ulrich Molitoris
oft falsch (Institor, Molitor) citiert wird, sei bemerkt, daß es unter humanistisch
gebildeten Klerikern damals eine ziemlich verbreitete Mode war, sich den
latinisierten Namen des Vaters im Genitiv beizulegen, wenn dieser Name den
Beruf des Vaters bezeichnete. In den meisten dieser Fälle hatte der Name
streng genommen noch nicht den Charakter des Eigennamens angenommen und
würde auf den geistlichen Sohn nicht gepaßt haben. So nannte sich der
Sohn eines Schmieds Fabri, eines Krämers Institoris u. s. w. Auch der
Theologe Johann Eck nennt sich auf einem Buchzeichen in der Münchener
Staatsbibliothek 1533 Johannes Maioris (weil sein Vater Maier war)

Sprenger, beide Dominikaner und Profefforen der Theologie,
waren damals als Hexenverfolger in Deutfchland thätig. Als
Notar begleitete fie Johann Gremper, ein Kleriker des Conftanzer
Sprengels. Inftitoris, der für Oberdeutfchland beftellt war,
nennt fich fpäter, auf dem Titel einer Schrift von 1495 (Hain
Nr. 9233), Lektor der Salzburger Kirche. Ob man daraus einen
Schluß auf fein Heimatland ziehen darf, bleibe dahingeftellt.
Diefe Inquifitoren ftießen nun bei ihrer gräßlichen Thätigkeit
auf Widerftand. Kleriker und Laien, die nach dem Ausdruck des
Papftes „mehr wiffen wollten, als ihnen ziemte", fuchten fich das
Unwefen vom Leibe zu halten, indem fie die richterliche Kompetenz
der Inquifitoren beftritten. Nach der päpftlichen Bulle aus dem
formalen Grunde, weil einerfeits der Bezirk ihrer Wirkfamkeit,
anderfeits die Perfonen und Verbrechen, gegen die fie einfchreiten
follten, in ihrer Legitimation nicht genau genug bezeichnet wären.
Das eigentliche Motiv aber deutet fchon der Vorwurf an, daß diefe
Widerfacher mehr wiffen wollten, als ihnen zieme, und wird von
den beiden Dominikanern im Hexenhammer klar enthüllt. Dort
klagen fie nämlich, daß fie auf Leute geftoßen wären, die zu be=
haupten wagten, es gebe keine andere Hexerei auf der Welt als
im Glauben der Menfchen, welche Zauberern und Hexen natür=
liche Wirkungen zufchreiben, deren Gründe verborgen find. Leider
erfahren wir nicht, an welchen Orten und in welchen Territorien
des Reichs den Inquifitoren unter der Morgenröte des Humanis=
mus diefe erleuchtete Oppofition entgegentrat. Sehr wahrfcheinlich
aber gefchah es im Sprengel von Straßburg, da der Papft in=
folge ihrer Befchwerde gerade dem Straßburger Bifchofe den
Befehl erteilte, gegen jene, die ihnen Hinderniffe in den Weg
legten, einzufchreiten.

Nun aber wandten fich die Inquifitoren nach Rom und
erwirkten von Papft Innocenz VIII.[1]) die Bulle „Summis desi-

---

Eckius (aus Eck bei Günzburg) theologus. Es deutet auf Verkennung diefer
Thatfache, wenn Inftitoris in der Allg. deutfchen Biographie unter dem
Namen Krämer behandelt wird, den er nachweisbar nie geführt hat.

[1]) Aus der genuefifchen Familie Cibò. Von feiner Regierung vermag
auch der kirchlich gefinnte Alfred v. Reumont, Gefchichte der Stadt Rom IV,
194 f. nur das düfterfte Bild zu zeichnen.

derantes affectibus˙ vom 5. Dezember 1484 [1]). Der Papst hat
vernommen, heißt es hier, daß im größten Teile Deutschlands
von Perſonen beiberlei Geſchlechts die Verbrechen der Hexerei
begangen werden. Die nähere Beſchreibung dieſer Verbrechen
erfolgt nun offenbar zu dem Zweck, um den gegen die Wirkſam=
keit der Inquiſitoren erhobenen Einwand aus dem Wege zu
räumen. Sie iſt den Inquiſitoren in den Mund gelegt und
entſpricht dem von ihnen gelehrten Hexenwahn, nur fehlen die
nächtlichen Ausfahrten und Verſammlungen der Hexen. Die
Inquiſitoren hatten jedenfalls auch die Aufnahme dieſer Punkte
beantragt, aber an der Kurie wollte man dem Canon Episcopi
nicht direkt widerſprechen. Dagegen iſt die Unzucht mit Teufeln
(incubis et succubis abuti) in die Bulle aufgenommen, ferner
die Teufelsbeſchwörung, die Verleugnung des Glaubens, der
Schaden, der an Geburten der Weiber, an Tieren, Feldfrüchten,
Wein, Obſt, Getreibe u. ſ. w. angerichtet werbe, innerliche und
äußerliche Krankheiten, Verhinderung der Zeugungskraft bei
Männern und der Empfängnis bei Weibern, Impotenz. Die
Beſtrafung dieſer Greuel ſei zum großen Nachteil der Beſchädigten
gehemmt worden, da man die Kompetenz der beiden Inquiſitoren
beſtritt. Dieſe werden daher für alle deutſchen Erzſprengel mit
Ausnahme Magdeburgs als Inquiſitoren über das Verbrechen
teufliſcher Zauberei bevollmächtigt, mit Einkerkerung und ſonſt
mit Strafen einzuſchreiten, auch in allen Pfarrkirchen „das Wort
Gottes" zu prebigen. Der Biſchof von Straßburg hat ſie zu
ſchirmen, die Gegner der Verfolgungen, ſeien ſie noch ſo hohen
Standes, mit Bann und Interbikt zu belegen und nötigenfalls
ben weltlichen Arm gegen ſie anzurufen.

Dies war nicht das erſtemal, daß Päpſte den Glauben an
einzelne Aeußerungen des Hexenwahns in ihren Bullen appro=
bierten. Schon Kaiſer Ludwigs Gegner, Papſt Johann XXII.,
in deſſen Sinnen und Denken die Angſt vor Zauberei eine große
Rolle ſpielte, hatte Erlaſſe gegen die Wachsbilber gerichtet, die
von Zauberern auf den Namen beſtimmter Perſonen getauft,

---

[1]) Oft gedruckt, u. a. im Bullarium Romanum I, 330 und im Malleus
maleficarum.

dann durchstochen, den Tod dieser Personen herbeiführen sollten [1]). Er selbst hielt sich durch diese Art der Zauberei bedroht. Besonders aber hat Eugen IV. in Rundschreiben an die Inquisitoren zu strenger Verfolgung der Zauberei aufgefordert und als deren Aeußerungen namentlich erwähnt: die Teufelsanbetung, die dem Teufel geleistete Huldigung und Verschreibung, die Macht, unter Anrufung der Teufel durch Worte, Berührung, Zeichen oder Bilder Krankheiten hervorzurufen oder zu heilen, Gewitter zu machen und wahrzusagen [2]). Aber keine der früheren Erklärungen hat das System des Hexenwahns in solcher Vollständigkeit ausdrücklich gebilligt und keine hat nur entfernt solche Publizität und Wirkung [3]) gewonnen wie die Bulle Innocenz' VIII. Die

---

[1]) Das Zaubern mit Wachsbildern scheint damals im Vordergrunde des Wahns gestanden zu sein. Vgl. den oben S. 46 erwähnten Inquisitionsprozeß von 1329. Im Cod. Germ. Mon. 309, f. 151ᵛ (15. Jahrhundert) findet sich ein Rezept, um einen Menschen durch ein Bild gesund oder krank zu machen, um durch dasselbe Mittel Liebe zu erlangen (f. 153) und — Ungeziefer zu vertreiben (f. 153ᵛ).

[2]) Raynaldi Annales ad anno 1437, § 27, und 1445, § 26. Die Weisung, summarisch vorzugehen (summarie, simpliciter et de plano ac sine strepitu et figura iudicii), ist die immer wiederkehrende, schablonenhafte Formel, konnte aber von den Inquisitoren in einer für die Verfolgten höchst verderblichen Weise ausgelegt werden.

[3]) Auch Moriz Ritter, Deutsche Geschichte im Zeitalter der Gegenreformation und des Dreißigjährigen Krieges, II, 479 erkennt in der Bulle Innocenz' VIII. einen Markstein für die Entwickelung der Hexenverfolgungen. Er sieht ihre Bedeutung besonders darin, daß durch die oberste kirchliche Autorität die Rechtsüberzeugung von der Zauberei als einem vor allem gemeingefährlichen Verbrechen bestätigt und seitdem fest gegründet war. Während im Mittelalter in der Kirche die Ansicht vorgewaltet habe, daß die Zauberei ein wesentlich den einzelnen Menschen angehendes Verhältnis sei, woraus die Justiz nur die Folgerung ziehen konnte, daß die den unmittelbaren Verkehr mit dem Teufel Suchenden wegen Beleidigung der göttlichen Majestät zu strafen seien. Bei dieser Anschauung habe aber eine Hexenverfolgung in großem Umfang nicht leicht aufkommen können, weil die Verteidigung der göttlichen Majestät die Menschen nur zu mäßigen Anstrengungen aufregte. Man wird dieser Konstruktion nicht zustimmen können. Wie schon der Name Hexe und die Bestimmungen der Volksrechte zeigen, war der Glaube an eine für das Gemeinwohl schädliche Kraft der Zauberei, Schädigung der Feldfrüchte, Wettermachen u. s. w. der ursprüngliche Kern des Hexenwahns und weit älter als der Glaube an ein Teufelsbündnis. Daß auch dieser erstere Wahn von der

Inquisitoren, von benen wenigstens Institoris nachher noch min=
destens siebzehn Jahre thätig war, begannen ihre Wirksamkeit,
wie wir in Brixen und Kloster Rohr sehen, allerorten mit Publi=
kation der Bulle und beriefen sich auf dieselbe als auf eine vom
apostolischen Stuhl ausgegangene Bestätigung des Hexenglaubens.
Und da diese Berufung vollständig berechtigt war, fanden sie
nirgend direkten und offenen Widerspruch. Unter dem Eindruck
der päpstlichen Entscheidung wird es geschehen sein, daß der junge
König Maximilian am 6. November 1486 in Brüssel den Befehl
erteilte, den Inquisitoren in Ausübung ihres Amtes allen Vorschub
zu leisten [1]).

Daß die Schilderung der Hexerei in der päpstlichen Bulle
den Inquisitoren in den Mund gelegt wird, entspricht nur dem
damals üblichen Kurialstil. Von apologetischer Seite wird jetzt,
um die Bedeutung der Bulle abzuschwächen, auf diesen Umstand
Gewicht gelegt und hervorgehoben, daß der Hexenwahn darin nur
gelegentlich erwähnt werde. Dagegen ist folgendes zu bemerken.
Es gibt viele päpstliche Bullen und Breven, in denen der Ueber=
gang von der Geschichtserzählung zur Weisung an den Abressaten
mit den Worten: Si haec sunt ita oder ähnlichen vollzogen und
die Weisung hiemit an genauere Information, an die Bedingung
geknüpft wird, daß die der Kurie vorgetragene Schilderung des
Thatbestandes sich als richtig erweise [2]). Diese Fälle haben zur
Voraussetzung, daß jene, die den Auftrag erhalten, und jene, von

---

Kirche seit alter Zeit sanktioniert ward — allerdings im Gegensatz zu einer
daneben bestehenden, abweichenden Strömung — beweist u. a. die Reisbacher
Synode von 799 und die oben erwähnte von Papst Eugen IV. an die In=
quisitoren gerichtete Aufforderung zur Verfolgung der Zauberei, die auch
Krankheiten und Ungewitter hervorzurufen vermöge. Wo vor der päpstlichen
Bulle ein Hexenprozeß vor einem weltlichen Gerichte geführt ward, geschah
es — daran läßt sich nicht zweifeln — wegen vermeinten Schadens, nicht
wegen Verkehrs mit dem Teufel.

[1]) Bei Ullmann, Kaiser Maximilian I., sucht man vergebens nach einer
Erwähnung dieses doch so bedeutsamen Erlasses. Er wäre bei Besprechung
dessen, „worin der geistreiche Fürst dem Aberglauben des Zeitalters seinen
Tribut zollte" (II, 727), obenan zu nennen gewesen.

[2]) S. z. B. Vatikanische Akten zur deutschen Gesch. in der Zeit Kaiser
Ludwigs des Bayern, Nr. 19, 136, 506.

benen ber Bericht rührt, verschiedene Persönlichkeiten sinb. In ber Bulle Summis desiderantes fehlt biese Vorbebingung, hier fallen bie Referenten unb bie mit bem Auftrag Betrauten zu= sammen unb ber an keine Bebingung geknüpfte Auftrag beweist, baß ber Geschichtserzählung, soweit bieselbe in bie Bulle auf= genommen ist, voller Glaube geschenkt wirb. Daß ber Herenwahn in ber Bulle nur gelegentlich berührt werbe, ist nicht birekt falsch, aber bie päpstliche Erklärung hat baburch an Deutlichkeit unb Wirkungskraft nichts eingebüßt, trägt auch bie Eingangsformel: „Ad futuram rei memoriam", burch welche (gewöhnlicher: ad perpetum rei memoriam) ber Charakter eines Breves ober einer Bulle als Konstitution mit ewiger Wirkungskraft [1]) ausgebrückt wirb. Die beiden Inquisitoren scheinen — unb zwar mit Recht — in bieser „gelegentlichen Berührung" bas Schwergewicht ber Bulle gesunben zu haben, ba sie bieselbe in ihrem Herenhammer mit ber Aufschrift: „Bulla apostolica adversus heresim maleficarum" veröffentlichten. Schon ber gut päpstlich gesinnte Bekämpfer bes Herenwahns Cornelius Loos suchte sich burch eine abschwächenbe Auslegung ber Bulle aus ber Verlegenheit zu ziehen, warb aber vom päpstlichen Nuntius (1591) gezwungen, seine Auslegung als eine irrige, Aergernis gebenbe unb ber Ketzerei verbächtige abzuschwören. Der 15. Artikel, ben er wiberrufen mußte, lautete: Die Päpste sagen in ihren Bullen nicht, baß bie Zauberer unb Heren solche Dinge (bie Hererei) vollbringen könnten [2]). Hergenröther [3]) gibt bie folgenbe Darstellung: „Inno= cenz VIII. bevollmächtigte 1484 mehrere Inquisitoren in Deutsch= lanb zum Einschreiten, inbem er überhaupt bie Sache an bie geistlichen Gerichte zu bringen suchte, um so milbernb unb belehrenb zu wirken." Wäre bie Absicht bes Papstes bahin gegangen, bie Prozesse ben einheimischen geistlichen Gerichten zu

---

[1]) Giry, Manuel de Diplomatique, p. 700.

[2]) S. bas Dokument ber Revolation bei Delrio, Disquisitiones magicae III, 318.

[3]) Hanbbuch ber allgemeinen Kirchengeschichte (1877) II, 185. Auch ber Schlußsatz seiner kurzen Bemerkungen verbient Beachtung: „Aus Neib gegen bie päpstlichen Inquisitoren spürten bie weltlichen Richter sorglich bas Ver= brechen ber Magie auf."

überweisen, vor denen die kanonische Purgation üblich war, so
bliebe immer noch das Rätsel, inwiefern die Erklärung des Papstes
mit ihrer Approbation des Hexenwahns b e l e h r e n d wirken
konnte. Da aber die Bulle die Prozesse den mit Folter und
Scheiterhaufen wütenden Inquisitionsgerichten zuwies, mag sich
der Leser über das Doppelrätsel ihrer belehrenden und m i l d e r n =
d e n Wirkung den Kopf zerbrechen. Auch die Erklärung von
Janssen-Pastor (VIII, 507): die Bulle enthalte an sich durchaus
nicht eine dogmatische Entscheidung über das Hexenwesen, ist un=
verständlich. Einer der Gründe, weshalb die Inquisitoren in
ihrem Glaubensgeschäft gehindert wurden und weshalb sie den
Papst um eine neue Vollmacht angingen, war der, daß die Ver=
brechen, gegen die sie einschreiten sollten, noch nicht genau bezeich=
net waren. Die päpstliche Bulle hätte daher ihren Zweck verfehlt,
wenn sie nicht eine Definition der Hexereiverbrechen und hiemit
eine Entscheidung über diese dogmatische Frage enthalten würde.
Daß die Frage eine dogmatische ist, wird wohl niemand in Ab=
rede stellen. Oder konnte etwa auch das Bestreiten von nicht
dogmatischen Sätzen als Ketzerei verdammt werden? Kompetente
kirchliche Organe wie die Verfasser des Hexenhammers und der
päpstliche Nuntius Frangipani gegenüber Cornelius Loos haben
die Bestreitung des Hexenglaubens als Ketzerei verurteilt. Der
Hexenhammer (p. I, q. 1, p. 2 der Ausgabe von 1669) erklärt
als ketzerische Irrtümer: 1. die Lehre, daß es keine Zauberei auf
der Welt gebe als in der Meinung der Menschen, welche natür=
liche Wirkungen, deren Wesen verborgen ist, den Hexen zuschreibe;
2. die Lehre, welche wohl Zauberer und Hexen zugibt, nicht aber
deren Macht, zauberische Wirkungen hervorzubringen; 3. die Lehre,
welche die zauberischen Wirkungen überhaupt als phantastisch und
imaginär erklärt, wiewohl dabei ein Dämon mit der Hexe that=
sächlich zusammenwirke.

   Döllinger [1] erblickt in der Bulle sogar eine Entscheidung
ex cathedra und bemerkt, daß von da an die Verteidiger der
neuen Doktrin von dem Umfange des Zauber= und Hexenwesens

---

[1] Die spanische und die römische Inquisition. Kleinere Schriften, ge=
sammelt und herausgegeben von Reusch, S. 387.

die päpstliche Autorität, welche die ganze Streitfrage zu ihren
Gunsten entschieden habe, als ihr Hauptargument in den Vorder=
grund zu stellen pflegten. In der That haben sich bis auf die
Gegner Sterzingers herunter fast alle kirchlichen Hexenschriftsteller
der folgenden Zeiten, wie ja natürlich, auf die Bulle berufen.
Der Trierer Weihbischof Binsfeld hat seinem Buche über die
Hexenbekenntnisse zur Bekräftigung diese sowie alle anderen päpst=
lichen Hexenbullen beigefügt. Ich maße mir als Nichttheologe
über die Frage, ob die Bulle als eine Entscheidung ex cathedra
zu betrachten sei oder nicht, kein Urteil an. Die Thatsachen
zeigen, daß für die historische Bedeutung der Bulle diese Frage
nebensächlich ist. Denn entweder haben die Zeitgenossen und die
folgenden katholischen Generationen die Bulle als eine Ent=
scheidung ex cathedra betrachtet oder sie haben auch Entscheidungen
des Papstes, die extra cathedram, aber auf dogmatischem Gebiete
fielen, bindende Autorität beigelegt oder gegenüber päpstlichen
Bullen derartigen Inhaltes ist es den Gläubigen damals gar
nicht in den Sinn gekommen, die Frage aufzuwerfen, ob sie ex
cathedra ergangen seien oder nicht. Da ich weder bei Zeit=
genossen noch in der ausgedehnten Hexenlitteratur der nächsten
Generationen diese Frage je erwähnt finde, halte ich die letztere
Auffassung für die zutreffende.

Auch die Nachfolger Innocenz' VIII. haben ihre Inquisitoren
als Hexenverfolger nicht nur gewähren lassen, sondern durch aus=
drückliche Befehle diese Verfolgungen geschürt [1]). Von Alexander VI.
liegt eine Weisung an den Inquisitor der Lombardei, den Domini=
kaner Angelus, vor, daß er gegen alle, die durch teuflischen
Zauber Menschen, Vieh und Felder schädigen, fleißig seines Amtes
walten möge. Julius II. hatte wieder zu klagen, daß seine In=
quisitoren, welche die Zauberei verfolgen, von vorwitzigen Geist=
lichen und Laien daran gehindert würden, und gab darum diesen
Inquisitoren neue und weitergehende Vollmachten. Leo X. erwähnt
in seinem Breve an die Bischöfe Venetiens vom 15. Januar 1521,
daß in der Gegend von Brixen und Bergamo ergriffene Zauberer

---

[1]) S. Binsfeld p. 612 f. der Ausgabe von 1623. Solban=Heppe I, 285 f.
(wo statt Brixen Brescia zu lesen ist).

lieber ihr Leben preisgegeben als ihre Verirrungen gestanden
hätten. Mit dem Senate der Republik Venedig geriet Leo in
schweren Zwiespalt, weil dieser die Revision der Inquisitions=
prozesse für sich beanspruchte. Clemens VII. beauftragte 1524 den
Gubernator von Bologna, den Inquisitoren in Verfolgung der
Hexerei jeden möglichen Vorschub zu leisten — kurz in Rom fuhr
man mit vollen Segeln im Fahrwasser der Hexenverfolgungen.
Doch wir kehren zu den deutschen Inquisitoren unter Inno=
cenz VIII. zurück. Mit dem undurchdringlichen Schilde der päpst=
lichen Bulle ausgerüstet, gingen diese nun mit frischem Mut und
unvergleichlicher Hingebung wieder an ihr „Glaubensgeschäft".
Institoris wandte sich nach Tirol, wo er sich am 23. Juli 1485
vom Bischof von Brixen einen Empfehlungsbrief an den Klerus
der Diözese ausstellen ließ. In den ersten Augusttagen treffen wir
ihn in Innsbruck thätig und bis Ende des Monats waren dort,
wiewohl die Nachforschungen des Inquisitors sich zunächst auf die
Pfarrei Innsbruck beschränkten, außer vielen ungenannten schon
mehr als fünfzig genannte Personen, meist Weiber, als der Hexerei
verdächtig angegeben und, wie es scheint, auch verhaftet.
Die Akten dieser Innsbrucker Prozesse sind erst vor einigen
Jahren im fürstbischöflichen Hofarchive zu Brixen wieder auf=
gefunden worden. 1890 hat sie der Neustifter Chorherr Hart=
mann Ammann in vortrefflicher Weise veröffentlicht [1]) und hiemit
eine der wichtigsten Quellen zur Geschichte der Hexenprozesse
erschlossen. Außer Anweisungen des Inquisitors zur Führung
der Prozesse — die Institoris später großenteils wörtlich in seinen
Malleus maleficarum aufnahm — finden wir hier nur Zeugen=
aussagen, keine Bekenntnisse der Angeklagten. Daraus erklärt es
sich, daß nichts von Teufelsbündnissen, Teufelsbuhlschaft, Teufels=
mahlen u. s. w., sondern nur Anklagen auf Schädigung von Leib
und Leben — besonders der Tod des Ritters Georg Spieß wurde

---

[1]) In der Zeitschrift des Ferdinandeums für Tirol und Vorarlberg,
III. Folge, XXXIV, S. 1 f. Auf die Innsbrucker Prozesse wird es sich beziehen,
wenn die Verfasser des Hexenhammers (p. II, q. 1. c. 1) bemerken: Wollten
wir alle Fälle von Hexerei, die in einer einzigen Stadt des Brixener Sprengels
nachgewiesen wurden, anführen, so müßten wir ein ganzes Buch damit anfüllen;
sie sind alle aufgeschrieben und niedergelegt beim Bischof von Brixen.

auf Hexerei geschoben —, Entziehung der Milch aus Kühen,
Wettermachen und dergleichen vorkommen. Aus den zahlreichen
Anklagen in dieser Richtung braucht man aber noch nicht zu
folgern, daß der Hexenwahn dieser Art schon vorher in Innsbruck
tiefe Wurzeln geschlagen hatte. Man darf nicht übersehen, daß
der Inquisitor wochenlang auf der Kanzel den Hexenwahn ge=
predigt und zur Anzeige von Hexen angefeuert hatte. Daß er
das „Wort Gottes", mit dessen Predigt er beauftragt war, dahin
verstand, ergibt sich aus seiner eigenen Angabe gegen die Ange=
klagte Helene Scheuberin: von dieser habe er öfters gehört, daß
sie seine Predigten mißachte und sogar, wenn er die Kanzel be=
trete, die Kirche verlasse mit der Verwünschung: Daß dir das
fallende Uebel an deinen grauen Scheitel solle! Auf die Frage,
was sie dazu veranlaßte, erwiderte sie dem Inquisitor: „Ihr
predigt ja nichts anderes als gegen die Hexen!" Die Mehrzahl
der Zeugen erscheint mit den Angeklagten in irgend einer Ver=
bindung: meist langjähriger Feindschaft, geschlechtlichem Umgang
mit verweigerter Ehe oder Brotneid. Und wie der Inquisitor
ihre Aussagen verwertet, wirft nach Ammanns Urteil kein gün=
stiges Licht auf ihn: „Die Fragen an die Angeklagten, die In=
stitoris durch einen Ordensbruder stellen lassen will, gehen häufig
weit über das hinaus, was die Zeugen gesagt hatten, und legen
ihnen Verbrechen zur Last, die in den Zeugenaussagen gar nicht
enthalten sind; ja der Inquisitor schrickt selbst vor offenen Lügen
nicht zurück."

Aus der Korrespondenz des Bischofs von Brixen, welche
Sinnacher[1] mitgeteilt hatte, war schon vorher bekannt, daß dieser
Kirchenfürst mit dem Vorgehen des Inquisitors nicht einverstanden
war. Aus den Akten ergibt sich nun die überraschende Auf=
klärung, daß Institoris in Innsbruck in der Hauptsache vollstän=
digen Mißerfolg hatte. Und dies, wiewohl der Prozeß vor einem
geistlichen Gerichtshofe spielte, von dessen neun Mitgliedern[2] vier

---

[1] Beyträge zur Gesch. der bischöflichen Kirche Säben und Brixen, VI,
626—634. Die meisten Stücke sind jetzt im Wortlaut als Beilagen von
Ammann a. a. O. veröffentlicht.

[2] Auch ein namhafter bayerischer Theologe befand sich darunter, der
als Kanzelredner und Schriftsteller bekannte Passauer Domherr Dr. Paul Wann.

Dominikaner waren, wiewohl Erzherzog Sigmund den Inquisitor
schirmte und eine den schwachen Fürsten beherrschende Hofpartei
diese Hexenprozesse für ihre Zwecke auszubeuten versuchte. Wie
der im August eingeleitete Prozeß ausging, ist zwar nicht deutlich
zu ersehen, aber ein neuer gegen sieben Weiber im Oktober eröff=
neter Prozeß, wobei Institoris als Ankläger Folterung und Hin=
richtung der Gefangenen beantragte, endete mit dem Urteil, daß
der Prozeß, weil nicht nach den Rechtsnormen geführt, null und
nichtig und die Angeklagten in Freiheit zu setzen seien. Der
bischöfliche Generalkommissär wies die vom Inquisitor an eine
Angeklagte gestellten Zwischenfragen über sexuelle Geheimnisse als
nicht zur Sache gehörig zurück und gab einen Protest gegen die
Leichtfertigkeit des Inquisitors zu Protokoll. Als Verteidiger [1])
trat der Licentiat des Kirchenrechtes und Doktor der Medizin,
Johann Merwais von Wendingen auf. Dieser hütete sich wohl,
gegen die päpstliche Bulle aufzutreten, suchte im Gegenteil Partei=
lichkeit des Anklägers daraus zu begründen, daß sich derselbe
n i c h t an die päpstliche Bulle gehalten habe, und verfuhr so klug
und energisch, daß er die Mehrheit des Gerichtshofes auf seine
Seite brachte, wenn ihm auch sein erster Plan, den Inquisitor
gänzlich beiseite zu schieben und durch den Bischof von Freising
oder dessen Dekan und Generalvikar ersetzen zu lassen, nicht gelang.
Wahrscheinlich hielt im Hintergrunde insgeheim der Diözesanbischof
die Fäden in der Hand. Bischof Georg Golser war zum min=
desten kein eifriger Anhänger des Hexenwahns; Ammann nimmt

---

[1]) Der Malleus (p. III, q. 10) weist Verteidiger nicht prinzipiell zurück,
knüpft aber an ihre Zulassung solche Bedenken, daß man begreift, warum in
der Praxis die Verteidiger keine Bedeutung gewinnen konnten. Wie soll man,
sagt er, das Verlangen nach einem Verteidiger gewähren, wo die Namen der
Zeugen durchaus geheim gehalten werden? Jedenfalls dürfen diese dem Ver=
teidiger nur dann mitgeteilt werden, wenn er untadelhaft, eifrig (zelosus!)
und ein Freund der Gerechtigkeit ist, aber auch dann nur unter eiblichem
Geheimnis. Auf den Wunsch der Angeklagten darf bei der Wahl des Ver=
teidigers nicht Rücksicht genommen werden und der Verteidiger darf eine Sache
nur übernehmen, wenn er sie geprüft und gerecht befunden hat. Der Richter
hat ihn zu ermahnen, daß er sich nicht der Begünstigung der Ketzerei schuldig
mache; dieser aber macht er sich in hohem Grade schuldig, wenn er „indebite"
einen schon der Ketzerei Verdächtigen verteidigt. (!)

an, daß er nicht an die Realität solcher Zaubereien glaubte, wie
sie den Angeklagten zur Last gelegt wurden. Nur unter dem
Drucke der päpstlichen Autorität wird es geschehen sein, daß der
Bischof den Inquisitor (23. Juli) seinem Klerus empfahl, daß er
die päpstliche Bulle publizierte, daran die Weisung knüpfte, ihre
Ausführung zu unterstützen und den Mitwirkenden einen Ablaß
von vierzig Tagen in Aussicht stellte. An den Erzherzog schrieb
der Bischof auf dessen Frage, wie er sich gegenüber dem In=
quisitor verhalten solle: Wenn ein Inquisitor vom päpstlichen
Stuhl kommt, bin ich schuldig in Gemeinschaft mit ihm vorzu=
gehen, ihn auch meine Gewalt brauchen zu lassen und ihm Bei=
stand zu leisten. Da man aber oft Gnade ergehen lasse, wenn der
Angeklagten gar zu viele sind, riet er (21. September), nur gegen
solche die volle Strenge des Gesetzes anzuwenden, welche Menschen
durch Zaubermittel getötet oder in gotteslästerlicher Weise Bilder
verunehrt hätten, während die übrigen mit Geld= und Kirchen=
strafen davonkommen sollten. Wie wirksam die päpstliche Bulle
war, zeigt dieser konkrete Fall besonders eindringlich. Auch die=
jenigen, die mit den Hexenverfolgungen nicht einverstanden waren,
konnten, wie ja bei der unbestrittenen Autorität des päpstlichen
Stuhls selbstverständlich ist, nicht direkt gegen dieselbe ankämpfen.
Den Inquisitor hat Bischof Georg, wie aus verschiedenen seiner
Schreiben erhellt, im Grunde des Herzens verachtet. Institoris,
schreibt er, ist vorher bei vielen Päpsten Inquisitor gewesen, be=
dünkt mich aber aus Altersschwäche ganz kindisch geworden zu
sein; er scheint wirklich zu rasen. Was der Inquisitor gethan,
ist höchst unanständig, schrieb er (14. November) an den Pfarrer
von Innsbruck. Dem Inquisitor selbst riet er nach seiner Nieder=
lage sich zu entfernen, je geschwinder, desto besser [1]. Eben damals
(September 1485) ward ein spanischer Institoris, der strenge
Inquisitor Peter Arbues, in Saragossa von zwei Spaniern, deren
einer an dem Fanatiker die Hinrichtung seiner Schwester rächen
wollte, ermordet — ein Tod auf dem Felde der Ehre, der im
Verein mit seinem inquisitorischen Eifer Arbues bekanntlich die
Heiligsprechung eingetragen hat. Die Innsbrucker waren nicht

---

[1] Sinnacher a. a. O. 630, 631.

so rabiat: Jnstitoris konnte trotz seiner beschämenden Niederlage noch mehr als elf Wochen in der Tiroler Hauptstadt verweilen, um Stoff zu neuen Anklagen und Verfolgungen zu sammeln. Da aber schrieb ihm der Bischof (8. Februar 1486): „Euere Väterlichkeit sollte wirklich, wie ich schon vorher ihr zugeredet habe, in ihr Kloster zurückkehren! Sie sollte nicht anderen zur Last fallen! Ich habe es Euerer Väterlichkeit schon oft gesagt, daß sie unter den jetzigen Umständen (d. h. nach dem Scheitern seiner Anklage und bei der gegen ihn herrschenden Entrüstung) in meiner Diözese nichts ausrichten, sondern dieselbe verlassen sollte, glaubte auch, daß sie dieselbe schon lange verlassen hätte."

Durch den Innsbrucker Mißerfolg des Jnstitoris wurden jedoch er und sein Genosse nicht im mindesten eingeschüchtert. Die Erwähnungen der von ihnen selbst veranstalteten Hexenprozesse im Malleus maleficarum lassen zwar nicht deutlich erkennen, ob die= selben vor oder nach dem Erscheinen der päpstlichen Bulle und den Tiroler Ereignissen anzusetzen sind, doch ist das letztere für den größeren Teil wahrscheinlicher, da die Frist von fünf Jahren, aus welcher sie ihre Erfolge zusammenfassen, die Jahre 1482/83 bis 1487/88, bis zum Erscheinen des Hexenhammers, begreifen wird. „Wie viele Hexen", sagen sie im Malleus [1]), „von uns dem weltlichen Arm zur Bestrafung übergeben wurden in ver= schiedenen Diözesen, besonders in der von Constanz und in der Stadt Ravensburg, sie alle haben viele Jahre diese Freveltaten begangen, einige seit dem 20., andere seit dem 12. oder doch 13.[2]) Lebensjahre und immer mit Abschwörung des Glaubens. Zeugen sind dort sämtliche Einwohner. Abgesehen von denen, die insgeheim Buße thaten und zum Glauben zurückkehrten, wurden nicht weniger als achtundvierzig binnen fünf Jahren dem Scheiterhaufen übergeben." Außer Ravensburg nennen sie an anderen Stellen Waldshut und Breisach als Stätten ihrer Wirk= samkeit; Hexenprozesse der jüngsten Zeit erwähnen sie ferner von der Stadt Hagenau, der Stadt Schlettstadt und der benachbarten Burg Königsheim, von Reichshofen im Elsaß, von der Grafschaft

---

[1]) P. II, q. 1, c. 4.
[2]) So wird zu emendieren sein statt tricesimum.

Fürſtenberg, der Diözeſe Regensburg. 1482 hatte Inſtitoris, der auch ſonſt ein fruchtbarer theologiſcher Schriftſteller war[1]), Bücher in Schlettſtabt drucken laſſen[2]). Es iſt klar, daß die oberrheiniſchen Biſchöfe, beſonders der von Conſtanz, ſie unterſtützt haben müſſen.

Ferner darf man nach der Schrift des Conſtanzer Prokurators Ulrich Molitoris de laniis et phitonicis mulieribus annehmen, daß der Conſtanzer Schultheiß Konrad Schatz, dem in dieſem Dialog die Rolle als Verteidiger des Hexenwahns zugewieſen iſt und der „als Richter die Bekenntniſſe vieler Weiber (Hexen) ver= nommen hat", an den von den Inquiſitoren hervorgerufenen Prozeſſen beteiligt war und ihnen den weltlichen Arm zur Folte= rung und Verbrennung der Angeklagten ließ. Im übrigen ſind Zeugniſſe über das grauſe Wirken der beiden Inquiſitoren in Oberſchwaben und am Oberrhein bisher nicht zu Tage ge= treten.

Sicher iſt, daß Inſtitoris, der dem Biſchofe von Brixen 1485 als ein kindiſch gewordener Greis erſchien, noch zwölf Jahre ſpäter ſein Unweſen als Hexeninquiſitor forttrieb. In Rom fand man auch in der Innsbrucker Niederlage keinen Anlaß, den eifrigen Inquiſitor abzuberufen. Vergegenwärtigt man ſich neben dieſer Thatſache die unter Alexander VI. und in ſeinem Beiſein im Vatikan gefeierten unzüchtigen Feſte, die durch das naive und unanfechtbare Zeugnis ſeines deutſchen Zeremonienmeiſters Johann Burkhard[3]) erwieſen ſind, ſo wird man ſagen müſſen, daß ein tieferer Verfall des Papſttums kaum denkbar war.

---

[1]) U. a. ſchrieb er in errores monarchiae und über die Gewalt des Papſtes und Kaiſers gegen die Lehrſätze Roſelli's. Wie man aus Prierias (Strigimag. l. II, c. 1, p. 5) erſieht, verdankte er beſonders ſeiner Polemik gegen den letzteren „ruchloſen" Autor großes Anſehen im Orden.

[2]) Hain, Repertor. bibliogr. Nr. 9235, 9236.

[3]) Burchardi Johannis Argentinensis, Capellae Pontificii sacrorum rituum Magistri, Diarium, ed. L. Thuasne III, p. 167 zum J. 1501, eine Schil= derung, die ſich nicht einmal lateiniſch wiedergeben läßt. Um die Ueberzeugung zu gewinnen, daß die Glaubwürdigkeit des Berichterſtatters über jeden Zweifel erhaben iſt, braucht man nur größere Abſchnitte ſeines trocken und geſchäfts= mäßig gehaltenen, sine ira et studio abgefaßten Tagebuches zu leſen. Vgl. auch die Anmerkung des Herausgebers Thuasne. Weitere Beiträge zur ſitt= lichen Charakteriſtik Alexanders VI. und ſeines Hofes ſ. in dieſem Tagebuche

Unter die Kompetenz der Inquisitoren Institoris und Sprenger gehörten auch die Metropolitansprengel von Salzburg und Mainz, also ganz Bayern. Ohne den Schirm der Landesherren konnten sie jedoch, wie man aus der in Tirol gepflogenen Korrespondenz ersieht, nicht leicht vorgehen. Die Verhältnisse lagen in dieser Beziehung noch ebenso wie zur Zeit Konrads von Marburg, der auch be= sonderer landesfürstlicher Weisungen an die weltlichen Richter bedurfte, um deren Beihilfe zu erlangen [1]). Herzog Albrecht IV. nun war nicht der Mann, bei dem man Geneigtheit zur Unter= stützung solcher Leute voraussetzen dürfte. Seine Beteiligung an den Tiroler Händeln dieser Jahre [2]) darf nicht mit den Inns= brucker Hexenprozessen in Zusammenhang gebracht werden. Es hängt doch wohl mit dem Charakter des Landesfürsten und mit der bayerischen Tradition in der Inquisitorenfrage zusammen, daß wir Institoris erst an seinem Lebensabend in Bayern wirken sehen und daß er dort nur auftaucht, um sogleich wieder zu verschwin= den. Am Vorabend vor Fronleichnam 1493 treffen wir ihn hart an der bayerischen Grenze, in Augsburg, wo er eine Abhandlung über die Erscheinung der Eucharistie in Knabengestalt veröffent= lichte. 1495 ließ er eine Sammlung von verschiedenen Traktaten

<hr>

besonders II, 79, 80 (Julia Bella dicta de Farnesio, Papae concubina), 168; III, 169.

[1]) Vgl. Ficker in den Mitteilungen des Instituts f. österr. Geschichts= forschung I, 215.

[2]) Vgl. meine Geschichte Bayerns III, 513—517. Auf die unsinnigen Verleumdungen der Anna Spießin, der Witwe des oben erwähnten Hofmeisters und Ritters Spieß, hatte Sigmund viele Unschuldige foltern lassen. Nach der Katastrophe von 1488 suchte die Spießin Zuflucht bei Herzog Georg von Landshut. Daß die Folter gegen Leute angewendet wurde, die nicht in die Hexenprozesse verwickelt waren, erhellt aus der Bittschrift, die Graf Gaudenz von Matsch an Erzherzog Sigmund richtete, in dessen Ungnade er gefallen war (s. v. Brandis, Geschichte der Landeshauptleute von Tirol, S. 339). Es ist daher nicht sicher, ob man mit Rapp (Die Hexenprozesse und ihre Gegner aus Tirol, S. 13) die von den Landständen auf dem Landtage zu Hall im August 1487 erhobenen Klagen, wonach in jüngster Zeit viele Personen ge= fangen, gemartert und ungnädig gehalten worden seien, auf die Hexenprozesse beziehen darf. Jedenfalls darf man nicht ausschließlich an diese denken. Aus den Brixener Akten scheint sich nicht zu ergeben, ob es zur Anwendung der Folter kam, doch ist dies gegenüber den im August Verhafteten wohl möglich.

und Reden gegen vier jüngst aufgetauchte Irrtümer bezüglich des
Sakramentes der Eucharistie in Nürnberg drucken[1]) und im selben
Jahre folgte er einem Rufe seines Ordensoberen nach Venedig,
um dort über diese Streitfrage zu disputieren.
1497 aber treffen wir Inftitoris in Bayern, im Kloster Rohr.
Wiewohl unser Aktenmaterial hier unvollständig ist und nicht ein=
mal erkennen läßt, ob es damals wirklich zu Hexenverfolgungen
kam, sind die Vorgänge, die sich an das Auftreten des Inquisitors
in Bayern und zwar im Regensburger Sprengel knüpften, höchst
lehrreich. Thatsächlicher Unfug, den Wahrsager und Kurpfuscher
abergläubischer Färbung trieben, scheint hier den ersten Anstoß
zum Einschreiten der kirchlichen Behörden gegeben zu haben.
Hievon ausgehend, sucht der Inquisitor Hexenprozesse in Gang zu
bringen. Ein ehrenwerter Vertreter des bayerischen Seelsorge=
klerus ist besonnen und vernünftig genug, das wüste Volksgerede
von Hexerei beruhen zu lassen. Auf der anderen Seite aber
bringt der des Inquisitors würdige geistliche Kommissär desselben
mit allen ihm zu Gebote stehenden Mitteln darauf, daß der Hexen=
wahn dem Volke auf der Kanzel geprebigt werde.

Schon 1491 fand der Regensburger Bischof Heinrich von
Absberg nötig, Aeußerungen des Aberglaubens entgegenzutreten.
An mehreren Orten seines Sprengels, bemerkt er, habe all=
mählich die Verirrung Raum gewonnen, daß Menschen beiderlei
Geschlechtes sich göttliche Ehre anmaßen, gegen das Verbot der
Kirche sich als Wahrsager ausgeben und durch verschiedene Mittel[2]),
unter Einmischung heiliger Worte, vornehmlich in gewinnsüchtiger
Absicht (precipue occasione questus), Vieh und Menschen Gesund=
heit versprechen, manche Einfältige so täuschen und viele andere
Zaubereien verüben. Der Bischof erließ daher am 10. März
1491[3]) an den Augustiner Chorherrn Wolfgang Hainstöckl, da=
mals Kastner (granator) des Klosters Rohr bei Abensberg, den
Befehl, daß dieser Aberglauben durch ihn und die Seelsorger in

[1]) Hain, Nr. 9234, 9233.
[2]) Carminacionibus pravis ac ligaturis dürfte zu lesen sein statt breviis.
[3]) Monumenta Boica XVI, 241 f.

Riezler, Geschichte der Hexenprozesse in Bayern. 7

ben Kirchen bei Strafe der Exkommunikation zu verbieten sei.
Die Schuldigen haben sich selbst und alle, die von derartigen
Dingen Kenntnis erlangen, haben die Verdächtigen zur Anzeige zu
bringen. Wer Widerstand leistet oder seinen Irrtum nicht auf=
geben will, soll als der Ketzerei verdächtig, wenn nötig, unter
Anrufung des weltlichen Arms, vor den Bischof geladen werden.

Heinrichs Nachfolger Rupert, aus einer pfälzischen Linie des
Hauses Wittelsbach, wiederholte am 18. Februar 1493 diesen
Auftrag an Haimstöckl[1]), indem er bemerkte, daß die Inquisitoren
der ketzerischen Schlechtigkeit bei derartigen Fällen von Wahr=
sagerei (de huiusmodi divinacione et sortilegiis), wenn nicht
offenbare Ketzerei daraus spreche (nisi heresim manifestam sa-
piant), sich nicht einmischen[2]). Da aber dieses Uebel nicht unge=
straft bleiben dürfe, erhält Haimstöckl den Auftrag, so vorzugehen
wie die päpstlichen Inquisitoren.

1497 nun erschien „der fromme und ehrwürdige Vater"
Heinrich Institoris, der sich durch eine päpstliche Bulle als In=
quisitor der ketzerischen Schlechtigkeit auswies, selbst im Kloster
Rohr. Er erklärte, daß er die Exekution seines Amtes, die wegen
vieler den Glauben bedrohender Gefahren unerläßlich sei, unmög=
lich in allen fünf Metropolitansprengeln, auf die sich seine Voll=
macht erstrecke, persönlich ausüben könne, bestellte daher Haim=
stöckl, der mittlerweile Propst von Rohr geworden war, zu seinem
Kommissär oder Vikar, proklamierte die päpstliche Bulle Summis
desiderantes affectibus und erteilte (4. Juli 1497)[3]) Haimstöckl
für den ganzen Regensburger Sprengel Vollmacht, gegen die
Uebelthäter vorzugehen und sie nach der Lex Multorum, also mit
dem Tode zu bestrafen. Zeugen dieses Aktes waren zwei welt=
liche Beamte: der damalige Richter in Rohr, Andreas Schweybrer
von Eberstall und der Landshuter Rentschreiber Konrad Stör,
sowie mehrere Einwohner von Rohr.

Von Haimstöckls Thätigkeit als Vikar des Inquisitors liegt
nur ein Zeugnis vor, sein Schreiben an den Pfarrer von Abens=

---

[1]) L. c. p. 243.

[2]) Dies beruht auf einer Verordnung des Papstes Alexander IV. (Sexti
Decret. Libr. lib. V, tit. II, c. 8), welche genau dieselben Worte gebraucht.

[3]) L. c. p. 244.

berg, Magifter Erasmus Ramwein (?) [1]), Lizentiaten des Kirchen=
rechts, vom 2. Juli 1499. Von glaubwürdiger Seite, fchreibt
Haimftödl, fei ihm das Gerücht zugekommen, daß die Stadt
Abensberg voll fei von Schändlichkeiten der Idolatrie. Befonders
follen dort viele Hexen fein, die zu nicht geringem Schaden der
Mitbürger ihre Hexereien verüben. „Ift dem fo, dann wundere
ich mich fehr, daß Ihr, ein gelehrter und berühmter Prediger
und beherzter Mann, fo großen Verbrechen nicht bis aufs Blut
Widerftand leiftet. Wenn Ihr unabläffig gegen Eitelkeiten und
Lafter u. f. w. Euere Stimme wie eine Trompete erhebt — und
Ihr thut wohl daran — warum fchweigt Ihr über diefes größte
Uebel des Götzendienftes, warum feid Ihr da ein ftummer Hund
geworden, der nicht bellen kann? Mir fcheint, daß Ihr für Euere
eigene Haut fürchtet, daß Ihr Angft habt, die Hexen könnten
Euch felbft verzaubern, daß Ihr alte Vetteln mehr fcheut als
Gott — während es doch eine ausgemachte Sache ift [2]), daß
Hexen gegen die Prediger und andere Werkzeuge der Juftiz nichts
vermögen. Oder vielleicht verzweifelt Ihr an dem Heile diefer
Hexen, da fie fich von Gott gänzlich abgewendet haben und Euere
Worte nicht ausreichen, fie zu bekehren?" Dem Pfarrer wird
der hl. Auguftin als Vorbild vorgeftellt, der nach feinen eigenen
Worten „immer und immer wieder in gleicher Weife" gegen
heidnifchen Aberglauben eiferte. Könne er die Verirrten nicht
bekehren, folle er wenigftens die Unfchuldigen mahnen, fich vor
folchen Dingen in acht zu nehmen. Er, Haimftödl, müffe wegen
feines Inquifitionsamtes für feine Seele forgen. Daher die vielen
Worte, fonft würde er an feine eigene Ruhe denken. Für den
Pfarrer wäre es eine Schande, wenn infolge feiner Nachläffigkeit
er, der Propft, felbft oder durch einen Untergebenen, die Sichel
an feine Ernte legen müßte, wozu ihm fein Kommifforium wohl
die Berechtigung gebe. Es wird aber nicht genügen, in e i n e r
Predigt gegen diefes größte aller Uebel zu donnern, dazu wer=

---

[1]) Râbein. L. c. p. 248 f. Das Schreiben ift auch in den Verhand=
lungen des hiftor. Vereins f. Niederbayern, XIII, 102 abgedruckt. Die dort
veröffentlichten Abensberger Urkunden bieten keine weiteren Auffchlüffe.

[2]) Diefe beruhigende Kenntnis verdankte Haimftödl wohl dem Inftitoris
felbft, der in feinem Malleus diefelbe Anficht ausführt.

den mehrere aufeinander folgende Predigten nötig
ſein. Auffallend iſt, daß Haimſtöckl von der Anrufung des welt=
lichen Arms gar nichts erwähnt. Hatte er etwa bereits die Er=
fahrung gemacht, daß ſich ihm dieſer nicht ſo, wie er wünſchte,
zur Verfügung ſtellte? — eine gewiſſe Verſtimmung und Ueber=
brüſſigkeit ſcheint auch aus ſeinen Worten: saltem parcerem pro-
priae quieti zu ſprechen.

Der greiſe Inſtitoris aber ward am Abend ſeines Lebens
zu noch höherer Ehre und zu neuem Ketzerkampf auserſehen. Am
31. Januar 1499 ernannte Papſt Alexander VI. ihn und den
Propſt von Kloſterneuburg zu ſeinen Nuntien und beauftragte ſie,
in dieſer Eigenſchaft, Inſtitoris zugleich als Inquiſitor, die (unter
dem Namen: Böhmiſche Brüder bekannten) Waldeſier oder Pickar=
den in Mähren und Böhmen zu bekämpfen und zu verfolgen.
Zu dieſem Zwecke ſollten ſich die Nuntien nach Olmütz begeben
und im Verein mit dem dortigen Biſchof Stanislaus ihres Amtes
walten. Ihre Kompetenz ſollte ſich auch auf alle deutſchen Länder
erſtrecken. Ein zweites Breve des Papſtes vom 5. Februar 1500
wies dann Inſtitoris an, das die römiſche Kirche angreifende
Buch (oder Handſchrift), das die Waldeſier Copita nennen, zu
konfiszieren, dem Biſchofe von Olmütz zuzuſtellen und verbrennen
zu laſſen. Zugleich ward er ermächtigt, ſich ſelbſt Genoſſen zu
beſtellen, damit auch in böhmiſcher Sprache gegen die Ketzer ge=
predigt werden könne. Inſtitoris ſelbſt erklärt Copita als Para-
digma. Kopito (= Leiſten) aber lautete nur die Ueberſchrift
der einzelnen Kapitel; gemeint iſt das Werk: „Bild des Anti=
chriſts" von Peter von Chelčic. Die Zahl der Böhmiſchen Brüder
wird damals ſchon auf hunderttauſend angegeben. Wohl mit
Rückſicht auf ihre Zahl ſowie ihre mächtigen Gönner im Adel
fand man geraten, zunächſt von Gewalt abzuſehen. Inſtitoris,
der die Miſſion allein ausführte, ſchlug den Häuptern der Brüder
ein Religionsgeſpräch vor, das im Michaelskloſter in Olmütz ab=
gehalten ward, jedoch zu keiner Verſtändigung führte. Der
Nuntius ſelbſt kann nicht umhin, dem ſittlichen Charakter und
der Gelehrſamkeit ſeines Gegners, Lorenz Craſſoniz von Leito=
miſchl, eines früheren Utraquiſten, ein günſtiges Zeugnis auszu=
ſtellen.

Auch gegen diese Böhmischen Brüder wie gegen die Hexen verband der Inquisitor mit seiner praktischen Wirksamkeit eine litterarische. Am 20. April 1501 verließ in Olmütz ein von ihm verfaßtes umfängliches Werk gegen die Sekte der Waldesier oder Pickarden die Presse [1]. Unter den sechsunddreißig Irrlehren der Waldesier, welche Institoris hier aufführt, wird als die letzte genannt: die Gerichte, welche über Hexerei gehalten werden, sind ungerecht. Das Buch ist wieder bezeichnend für den Geist des Hexenverfolgers. Seine Leichtgläubigkeit und Verleumbungssucht treten auch hier hervor, indem er die Brüder, deren dogmatische Ansichten durch eine Reihe von Bekenntnis= schriften feststehen und die nach übereinstimmenden Zeugnissen durch unsträflichen Lebenswandel sich auszeichneten, der größten Albernheiten und abscheulicher Unzucht beschuldigte. U. a. behauptete er, sie hielten in ihren Versammlungen den Mund offen, um den hl. Geist in Gestalt einer Fliege in sich aufzunehmen. Er hielt ihnen die jüngsten Wundererscheinungen entgegen: die Jungfrau Lucia in Ferrara, die, wie er selbst gesehen, die fünf Wundmale des Herrn sichtbar an ihrem Leibe trägt; die Columba in Perugia, welche sich seit sieben Jahren von keiner anderen Speise als der Eucharistie ernährt, und die Stephana, die jeden Freitag das ganze Leiden unseres Herrn durchmacht. Was die Waldesier betrifft, sei ihm durch eidliche Aussagen bezeugt worden, daß sie mit wenigen Ausnahmen samt und sonders vom Teufel besessen seien. Institoris beschränkt sich in dem Clippeum zunächst auf

---

[1] St. Romane ecclesie fidei defensionis clippeum adversus Walden-sium seu Pickardorum heresim certas Germanie Bohemieque naciones in odium cleri ac enervacionem ecclesiastice potestatis virulenta con-tagione sparsim inficientes (sic), sanctissimi (!) Alexandri VI. pontificis iussu ... redactum. Das Titelblatt zeigt neben dem Wappen des Papstes das des Nuntius Institoris, im Schild ein schwarzes, mit zehn Halbmonden bestecktes Kreuz. Die oben erwähnten Bullen und Schreiben sind dem Clippeum vorgedruckt. Ueber die Böhmischen Brüder vgl. Dobrowsky, Gesch. d. böhmischen Pickarden und Adamiten (Abh. d. böhm. Gesellsch. d. Wiss. für 1788, S. 337 f.); Gindely, Ueber die dogmatischen Ansichten der böhmisch=mährischen Brüder (Wiener Sitz.=Ber. 1854); Gindely, Geschichte der böhmischen Brüder I, 96 f.; Charvériat, Les Affaires religieuses en Bohème au 16. siècle (1886), p. 28 f.

die Widerlegung von fünf Grundirrtümern der Walbeſier, aus
denen alle anderen fließen, indem er die Bekämpfung der anderen
auf ein neues Buch verſchob. Darüber aber ſcheint er geſtorben
zu ſein; das Clippeum von 1501 iſt das leßte, was wir von
ſeiner Thätigkeit erfahren. Als man 1503 auch hier zum Ver=
brennen ſchritt — in einem Dorfe bei Taus mußten ſechs Brüder
den Scheiterhaufen beſteigen — wird der Name des Inquiſitors
nicht mehr genannt.

Doch wir wenden uns zu ſeinem Kampfe gegen die Hexen=
keßerei zurück. Die achtunbvierzig Weiber, welche er und Sprenger
bis zum Jahre 1488 hatten verbrennen laſſen, waren nur ein
kleiner Teil von denen, an deren Tode ſie eine Mitſchulb trifft.
Abgeſehen davon, daß ſie auch nach 1488 ihre unheimliche Praxis
wahrſcheinlich fortſeßten — von Inſtitoris iſt dies ſicher — be=
ſchloſſen ſie nämlich ihr reiches Wiſſen vom Hexenweſen und ihre Er=
fahrungen im Hexenprozeß der Mit= und Nachwelt zugute kommen
zu laſſen. So entſtand der Malleus maleficarum [1]), das verruch=
teſte und zugleich läppiſchſte [2]), das verrückteſte und bennoch unheil=

---

[1]) Was das Erſcheinungsjahr der erſten Ausgabe betrifft, ſo iſt die An=
gabe: „wahrſcheinlich 1484" in der Allg. deutſchen Biographie XVII, 29, wie
ſchon das Datum der königlichen Empfehlung und der Kölner Approbation
zeigen, jebenfalls unrichtig. Die Frage kann ſich nur um die Jahre 1487
und 1488 drehen. Hain führt eine mir nicht bekannte batierte Kölner Aus=
gabe von 1487 auf, hat dieſe aber nicht ſelbſt geſehen. Bekannt iſt die batierte
Kölner Ausgabe von 1489. Die erſten vier von Hain aufgeführten Ausgaben,
Nr. 9238—9241, barunter eine in Straßburg gebruckte, ſind unbatiert. Durch
den oben S. 78 erbrachten Nachweis wird geſichert, daß ein nach den Ver=
faſſern „vor drei Jahren" geführter Hexenprozeß 1485 ſpielte. Demnach dürfte
eine unbatierte Ausgabe 1488 zu ſeßen und als die älteſte zu betrachten ſein,
wofern ſich nicht Hains Angabe bezüglich einer Kölner Ausgabe von 1487 als
richtig erweiſt. Wenn die Verfaſſer im Widerſpruche mit der obigen Zeitangabe
bei Erwähnung der Hexenbrände in Bormio das Jahr 1485 „das verfloſſene
Jahr" nennen, ſo beutet dies barauf, daß ſie ſchon 1486 an dem Buche
ſchrieben, wie ja deſſen Umfang ohnedies wahrſcheinlich macht, daß es nicht in
einem Jahre vollenbet wurde.

[2]) Als Zeugnis des läppiſchen Geiſtes ſei die Erklärung des Wortes
femina (p. I, q. 6) erwähnt: dicitur enim femina fe et minus; quia
semper minorem habet et servat fidem. Die Etymologie bürfte unter den
ſpaniſchen Dominikanern (fe ſpaniſch = Glaube) entſtanden ſein. Ferner eine
Geſchichte von echt bayeriſcher Färbung, die auf bayeriſche Gewährsmänner

vollste Buch der Weltlitteratur — nach Görres, dem Bannerträger
einer modernen historischen Schule, ein „in den Intentionen reines
und untadelhaftes Werk, aber in einem unzureichenden Grunde
thatsächlicher Erfahrungen aufgesetzt, nicht immer mit geschärfter
Urteilskraft durchgeführt und darum oft unvorsichtig auf die scharfe
Seite hinüberneigend" [1]).

Guttenbergs jugendliche Kunst mußte auch solchen Zwecken
dienen und zweifellos ist es neben der päpstlichen Bulle eben die
zum erstenmal genossene Beihilfe der Presse, welche dem Auftreten
dieser deutschen Inquisitoren so entsetzliche Bedeutung für das Wachs=
tum des Hexenaberglaubens und der Hexenprozesse gewährte. Die
Ausbreitung dieser unheimlichen Mächte im 16. Jahrhundert
gegenüber dem 15. springt so unverkennbar in die Augen, daß
sie noch niemand zu bestreiten gewagt hat; aber zur Erklärung
der Thatsache vernimmt man unhaltbare Einfälle wie „Zersetzung
der mittelalterlichen Welt" oder den tendenziösen Hinweis auf die
traurigen Folgen der Kirchenspaltung. Auch in der Geschichte ist
die einfachste und nächstliegende Erklärung oft die richtige. Wenn
ein aberwitzige Hirngespinste predigendes Buch in der Zeit von
acht oder neun Jahren in neun Auflagen verbreitet wird und
nachher ein starkes Anwachsen des Aberglaubens sich bemerklich
macht, so ist klar, daß beide Erscheinungen in Kausalzusammen=
hang stehen. Zumal in einer Zeit, da die Bücher noch selten
und kostbar [2]) waren, vom großen Absatz eines Buches daher weit

---

der Verfasser weist und auf einem Vierteller zu spielen scheint. Ein Schüler,
jetzt Priester der Freisinger Diözese (p. II, q. 1, cap. 3), erzählte, er sei von
einem Teufel durch die Lüfte entführt worden. Ein anderer von einem Dorfe
bei Landshut, Genosse des ersteren, sah mit eigenen Augen eine solche Ent=
führung bei einem Biergelage (in potagiis cerevisiae) vieler Scholaren. Die
Gesellschaft einigt sich: wer's Bier holt, braucht nichts zu zahlen. Einer geht
fort, um Bier zu holen, öffnet das Thor — da bringt ihm dichter Nebel entgegen.
Erschrocken kehrt er um, aber ein Dritter ruft: Und wenn es der Teufel wäre, ich
hole das Bier. Er geht hinaus — und wird sofort angesichts aller Zecher durch
die Lüfte entführt. Das Bier auf diesem Keller scheint nicht schlecht gewesen zu sein.

[1]) So wörtlich Görres, Mystik IV, 2, 585. — Es sei daran erinnert,
daß in Rom das Verbot von Görres' Mystik geplant, jedoch von König Lud=
wig I. durch Vorstellungen seines Gesandten verhindert ward. S. Reusch, Der
Index der verbotenen Bücher II, 1126.

[2]) Das Münchener Exemplar des Malleus, Inc. s. a. 833, wurde laut

sicherer als heutzutage auf viele Leser desselben zu schließen ist. Der Schriftsteller, sagt Carlyle, vermag noch mehr als der Prediger. Bisher hatten die Inquisitoren bei ihrem sporadischen Auftreten in Deutschland immer nur vorübergehende und auf engere Kreise beschränkte Wirkungen erzielt. Jetzt gab ihnen die Presse zum erstenmal die Macht, ihre Ansichten in den weitesten Kreisen der Mit= und Nachwelt zu verbreiten.

So viel über dieses Buch schon geschrieben wurde, seine Wirkungen werden nach Ausdehnung, Vielseitigkeit und Nachhaltig= keit meistens nicht vollauf gewürdigt. Was fortan in positivem Sinne über Hexerei geäußert wird, ist zum weitaus größten Teil direkt oder indirekt auf den Hexenhammer zurückzuführen. In Italien spricht Raphaels Freund, der platonische Theosoph Pico di Mirandula, von dem Malleus der deutschen Theologen Heinrich und Jakob mit Anerkennung. In Deutschland folgt eine Auflage auf die andere; noch ein Jahrhundert nach dem ersten Erscheinen des Buches wird von protestantischer Seite in Frankfurt a. M. eine Reihe neuer Ausgaben veranstaltet; als Herausgeber treffen wir hier den Dichter und Juristen Fischart. Künstler wie Albrecht Dürer und Hans Balbung Grien widmen ihre Kunst dem neuen, die Phantasie so mächtig aufregenden Vorstellungskreise. In den Rechtsgutachten von Fakultäten wie einzelnen Gelehrten, Theo= logen und Juristen, aus der Blütezeit der Hexenprozesse sind die Berufungen auf den Malleus fast stehend. Dem Leipziger Pro= fessor Carpzow (gest. 1666), einem orthodoxen Lutheraner, gilt er als Autorität. Auf dem Hexenhammer beruht es mittelbar, wenn Shakespeare seinen Hamlet sagen läßt: Der Teufel hat Gewalt sich zu verkleiden in lockende Gestalt, und wieder: Ja und viel= leicht, bei meiner Schwachheit und Melancholie (da er sehr mächtig ist bei solchen Geistern) [1]) täuscht er mich zum Verderben. Wir werden hören, daß der Hexenhammer — mittelbar, durch das Volks=

---

einer handschriftlichen Bemerkung am Schlusse i. J. 1491 um einen halben Gulden rh., damals ein schweres Stück Geld, gekauft.

[1]) Vgl. Malleus p. II, q. 1, cap. 1, p. 103: tertius modus alliciendi per viam moestitiae. Binsfeld, der die Lehren des Hexenhammers nur weiter ausführt, nennt (ed. 1589, p. 49) als achten der Gründe, die zur Hexerei verführen: Verzweifelung, übergroße Traurigkeit, Kleinmut im Unglück.

buch vom Dr. Faust — die unerläßliche Voraussetzung für Goethe's
unsterbliche Faustdichtung und daß er es ebenso für die Hexerei=
bestimmungen des bayerischen Codex Maximilianeus von 1751
ist. Die höchste Poesie wie die verschrobenste Jurisprudenz weisen
auf dieselbe Quelle zurück.

Die zwei ersten Teile des Buches wenden sich hauptsächlich
an die Seelsorger, Pfarrer und Prediger, um diese zu belehren,
wie es um die Hexerei stehe, wie der Glaube daran von der
Kanzel herab zu verbreiten und die Einwände der Zweifler zu
widerlegen seien. Der dritte Teil hat die Belehrung der geist=
lichen und weltlichen Richter im Auge. Zweifellos ist denn auch
der größte Teil der zahllosen Leser, die das Buch gefunden hat,
unter diesen beiden Ständen, Klerus und Richtern, zu suchen.
Es ist ganz falsch, wenn man annimmt, daß die Verfasser die
weltlichen Gerichte von den Hexenprozessen ausschließen wollten:
im Gegenteil, sie erklären ausdrücklich (p. III, quaest. 1, p. 212):
Unsere vornehmste Absicht bei Abfassung dieses Werkes ist, u n s
Inquisitoren von Oberdeutschland von der Hexen=
verfolgung, soweit es mit göttlicher Hilfe möglich ist, z u   e n t=
l a s t e n (principalis intentio nostra in hoc opere fit, ab inqui-
sitione maleficarum ... nos inquisitores .. exonerare). Darum
wollen sie die kirchlichen und insbesondere weltlichen Richter über
den Hexenprozeß belehren. Denn sie sehen, daß sie selbst nur
einen kleinen Teil der ihnen zugewiesenen oberdeutschen Lande
bereisen und viel zu wenige Hexen dem Scheiterhaufen überliefern
können. Was sie bekämpfen — und der polemische Charakter
tritt in dem Werke sehr stark hervor — ist der Unglaube oder
Zweifel an Hexerei, die Unthätigkeit der weltlichen Gerichte und
ein solches Verfahren derselben, welches ihren Grundsätzen nicht
entsprach, besonders die Anwendung der Gottesurteile. Sie
wollen, daß Inquisitions= und weltliche Gerichte nebeneinander
einträchtig nach dem von ihnen gewiesenen Verfahren (im wesent=
lichen dem alten der Inquisitoren, nur jetzt aufs feinste durch=
gebildet) gegen die Hexen vorgehen. Aber auch die einheimischen
geistlichen Gerichte wollen sie nicht gänzlich verdrängen. Sie sind
zufrieden, wenn den Hexen nur eifrig nachgespürt und diese so
verfolgt werden, daß keine zu entschlüpfen vermag.

Bei der scholastischen Behandlungsart des Werkes muß man sich die erste Quästio des dritten Buches, die Erörterung der Frage, wer über Hexerei zu richten hat, genau ansehen, um die wahre Meinung der Verfasser zu erkennen.[1]) Die Verfolgung der Hexerei, sagen sie, gehört, da diese ein gemischtes Verbrechen ist, sowohl vor das weltliche als das geistliche Gericht. Die Bischöfe können auch unter Ausschließung der Inquisitoren in vielen Dingen gegen die Hexen einschreiten. Aber ohne die weltlichen Gerichte können sie da, wo die Strafe an Leib und Leben geht, nicht prozedieren. Mit aller Ehrfurcht, „da wir unter dem gemein= samen Predigerorden streiten", wird die Ansicht spanischer Inqui= sitoren bekämpft, daß alle Zauberei und Hexerei ausschließlich den Inquisitionsgerichten unterliege. Dadurch werde die Autorität der Bischöfe zu sehr geschwächt. Auch durch die Bulle Innocenz VIII. wird nicht ausgeschlossen, daß die Diözesanbischöfe nach altem Recht bis zum definitiven Urteil gegen Hexen einschreiten können. Denn diese Bulle ist ja zur Fürsorge für uns Inquisitoren erlassen (nobis potius in partem sollicitudinis est tradita).

Ein Blick auf die allgemeine Entwickelung des Verhältnisses zwischen diesen beiden kirchlichen Gewalten zeigt, daß die Gerichts= barkeit der Inquisitoren und der Bischöfe gesetzlich immer eine konkurrierende war, daß aber thatsächlich die Inquisitoren durch den natürlichen Lauf der Dinge meistens fast selbständig gestellt wurden. Um sich dem unangenehmen Gefühle der Unterordnung unter die Inquisitoren zu entziehen, ließen sich nun die Bischöfe bei dem Zusammenwirken in der Regel durch Bevollmächtigte ver= treten, was hinwiederum die Unabhängigkeit der Inquisitoren nur vergrößerte. So bestand ein bald offener bald heimlicher Kampf zwischen Inquisitoren und Bischöfen [2]).

In der Haltung des Bischofs von Brixen gegenüber In=

---

[1]) U. a. hat Roskoff, Gesch. d. Teufels II, 264, 265 das Gegenteil ihrer Meinung herausgelesen. Dagegen erklärt Finke (Histor. Jahrbuch XIV, 342, Anm. 1) geradezu, dieser Abschnitt des Hexenhammers habe die Veranlassung zur Umänderung des Prozeßverfahrens (Uebergang an die weltlichen Gerichte) gegeben.

[2]) S. Camillo Henner, Beiträge zur Organisation und Kompetenz der päpstlichen Ketzergerichte (1890), S. 281—237.

stitoris ist das letztere Verhältnis unverkennbar. Auch sonst mögen die Inquisitoren bei ihrem Wirken die Eifersucht der Diözesanen empfunden haben. Unter diesem Gesichtspunkt sind die oben nur kurz angedeuteten, weitläufigen Auseinandersetzungen des Hexen= hammers zu beurteilen: sie zielen hauptsächlich darauf ab, diese Eifersucht zu beschwichtigen. Da Hexerei mit dem Tode zu be= strafen war, diese Strafe aber nicht von den Bischöfen als geist= lichen Richtern verhängt werden konnte, ist praktisch weit wichtiger, was die Verfasser zu Gunsten der weltlichen Gerichtsbarkeit sagen. Ihre Schlußsätze lauten [1]): Man sieht also, daß in der Hexen= ketzerei, wiewohl nicht in anderen Ketzereien, auch die Bischöfe (ebenso wie die Inquisitoren) die Vollmacht zu erkennen und zu ur= teilen dem weltlichen Gericht überlassen können, da dieses Verbrechen kein rein kirchliches, vielmehr in hohem Grade — wegen des verur= sachten weltlichen Schadens und wegen der über Bestrafung der Zauberei bestehenden besonderen weltlichen Gesetze — ein welt= liches ist. Und endlich sieht man, daß dieser Weg (die Uebertragung an die weltlichen Gerichte) am meisten zur Ausrottung der Hexen und zur Unterstützung der Ordinarien [2]) dienen würde. Nach dieser Unterscheidung, sagen die Verfasser, werden wir also vorgehen: nämlich, daß die weltlichen Richter (in diesen Sachen) erkennen und entscheiden können, bis auf das Schlußurteil wegen der Buße, das den Ordinarien obliegt, während sie, die weltlichen Richter, das Blut= urteil von sich aus erlassen können.

Die Wirkung des Buches auf das Publikum ward um so leichter erzielt, als es mit dreifacher Autorität gewappnet hervor= trat. An der Spitze prangte die päpstliche Bulle, die Berufung auf die königliche Urkunde vom 6. November 1486 zu Gunsten der Verfasser und eine Approbation der theologischen Fakultät der Universität Köln vom Mai 1487. „Kauf' und lies es, das Geld wird dich nicht gereuen", steht auf dem Titel der Ausgabe von 1519 — eine Einladung, der die Gebildeten bereits in erschreckendem Umfange zuvorgekommen waren. Bis 1496 waren

---

[1]) P. 221 der Ausgabe: Lugduni 1669, die ich meistens zitiere.
[2]) Ordinariorum ist zu lesen statt ordinarium.

bereits neun Ausgaben erschienen [1]); soweit die Druckorte genannt sind, in Straßburg, Köln und Nürnberg gedruckt: Aber noch lange nicht war der Bedarf damit gedeckt. 1511, 1519, 1520, 1580, 1582, 1588, 1598, 1615, ja 1669 erschienen neue Auflagen. Die Frühperiode des deutschen Humanismus war beseelt von einem leidenschaftlichen Drange, ihre geistige Anschauung zu erweitern, und sie verband mit diesem Drange noch die kaum durchbrochene Kritiklosigkeit des Mittelalters. Welcher Aberglaube auch unter Gebildeten noch herrschte, haben wir aus Hartliebs Buche gesehen. Neben der humanistischen Strömung im geistigen Leben des aufgeregten Zeitalters konnten diese trüben Fluten sich einherwälzen! So erklärt sich für die zwei ersten Teile des Werkes, welche Begriff und Aeußerungen der Hexerei behandeln, daß sie auf empfänglichen Boden fielen. Noch heute kann man ja beobachten, daß Bücher mit geschickt angenommenem Schein der Wissenschaftlichkeit, wenn sie von der Gunst und Empfehlung der kirchlichen Autoritäten getragen werden, die Welt im Sturm erobern. Der Leserkreis, der zwischen wahrer Wissenschaft und Scheinwissenschaft zu unterscheiden vermag, ist noch heute eng, war aber am Ende des 15. Jahrhunderts unvergleichlich enger als heute. Für den dritten Teil, der die Unterweisung zur Führung der Hexenprozesse enthielt, kam in Betracht, daß ein so bis in die kleinsten Einzelheiten hinein, in scharfsinnigen Distinktionen ausgebildetes System eines Kriminalprozesses bisher

---

[1]) Hain, Repertorium bibliograph. Nr. 9238—9246. (Einige Berichtigungen s. bei Copinger, Supplement to Hain's Repertorium bibliograph., London 1895, I, p. 274.) Buchmanns (Die freie und unfreie Kirche in ihren Beziehungen zur Sklaverei, zur Glaubens- und Gewissenstyrannei und zum Dämonismus, Breslau 1873, S. 303) Angabe, daß der Hexenhammer binnen dreißig Jahren sechs Auflagen erlebt habe, reicht daher bei weitem nicht an die Wahrheit heran. — Die ältesten Ausgaben haben vor der päpstlichen Bulle eine „Appologia auctoris" (sic), in deren Kontext es aber dann heißt: nos inquisitores, Jacobus Sprenger una cum charissimo ... socio deputato (Institoris, der aber nicht genannt wird) ... huic operi submittere humeros dignum iudicavimus.. Die gewöhnliche Annahme, daß Sprenger den Hauptanteil an dem Werk hatte, dürfte nach dieser Fassung begründet sein; doch zeigen die Innsbrucker Akten, daß man den Anteil des Institoris nicht unterschätzen darf.

noch nirgends hervorgetreten war, ben Richtern also mächtig
imponierte. Verfügten die Verfasser doch über die Gedanken=
arbeit ihrer Ordens= und Berufsgenossen seit zwei Jahrhunderten,
die zum Teil durch Schriften wie Eymerichs Leitfaden, zum Teil
durch die Tradition fortgepflanzt worden war! So warb ihr
Werf für viele kommende Generationen zum Lehrbuche des aber=
wißigsten Wahns, zur Rüstkammer der ungerechtesten und grau=
samsten Verfolgungen.

Der Hexenhammer atmet den Geist der Scholastik, wie er
ihre barbarische Sprache spricht und ihr ganzes äußeres Gepräge
zeigt. Hier findet man die ber Scholastik eigentümliche Mischung
von Spißfindigkeit, Scharssinn und Blödsinn, die Selbstverblen=
dung, die Absurbitäten, bas endlose Citiren und die blinde Ver=
ehrung von Autoritäten, die Haarspalterei ber Begriffe, die Trug=
schlüsse und daneben streng logische Deduktionen aus einem
unsinnigen Vorbersaß. Die am meisten scholastische der damaligen
Fakultäten, die theologische von Köln, war es denn auch, die im
Mai 1487 die von den Verfassern nachgesuchte Approbation des
Buches gewährte. Doch war man selbst hier nicht gleich auf das
erste Ansinnen der Inquisitoren hin bereit, die Approbation so
schrankenlos und in der Form, wie sie gewünscht warb, auszu=
sprechen [1].

In welchem Maße diese Mönche die Welt mit Hexerei erfüllt
sahen, erhellt aus ihren Erklärungen, daß schon zwölfjährige
Mädchen dem Teufel sich hingeben und daß es unter den Heb=
ammen eine solche Menge Hexen gebe (obstetrices maleficae),
daß wohl kein Dörflein existiere (non aestimatur villula), wo
sich solche nicht finden [2]. Daß in diesem ehrenwerten Stande
Trägerinnen des Volksaberglaubens besonders häufig waren, ist
ja wahrscheinlich, aber ihre mehr oder minder harmlosen aber=
gläubischen Gebräuche [3] zur Hexerei und zu einem todeswürdigen

[1] Soldan=Heppe I, 284.
[2] Ed. 1669, p. 295.
[3] Abergläubische Gebräuche der Frauen im Kindbett (circa mulieres
in puerperio) erwähnt auch die Aufzeichnung aus Scheiern von 1468 (Usener,
II, 85); ferner bas Buch „Himmelstraß", f. 34 f. Auch Luther (Der zehn
Gebote Gottes eine ... Erklärung) weiß von der „Apostüßlerei" der Weiber,

Verbrechen zu stempeln, war den Inquisitoren vorbehalten. Die
Diözese Constanz, sagen sie, (p. II, q. 2), ist besonders voll von
Hexen, aber nur weil sie so ausgedehnt ist, andere Sprengel sind
verhältnismäßig ebenso voll. Ein gewisser Hengst in Oehringen
(am Rhein, unterhalb Constanz; wie es scheint, ein Kurpfuscher)
hat solchen Zulauf von Verhexten wie nur die hl. Jungfrau in
Aachen oder in Einsiedeln. In dem Eifer, mit dem sie nach
Hexengeschichten haschen, verschmähen sie auch nicht eine auf=
zunehmen (a. a. O.), die einen unter Papst Nikolaus V. in
Rom weilenden deutschen Bischof schwer kompromittiert. Wie
wenig aber der Hexenglaube im Volke damals verbreitet war,
verraten sie uns selbst mit erwünschter Naivetät. Indem sie den
Richter anweisen (p. III, quaest. 6), die Angeklagte oder Zeugin
u. a. zu fragen, ob sie glaube, daß es Hexen gebe und daß sie
dies und jenes vollbringen können: Wetter machen, Menschen
und Tiere inficieren u. s. w., fahren sie fort: Bemerke wohl, daß
die Hexen dies meist das erstemal (prima fronte)
verneinen. Hiemit machen sie sich verdächtiger, als wenn sie
antworten würden: die Entscheidung über diese Frage überlasse
ich den Oberen. Daher, wenn sie es verneinen, sind sie weiter
zu befragen: Wie kommt es denn dann, daß man sie verbrennt?
Werden sie denn unschuldig verbrannt? — Und hier sah sich die
Unglückliche schon in das verderbliche Netz verstrickt: die Ver=
neinung der letzteren Frage machte ihre Aussagen widerspruchsvoll
und darum verdächtig, während mit der Bejahung selbstverständlich
die todeswürdige Ketzerei gestempelt war.

Gab es keine Hexerei, so mußten sich die Inquisitoren
gestehen, daß sie selbst ruchlose Mordbrenner waren. Also gegen
die Leugnung der Hexerei war unerbittlich vorzugehen. Wir wollen
ihr Zeugnis nicht anfechten, laut dessen neben den achtundvierzig

---

wann eine Frau in Kindsbanden Not leidet, manches zu berichten. Bei
Golther, Handbuch b. germanischen Mythologie, S. 130, 134 finde ich: „Häufig
bezeugt die Sage, daß Menschenweiber von den Elben im Berg oder im Wasser
geholt werden, um Hebammendienste zu leisten." „Menschliche Hilfeleistung
verlangen die (isländischen) álfar namentlich bei Niederkunft ihrer Frauen."
Sollte sich von diesen heidnischen Vorstellungen ein Faden bis zum Hexen=
hammer herüberspinnen?

Weibern, die sie verbrennen ließen, viele andere insgeheim Buße thaten und nicht verbrannt wurden —, wiewohl nicht ganz klar ist, wie diese Schuldigen, wenn sie nur insgeheim Buße thaten, zu ihrer Kenntnis kamen. Daß sie selbst Angeklagten nur geheime Buße auf= erlegten, ist wenig wahrscheinlich. Sicher aber ist, daß allen, die in ihre Klauen fielen, eines auferlegt ward: alle mußten den Glauben an Hexerei anerkennen, viele ihn beschwören. Der schreckliche Reini= gungseid, der einer nicht überführten, aber durch schwere Indizien be= lasteten Angeklagten auferlegt ward (p. III, q. 24; ad. 1669, p. 267), lautet: Ich schwöre zu glauben, daß alle Ketzer und Zauberer ... mit ewigem Feuer gepeinigt werden und infolgedessen (et conse- quenter) schwöre ich diese Ketzerei oder vielmehr diesen Unglauben ab, welcher falsch und lügnerisch behauptet, es gebe keine Hexen und sie könnten keinen Schaden anrichten, da dieser Unglauben, wie ich jetzt anerkenne, ausdrücklich gegen die Entscheidung der heiligen Mutter, der Kirche, aller katholischen Doktoren [1]) und auch gegen die kaiserlichen Gesetze verstößt, welche solche Hexen zu ver= brennen befehlen.

Zum Lobe des Hexenhammers als eines in den Intentionen reinen und untadelhaften Werkes oder zu einem ähnlichen hat sich nach Görres doch niemand mehr aufgeschwungen. Doch begegnet man noch bei neueren Historikern von der schon öfter gekenn= zeichneten Richtung der Behauptung, daß dem Buche mit den vernichtenden Urteilen, die über dasselbe gefällt wurden, Unrecht geschehen sei. „Im ganzen genommen, ist der Inhalt des Werkes nicht so schlimm als sein Ruf", sagt Diefenbach [2]) und dies ist fast alles, was die Leser seines auf 360 Seiten nur den Hexen= wahn behandelnden Buches über den Malleus maleficarum, dieses erste, vollständigste und jahrhundertelang wirkungsvolle System des Hexenwahns erfahren. Auf eine Begründung seines Satzes

---

[1]) Adversus determinationem st. matris Ecclesiae, omnium catho- licorum Doctorum etc. In der Ausgabe von 1669 fehlt das Komma nach Ecclesiae. Die Auslegung, daß Ecclesiae von Doctorum abhängig sei, ist zurückzuweisen.

[2]) Der Hexenwahn, S. 224. Den ausführlichsten, aber nicht immer zu= verlässigen Auszug aus dem Hexenhammer bietet Roskoff, Geschichte des Teufels, II, 227—292.

verzichtet der Verfasser. Janssen-Pastor (VIII, 518 flgb.) widmen den größeren Teil ihrer Ausführungen über den Hexenhammer solchen Zügen, die dem Buche angeblich zur Ehre gereichen — ein solcher wird schon darin gefunden, daß der Hexenhammer (im Einklang mit der Bibel) zwei Zeugen verlangt — und urteilen, daß darin eine gewisse Milde und Besonnenheit vorwalte. Dieses Urteil suchen sie dadurch zu stützen, daß sie die Prozeßvorschriften des Buches nicht an den ewigen Grundsätzen des Rechtes und der Menschlichkeit, nicht einmal an den Gepflogenheiten des Zeitalters, sondern an den Verirrungen späterer Hexenrichter messen, deren Verfahren das im Hexenhammer gewiesene in einzelnen Punkten an Scheußlichkeit noch übertraf, in anderen aber doch nur zu übertreffen scheint. Denn wo sich im Hexenhammer eine Regung der Vernunft, Menschlichkeit und Gerechtigkeit zu verraten scheint, beruht dies meist nur auf dem ersten Eindruck. Geht man auf den Grund der Sache ein, so löst sich in der Regel alles in bloßen Schein und Heuchelei auf. Es klingt z. B. nach Billigkeit, wenn die Frage, ob der Richter Todfeinde der Angeklagten als Zeugen zulassen soll, verneint wird (p. III, quaest. 5). Aber sogleich erfahren wir, daß unter Todfeindschaft nur eine solche verstanden werden soll, die durch Mord, Totschlag oder tötliche Verwundung herbeigeführt ward. Andere, auch schwere Feindschaften sollen nur die Folge haben, daß den Aussagen solcher Feinde nicht für sich allein voller Glauben geschenkt wird. Aber in Verbindung mit anderen Anzeichen und anderen Zeugenaussagen können sie den Vollbeweis erbringen. Man findet, sagen die Verfasser (S. 228) viele minder Umsichtige, welche Zeugenaussagen von Weibern, die mit der Angeklagten verfeindet sind, zurückweisen, indem sie behaupten, darauf sei nichts zu geben, da Weiber, wenn sie miteinander Streit gehabt, oft aus Mißgunst aussagen. Diese Leute kennen die Schlauheit und Vorsicht der Richter nicht und urteilen wie der Blinde von der Farbe.

Den Geist der Heuchelei, der das ganze Gebaren der Inquisition durchbringt, muß man vor allem durchschauen, um durch die Maske nicht getäuscht das Werk richtig zu beurteilen. Bekanntlich übergaben die Inquisitoren ihre Opfer dem weltlichen Gericht mit der stehenden Mahnung, ihres Leibes und Lebens zu schonen. Aber diese Mahnung war nichts als eine Formel, eine wohlklingende Redensart. Hätte die Staatsbehörde, bemerkt Döllinger[1]), diese Empfehlung ernstlich nehmen und den Verurteilten das Leben schenken wollen, so wäre sie sofort in die auf Begünstigung der Häresie gesetzten Censuren verfallen, die im weiteren Verlauf den dringenden Verdacht häretischer Gesinnung begründeten. Aehnlich verhält es sich auch im Hexenhammer, wenn z. B. die Weisung ausgesprochen wird, daß bei der Folter kein Blut vergossen und daß nur die herkömmlichen, keine neuen, ausgesuchten Arten der Tortur angewendet werden sollen. Das klingt so menschlich und wohlwollend — auch spätere Hexenschriftsteller, so die Jesuiten Delrio und Laymann, haben sich darum diese Mahnung nicht entgehen lassen. Es waren aber keine neuen und ungebräuchlichen Torturen, wenn man den Angeklagten die Gelenke aus den Fugen zerrte, ihnen durch Beinschrauben die Knochen zermalmte, wenn man sie in den Achselhöhlen oder auch von den Zehen beginnend, am ganzen Körper mit Fackeln brannte u. s. w. — und alles dies, ebenso wie das Lebendigverbrennen, geschah ohne Blutvergießen, vor dem ja die Kirche in ihrer Barmherzigkeit so große Scheu trug! Heuchelei ist es auch, wenn (p. III, q. 25, p. 270) von dem Weg der Milde (via pietatis) gesprochen wird, den die Richter einschlagen können, wenn sie wollen, und hiebei der Seitenhieb fällt: aber da die weltlichen Richter ihre verschiedenen Verfahrensarten haben, wobei sie nach der Schärfe und nicht immer nach der Billigkeit vorgehen, kann ihnen nicht wie dem geistlichen Richter eine unfehlbare Regel aufgestellt werden. Wir werden hören, welche Bewandtnis es mit dieser „via pietatis" hat. Offen zu Tage liegt die erbärmliche Heuchelei in der berüchtigten, auch von Spee gebrandmarkten Unterscheidung zwischen Wiederholung und Fortsetzung der Folter. Wenn die Gefolterte nicht gestehen will, heißt es (p. III, q. 14, p. 245), soll man ihr noch andere Folterwerkzeuge vorzeigen und sagen, daß sie auch diese noch aushalten müsse, wenn sie nicht gestehen will. Wird sie auch dadurch nicht eingeschüchtert, dann ist die Folter

---

[1]) Rom und die Inquisition (Kleinere Schriften, S. 312).

am zweiten oder dritten Tage fortzusetzen, nicht zu wieder=
holen (quaestionanda ad continuandum tormenta, non ad
iterandum); denn wiederholt darf sie nicht werden, wenn nicht
neue Indicien hervortreten! In der Zwischenzeit muß die Ge=
fangene immer bewacht werden, weil, wenn man sie allein läßt,
Gefahr besteht, daß sie sich den Tod anthut.

Man weiß nicht, was empörender ist: diese Heuchelei oder
die Henkerroutine der frommen Mönche, mit der sie darauf auf=
merksam machen, daß unter Leuten, die schon einigemal gefoltert
wurden, manche die Tortur leichter überstehen, weil ihre Gelenke
rascher aus den Fugen treten (quia brachia statim trahuntur
et flectuntur) [1] — Der Richter kann den Wink nicht mißverstehen,
daß er in diesen Fällen noch schärfere Torturen anzuwenden hat.
Gegenüber der Behauptung, daß die Zahl der Hexenprozesse nicht
so in das Ungeheuerliche gestiegen wäre, wenn man später gewisse
Vorschriften [2] des Hexenhammers befolgt hätte, höre man, was
die 34. Quästio des dritten Teils (p. 291) den Richtern predigt:
Der Richter muß acht haben auf die Familie und die Nach=
kommen einer verbrannten oder gefangenen Hexe, weil diese
meistens auch der Hexerei ergeben sind. Wie der Ver=
wandte eines Ketzers schon auf den bloßen Grund der Verwandt=
schaft hin der Ketzerei hochverdächtig ist (vehementer suspectus),
so verhält es sich auch bei dieser Hexenketzerei.

Mehr als ein Vierteljahrtausend später tönt uns noch aus
den letzten Hexenprozessen und aus der bayerischen Kriminalgesetz=
gebung von 1751 der Wiederhall von der päpstlichen Bulle und
dem Malleus maleficarum entgegen. Mit geringen Aus=
nahmen beruhen alle Scheußlichkeiten in dem späte=
ren Verfahren gegen Hexen direkt oder indirekt auf
den Vorschriften des Hexenhammers. So das Entkleiden
der Opfer, die genaue Durchsuchung des ganzen Körpers nach
Hexenmalen, die Bedeutung, die diesen sowie der Thränenlosigkeit

---

[1] P. III, q. 22, p. 264. Ebenso p. 243. — Die Sache hat die Ver=
fasser augenscheinlich sehr beschäftigt, da sie wiederholt darauf zurückkommen.

[2] Bes. quaestio 33, aber man lese hier nur den tertius modus, um
zu sehen, wie leicht der Hexenhammer auch die Folterung von solchen zuläßt,
die von Angeklagten unter der Folter angezeigt wurden.

als Indizien zugeschrieben wird, das Abrasieren der Haare zur
Vernichtung der Zaubermittel, welche die Kraft des Schweigens
(maleficium taciturnitatis) verleihen könnten. In dieser Beziehung
mußten die Inquisitoren allerdings einige Rücksicht auf die natio=
nalen Anschauungen nehmen. In Deutschland, sagen sie (p. 248),
wird dieses Scheren, besonders an den geheimen Stellen des
Körpers meistenteils für unanständig gehalten, weshalb auch wir
Inquisitoren keinen Gebrauch davon machen. Wir lassen nur das
Haupthaar scheren und haben mit Gottes Hilfe durch einen
geweihten Trank das maleficium taciturnitatis gleichwohl in den
meisten Fällen gehoben. Aber in anderen Ländern lassen die
Inquisitoren dieses Scheren am ganzen Körper vornehmen. So
hat uns der Inquisitor von Como mitgeteilt, daß er im ver=
flossenen Jahre 1485 in der Grafschaft Wormserbad 41 Weiber
verbrennen ließ, „omnes per totum corpus abrasas".

Dem tiefsten Seelen= und Körperschmerz sind oft die Thränen
versagt. Nach dem Hexenhammer, der auch hierin den späteren
Hexenrichtern die Richtschnur gab, war nun diese Thränenlosigkeit
ein ganz sicheres Zeichen der Hexerei (certissimum signum; p. III,
q. 15, p. 246.) Um aber zu verhüten, daß die Hexe etwa falsche
Thränen vergieße, wandten die Inquisitoren folgende Beschwö=
rungsformel an: Ich beschwöre dich bei den bitteren Thränen,
die unser Erlöser am Kreuz, die seine Mutter über seine Wunden
und die alle Heiligen und Auserwählten Gottes hier in der Welt
vergossen haben, daß du, sofern du unschuldig bist, Thränen ver=
gießest, wenn schuldig, aber solche auf keine Weise vergießest. Im
Namen des Vaters, des Sohnes und heiligen Geistes. Amen.

Daß es tapfere Weiber gab, welchen auch die qualvollste
Tortur kein Geständnis zu erpressen vermochte, war für die In=
quisitoren eine ärgerliche Erfahrung. Manche, klagen sie (q. 13),
ließen sich lieber in Stücke zerreißen, als daß sie ein Bekenntnis
ablegten. Der wohlklingenden Erklärung des Kirchenlexikons [1]),
wonach die Kirche die Folter gebilligt und eingeführt habe, weil
man annahm, daß Gott bei den Unschuldigen kein Schmerzgefühl
aufkommen lassen werde, haben augenscheinlich angesichts ihrer

---

[1]) Weyer u. Welte [2], V, 928.

gemarterten Opfer weder unsere Inquisitoren noch andere Hexen=
richter, auch die Hexenschriftsteller nicht gehuldigt. Denn sie wird
nie erwähnt und nicht Gott, sondern dem Teufel ward es vom
Hexenhammer und seinen zahlreichen Schülern zugeschrieben, wenn
ein Gefolterter den Qualen der Tortur zu trotzen vermochte.
Hier äußerte sich eben die Macht des Teufels, gegen die die Inqui=
sitoren einen so schweren Kampf kämpften. In den meisten
Fällen blieb der Sieg doch auf ihrer Seite. Wir haben schon
einige der geistlichen Mittel erwähnt, die sie gegen das maleficium
taciturnitatis anwandten (f. oben S. 115). Als sehr bewährt
empfehlen sie (q. 16, p. 249) auch das folgende: Man schreibe
die sieben Worte, die Christus am Kreuz gesprochen, auf Zettel
und nähe oder klebe diese aneinander, daß sie zusammen so lang
sind wie das Längenmaß Christi. „Dieses kann man sich leicht
verschaffen" (longitudo ipsa commode haberi poterit) — sie
selbst nennen es aber nicht, eine geheimnisvolle Wichtigthuerei,
die auch sehr charakteristisch ist. Solche Ketten lege man den
Hexen um den bloßen Leib [1]). Die Erfahrung hat gelehrt, daß
sie sich dadurch ganz merkwürdig belästigt fühlen. Hilft dies alles
nicht, so versuche man die Verstocktheit durch die Schrecknisse
langer Kerkerhaft zu brechen. Endlich ein letztes Mittel: Der
Richter besuche die Angeklagte im Gefängnis und verspreche
Gnade walten zu lassen, indem er aber darunter nicht
Gnade für sie, sondern für sich oder den Staat ver=
steht (q. 16, p. 250: intrabit iudex et promittet facere gratiam,
subintelligendo vel sibi aut reipublicae, in cuius conservatione
totum, quod fit, est gratiosum)! Dies ist einer der wenigen
Punkte, worin selbst die späteren Hexenrichter, so abgestumpft
ihr sittliches Gefühl war, ihren geistlichen Führern die Gefolg=
schaft weigerten: mir ist kein Fall bekannt, in dem ein weltlicher

---

[1]) Ein Rat, der noch 1737 in Zug bei dem entsetzlichen Hexenprozeß
gegen Anna Gilli befolgt wurde, denn die Lücke in dem Berichte bei Solban=
Heppe II, 318: „ist ihr dann unseres Erlösers Jesu Christi … um den Leib
gelegt worden" — ist sicher durch Längenmaß oder ein ähnliches Wort zu
ergänzen. Ebenso findet man das Remedium der sieben Worte Christi auf
einem Zettel in dem Handbuche eines bayerischen Hexenpaters aus dem
18. Jahrhundert, cgm. 3731, p. 145.

Richter mit diesem Lügenköder den Wahrheits= — nein, hier den
Lügenkarpfen zu fangen versucht hätte, und die bayerische In=
struktion von 1622 hat die Anwendung dieses Mittels ausdrücklich
verboten, wohl nicht in Hinsicht auf Fälle, in benen biese vorher that=
sächlich erfolgt wäre, sondern weil die Weisung des Hexenhammers
und die auf ihr beruhende des Laienspiegels eine solche An=
wendung befürchten ließen.

Der „Weg der Milde", ben wir erwähnten, ist die kanonische
Purgation, die bei den einheimischen geistlichen Gerichten üblich
war. Geht man aber auf die Voraussetzungen und die Formen
ein, unter benen dieselbe eintreten soll [1]), so zeigt sich auch hier
die sogenannte Milde nur als eine illusorische. Voraussetzung ist
stets, daß das gewöhnliche inquisitionsgerichtliche Verfahren voraus=
gegangen ist. Wenn nun der Angeklagte hier weder durch eigenes
Geständnis noch durch Thatbestand noch durch Zeugenaussagen
überführt werden konnte und keine anderen Indizien gegen ihn
bestehen als bloß sein schlechter Ruf in Bezug auf Hexerei, ohne
daß eine bestimmte Hexerei bewiesen werden kann, so darf ein
solcher nicht freigesprochen werden, sondern es ist ihm die kanonische
Purgation aufzuerlegen. Dann muß er als Eideshelfer (compur-
gatores) katholische und bewährte Männer, die seinen Wandel
schon seit längerer Zeit kennen, mitbringen. Deren Zahl ist zu
bestimmen auf 7, 10, 20 ober 30, je nach dem geringeren oder
höheren Grade seines schlechten Rufes, und sie müssen seines Standes
sein (Geistliche, Weltliche, Adelige). Natürlich war die Schwierig=
keit, eine solche Menge von Kompurgatoren aufzubringen, ungemein
groß, da jeder darum Angegangene fürchten mußte, selbst in den
Verdacht der Hexerei zu kommen. Will der Angeklagte auf dieses
Reinigungsverfahren nicht eingehen, so verfällt er der Erkommuni=
kation, und wenn er in dieser ein Jahr lang verhärtet (b. h. ohne
Purgation) geblieben ist, wird er als Ketzer verurteilt. Dieselbe
Verurteilung trifft ihn, wenn er (sich zwar zur Purgation bereit
erklärt, aber) die ihm auferlegte Zahl von Kompurgatoren nicht
zu stellen vermag. Er hat zu schwören auf die vier Evangelien:
Ich schwöre, baß ich diese (näher zu bezeichnende) Ketzerei, berent=

---

[1]) Pars III, quaestio 21 u. f.

wegen ich in üblem Ruf stehe, nie vollführt noch geglaubt noch
gelehrt habe. Und ich — so haben die Eideshelfer zu schwören —
schwöre auf die hl. Evangelien, daß ich glaube, daß dieser die
Wahrheit geschworen hat. Hiemit ist der Angeklagte kanonisch
gereinigt. Aber er darf nicht übersehen, daß, wenn er nach der
Purgation in die Ketzerei verfällt, er als Rückfälliger dem welt=
lichen Gericht zu übergeben ist.

Wir müssen darauf verzichten, das Verfahren bei den weiteren
verwandten Fällen zu verfolgen: wenn weder Geständnis noch
Thatbestand noch Zeugenbeweis vorliegt, aber die Aussagen des
Angeklagten schwankend sind (q. 22), leichte, schwere oder sehr
schwere [1]) Indizien bestehen (q. 23, 24, 25) oder Indizien und
schlechter Ruf des Angeklagten zusammentreffen (q. 26). In dem
Falle, daß schwere Indizien bestehen (q. 24), hat der Reinigungs=
eid den oben (S. 111) mitgeteilten Wortlaut, welcher deutlich zeigt,
daß es sich hier vornehmlich um solche handelt, welche den Hexen=
wahn bekämpften [2]). In einem Falle (q. 22) wird allerdings
gewarnt: der Richter möge mit der Folter nicht rasch zur Hand
sein, denn diese solle nur dann angewendet werden, wenn andere
Beweismittel fehlen. Längeres Insichgehen, der Druck des Gefäng=
nisses (carceris calamitas oder squalores) und wiederholte Be=

---

[1]) Wenn eine zur anderen gesagt hat: „Du wirst bald sehen, was dir
geschieht", begründet dies bereits suspicio maxima! S. q. 19, p. 257.

[2]) Schwer zu verstehen ist, wie sich die Verfasser den in der 27. quaestio
behandelten Fall denken. Hier wird gesetzt, daß einer seine Ketzerei gesteht,
aber unbußfertig (impoenitens, sic) und nicht rückfällig ist und daß er erklärt,
auf die Information des Bischofs und anderer hin in den Schoß der Kirche
zurückkehren und alle Ketzerei abschwören zu wollen. Ein solcher, der nach
eigenem gerichtlichem Geständnis viele Jahre in dieser Ketzerei gelebt und
viele andere zu Irrtümern gebracht hat, soll, wenn er endlich ernstlich ein=
willigt, diese Ketzerei abzuschwören und volle Genugthuung nach dem Ermessen
des Bischofs und der kirchlichen Richter zu leisten, nicht dem weltlichen Arm
zur Hinrichtung übergeben, auch, wenn er Kleriker ist, nicht degradiert, sondern
zur Barmherzigkeit zugelassen werden. Er hat nach einer bestimmten Formel
abzuschwören und kann dann entweder zu Kirchenbuße (Tragen von Kreuzen
oder an der Kirchthüre stehen) oder zu ewiger Haft bei Wasser und Brot ver=
urteilt werden — vorausgesetzt, daß das weltliche Gericht sich damit zufrieden
gibt. Handelt es sich etwa auch hier nur um solche, welche die Hexerei
leugneten?

lehrung rechtschaffener Männer werden Bereitwilligkeit zum Geständnis erzeugen. Nur wenn dies alles nicht hilft, soll zur Folter gegriffen werden. Durch derartige schöne Reden darf man sich nicht darüber täuschen lassen, daß die Folter nach dem System des Hexenhammers wie in der Praxis der Grund- und Eckstein des Verfahrens war. Wo es kein Delikt gibt, ist das Geständnis alles, ein solches konnte aber nur durch die Folter oder Angst vor der Folter erpreßt werden. Die Natur der Anklage bringt es mit sich, daß Hexenprozesse nicht darauf abzielen, die Wahrheit an den Tag zu bringen, sondern ein Geständnis zu erpressen.

Im Laufe des 16. Jahrhunderts ist das alte kirchliche Disziplinarverfahren gegen Hexerei mehr und mehr vor der Wirksamkeit der weltlichen Gerichte zurückgedrungen. Es ist bezeichnend, daß noch die Regensburger Synode von 1512 nur von dem ersteren spricht, während die Salzburger Synode von 1569 die schärfere Bestrafung „nach den Rechten" ins Auge faßt (s. oben S. 34). In den berühmten hundert Beschwerden der deutschen Nation gegen den Stuhl zu Rom, welche auf dem Wormser Reichstage 1521 von den Reichsständen dem Kaiser vorgetragen wurden und die in einer Kette seit Jahrzehnten erhobener Beschwerden den Schlußring bilden[1]), wird die Frage der Hexerei selbst wie alle dogmatischen Fragen nicht berührt. Auch von päpstlichen Inquisitoren ist nicht die Rede, weil solche seit Jahrzehnten nicht mehr erschienen sind. Wohl aber wird geklagt über die Ausdehnung der Kompetenz geistlicher Gerichte, über die Art, wie diese den Inquisitionsprozeß führen und wie Frauen der Hexerei verdächtigt werden. Wiewohl Inquisitionsprozesse, heißt es[2]), nur im Falle eines allgemeinen Gerüchtes, das von redlichen, ehrbaren und ganz unverdächtigen Leuten ausgeht, zugelassen werden sollen, wird dies nicht beobachtet, sondern die geistlichen Richter haben ihre dazu verordneten Leute, die laufen in die Städte, Flecken und Dörfer und forschen, ob darin Leute wohnen, die sträflich sein möchten.

---

[1]) Gebhardt, Die gravamina der deutschen Nation gegen den römischen Hof, S. 96.

[2]) Wiederholung des alten Druckes bei Kapp, Kleine Nachlese nützlicher Urkunden zur Reformationsgeschichte III, 240—349; vgl. S. 317 f. (Druckfehler: 319).

So werden zu Zeiten von einem Leichtfertigen redliche Menschen verleumdet und dann öffentlich vor das geistliche Gericht zitiert. Sonderlich[1]) große Beschwerung folgt, wenn ein Weib von einem andern aus Zorn oder Neid eine Ehebrecherin oder Zauberin gescholten wird. Der geistliche Richter, vor den sie gerufen wird, legt ihr dann auf, sich eiblich davon zu reinigen, und zwingt sie, ihm für den darüber ausgestellten Urteilsbrief 1 oder 2 fl. zu zahlen. Ferner wird geklagt[2]), daß die geistlichen Richter Sachen, die auch vor den weltlichen Gerichten vorgenommen werden können, allein vor sich ziehen. „Und wiewohl nach Vermögen der Rechte öffentlicher Meineid, Ehebruch, Zauberei und dergleichen geist= lichen und weltlichen Richtern, welcher derselben eher kommt, je zu Zeiten bürgerlich zu strafen zugehört und also Prävention statt= hat, unterstehen sich doch die geistlichen Richter, solche Strafe wider Recht allein vor sich zu ziehen, was der weltlichen Obrigkeit hoch beschwerlich und nicht leidlich ist."

Wenn es erst noch eines Beweises für die Wirksamkeit der päpstlichen Bulle bedürfte, so liegt derselbe in den historischen Thatsachen. Während die Bulle und der Hexenhammer noch von Klerikern und Laien sprechen, welche nicht an Hexerei glauben und den Inquisitoren das Handwerk legen wollen, hat sich nach dem Erscheinen der Bulle in dem katholischen Deutschland bis in das 18. Jahrhundert in der Litteratur wie in der Praxis ein prin= zipieller Widerspruch gegen den Hexenglauben nicht hervorgewagt[3])

---

[1]) A. a. O. S. 310.

[2]) A. a. O. S. 311.

[3]) Anders freilich müssen die Leser Diefenbachs, Der Hexenwahn, ur= teilen. Hier werden (S. 229 f.) als katholische, „ernstliche" Bekämpfer des Hexenwahns gefeiert: 1. Picus Mirandula — dieser hat bekanntlich in seinem Dialogus strix sive de ludificatione daemonum (Bononiae 1523 und Libro detto Strega, Bononiae 1524), einer Schrift, welche Diefenbach gar nicht erwähnt, unter Berufung auf den Malleus der gelehrten deutschen Theologen den Hexenwahn vollständig acceptiert und, wie Joh. Ant. Flaminius in dem vorgesetzten Schreiben rühmt, „als wahr erwiesen, was die meisten für Alte= weibermärchen und Tollheit hielten". Ein Dominikaner, Leander Alberti aus Bologna, hat den Druck der Schrift veranlaßt, „ut illius utilitas passim diffundatur". 2. Der Dominikaner Thomas Campanella — Diefenbach ver= schweigt nur die Kleinigkeit, daß dieser als Ketzer vor das Inquisitionsgericht

ober iſt burch harte Beſtrafung berer, die widerſprachen (Agrippa,
Loos), ſogleich zum Schweigen gebracht worden. Wenn das Inns=
brucker Gericht 1485, wenn der Metzer Synbicus Agrippa von
Nettesheim 1519 als Hexen Angeklagte den Inquiſitoren zu
entreißen vermochten, war dies nur möglich durch Angriffe auf
die Korrektheit des Prozeßverfahrens. Agrippa's Schrift de occulta
philosophia (1531), worin er gegen Hexenwahn und Verfolgungen
auftrat, trug ihm dann Gefängnis ein. Die Juriſten Alciatus
und Ponzinibius erklärten nur ihren Unglauben gegenüber den
leiblichen Ausfahrten der Hexen — ein Punkt, der in der päpſt=
lichen Bulle nicht berührt wird. Erasmus nannte 1500 in einem
Briefe, alſo nicht öffentlich, den Teufelsbund eine Erfindung der
Ketzermeiſter und ſoll — ich habe die Stelle nicht gefunden —
im Encomium Moriae, alſo in Form der Satire, in der man
ſich alles erlauben durfte, über Zauberei und deren Richter ſpotten.
Der wackere Hans Sachs hatte ſich vom Papſttum bereits los=
geſagt, als er in einem Gedichte ehrenwert die ältere Anſchauung
vertrat, daß des Teufels Eh' nur Geſpenſt und Phantaſie, das
Bockfahren, das aus Mißglauben komme, heidniſch und ein Geſpött

---

zu Neapel geſtellt, ſechsundbreißig Stunden lang, Tag und Nacht, auf die
ſchrecklichſte Weiſe gefoltert und dann während eines halben Lebensalters in
ſchwerer Haft gehalten wurde. Den genauen und ergreifenden Bericht über
ſeine Folterung findet man bei Luigi Amabile, Tommaso Campanella, II,
220 f. 3. Der Franziskaner Thomas Murner — der den Ausſpruch that:
Wenn man keinen Henker fände, eine Hexe zu verbrennen, wolle er ſelber das
Feuer anzünden. S. u. a. Janſſen=Paſtor VIII, 513. 4. Ulrich Molitoris —
wir werden hören, daß dieſer nicht wagte, ſich mit der päpſtlichen Hexenbulle
in Widerſpruch zu ſetzen. 6. Andreas Alciatus — der nach Dieſenbachs
eigener Angabe ſich dahin ausſprach, daß es Hexen gebe, die Gott abſchwören,
Kinder vergiften und zur Nachtzeit bei verſchloſſenen Thüren Schaden ſtiften.
6. Trithem — der doch durch ſeinen Antipalus und die Beantwortung der
kaiſerlichen Fragen als fanatiſcher Gläubiger der Hexerei bekannt iſt. — Die
Dinge werden alſo in Dieſenbachs Schilderung geradezu auf den Kopf geſtellt.
Eine Geſchichtſchreibung, die mit der Wahrheit ſo umſpringt, erinnert unwill=
kürlich an das Gebaren der Hexenrichter: wie es dieſen nicht galt, den That=
beſtand in ſorgfältiger, gewiſſenhafter Unterſuchung feſtzuſtellen, ſondern nur
Geſtändniſſe zu erpreſſen, deren Inhalt ihnen im voraus feſtſtand, ſo reckt
und ſtreckt dieſe Scheinwiſſenſchaft die Thatſachen auf der Folterbank, bis ſie
ihren Wünſchen dienen.

sei [1]). In Nürnberg erklärte auch der proteftantifche Rat 1531 das
„Trutenwerk" als grundlos und gab dem Ulmer Rate auf Be=
fragen die Auskunft, daß er dergleichen Perfonen stets nur aus
feinem Gebiete verwiefen habe [2]). Dagegen werden die litterari=
fchen Bekenner und Verteidiger des Herenglaubens nun immer
zahlreicher. Wir nennen nur den Arzt Paracelfus, den Straß=
burger Domprediger Geiler von Kaifersberg, den Franziskaner
Murner, den Aftergelehrten Tritbemius. Von den acht theologi=
fchen Fragen, die Kaifer Maximilian 1508 zu Bopparb an Tri=
tbemius ftellte [3]), beziehen fich die fünfte, fechfte und fiebente, teil=
weile auch die dritte, auf Zauberei und Hererei. Warum können
die Heren böfen Geiftern befehlen? Woher haben fie die Gewalt,
fo wunderbare Dinge zu verüben und in einer Stunde zu voll=
bringen, was ein guter Menfch in feinem ganzen Leben nicht
zuwege brächte? Und warum läßt Gott folche Zauberei zu, durch
die fo viele Menfchen, nicht nur Sünder, fondern auch Unfchuldige
elend umkommen? Man fieht: alles, was durch die päpftliche Bulle
entfchieden warb, ftellt der Kaifer nicht zur Diskuffion — Roma
locuta est —, feine Zweifel und Bedenken richten fich nur darauf,
wie man diefe nach der päpftlichen Entfcheidung als feftgeftellt zu
betrachtenden Dinge erklären foll [4]). Auf Veranlaffung des Kur=
fürften Joachim von Brandenburg fchrieb Tritbemius 1508 auch
einen „Antipalus (d. i. adversarius, wie die Vorrede erläutert)
maleficiorum", worin Heilmittel gegen Verherung, u. a. auch
geweihte Bäber mit einem umftändlichen Rituale empfohlen werden.
Ein Teil derfelben fchien felbft dem Herausgeber (Moguntiae, 1605)
fo abergläubifch, daß er fie unterbrückte (p. 426). Gleich dem
Herenhammer [5]) nannte Tritbemius (p. 315) die Juftizbeamten,

[1]) S. Längin, Religion und Herenprozeß, S. 75.

[2]) Janffen=Paftor VIII, 544.

[3]) Joannis Tritemii liber octo quaestionum ad Maximilianum
Caesarem (impress. Oppenheym 1515).

[4]) Ulmanns (Kaifer Maximilian I., II, 725) Auffaffung fcheint mir
nicht zutreffend, wenn er meint: Die Antworten des Tritbemius fchieben die
Frageftellung beifeite, in der eine Beantwortung vom Standpunkte natürlicher
Vernunft und nicht der Dogmatik — bezeichnend genug für die Abfichten des
Fragenden — verlangt war.

[5]) Ed. 1669, p. 93.

welche den Hexen nachspüren, sie gefangen nehmen und strafen, unter jenen, die durch Gottes Schutz vor Hexerei gefeit seien.

Liest man in den historischen Werken über Hexenverfolgungen [1] die Inhaltsanzeige einer Schrift, welche aus Anlaß der Tiroler und vorderösterreichischen Hexenprozesse entstanden ist und das Datum 1489, 10. Januar trägt, so wird man glauben, daß eine freiere Anschauung auch nach der Bulle noch und sogar durch einen geistlichen Vertreter Ausdruck fand. Aber das Bild, das diese Darstellungen geben, ist zu günstig gefärbt, und bei tieferem Eindringen in den Inhalt des Büchleins erweist sich gerade hier die mächtige Wirkung der päpstlichen Bulle. Wir reden von der Schrift „de laniis et phytonicis mulieribus" [2] des Ulrich Moli= toris, Doktors des kanonischen Rechtes und Prokurators bei der bischöflichen Kurie zu Konstanz. Erzherzog Sigmund hatte sich an diesen gewendet, nachdem in den Vorjahren in seinen Landen mehrere Hexen gefangen und gefoltert worden waren und die Meinungen der Richter über deren Bekenntnisse auseinander gingen. Molitoris verhehlt sich nicht, wie gefährlich es sei, über diese Fragen sich zu äußern; wenn er die Schrift in Form eines Dialogs zwischen Erzherzog Sigmund, sich selbst und dem Kon= stanzer Richter Konrad Schatz kleidet, geschieht es wohl mit aus dem Grunde, um wegen mißliebiger Aeußerungen weniger leicht zur Verantwortung gezogen zu werden. Bringt doch die dialogische Form den Vorteil, daß sie den Verfasser zu nichts verpflichtet und ihm alles zurückzunehmen gestattet. Ueberdies hat Molitoris den

---

[1] U. a. bei Solban=Heppe I, 272—275; Längin, Religion und Hexen= prozeß, S. 71, 72.

[2] Weder laniis noch phitonicis ist Druckfehler, da dieselben Formen auch im Text immer wiederkehren. Molitoris meint pythische Weiber und nennt sie nach der delphischen Wahrsagerin Pythia, zunächst wohl anknüpfend an die wahrsagende Magd in Philippi (Apostelgesch. 16, 16: puellam haben-tem spiritum pythonem, quae quaestum magnum praestabat dominis suis divinando). Delphi selbst hieß in ältester Zeit Pytho, weil Apollo dort den Drachen Python erlegt hatte. Die falsche Form scheint im Mittelalter fast gewöhnlich gewesen zu sein: auch der Prediger Johann Herolt (c. 1454) spricht von der Phitonissa, die König Saul besuchte (f. cgm. 3093, f. 80'), das bischöfliche Ordinariat Constanz um 1441 von der ars phitonica (Zeit= schrift f. Gesch. b. Oberrheins XLI, 233), ebenso clm. 5867 (vom Jahre 1423).

Traktat der Zensur des erzherzoglichen Obergeheimschreibers Konrad
Stürzel, Doktors beider Rechte, unterbreitet. Molitoris erwähnt
die vor etwa vier Jahren erschienene päpstliche Bulle nicht. Daß
er sie aber kannte, wird man bei seiner Stellung als Prokurator
einer bischöflichen Kurie, in deren Sprengel die Inquisitoren
wirkten, und da ein Fürst, in dessen Lande die Bulle publiziert
wurde, ihn zur Abfassung seiner Schrift veranlaßte, nicht bezweifeln
können. Und eben der Druck dieser päpstlichen Entscheidung dürfte
nun die eigentümliche, in sich widerspruchsvolle Haltung der Schrift
erklären. Uns scheint, daß Molitoris anfangs, unter dem Einbruck
einiger Hexenverfolgungen, dem Hexenwahne widerstand, daß er
aber dann durch die päpstliche Entscheidung genötigt ward, das
sacrificium intellectus zu vollbringen. Dem Erzherzoge, der in
dem Dialog die Rolle des Aufgeklärteren spielt, werden nämlich
manche recht vernünftige Sätze in den Mund gelegt. So: „Auf
bloßes Gerede gebe ich nichts, da die Menge leicht ein Wort weiter=
trägt, und mit einem Bekenntnis auf der Folter kann ich mich
nicht befriedigen, da Angst vor den Folterqualen auch Bekennt=
nisse von ganz widernatürlichen Dingen erpreßt." Auch die
Determinationen am Schlusse enthalten einige relativ vernünftige
Sätze, aber — vor den Entscheidungen der päpstlichen Bulle
macht die Vernunft Halt. Die dritte, vierte und fünfte Deter=
mination widersprechen den Ansichten der Inquisitoren (deren
Hexenhammer dem Verfasser wohl noch nicht bekannt war), aber
nicht der päpstlichen Bulle, da diese weder von Verwandlungen
durch magische Kraft noch von Hexenausfahrten noch von Kindern
aus Teufelsbuhlschaft spricht. Die dritte Determination lautet:
Der Teufel kann zwar Blick und Sinne der Menschen verwirren,
daß sie glauben, irgendwo zu sein, wo sie nicht sind, oder Dinge
anders sehen, als sie sind, aber einen Menschen oder ein Tier in
andere Gestalt verwandeln kann er nicht. Die vierte: Nächtliche
Ausfahrten der Hexen über weite Räume gibt es nicht; das er=
scheint ihnen so nur im Traume und in der Phantasie. Die
fünfte: Der Teufel kann weder als incubus noch als succubus
Kinder erzeugen; wenn solche gefunden worden sind, sind es
„vel suppositi pueri vel fantastici". Immerhin sind dies Sätze,
die ein Jahrhundert später bei der Mehrzahl der Theologen und

Juristen als überwunden gelten — so entsetzliche intellektuelle
Rückschritte sind in dem dogmatischen Jahrhundert zu verzeichnen!
Auch die erste Determination beginnt sehr schön: Der Teufel kann
weder durch sich noch vermittelst menschlicher Dienste den Elementen,
Menschen und Tieren schaden — nun aber scheint sich der Ver=
fasser an den Wortlaut der päpstlichen Bulle erinnert zu haben,
welche ja mannigfache, vom Teufel herbeigeführte Beschädigungen
aufzählt, und läßt einen beschränkenden Nachsatz folgen, der den
Vordersatz so gut wie aufhebt: Der Teufel kann nicht schaden,
„außer wenn es zuweilen Gott zuläßt, sei es als Strafe unserer
Vergehungen, sei es um unser Verdienst durch Versuchung zu
erhöhen, sei es damit der Ruhm der göttlichen Majestät von uns
mehr gefürchtet und verehrt werde". Hier sieht man die zwei
Schichten der Anschauung ziemlich deutlich übereinander liegen.
Von den beigefügten sieben Holzschnitten illustrieren denn auch
sechs die den Hexen vorgeworfenen Thaten, merkwürdigerweise
auch solche, die Molitoris bestreitet. Man sieht hier nämlich nicht
nur das Anzaubern von Krankheiten, sondern auch die Ausfahrt
durch die Lüfte auf einer Gabel, das Reiten auf einem Wolf, die
Teufelsbuhlschaft, das Wettermachen und ein Teufelsmahl. Die
zwei letzten Determinationen fügen sich wieder der Bulle: 7. Wie=
wohl derartige verruchte Weiber in der That nichts ausrichten
können (hier scheint der Verfasser selbst auf seinen beschränkenden
Nachsatz der ersten Determination vergessen zu haben), verlassen
sie auf Anstiften des Teufels aus Armut, Haß gegen die Nach=
barn oder infolge einer andern Versuchung den wahren und heiligen
Gott, weihen sich dem Teufel und ketzerischer Bosheit, und daraus
folgt: 8. daß dieselben wegen dieser Apostasie nach dem bürger=
lichen Rechte mit dem Tode zu strafen sind [1]).

Die vereinigte Aktion des Papstes und seiner Inquisitoren
verfolgte einen doppelten Zweck. Einerseits sollte der Glaube an
Hexerei befestigt und ausgebreitet, dessen Gegner sollten ein=
geschüchtert und Volk wie Behörden zu eifriger Unterstützung der

---

[1]) Prout dicitur in lege Multi codicis (Druck: codice) de maleficis
et mathematicis. Dies bezieht sich auf l. 6 C. IX, 18 de maleficis et
mathematicis (Multi magicis artibus usi).

Hexenverfolgungen angefeuert werden. Anderseits sollte diese Ver=
folgung bei weltlichen wie geistlichen Gerichten nach den Grund=
sätzen der Inquisitionsgerichte geregelt werden. Hätte die In=
quisitoren ein Zaubermantel unter die nächst= oder gar unter
die zweitfolgende Generation getragen, so würden sie mit Be=
friedigung gewahrt haben, wie üppig ihre Saat emporgeschossen
war. Allerdings ward ihr zweites Ziel nicht in der vom Papste
angestrebten Form erreicht: statt der Vorherrschaft der Inquisitions=
gerichte trat sogar sehr bald das Gegenteil, der völlige Ueber=
gang der Hexenprozesse an die weltlichen Gerichte, ein. In der
allgemeinen politischen Lage Deutschlands, in der immer höher
anwachsenden Verhaßtheit der römischen Kurie, dann in dem Aus=
bruch der Kirchenspaltung war es begründet, daß die Missionen
päpstlicher Ketzerrichter nach Deutschland — nur einmal tauchen
noch in Metz, in einem vom Reiche halb gelösten Territorium,
solche auf — und hiemit die Verfolgungen der Hexen vor den
geistlichen Inquisitionsgerichten gerade mit Institoris und Sprenger
ihr Ende erreichten. Indessen wenn die weltlichen Gerichte so
völlig, wie dies geschah, in die Bahnen der Inquisitoren einlenkten,
hatten diese doch im wesentlichen ihren Zweck erreicht; denn was
sie zur Opposition gegen die weltlichen Gerichte trieb, war ja vor=
nehmlich die Wahrnehmung, daß diese die Prozesse nicht mit vollem
Eifer geführt hatten und daß hier viele Angeklagte dem Scheiter=
haufen entrannen. Schlossen sich aber die weltlichen Gerichte
ihrem Verfahren an, so war ihnen deren Mitwirkung nur will=
kommen und unter dieser Voraussetzung wurden die Richter im
Hexenhammer ausdrücklich zur Mitwirkung eingeladen. Die Hal=
tung der weltlichen Gerichte änderte sich eben darum, weil das
Gelingen der päpstlichen Aktion in der erstgenannten Richtung,
in der Verbreitung und Befestigung des Hexenwahns, um so voll=
ständiger und schauerlicher war. Erst von da an ist dieser Wahn
und zwar in seinem vollen theologischen Umfange in Fleisch und
Blut des deutschen Volkes, insbesondere aber der maßgebenden Kreise,
der Fürsten, Theologen und Juristen, übergegangen. Während die
Inquisitoren Institoris und Sprenger nach ihrer eigenen Angabe
von den meisten Angeklagten auf die Frage, ob sie an Hexerei
glaubten, noch eine verneinende Antwort erhalten, ist zweifellos, daß

in der Blütezeit der Hexenprozeſſe die große Maſſe der Angeklagten
zwar ſich ſelber unſchulbig wußte, aber davon überzeugt war, daß
Hexerei getrieben werden könne und wirklich getrieben werde. Daß
auch im 16. Jahrhundert altheidniſcher Hexenwahn im Volke hie
und da noch ſelbſtänbig, unberührt von der kirchlichen Lehre, fort=
lebte, wird man ja nie widerlegen können. Aber auch wenn man
dies zugibt, wird man einräumen müſſen, daß neben dem über=
mächtigen Einfluß der kirchlichen Lehre dieſe abergläubiſchen Ueber=
lebſel aus barbariſcher Urzeit in ihrer Bedeutung als wirkſamer
Faktor der Hexenprozeſſe weit zurückſtehen. Daß auch in Italien
der Hexenglaube ſeit der päpſtlichen Bulle, dem Hexenhammer und
beſſen Anregungen in eine neue Phaſe trat, lehrt das Zeugnis
des Flaminius (ſ. oben S. 120, Anm. 3), wonach man die jetzt
als Wahrheit erkannte Hexerei vorher nur für Alteweibermärchen
und Tollheit gehalten habe.

Es gehört zu den traurigſten Zügen in der deutſchen Ent=
wickelung, daß der Proteſtantismus dieſes Erbſtück der römiſchen
Kirche ohne Bedenken in vollem Umfang übernahm, daß er ſeine
Oppoſition gegen römiſche Mißbräuche nicht auf dieſen ſchreienbſten
aller Mißbräuche ausdehnte und daß die chriſtlichen Konfeſſionen,
die ſich ſonſt auf Leben und Tod bekämpften, auf dieſem Gebiete
der Dogmatik in ſchauerlicher Eintracht vereint, in den Hexen=
verfolgungen wetteiferten. In dieſer Beziehung war der Zeit=
punkt der päpſtlichen Aktion zugunſten des Hexenwahns überaus
unheilvoll. Wäre die päpſtliche Bulle um drei, vier Jahrzehnte
ſpäter ausgegangen, hätte Luther dem Hexenwahn ſchon wegen
des päpſtlichen Urſprungs der Entſcheidung vielleicht einiges Miß=
trauen entgegengebracht. So ſchleppte er die Feſſeln ſeines Denkens
ſeit früheſter Jugend mit ſich. Wer die lehrhafte und praktiſche
Bedeutung der Geſchichte verwirft oder geringſchätzt, lege ſich doch
die Frage vor, ob Luther und die Reformatoren wohl dieſelbe
Stellung zum Hexenwahn eingenommen hätten, wenn ſie die klare
Einſicht gehabt hätten, wieviel in dieſem Gebäude von ihren
Tobfeinden, den päpſtlichen Inquiſitoren und den Scholaſtikern,
herrührte. Ohne es zu wiſſen und zu wollen, hat der frühere
Auguſtinermönch Luther hier ſtets durch die Brille ſeiner grim=
migſten Gegner, der Dominikaner, geſehen. Für den von ihm

geteilten Glauben an incubus und succubus bot die Bibel sicher
keine genügende Grundlage. Luther hat zwar den Glauben an
Hexenritte und an die Fähigkeit der Hexen, sich in Katzen oder
Hunde zu verwandeln, verworfen, aber er hat gelehrt, daß die
Hexen Gewitter machen, Krankheiten hervorrufen und vielerlei
Schaden stiften, und hat gegen jene, die nicht daran glauben
wollten, ausdrücklich polemisiert [1]. Der kühne Reformator, der
das Wort „abergläubisch" selbst geprägt hat, war in dieser Hinsicht nicht viel weniger abergläubisch als ein päpstlicher Inquisitor;
der Mann mit dem dämonischen Blick, wie ihn Aleander nennt,
sah selbst überall das Eingreifen von Dämonen und hat dadurch
den Hexenverfolgungen mächtigen Vorschub geleistet. Und indem
nun jede der drei christlichen Konfessionen eine Ehre darein setzte,
im Eifer der Hexenverfolgungen, in der Zerstörung des teuflischen
Reiches auf Erden nicht hinter den anderen zurückbleiben, hat die
Glaubensspaltung bewirkt, daß die Hexenprozesse gerade in Deutschland einen höheren Grad erreichten als in ganz katholisch gebliebenen
Ländern. Diese Anschauung wird dadurch nicht widerlegt, daß
der erste Eifer der dogmatischen Kämpfe die Hexenverfolgungen
zurückdrängte, weil er die Geister zu sehr in anderer Richtung
beschäftigte.

Es ist kläglich, zu beobachten, mit welchem Scharfblick und
welcher ausgebreiteten Kenntnis in geschichtlichen Werken, die für
die Greuel Roms und der katholischen Führer blind sind, die
Verirrungen auf protestantischer Seite verfolgt werden. Hier
enthüllen gewisse Autoren plötzlich Fähigkeiten des Historikers, die
ihnen gänzlich versagt schienen, solange es sich um die Vorgänge
im katholischen Lager handelte. Anderseits kann auch dem Buche
von Soldan-Heppe, wie schon erwähnt, der Vorwurf nicht erspart
werden, daß es Luthers Stellung zur Hexenfrage zu glimpflich
beurteilt und das Hetzen der Prädikanten nicht genügend hervortreten läßt. So unbegründet die Anklage ist, daß die Protestanten
in diesen Greueln die Katholiken noch überboten hätten, so fordert
doch die Gerechtigkeit, auf zwei Thatsachen hinzuweisen. Luthers

---

[1] Der zehn Gebot Gottes eine schöne, nützliche Erklärung, 1520,
f. b 3ᵛ.

Katechismus führt in der Auslegung des ersten Gebotes Gottes Zwecke und Wirkungen des Teufelsbundes spezialisierend, wiewohl nicht erschöpfend auf, während der nach dem Beschlusse des Trienter Konzils abgefaßte große römische Katechismus sowie der auf das Volk berechnete kleinere des Canisius die Hexerei nicht besonders erwähnen, sie nur unter dem allgemeinen Begriffe Ketzerei still=schweigend einschließen. Und während auf katholischer Seite wohl die Jesuiten, der Säkular= und eigentliche Seelsorgeklerus dagegen, soviel bisher bekannt geworden, nur ganz vereinzelt litterarisch oder praktisch zu Hexenverfolgungen aufgestiftet hat, läßt sich diese unheimliche Thätigkeit bei lutherischen Prädikanten häufiger nach=weisen. In der calvinischen Kirche vollends kam es zu Hexen=verfolgungen, die nach ihrer Ausdehnung und Entsetzlichkeit in erster Reihe stehen. Wenn in unserer Darstellung von Ver=folgungen im protestantischen Lager nicht weiter als bei Gelegenheit des unten folgenden gedrängten chronologischen Ueberblicks über die Periode von 1500—1590 die Rede sein wird, so ist dieses Schweigen nur darin begründet, daß uns die Entwickelung in einem katholischen Territorium beschäftigt, auf welche die Vor=gänge in protestantischen Ländern keine direkte Einwirkung übten.

Der Hexenhammer verbreitete seine Grundsätze zunächst unter den Gebildeten, vor allen den Geistlichen und Juristen. In lateinischer Sprache geschrieben, schwer verdaulich, konnte dieses Buch mit seiner stupenden und stupiden Gelehrsamkeit nicht direkt auf die Volksmassen wirken. Aber von den gebildeten Kreisen aus drang nun der neue kirchliche Hexenwahn in den zahllosen Kanälen, durch die der Strom neuer Anschauungen sich von oben nach unten ergießt, durch Predigten, Gespräche, Bilder, populäre Schriften in die große Menge, wo er mit den Ueberlebseln des alten Volksglaubens zusammentraf und diesen neue Lebenskraft einhauchte.

In der Kunst diente jetzt die neue populäre Technik des Holzschnittes und Kupferstiches, die Vorstellungen von der Hexerei festzuhalten und im Volke zu verbreiten. Zu den ältesten Illu=strationen der Hexerei gehören jedenfalls die rohen Holzschnitte in der oben erwähnten Schrift des Molitoris. Auch das Hexen=kapitel des Tengler'schen Laienspiegels wird eingeleitet durch einen

Holzschnitt, in dessen mittlerer Figur wohl ein Zauberer zu suchen ist, während oben und seitwärts Hexen mit Gabeln auf Böcken durch die Lüfte reiten, Wetter machen, mit dem Teufel Unzucht treiben u. s. w. Unten sieht man die Bestrafung der Unholden im Feuer. Ein Blatt von Sandro Botticelli [1]) (gest. 1510) scheint zwei Hexen darzustellen, die in einem Kessel ihren Gifttrank brauen. Von Albrecht Dürer, dessen Phantasie zum Düsteren und Grotesken neigte, liegen mehrere Blätter mit Hexendarstellungen vor [2]). Andere rühren von Hans Baldung Grien, so eine obscöne Zeich= nung, die wahrscheinlich darstellt, wie ein Weib mit einem Drachen, wohl dem Teufel, Unzucht treibt. Auf einer anderen Hand= zeichnung dieses Künstlers erblickt man neben einem unbekleideten Weibe eine alte Hexe, megärenhaft, mit einer Katze, in der linken Hand eine Ofengabel haltend, in der rechten eine rauchende Schale [3]). Griens Blatt: die Hexenküche, mit der Jahrzahl 1510, zeigt vier Hexen in der Küche, oben fährt eine, auf einem Bock reitend, durch die Lüfte und hält an einer langen Gabel einen Topf mit Hexensalbe. Läßt ein Dichter Hexen auftreten, so wird dadurch noch nicht bewiesen, daß er selbst an Hexerei glaubt. Anders wird man von Erzeugnissen der bildenden Kunst aus einem Zeitalter, das die Hexen verbrannte, urteilen müssen. Hier zeigen Hexenbilder die Künstler, von denen sie rühren, als Gläubige des Hexenwahns und enthüllen uns anderseits einen neuen Weg, auf welchem dieser dem Volke vermittelt wurde. Aus der späteren Zeit des 16. und der ersten Hälfte des 17. Jahrhunderts sind dann bildliche Hexendarstellungen sehr häufig, erwähnt sei nur noch wegen seines Reichtums an Einzelheiten ein „Zauberey" über= schriebenes Blatt von Michael Herz (1626?) mit der Darstellung einer höllischen Orgie auf dem Blocksberg und erläuternden lateini= schen und deutschen Versen [4]).

Wie der altheidnische Hexenwahn vorher nur mehr ein kümmer=

---

[1]) Reproduziert in Hirths Formenschatz 1895, Nr. 70.
[2]) S. über Dürers Hexenstiche u. a. Leitschuh, Beiträge z. Gesch. des Hexenwesens in Franken, S. 25.
[3]) S. v. Terey, Die Handzeichnungen des Hans Baldung Grien, Bd. II, Nr. 102, vgl. S. XXVII.
[4]) Münchener Staatsbibliothek, in 2°. Bavar. 776, Nr. 24.

liches Dasein fristete, waren auch die Hexenprozesse vor den welt=
lichen Gerichten nicht zahlreich, ja man wird sagen dürfen, im
Ausgehen, als das Eingreifen der Inquisitoren sie aufs neue
entflammte. Es ist irrig, wenn Roskoff[1]) die Periode der gericht=
lichen Hexenverfolgungen erst von dem Erscheinen der Bulle
Innocenz' VIII. in Verbindung mit ihrem praktischen Kommentar,
dem Hexenhammer, datiert. Nicht minder irrig ist es aber, wenn
man die Periode der ausgedehnten und massenhaften
gerichtlichen Hexenverfolgungen auf einen anderen Ursprung als
diesen zurückleitet. Das amtliche Suchen nach Hexen hat erst
von da an begonnen. Der Zusammenhang der Ereignisse von
1484—1488 mit den furchtbar wütenden Hexenprozessen des
16. und 17. Jahrhunderts und der im Grunde kirchliche Charakter
der letzteren wird zuweilen bestritten, weil diese nur von weltlichen
Richtern geführt wurden. Eine oberflächliche und durchaus un=
historische Auffassung! Dabei wird die Thatsache übersehen, daß
ja die Inquisitoren den dritten Teil ihres Hexenhammers aus=
drücklich zur Belehrung auch für die weltlichen Richter verfaßt
und diese zur Mitwirkung aufgefordert hatten. Selbst wenn kein
anderes Buch, durch welche die Grundsätze des Hexenhammers
unter den weltlichen Richtern Verbreitung fanden, nachzuweisen
wäre, müßte man an diesem Zusammenhang entschieden festhalten.
Sind doch die Hexenschriftsteller und Rechtsgutachten der folgenden
Periode voll von Verweisungen auf den Hexenhammer! Das im
Garten der Juristen üppig aufschießende Giftkraut war dahin
verpflanzt aus dem Erdreich der Theologen, die es gesät und groß=
gezogen hatten und ohne deren fortwährende Pflege es auch jetzt
nicht so kräftig gediehen wäre. Die weltlichen Hexenprozesse des
16. und der folgenden Jahrhunderte verhalten sich zu denen der
päpstlichen Inquisitoren wie die Fortsetzung zum Anfang, die Ernte
zur Aussaat.

Ueberdies kann aber ein weiterer Weg, auf welchem die
Vermittelung der Grundsätze des Hexenhammers an den Richter=
stand sich vollzog, und zwar ein ungemein stark betretener, bestimmt
nachgewiesen werden. Es liegt ein litterarisches Werk vor, aus

---

[1]) Geschichte des Teufels II, 225.

dem sich ergibt, daß etwa zwei Jahrzehnte nach dem Erscheinen
des Malleus in Deutschland auch die weltliche Jurisprudenz sich
zu dessen Grundsätzen zu bekennen und zu ihrer Verbreitung die
Hand zu bieten begann. Dasselbe gewährt zugleich ein ausdrück=
liches und unanfechtbares Zeugnis dafür, daß die Hexenprozesse
vor weltlichen Gerichten im Ausgehen begriffen waren, als sie
die Wirksamkeit der Inquisitoren aufs neue entzündete. Der erste
Laienjurist, der in der Litteratur den Hexenprozeß behandelt, stützt
sich durchaus auf das Buch der zwei Dominikaner. Es ist der
Verfasser des „Layenspiegel", der pfalz=neuburgische Landvogt
Ulrich Tengler zu Höchstädt a. d. Donau. Tenglers juristisches
Handbuch hat bekanntlich sehr große Verbreitung gewonnen; die
Münchener Staatsbibliothek besitzt dreizehn teils in Augsburg, teils
in Straßburg gedruckte Ausgaben von 1509—1560. In der
Litteratur über die Geschichte der Hexenprozesse aber hat es bisher
keine Beachtung gefunden. Während Wächters Exkurs: Die
deutsche Jurisprudenz über Hexenprozeß (S. 289 f.) das Buch
nicht erwähnt, begnügt sich Soldan=Heppe (I, 407) mit der zwar
an sich richtigen, doch, wie wir sehen werden, gleichwohl irre=
führenden Angabe, daß Tengler in seinem Laienspiegel (von 1509)
die Zauberei nur in dem Kapitel von Totschlägen und anderen
Entleibungen berücksichtige und daß ihm der theologische Gesichts=
punkt durchaus fremd sei.

Soldans Angabe ist nämlich nur richtig in Bezug auf die erste
Ausgabe des Laienspiegels. Schon die zweite, noch von Tengler
selbst rührende, aber namhaft erweiterte Ausgabe: „Der neu
Layenspiegel" (Augsburg 1511)[1]), hat das Verhältnis ganz anders
gestaltet, indem sie ein ausführliches Kapitel von „Ketzerei, Wahr=
sagen, Schwarzer Kunst, Zauberei, Unholden ꝛc." bringt (f. 140

---

[1]) Tengler starb während der Drucklegung dieser Ausgabe. Die da=
zwischen liegenden Straßburger Ausgaben von 1510 und 1511 sind Nach=
drucke, nicht von Tengler selbst besorgt. Ueber Tengler vgl. Stinzing,
Geschichte der deutschen Rechtswissenschaft I, S. 83 f., 643; v. Eisenhart in
der Allg. Deutschen Biographie. Auch Stinzing urteilt: „Bei dem großen
Einfluß, den der Laienspiegel auf die Praxis übte, kann nicht bezweifelt
werden, daß Tengler zur Beförderung der Hexenverfolgungen wesentlich bei=
getragen hat."

bis 145), das durchaus auf dem Malleus beruht, daher auch durchaus von der theologischen Auffassung beherrscht ist.

Für die Frage, ob diese wichtige Zutat von Ulrich Tengler selbst rühre, ist ein der neuen Ausgabe vorgedrucktes Schreiben des Sohnes Christoph Tengler, datiert aus Ingolstadt vom 13. Juni 1510, in Betracht zu ziehen. Christoph Tengler, der Sohn, war Geistlicher und Professor an der Hochschule Ingolstadt. „Minimus inter juris pontificii et artium doctores almaeque Crisipolensis achademine collegiatus" nennt er sich selbst. In diesem Schreiben dankt er dem Vater für die Mitteilung des Laienspiegels. Jetzt werde das Buch anderweitig von neuem gedruckt (dies bezieht sich auf die Straßburger Nachdrucke) und der Vater sei um etliche Additiones und Zusätze angegangen worden. Da aber dieser in seinen alten Tagen mit vielen fürstlichen und anderen Geschäften beladen ist, ist er, der Sohn, gehorsam gewillt, ihm bei der Samm=lung solcher Zusätze zu helfen. Vom Allmächtigen und seinem Vater ist er aber nicht dem Laien=, sondern dem geistlichen Stande, von dem er auch besoldet ist, geweiht. Als Priester will es ihm nicht geziemen, seine Sichel in Laienschnitt einzulassen noch geist=liches Recht unter weltliches in diesem Laienspiegel zu vermischen. Denn wenn sich auch beide Rechte mehrfach berühren, so scheiden sie sich auch in manchem Wege, und geistliche wie kaiserliche Rechte gebieten den Geistlichen bei schwerer Strafe, sich der fremden, laiischen und weltlichen Uebungen zu entschlagen. Besonders im britten Teil wird von manchen weltlichen und peinlichen Sachen gehandelt, wovon ihm in keinem Weg zu raten oder zu handeln geziemt. Doch für die schlichten, ungelehrten Kleriker und Priester will er nicht unbedacht sein: wenn ihm der Allmächtige seine Gnade verleiht, will er mit anderer Gelehrten Hilfe und Rat einen besonderen „Priesterspiegel"[1] (also ein Gegenstück zum Laienspiegel des Vaters) „zutengeln" und verfertigen lassen.

Dieses Schreiben dürfte im Zusammenhalt mit dem Wort=laute des Hexenkapitels ausschließen, daß das letztere geradezu

---

[1] Ein Druck dieses Titels, überhaupt eine schriftstellerische Leistung Christoph Tenglers liegt wenigstens auf der Münchener Staatsbibliothek nicht vor.

vom Sohne, von dem Geistlichen Christoph Tengler, verfaßt ist;
wahrscheinlich aber hat der Sohn als Doktor des Kirchenrechts
seinen Vater darauf hingewiesen, daß hier eine Lücke auszufüllen
sei, und hat ihm als dienlichstes Hilfsmittel zur Ausfüllung den
Malleus maleficarum bezeichnet. Im kleinen Kreise einer Familie
wiederholt sich hier, was die große Entwickelung der Hexenprozesse
aufweist: die Einwirkung des Theologen auf den Juristen — nur
müßte, wenn die Analogie vollkommen sein sollte, der Theolog
im Vater, nicht im Sohne auftreten.

Die ersten Aeußerungen des Kapitels über die Hexenfrage
lassen noch den Standpunkt durchblicken, den der alte Tengler
früher eingenommen hatte. In dieser Materie, sagt er, muß
„fürsichtiglich“ gehandelt werden. Daß die Hexen Hagel verursachen, Menschen und Tieren Krankheiten zufügen, von einem
Ende zum anderen fahren, auch Unkeuschheit mit den bösen Geistern
treiben und andere unchristliche Sachen, „ist in menschlicher Vernunft nit lieberlich (d. h. leicht) zu begreifen, zu wissen oder zu
glauben. Darum sind bei den Rechtsgelehrten mancherlei Zweifel
und Disputationen entstanden, als ob nichts daran sei“. „Deßhalb
die weltlichen Richter zu Zeiten erpleugt, da solches Uebel an
mehr Enden ungestraft geblieben, bis diese Ketzerei merklich über-
hand genommen und jüngst päpstliche Inquisitores solche Geschichten
in ihren Erfahrungen so künstlich erfunden und geursacht, etliche
besondere lateinische und deutsche[1]) Büchlein und besonders
den Malleus maleficarum gemacht“, der durch hochgelehrte Männer
approbiert, auch von der Kaiserlichen Majestät 1486 zugelassen
worden sei. In den ersten zwei Teilen dieses Werkes werden die
Zweifel und Bedenken gegen die Existenz des Hexenwesens, die
zu Zeiten bei Schlichten und Einfältigen entstehen, durch göttliche,
geistliche und kaiserliche Rechte, auch die Erfahrung angezeigt und
ausgelöscht. Der dritte Teil handelt davon, wie diese Uebel und
Missethaten ausgerottet werden, wie man mit Peinigen und Strafen
dagegen einschreiten soll, und dieser Teil ist auch für den Laienspiegel von hoher Wichtigkeit. Da die Missethaten der Unholde

---

[1]) Sollte Tengler hier richtig unterrichtet sein? Bisher sind deutsche
Schriften der Inquisitoren über die Hexerei nicht bekannt geworden.

wider den christlichen Glauben sind, so wird über sie nicht unbillig
durch geistliche Richter geurteilt, aber damit wird der weltliche
Gerichtszwang nicht ausgeschlossen, dem geistlichen darin zu Hilfe
zu kommen.

Nach gemeinem Rechte kann man auf dreifachem Wege vor=
gehen, durch Accusation, Denunziation oder Inquisition [1]). Bei
„wissentlichen Uebelthaten" mag „summarie" prozediert werden.
Es folgt nun eine Formel der „Citation wider Unholden", d. h.
der Citation präsumierter Zeugen und Ankläger wider solche.
Da vor den Richter das Gerücht gedrungen ist, daß etliche Un=
holden in dieser Herrschaft seien, die jungen und alten Leuten,
dem Vieh und Früchten schaden, auch mit Zauberei und ketzer=
lichen Sachen umgehen sollen, so ermahnt der Richter, da er dies
der Ehre Gottes und dem christlichen Glauben schuldig ist, jeder=
mann, der etwas davon weiß, gehört oder gesehen hat, es ihm
binnen zwölf Tagen anzuzeigen. Niemand darf besorgen, daß
er, wenn seine Anzeige nicht bewiesen wird, deswegen gestraft
oder zur Verantwortung gezogen werde. Dagegen wird jeder,
der diesem Befehle ungehorsam ist, in Strafe genommen werden.
Dieselbe Citation kann vom Richter mutatis mutandis auch an
bestimmte Personen gerichtet werden.

Weiter folgen eingehende Vorschriften für das Verfahren bei
der Voruntersuchung und die Haftnahme der Hexen („die man
auch zu Zeiten im Vahen von der Erde zu heben pflegt"). Im
Gefängnis sollen der Angeklagten zuerst gütlich bestimmte, von
Tengler formulierte Fragen vorgelegt werden. Wenn sie schweigt
oder unlautere Antwort gibt, mag der Richter vermuten, daß
sie verzaubert sei. Für diesen Fall sind bestimmte Regeln nicht
aufzustellen, weil der böse Geist sonst „denselben fürkommen",
d. h. ihre Anwendung durchkreuzen könnte. Dem Begehren der
Hexe, die zu sehen, die sie angezeigt hat, ist aus mancherlei Ursachen
nicht zu willfahren. Will sie aber ihre ketzerliche Bosheit nicht
gestehen, so findet man die Weisung für das weitere Verfahren
im Malleus maleficarum. Das heiße Eisen zu tragen darf man

---

[1]) Vgl. Malleus, p. III, q. 1 (Lugduni 1669, p. 222, die folgende
Citation p. 223).

ihr nicht gestatten, weil der böse Geist sie zu behüten weiß, daß
es ihr nicht schade [1]).

Zur Folter mögen die Unholden rücklings geführt werden [2]);
sich selbst möge der Richter mit dem hl. Kreuz bezeichnen, damit
der alten Schlange ihr Gift benommen werde. Vor Anwendung
der Folter soll der Richter an die Angeklagte eine Ermahnung
richten, die Wahrheit zu gestehen. Ich bin nicht geneigt, möge
er dabei etwa bemerken, dir als weiblichem Bild mit Gefährde
nach deinem Leben zu stellen. Wenn du die Wahrheit gütlich
bekennst, wirst du vielleicht darum nicht getötet, sondern begnadigt, oder sonst auf anderem Wege gestraft werden. Fruchtet
diese Ermahnung nichts, so soll der Richter die Angeklagte durch
ehrbare Frauen gänzlich entkleiden und ihr den Leib allenthalben
untersuchen lassen, ob sie nicht etliche Zauberei an sich hat [3]).
Danach mag er sie binden, doch ihre weibliche Scham zuvor durch
ehrbare Frauen mit anderem Gewand wohl bedecken lassen. Das
Haar ist ihr allenthalben abzuscheren.

Die Angeklagte kann auch durch Mittelspersonen vorher
ermahnt werden, sich nicht „dem bösen Geist zu lieb also zerbrechen zu lassen, sondern die Wahrheit zu sagen.“ Man würde
für sie bitten, daß sie des Lebens versichert werde; „doch soll sie
dessen durch niemanden gewiß vertröstet werden.“ Ist eine solche
Vertröstung gleichwohl „aus Ursachen“ geschehen, so ist die Angeklagte zu ewigem Gefängnis bei Wasser und Brot zu verurteilen. „Es soll ir aber nit also zu veröffnen sein, bis die Urteil
erkannt, man hätt' sie dann des Lebens eine Zeit gefristet, so
möcht' sie nach derselben Zeit, wo sie anders ein solche namhafte
Unhold wäre, verbrannt werden“ (vgl. oben S. 116, 117).

Da aber solche ketzerliche Missethaten, so die Unholden,
Hexen, Mann- und Weibspersonen begehen, nicht allein der weltlichen, sondern auch der geistlichen Obrigkeit anhängig, darum
achten die geistlichen Rechte allenthalben für beschwerlich, wenn

---

[1]) S. Malleus, p. III, q. XVII; p. 253.
[2]) S. Malleus, p. III, q. 15; p. 247.
[3]) Auch dies nach dem Malleus, p. III, q. 14, p. 244, wo sich jedoch
die folgende Vorschrift nicht findet.

das weltliche Gericht außerhalb der Geistlichkeit mit der Peinlich=
keit zu streng oder gäch — obgleich summarie darum zu proze=
bieren nichts minder der weltlichen Obrigkeit geziemt, wo solche
Uebelthaten gar offenbar sind und überhandnehmen wollen. Und
wenn man diese Personen mit rechtmäßiger Purgation und in
anderem bequemem Weg nicht von ihrer ketzerlichen Bosheit
bringen kann, so mag man „dem christlichen Glauben zu lieb"
mit dem Feuer und anderer „allergrausamlichsten" Strafe dagegen
einschreiten „und die Geistlichkeit in Gottes Namen damit unbe=
lästigt lassen."

Hiemit war das Prozeßverfahren der päpstlichen Inquisitoren,
das jedem Verdächtigten kaum eine Möglichkeit der Rettung beließ,
in seiner vollen Scheußlichkeit von der weltlichen Jurisprudenz
angenommen. Bei der großen Verbreitung des Laienspiegels sollte
man glauben, daß es nun bald zu massenhaften Hexenverfolgungen
gekommen wäre. Besonders die anempfohlene Citation von präsu=
mierten Anklägern und Zeugen mußte ja, wenn die Richter dieser
Weisung folgten, unheilvoll wirken. Doch folgten die bayerischen
Gesetzgeber zunächst keineswegs den von Tengler gewiesenen
Bahnen. Immerhin ward in den Gesetzgebungen von 1514,
1516, 1553 [1]) „Zauberei, die zu Schaden führt", unter die Bitz=
tumhändel, d. h. schwere Verbrechen, die am Leib gestraft werden
sollten, bei denen aber Umwandlung der Leibes= oder Lebensstrafe
in eine Geldbuße eintreten konnte, aufgenommen. Diese Neue=
rung verriet die Wirkung der päpstlichen Bulle und den ver=
änderten Zeitgeist.

Mittlerweile aber war die Verfolgung der Zauberei durch
Reichsgesetz neu geregelt worden. Die Carolina (1532) setzte auf
Zauberei, die den Menschen Schaden zufügt, den Feuertod, wäh=
rend sie die Strafe für unschädliche Zauberei dem Ermessen des
Richters anheimgab. Die Rechtsdefinitionen und Strafbestim=
mungen der Carolina beruhen auf der Bamberger Halsgerichts=
ordnung von 1507, deren Verfasser der Freiherr Johann von

---

[1]) S. der Landtag von 1516, S. 496 (hier auch die Redaktion von
1514); v. Lerchenfeld, Freibriefe, S. 224. Der erste Entwurf dieser Neue=
rung rührt schon von 1508; s. Krenner, Landtagshandlungen XVII, 80.

Schwarzenberg ist, später einer von Luthers eifrigsten Anhängern. Der Geist dieses Mannes hatte eine ausgeprägte Richtung auf das Dogmatische und speziell auf das Wirken des Teufels in der Welt. Die beiden Schriften, in denen er seine protestantische Gesinnung kundgegeben hat, nennen den Teufel schon im Titel: Die „Beschwörung der teuflischen Schlangen mit dem göttlichen Wort" (1524) und das 1526 gegen den Franziskaner Schatzger gerichtete „Büchlein, Kuttenschlag genannt, das Teufels-Lehrer macht bekannt." Wäre uns ein Blick in seine Bibliothek gestattet, würden wir wohl den Malleus maleficarum darin gewahren.

Auf welchem Rechtsgrund fußten aber die vor dem Erscheinen der Carolina in Deutschland ergangenen Todesurteile gegen Hexen? Sachsen- und Schwabenspiegel waren ja längst veraltet und vergessen. Hier zeigt uns Institoris selbst den Weg, indem er seinen Kommissär Haimstödl anwies, nach der Lex Multorum (de mathemathicis et maleficis), welche auf Zauberei Todes- strafe setzt, zu verfahren [1]). Auf dasselbe römische Gesetz hat, wie oben erwähnt, auch Molitoris zur Begründung der Todesstrafe für Hexen verwiesen. Aus der Anweisung des Institoris sieht man aber, wie haltlos die Behauptung [2]) ist, daß die Bulle Summis desiderantes dem Einbringen des römischen Rechtes in die Recht- sprechung der deutschen Gerichte über Hexen hätte steuern wollen. Vom römischen Recht konnten hier nur zwei Dinge herangezogen werden, die beide im Sinne der Inquisitoren und ihres Auftrag- gebers waren: die Folter als Beweismittel und die in der Lex Multorum angedrohte Todesstrafe. Auf die Carolina dürfte daher kaum so großes Gewicht gelegt werden, daß man sie in erster Linie als Ursache des Ueberhandnehmens der Verfolgungen be- trachtet [3]), doch liegt es auf der Hand, daß sie die Verfolgungen befördern mußte.

Nach Tengler ist der nächste bayerische Jurist, der über Straf- prozeß schrieb, der herzogliche Rat und Sekretär Andreas Per-

---

[1]) Mon. Boica XVI, 247.
[2]) Diefenbach in Wetzer u. Welte's Kirchenlexikon [2], V, c. 1996: „Die Bulle war eine jurisdiktionelle Maßregel zum Schutze des kanonischen Rechtes gegen das Vorbringen des römischen Rechtes."
[3]) So u. a. Längin S. 80.

neber in München (gest. 1543) [1]). Seine Halsgerichtsordnung [2]), betitelt: „Von Straf und Pein aller und jeder Malefizhandlungen ein kurzer Bericht", warb aus Perneders Nachlaß durch den Ingol=ſtädter Profeſſor Wolfgang Hunger zuerſt 1544 (Ingolſtadt) herausgegeben. Es iſt merkwürdig, daß hier die Carolina, wie=wohl ſie ſchon zwölf Jahre in Geltung ſtand, nicht berückſichtigt iſt, und noch merkwürdiger, daß Perneders Schrift troß dieſes Mangels eine lange Reihe von Auflagen erlebte, ohne daß dem=ſelben abgeholfen wurde. Erſt 1573 beſeitigte Octavianus Schrenk, Doktor beider Rechte und herzogl. Regimentsrat zu Straubing, dieſen Mangel in einer neuen Ausgabe, der, wie er ſagt, „unvergleich=lichen" Halsgerichtsordnung Perneders. In der Widmung an den jungen Herzog Wilhelm V. bemerkte Schrenk von ſeinem Vorgänger Hunger, daß dieſer „des Perneders Autographum ſelbs nit, ſondern allein fragmenta, die ſeine Subſtituten hin und wieder zuſammengeklaubt, gehabt und für ſich ſelb etwan auch nit gern etwas dazu gethan" habe. (Aus dieſer Beſchaffenheit des Manuſkriptes erklärt ſich vielleicht auch die Nichtberückſichti=gung der Carolina). Er, Schrenk, habe dies nun vermerkt, habe das rechte Original bekommen und, da in demſelben auch keine gute Ordnung war, ihm eine neue Einteilung in zehn Titel gegeben.

In Perneders Stellung zur Hexerei iſt das Bemerkenswerteſte, daß er im Gegenſaße zu ſeinem Vorgänger Tengler den Hexen=hammer ignoriert. Da ihm derſelbe wenn nicht im Original, doch jedenfalls ſoweit, als der Laienſpiegel ihn herangezogen hatte, bekannt war, läßt ſich darin nur eine beabſichtigte Reaktion er=kennen. Ueber die Strafe der Zauberei und des Wahrſagens bemerkt er unter Berufung auf die L. de maleficis et mathem. ſowie Beſtimmungen des kanoniſchen Rechtes (fol. VII.): Wer mittelſt der ſchwarzen Kunſt, Anrufung der böſen Geiſter oder anderer Zauberei den Leuten Schaden zufügt oder denſelben ver=

---

[1]) S. über ihn Stinßing I, 645; v. Eiſenhart in der Allg. Deutſchen Biographie XXV, 385 f.

[2]) Dieſer Titel folgt nach dem Regiſter ſowie als Seitenüberſchrift. Die Schrift erſchien ſowohl beſonders wie als Teil des „Gerichtlicher Prozeß" und der „Inſtitutiones".

meinterweise wahrsagt, soll verbrannt werden. Hat aber jemand durch seine Kunst einem Kranken geholfen oder Weingärten und Felder vor Schaden, Schauer und Hagel behütet, so ist dies nach Satzung weltlicher Rechte unstrafbar. Wer aber Wetter macht oder den Leuten sonst durch Zauberei oder Gespenst Schaden zu= fügt, gegen den soll mit peinlicher Frage und Todesstrafe ver= fahren werden. Ein solcher Zauberer kann von jedem gefänglich angenommen und peinlich angeklagt werden. In Schrenks Aus= gabe ist dieser Artikel an eine ganz andere Stelle gerückt (als 17. des X. Titels), aber nicht weiter verändert, als daß am Schlusse noch auf den 109. Artikel der peinlichen Halsgerichts= ordnung hingewiesen wird, der für Zauberer und Zaubrerinnen die Feuerstrafe festsetzt.

Was die theologische Litteratur über Hexerei aus Bayern betrifft, ist hier zu erwähnen, daß an der Universität Ingolstadt ein Pfarrer Wegmann 1574 Thesen über die Zauberei verteidigte (s. unten, S. 161, Anm. 2) und daß der Staatsmann Wiguleius Hund, einer der Hauptförderer der gegenreformatorischen Be= wegung in Bayern, den Ingolstädter Professor Hieronymus Ziegler beauftragte, die Antwort des Trithemius auf die acht Fragen des Kaisers Maximilian zu übersetzen. Ziegler ließ seine Uebersetzung als „Antwort des Abtes Johann zu Spanheim auf die acht Frage= stücke" u. s. w. 1555 zu Ingolstadt im Druck erscheinen und widmete sie der Landesfürstin, Herzogin Anna. Eine neue Auflage erfuhr diese Schrift im folgenden Jahre.

Es ist behauptet worden, daß zwischen der Wirksamkeit der letzten päpstlichen Inquisitoren in Deutschland und dem Ausbruche der massenhaften Hexenprozesse in diesem Lande ein langer Still= stand in den Verfolgungen eingetreten sei. Diese Anschauung läßt sich aber nicht aufrecht halten, zumal wenn man erwägt, daß unsere Nachrichten aus der ersten Hälfte des 16. Jahr= hunderts nach der Natur der Sache lückenhafter sind als jene der Folgezeit. Bei den niederen Gerichten hat sich ja das schrift= liche Verfahren in diesem Zeitraum erst allmählich eingebürgert und, je älter die Zeit, besto mehr Akten sind natürlich verloren gegangen. Für den Augenblick hat allerdings die Reformation die Hexenfrage etwas in den Hintergrund gerückt, da nun die

Geister vor allem durch die konfessionellen und kirchenpolitischen Gegensätze beschäftigt werden. Auf diese Ursache ist auch der lange Stillstand in den Ausgaben des Hexenhammers von 1520 bis 1580 zurückzuführen. Auf die Dauer aber hat gerade der konfessionelle Streit durch die heftige Entzündung des dogmatischen Sinnes den Hexenwahn nur gefördert. Die Hexenverfolgungen schwellen daher zu ihrer Hochflut an, sowie die erste Hitze in den dogmatischen Streitigkeiten der Konfessionen verraucht ist.

Die nachfolgende chronologische Uebersicht über die aus Ober= deutschland und der Schweiz bisher bekannt gewordenen Hexen= verfolgungen vom Beginne des 16. Jahrhunderts bis zu dem Zeit= punkte, da die Epidemie fast allgemein wird, möge als Beitrag zur Begründung dieser Ansicht dienen [1]). So unvollständig sie sein mag, so erhellt doch schon aus ihr, daß zunächst die Gegenden, in denen die Inquisitoren persönlich gewirkt hatten: Tirol, Ober= schwaben und Oberrhein, am stärksten vertreten sind. Ebenso läßt sie erkennen, daß in den Zwanziger Jahren ein Stillstand in den Verfolgungen eintritt, dessen Ursache wohl in der Re= formationsbewegung zu suchen ist.

1501—1505. Cavalese im Fleimserthal, Bistum Trient. Panizza im Archivio Trentino VII, 1 f.; 199 f.; VIII, 131 f.; IX, 49 f. Die Protokolle schrieb der Notar Silvester Lentner von Schliersee. Die Prozesse, die zahlreiche Opfer fordern, werden geführt vor dem Bikar, dem „Scarius" und 14 Schöffen des Fleimserthals und sind neben denen von Völs in Tirol die ersten bis jetzt nachgewiesenen, in denen ein weltliches Gericht (allerdings in einem geistlichen Territorium) auf Grund des im Hexenhammer entwickelten, ausgedehnteren Hexenwahns (Bündnis mit dem Teufel, Teufelsbuhlschaft, Hexenausfahrten, Hexenmahle mit gebratenen Kindern u. f. w.) inquiriert und durch die Folter die er= warteten Geständnisse erzielt.

1504. Bretten.

1505—1511. Mainz.

1506. Völs in Tirol. Rapp, Hexenprozesse in Tirol, S. 161, 170.

1507, 1508. Blaubeuren. Solban=Heppe I, 460.

---

[1]) Wo keine Quellen angegeben werden, f. Solban=Heppe, Längin und Janssen=Pastor. Im letzteren Werke findet man die Verfolgungen in den norddeutschen, protestantischen Territorien wohl am vollständigsten zusammen= gestellt (VIII, 542 f.). Sehr unkritisch ist das Verzeichnis bei Roskoff.

1510. Neue Prozeffe in Böls. Rapp, S. 143.

1512, 1517, 1524, 1531—1533. Pforzheim.

1513. Oberurfel, Kurmainz. Diefenbach, Hexenwahn, S. 111.

1519, 1531, 1532. Bafel, 1519 wahrfcheinlich noch vor dem bifchöflichen Offizial. Jr. Fifcher, Die Basler Hexenprozeffe, S. 4 f.

1528. Bern. Trechfel, Das Hexenwefen im Kanton Bern (Berner Tafchen= buch 1870), S. 159.

1531. Reichsftadt Hagenau, mit glimpflichem Ausgang. Klélé, Hexenwahn und Hexenprozeffe in der Reichsftadt und Landvogtei Hagenau (1893), S. 34 f.

1531. Von hier an in der Eidgenoffenfchaft häufig; f. Janffen=Paftor 545.

1532. Pfeffingen im Bistum Bafel. Burtorf=Falleifen, Baslerifche Stadt= und Landgefchichten II, 105.

1533. Eine Hexe aus Schiltach im Schwarzwald verbrannt. So Thoman, Weiffenhorner Hiftorie (Quellen z. Gefch. d. Bauernkriegs in Ober= fchwaben, ed. Baumann, S. 190).

Nach 1533. Oberndorf a. Neckar, Herrfchaft Zimmern. Zimmerifche Chron. III, 80.

1538. Gundelfingen, Pfalz=Neuburg. Münchener Reichsarchiv, Hexenalten Nr. 15. Pfleger, Kaftner, Amtsverwefer, auch Pfleger und Räte zu Gundelfingen berichten an den Pfalzgrafen Ottheinrich: Gret Kayferin hat gehofft, daß ein Sohn des Müllers ihre Tochter zur Ehe nehmen werde, diefer aber nahm eine andere. In der Hochzeitnacht find darauf die jungen Eheleute erkrankt und haben ohne Unterlaß getobt, „als ob's St. Veits Arbeit gewefen wäre". Ein Kaplan hat mit geiftlichen Mitteln die Sache nur wenig gebeffert, die Kranken haben viele Aerzte und Arzneien gebraucht, find in den Sauerbrunnen gezogen — alles vergebens. Dann wurde auch das ganze Hausgefinde krank. Eine Wahrfagerin zu Höchftädt hat dem Müller dann angezeigt, er fei ver= zaubert, und hat ihm geholfen. Wiewohl fie nun achten, daß die Wahrfagerei vom Teufel, dem Vater der Lüge, ausgefloffen fei, und fie dem wenig Glauben fchenken, ftimmen doch die Angaben der Wahr= fagerin in diefem Fall mit der Gefchichte und dem öffentlichen Leumund der beklagten Gret Kayferin zufammen. Aus Neuburg ergeht der Be= fcheid des Herzogs, Gret Kayferin und ihre Tochter follen weiter, aber nur unter Androhung der Tortur, examiniert, auch fonft über diefen Fall fleißige Erfahrung eingeholt werden. Die Klage des Leinwebers Simprecht Prengler (?) aber, der des Ulrich Prenzers (?) Weib befchuldigte, ihn ver= hext zu haben, foll, weil die Sache unficher fcheint, niedergefchlagen werden.

1539. Cham in der Oberpfalz, mit glimpflichem Ausgang. Lukas, Gefchichte von Cham, S. 237.

1540 und folgende Jahre. Nachob. Die erften nachweisbaren Hexenprozeffe in Böhmen, wo dann befonders Komotau feit 1579 zahlreiche Hexenbrände erlebte. Spätel, Culturhiftor. Bilder aus Böhmen, 12 f., 19 f.

1541. Frankfurt am Main.

1542. Wie es fcheint, zu Weiffenhorn, ward ein „Elemeifter" enthauptet, der

an 15, 16 Jahre dem gemeinen Mann großen Schaden gethan hatte
durch Vergiften der Weibe. Thoman a. a. O. S. 231.

1542—1546. Genf, 800—900 Verhaftungen, zahlreiche Hinrichtungen.

1546. Freiburg i. B. Schreiber, Die Hexenprozeſſe zu Freiburg, Offenburg
uub Bräunlingen, S. 41.

1547, 1548. Conſtanz.

1550. Baſel. Burtorf-Falkeiſen a. a. O. II, 101.

1551. Reichsſtabt Eßlingen.

1551. Hochſtift Eichſtätt, kein eigentlicher Hexenprozeß, aber Anklage auf
Liebeszauber. Hans Philipp von Mörnsheim wird geköpft, weil er
ſieben Weiber genommen, von denen er zwei mit einer Wurz bezaubert
hat, daß ſie ihn lieb haben mußten. Rieber im Neuburger Kolleltaneen-
blatt LV, 5.

1557. Vorderöſterreichiſche Ortenau.

1557. Eſch im Kanton Baſel. Burtorf-Falkeiſen III, 132.

1561, 1562. Bern. Trechſel S. 163.

1562—1594. In Luzern die Hexenprozeſſe faſt ſtänbig; 1562—1572 allein
491 Perſonen wegen Hexerei in Unterſuchung gezogen, 62 hingerichtet.

1562. Haslach im Kinzigthal, Grafſchaft Fürſtenberg. Vierordt, Geſchichte der
evangeliſchen Kirche in Baden, II, 125.

1562, 1563 in der helfenſteiniſchen, ſpäter bayeriſchen Herrſchaft Wieſenſteig
(damals proteſtantiſch) 63 Hexen verbrannt, auf Befehl der gräflichen
Brüder Ulrich und Sebaſtian von Helfenſtein „aus habenbem Recht
und evangeliſcher Frömmigkeit", weil dieſelben 29 Erwachſene und
208 Kinder zum Tode und 94 Perſonen zu Krankheit oder Gebrech-
lichkeit, ferner 66 Roſſe u. ſ. w. zum Sterben gebracht hätten.
Zwei Kinder wurden aus dem Mutterleib geſchnitten (infolge der In-
cubuslehre?). Hier ſcheinen alſo Epidemie und Viehſeuche den Anlaß
zu den Hexenbränden gegeben zu haben. (1563, 1564 herrſchte Peſt in
Oberſchwaben; ſ. u. a. Schorer, Memminger Chronik, 95; Haggenmüller,
Geſch. der Stadt und gefürſteten Grafſchaft Kempten II, 81.) 1563
erſchien über dieſe Wieſenſteiger Hexenbränbe eine Schrift, die ihren
Gegenſtand nach Art der „Moritbaten" albern und dürftig behandelt:
„Warhafftige und erſchreckliche Thatten und Handlungen der 63 Hexen
und Unholden, ſo zu Wiſenſteig mit dem Brandt gerichtet worden
feindt." Soldans Angaben I, 468 ſind hienach zu berichtigen. Wieſen-
ſteig war bamals proteſtantiſch; erſt 1567 ließ ſich Graf Ulrich von
Helfenſtein (ſein Bruder Sebaſtian war 1564 geſtorben) durch Biſchof
Otto von Augsburg zum Katholizismus bekehren. S. Kerler, Geſchichte der
Grafen von Helfenſtein, S. 145; Beſchreibung des Oberamts Geißlingen,
S. 112 f., 266; Kluckhohn, Briefe Friedrichs des Frommen, II, S. 69.

1562. Eßlingen. Nachdem der als Dramatiker bekannte Prädikant Thomas
Neogeorgus, ein geborener Bayer aus der Gegend von Straubing, nach
einem verheerenden Hagelwetter dieſes als das Werk von Hexen bezeich-

net hatte, ließ der Rat drei Frauen foltern, wozu er Scharfrichter von Stuttgart, Ehingen, Wiesensteig (die dortigen Prozesse scheinen also schon früher begonnen zu haben) berief. Da die Frauen trotz schreck= licher Folterqualen ihre Unschuld beteuerten, ließ man sie nach vier= monatlicher Haft im Dezember frei. Nun aber erhob Neogeorgus ein großes Geschrei wider den Rat und der Wiesensteiger Scharfrichter erklärte, diese drei seien nicht die einzigen Hexen in Eßlingen; auch hätte er sie schon zu Geständnissen gebracht, hätte man ihn nach seinem Gefallen handeln lassen. Neogeorgus und der Rat gerieten scharf an= einander; der Prediger erhielt einen Verweis, weil er „Lotterbuben und Henkern mehr glaube als dem Rat". Aber durch den Prozeß hatte sich nun der Hexenwahn in der Bevölkerung erst recht festgesetzt, so daß sich der Rat genötigt sah, auf neue Klagen gegen andere Frauen ein= zuschreiten. Im Februar 1563 wurde eine der neuerdings Gefolterten verbrannt. Ein für die Hexerei der Prädikanten besonders lehrreicher Fall. In Erich Schmidts Artikel über Neogeorgus in der Allg. Deutschen Biographie XXIII, 245—250 wird uns diese Seite des gefeierten Dramatikers nicht gezeigt, wiewohl Pfaff in wiederholten Veröffent= lichungen (u. a. Gesch. der Reichsstadt Eßlingen [2], S. 569 f.), auch Döllinger (Die Reformation u. ihre Gegner) darauf hingewiesen hatte. Eßlingen sah dann wieder Hexenbrände 1596, 1602, 1604, 1612, von 1627 an mehrere, die meisten (188 Angeklagte) 1662 und in den folgenden Jahren.

1563. Kalmünz, Pfalz=Neuburg (Agnes, die alte Zauberin; Kreisarchiv Neuburg).

1568. Schäfer und Zauberer zu Hochdorf, Pfalz=Neuburg (a. a. O.).

1569. Von da an im Kanton Bern massenhaft und fast ständig. Trechsel S. 165 f.

Vor 1570 Lichtsee im Elsaß; s. die unten citierte Schrift von Renhard Lutz.

1570. Protestantische Reichsstadt Schlettstadt im Elsaß, vier Hexen verbrannt, eine fünfte starb im Gefängnis. S. Renhard Lutz von Schlettstadt (Pfarrer daselbst?), Warhafftige Zeitung von den gottlosen Hexen, die zu Schlettstadt auf den 22. Herbstmonats des verlaufnen Jahrs ... verbrent worden. 1571, mit einem Hexenbilde. Zur Rechtfertigung des Verfahrens sind im Anhang Aussprüche Luthers über Hexerei und Wechsel= bälge citiert.

1570. Von da an im Elsaß Hexenbrände häufig, besonders schlimm 1582.

1570. Von da an im Kurfürstentum Mainz einzelne Fälle, im letzten Jahr= zehnt des Jahrhunderts zahlreich.

1572. Tann im Elsaß; bis 1620 136 Hexenhinrichtungen.

1572. Saarburg. Burr, The Fate of D. Flade, p. 14.

1572. Baben. Der aus Bayern zur Durchführung der Gegenreformation dorthin entsandte Jesuit Schorich berichtete darüber Herzog Albrecht V. (S. Vierordt, Geschichte der evangelischen Kirche im Großherzogtum Baben, II, 51 f., 125 f.) In Baben scheinen wie anderwärts Gegen= reformation und Hexenbrände Hand in Hand gegangen zu sein. (1527 bei Längin S. 122 ist Druckfehler.)

1573, 1577, 1578, 1580, 1593. Reichsſtadt Hagenau, proteſtantiſch ſeit 1565. Klélé a. a. O. S. 34 f.

1575. Prot. Reichsſtadt Memmingen. Baumann, Geſch. b. Allgäus, III, 21.

1576. Kurmainziſches Amt Lohr. Dieſenbach S. 107.

1576. Ettlingen, Markgraffſchaft Baden. Vierordt a. a. O. II, 125.

1576. Wolfſtein in der Pfalz.

1578. München (ſ. unten).

1579. Freiburg i. B., bis 1611 34 Perſonen verbrannt.

1581. Biſchöflich freiſingiſche Grafſchaft Werbenfels (Garmiſch), Unterſuchung ohne weitere Folgen. Prechtl, Werbenfels S. 60 f.

Vor 1582 Salzburg (erhellt aus Fidlers unten genannter Schrift), dann wieder 1594.

1582, Auguſt 29. zu Darmſtadt zehn Heɣen verbrannt, barunter ein Knabe von 17 unb ein Mägblein von 13 Jahren. Warhafte unb glaubwirbige Zeytung von 134 Unholben, ſo 1582 ... verbrennet wurben. Straß= burg 1583, f. A 2ᵛ.

1582, Oktober 19. Reute, eine halbe Meile von Walblirch im Breisgau, 38 Heɣen verbrannt, barunter 4 Hebammen unb 12 reiche, wohlhabenbe Weiber. A. a. O.

1582, Oktober 24. Württemberg, Herrſchaft Mömpelgarb, 44 Weiber unb 3 Männer als Heɣen verbrannt. A. a. O.

1582, Oktober 28. Türkheim im Elſaß, 36 Heɣen verbrannt, barunter 2 Heb= ammen. Tags barauf wurben ſechs weitere Heɣen eingefangen. A. a. O.

1582. Von ba an im Kurfürſtentum Trier ſtänbig unb maſſenhaft. Vgl. Burr a. a. O. p. 14. Aus etwa 27 Dörfern der nächſten Umgebung Triers wurben allein 368 Perſonen verbrannt.

1583, 1588. Wien.

1586, 1587. Oberſtborf, biſchöflich augsburgiſch. Baumann, Geſch. b. All= gäus, III, 21.

1587. Forbach. Delrio, Disquisitiones magicae (1606) II, 406.

1587. Höchſtäbt an der Donau, Pfalz=Neuburg; Kreisarchiv Neuburg.

1589 ober kurz vorher. Reichsſtadt Biberach (ergibt ſich aus den Werbenfelſer Alten).

1589. Mehrere Orte in den Vogeſen, in Elſaß unb Lothringen nun häufig; ſ. Remigius unb Delrio a. a. O.

1589—1592. Schongau (Herzogtum Bayern, unter Verwaltung des Herzogs Ferbinanb ſtehenbes Gebiet), 63 Heɣen verbrannt; ſ. unten.

1589 unb 1590. Biſchöflich freiſingiſche Alpenherrſchaft Werbenfels, 51 ver= brannt; ſ. unten.

1590. Laubgebiet der Reichsſtadt Memmingen, viele Unholben verbrannt. Schorer, Memminger Chronik (1660), S. 111.

1590, ober kurz vorher. Bistum Eichſtätt (ſ. unten).

1590. Biſchöfliche Hauptſtadt Freiſing. Reichsarchiv u. Werbenfelſer Akten.

1590 ober kurz vorher. Bistum Augsburg (ſ. unten). U. a. wurben zu

Oberdorf vom 1. August 1590 bis 13. Mai 1592 68 Hexen von Ober=
dorf und benachbarten Ortschaften, wie Bibingen (11), Leuterschach (12),
Frankenhofen, Bernbach, Thalhofen, Wald, Stetten, wegen Teufels=
buhlschaft, Bezeichnung durch den Teufel, Ausfahren mit ihm, Töten
von Kindern und Vieh durch Ruten, die sie mit ihrer Salbe bestrichen,
zum Feuertode verurteilt. Staatsbiblioth. München, Fischeriana, aus
Nr. 51.

1590—1594. Protestantische Reichsstadt Nördlingen, zahlreiche Hinrichtungen.
Weng, Die Hexenprozesse der Reichsstadt Nördlingen. Aus der Zeit=
schrift „Das Ries, wie es war und wie es ist" bes. abgedruckt.

1590. Ellingen, Deutschordenskommende, 65 Hinrichtungen. v. Wächter, Die
gerichtlichen Verfolgungen der Hexen, S. 84.

1590—1593. Freudenberg in der Grafschaft Löwenstein=Wertheim. Schultheiß,
Bürgermeister und Rat hatten den Grafen Ludwig gebeten einzuschreiten.
Diefenbach, Hexenwahn, S. 12 f.

1590. Spalt, 12 Hexen verbrannt.

1590. Homburg. Delrio a. a. O.

1590 und folgende Jahre. Herzogtum Bayern, an verschiedenen Orten;
s. unten.

1591. Wallerstein im Baireutischen, 22 Hexen verbrannt.

1591. Nürnberg, 8 Hexen hingerichtet.

1591—1600. Im Kanton Bern über 300 Hexen und Zauberer hingerichtet.

1591. Reichsstadt Kaufbeuren, 7 Hexen verbrannt. Kreisarchiv München,
Criminalia, Fasc. 323/16.

1592. Schwabach, 7 Hexen verbrannt.

1593. Wallerstein im Ries. Cod. 214 der Univ.=Bibl. München, f. 192.

1595. Reichsstadt Regensburg.

1596. Windsheim u. s. w.

In Bayern kam es trotz der Carolina und des Laienspiegels,
wie man mit großer Wahrscheinlichkeit aussprechen darf, zunächst
nur zu vereinzelten Hexenverfolgungen. Freilich der Zusammen=
hang des Dogmatismus und des Verfolgungsgeistes zeigte sich
gerade unter der Regierung Wilhelms IV. in Bayern in hervor=
ragender Weise, doch in anderer Richtung: hier schlugen die Flammen
des Scheiterhaufens über einer Menge harmloser Wiedertäufer, die
es gewagt hatten, ein neues Ideal religiöser Ethik aufzustellen,
und sogar über einem Lutheraner, dem Pfarrer Käser, zusammen.
Von Hexenprozessen aber sind mir erst aus den Siebziger Jahren
einzelne, von denen einer nachweisbar mit Hinrichtung endete,

bekannt geworden [1]). Freilich mag noch manches Zeugnis im Schoße der Archive ruhen und das Fehlen von Hexenprozeßakten vor 1578 damit erklärt werden, daß das schriftliche Verfahren im Laufe des 16. Jahrhunderts erst allmählich bei den Gerichten überall durchdrang, oder damit, daß die Akten verloren gingen. Aber das Ingolstädter Gutachten von 1590 zeigt deutlich, daß wenigstens größere, ausgedehnte Hexenverfolgungen in Bayern damals etwas Neues waren, und ebenso erfahren wir aus dem unten zu erwähnenden Gutachten des Hofrates Lagus aus derselben Zeit, daß dieser Hexenrichter, also gewiß auf Hexensachen achtsame Jurist, keiner größeren Verfolgungen in seinem Gesichtskreis, in Bayern und der nächsten Nachbarschaft, sich zu erinnern weiß als der durch die päpstlichen Inquisitoren um 1485 verursachten. Wie wenig der Episkopat im ganzen noch 1569 geneigt war den Hexenwahn der Inquisitoren in Bausch und Bogen sich anzueignen, zeigen die oben (S. 34) erwähnten Beschlüsse der Salzburger Provinzialsynode dieses Jahres. Auch der Charakter des bayerischen Klerus vor der Jesuitenherrschaft wirkte hier günstig. Aus Visitationsprotokollen und Synodalakten wissen wir, daß er sich im großen und ganzen religiös, wissenschaftlich und sittlich in tiefem Verfall befand. Aber diese meist ungebildeten und behaglichem Lebensgenuß hingegebenen Pfarrer, Prediger und Mönche waren nicht fanatisch und nicht geneigt, überall den Teufel zu wittern. Jener Mangel an Dogmatismus, der sich wohl darin kundgab, daß manche die sieben Sakramente nicht zu nennen vermochten, zeigte hier seine wohlthätige Kehrseite. Es scheint nicht, daß aus den Kreisen des bayerischen Landklerus heraus der Hexenwahn in namhafter Weise gefördert wurde, und es ist möglich, wenn man will, wahrscheinlich, daß in tröstlichem Gegensatz zu den Jesuiten, der bayerische Säkularklerus im großen und ganzen gerade während des epidemischen Wütens der Hexenprozesse (nicht so in ihrer späteren Periode) eine gewisse Zurückhaltung und Mäßigung beobachtet hat. Die Stellung der alten

---

[1]) Als Gerücht erzählt die Zimmerische Chronik (ed. Barack) III, 83, daß eine Mannsperson, die vorher (vor 1533) zu Schiltach im Kinzigthale (vgl. auch oben S. 142 unter 1533) als incubus und Gespenst gehaust habe, später zu Ingolstadt ergriffen und hingerichtet worden sei.

Kirche scheint hier noch längere Zeit nachgewirkt zu haben. Wohl gewahrt man bei den Werdenfelser Prozessen, daß der Klerus denselben Sympathie entgegenbringt; einmal treffen wir den Nachrichter als Gast im Hause des Garmischer Pfarrers — ein ansehnliches Quantum Wein, das dabei vertrunken wird, wird dem Staat auf die Rechnung geschrieben. Doch bin ich weder hier noch sonst in den Akten auf Spuren gestoßen, die darauf hinwiesen, daß Säulargeistliche zu Verfolgungen aufgestiftet hätten, und in den Schongauer Prozessen nehmen sogar Steingabener Mönche eine abwehrende Haltung ein.

Auch nach Ankunft der Jesuiten mußten erst einige Jahrzehnte verstreichen, bis diese sich als Förderer der Hexenverfolgungen entpuppen konnten. Weder dem Klerus noch dem Volke erschienen sie ja als willkommene Gäste. Bei ihrer Unbeliebtheit wäre es unklug gewesen, wenn sie zu den vielen Neuerungen, die sie veranlaßten, auch noch Hexenverfolgungen angezettelt hätten. Die Möglichkeit dazu war erst dann gegeben, als sie sich nach Verlauf einiger Jahrzehnte in Bayern vollständig heimisch fühlten. 1590 hat ein unter Jesuiteneinfluß abgefaßtes Gutachten der Ingolstädter Theologen und Juristen das Signal nicht zum Auflobern, aber zur ausgedehnten Fortpflanzung der Hexenbrände in Bayern gegeben.

III.

Die Epidemie der Hexenprozesse in Bayern

(1589 bis 1631).

Auf das Zeitalter der größten Begeisterung in der deutschen Geschichte folgte, da sich diese Begeisterung vornehmlich auf das Gebiet der unfruchtbaren Dogmatik geworfen hatte, rasch das begeisterungsärmste. Seine Signatur bilden zwei schreckliche Wirkungen einer krankhaften Ueberreizung und Verirrung des dogmatischen Sinns: die stehenden Hexenprozesse und der große Religionskrieg. Goethe hat den Aberglauben die Poesie des Lebens genannt — der Hexenwahn ist nur die Schmach der Menschheit und die Vernichtung des Lebens. Was die päpstliche Bulle den Hexen vorwarf: daß durch sie Tod und Verwüstung in die Welt komme, ward nun im Gegenteil durch die Hexen= prozesse erzielt.

Daß fast jeder dieser Prozesse mit Verurteilung endete, beruht auf Anwendung der Folter und zwar einer oft schrankenlosen Folter. Die Hexerei war, wie die Inquisitoren gelehrt hatten, crimen laesae maiestatis divinae, also in noch höherem Grade als das gewöhnliche Majestätsverbrechen ein crimen exceptum [1]). Diese Verbrechen aber unterlagen nicht den in der Carolina und den Landesgesetzen festgestellten Beschränkungen der

---

[1]) Schon Papst Innocenz III. suchte aus demselben Grunde die Ketzerei allgemein unter den Begriff des Hochverrats zu bringen. S. Ficker, Die ge= setzliche Einführung der Todesstrafe für Ketzerei, S. 189.

Tortur. Ohnedies ist das Beweismittel der Folter von der Art, daß dem individuellen Belieben des Richters viel überlassen bleibt, und es birgt in sich die Tendenz, alle beengenden Schranken zu durchbrechen: ein Richter, der es ohne Erfolg anwenden ließ, steht vor dem Dilemma, sich selbst bekennen zu müssen, daß auf seinen Befehl ein Unschuldiger gemartert wurde — oder die Folter zu wiederholen und zu steigern. So starke und heldenhafte Naturen wie die Kronenwirtin Holl, die in Nördlingen über dreißigmal die grausamste Folter überstand [1]), ohne sich Geständnisse erpressen zu lassen (ihre Rettung verdankte sie dann diplomatischer Intervention), waren seltene Ausnahmen. Rühmte sich doch, wie Spee erzählt, ein Hexenrichter, daß er mit seiner Folter jeden, der in seine Hände fiele, und wenn es der Papst wäre, zum Hexenmeister stempeln würde. Und selbst der Jesuit Laymann, der eifrige Fürsprecher der Folter, erwähnt (S. 15), daß Angeklagte unter der Tortur erliegen.

Den Inhalt der Geständnisse bestimmt in erster Reihe das vom Richter gebrauchte Frageschema oder, wo ein solches ausnahmsweise [2]) nicht angewendet wird, der Umfang seines Hexenwahns. Je nachdem die Vorstellungen des Angeklagten von Hexerei mehr oder minder lebhaft und ausgebildet sind, wird dieses Gerippe der richterlichen Suggestivfragen durch seine Antworten üppig oder dürftig mit Fleisch und Blut bekleidet. Germanische Mythologie und der alte heidnische Hexenwahn spielt — mit verschwindend geringen Ausnahmen — nur mittelbar herein, nämlich soweit, als der kirchliche Hexenwahn den heidnischen in sich aufgesogen hat. Alle belangreichen, sozusagen die konstruktiven Bestandteile der Hexerei kommen in den Hexengeständnissen nur vor, weil und soweit sie durch die päpstlichen Bullen, durch den Hexenhammer und andere kirchliche Hexereischriften die kirchliche Sanktion erhalten haben. Nur in dekorativen Zuthaten klingt zuweilen, aber selten — in den bayerischen Prozessen vielleicht noch seltener als anders-

---

[1]) Weng, Hexenprozesse in Nördlingen II, 7—10.

[2]) Laymann, Processus juridicus contra sagas, p. 28 sagt: Was die Fragestellung betrifft, so werden unterschiedliche, doch von der Obrigkeit approbierte Interrogatoria den Richtern und Examinatoren vorgeschrieben.

wo — ein Zug burch, ber unabhängig vom kirchlichen Hexenwahn bas Fortleben altgermanischer Volksglaubens verrät.

Die immer steigenbe Ausbehnung ber Prozesse sobann auf viele Angeklagte beruht auf ber immer allgemeineren Anwendung bes Grundsatzes, baß bie Angeklagten auch nach Mitschulbigen, nach Gespielinnen gefragt unb solange gefoltert werben, bis sie solche nennen. Von ben verschiebenen Bestanbteilen bes Hexen= wahns erwies sich bei ben Prozessen ber Glaube an bie Ausfahrten unb Versammlungen ber Hexen besonbers verhängnisvoll. Bei allen übrigen Beschulbigungen: Teufelsbünbnis, Teufelsbuhlschaft, Schäbigung von Menschen unb Vieh, war nicht von vornherein anzunehmen, baß außer ber Person ber Angeklagten weitere be= teiligt gewesen seien. Dagegen gab ber Wahn ber Hexenfahrten unb Versammlungen ben Richtern regelmäßig Anlaß nach Ge= spielinnen unb Genossinnen zu fragen. Es wirb wieberholt in ben Akten als unwahrscheinlich ober unmöglich bezeichnet, baß eine Hexe bei bieser Gelegenheit nicht anbere Hexen kennen gelernt haben sollte[1]. Daher wirb mit ber Folter solange in bie Un= glücklichen gebrungen, bis sie auch Mitschulbige nennen. Unb so zieht jebe Verhaftung in ber Regel eine Reihe von anberen nach sich. Daraus hauptsächlich erklärt sich bie ungeheure Zahl ber Opfer, welche oft ein einziger Prozeß forberte. Sehr nahe liegt auch, baß Gefolterte in ber Raserei bes Schmerzes zuweilen auf ben Ausweg verfielen recht viele Mitschulbige anzugeben, um ba= burch bas Ganze ber erpreßten Geständnisse als sinn= unb grunb= los erscheinen zu lassen ober boch ben Prozeß zu verschleppen unb zu erschweren. Ein freisingischer Rat unb Hexenrichter faßt seine Erfahrungen bahin zusammen: Die Hexen wollen oftmals, wenn sie ben Tob verschulbet, baß burch ihre Angaben alle Weiber ebenmäßig zum Tobe verurteilt werben; biese Art haben sie von ihrem Vater, bem Teufel[2].

Auch bas Uebergreifen ber Prozesse auf männliche Angeklagte — bas in Bayern, abgesehen von ganz vereinzelten Fällen, erst seit bem zweiten, britten Jahrzehnt bes 17. Jahrhunderts erfolgte

[1] So Reichsarchiv, Hexenakten Nr. 9a, f. 409.
[2] A. a. O. f. 413.

— ging vornehmlich von dem Glauben an die Hexenversammlungen aus. Denn hier trat mehr und mehr die Vorstellung des Tanzes hervor, ein solches Fest aber konnte man sich nicht wohl benken ohne männliche Gäste. Erst allmählich machte die Menge der Opfer hie und da die Richter stutzig, und es entstanden Zweifel, ob die erzwungenen Zeugnisse über Teilnehmer der Verbrechens Glauben verdienen, besonders da dieselben fast stets von den Angeberinnen, sowie dieselben von der Folter befreit und zu einer neuen Erklärung zugelassen waren, widerrufen wurden. Diese Bedenken vermochten jedoch nicht überall durchzubringen — natürlich: denn mit demselben Rechte, mit dem man das erpreßte Geständnis über Mitschuldige bemängelte, konnte man das ganze Geständnis, auch soweit es sich nur auf die eigene Person der Angeklagten bezog, als wertlos erklären. Damit aber wäre dem ganzen Verfahren der Todesstoß versetzt worden. Wo man gleichwohl die Vernunft wenigstens soweit walten ließ, daß man diese erzwungenen Denunziationen nicht mehr als ausreichenden Grund zu neuen Verfolgungen betrachtete, nahm man nun gewöhnlich den Standpunkt ein, daß diese Zeugnisse nur mehr in Verbindung mit anderen Verdachtsgründen als ausreichend zu Verhaftungen oder zur Anwendung der Folter angesehen wurden.

Zu den Voraussetzungen des Greuels gehörte ein Richterstand, der im Zusammenhange mit der Rezeption eines fremden Rechtes das natürliche Rechtsgefühl verloren hatte und stumpfsinnig die Vernichtung des Rechtes durch die Legalität vollzog. Kaum war das schriftliche Verfahren ausgebildet, stoßen wir schon auf den ausgeprägtesten Formalismus, auf den Grundsatz, daß, was nicht in den Akten existiere, überhaupt nicht existiere. Ob ein Richter, der außerhalb des gerichtlichen Verfahrens die Ueberzeugung von der Unschuld eines Angeklagten gewonnen habe, seine Ueberzeugung gegenüber den Akten geltend machen dürfe — diese Frage ward nicht nur ernstlich erwogen, sondern von mehreren juristischen Autoritäten entschieden verneint [1]). Wo uns in den Hexenprozessen

---

[1]) S. u. a. die bei Laymann, Processus juridicus contra sagas, p. 47 citierten Juristen.

Einblick in die Haltung der Männer gewährt ist, welche die heilige
Gerechtigkeit hüten und pflegen sollten, erfüllt sie uns fast stets
mit Ekel und Entrüstung. Wir sehen die Richter, die auf poli=
tischem und finanziellem Gebiete den Uebergriffen des Klerus
kräftig widerstehen können, kritiklos die wahnwitzigen Hirngespinste
scholastischer Theologen acceptieren; wir finden sie, die in juristi=
schen Subtilitäten zu Hause sind, ohne Verständnis für den ein=
fachen Kausalzusammenhang, daß die Geständnisse eines gequälten
Weibes der Preis sind, um den es sich von unerträglicher Pein
loskauft; wir vermissen bei ihrer Untersuchung da, wo das Ge=
ständnis auf einen Thatbestand hinweist, fast stets den Versuch,
dessen Uebereinstimmung mit dem Geständnis festzustellen [1]). Durch
die Folter absurde Bekenntnisse zu erpressen, war Anfang und
Ende ihrer Weisheit.

Was die menschliche Phantasie von Jammer und Elend er=
denken mag, ward auf die unglücklichen Opfer des Hexenwahns
gehäuft. Waren sie zum größeren Teil wohl weniger fein organi=
sierte Naturen, so waren sie auch weit überwiegend schwache
Weiber. Verglichen mit ihren Seelenqualen, erscheinen die Opfer
anderer religiöser Verfolgungen noch in tröstlicher Lage. Gefaßt
und ergeben in Gottes Willen, konnten die Wiedertäufer und
andere Ketzer den Scheiterhaufen besteigen. Mitten unter Kriminal=
akten findet man wohl ein religiöse Beseligung und die Hoffnung
auf himmlischen Frieden atmendes Lied, das ein Wiedertäufer
angesichts des Todes im Kerker dichtete [2]). Die Hexen fanden keinen
Trost in dem erhebenden Bewußtsein, daß sie als Martyrer ihrer
Ueberzeugung starben und daß ihr Tod zur fruchtbaren Aussaat
für die Befreiung kommender Generationen werden könne. Sie
fanden keinen Trost in dem Gedanken an eine gleichgesinnte Ge=
meinschaft, deren Genossen durch ihr heldenhaftes Leiden gestärkt

---

[1]) Es ist eine Ausnahme, wenn der oben erwähnte Freisinger Hexenrichter
(Reichsarchiv, Hexenakten Nr. 9a, f. 413) die Angabe einer Hexe, sie habe eine
bestimmte Kuh geschmiert, wovon diese umgefallen sei, nachprüfte und als
unwahr befand.

[2]) So ein von einem Wiedertäufer 1570 im Gefängnis in Rosenheim
vor seiner Hinrichtung gedichtetes Lied. Münchener Stadtarchiv, A.G. II,
34, f. 225.

und ermutigt würden. Sie starben mit dem Gefühl, daß alles verhüllt bleiben und ein verletzter Name nach ihnen leben werde. „Für sie gab es keine Zuversicht auf eine herrliche Ewigkeit. Sie starben allein, gehaßt und unbemitleidet, von ihren Mitmenschen für die ärgsten Verbrecher gehalten. Ihre eigenen Verwandten schraken vor ihnen als Verworfenen und Verfluchten zurück. Der Aberglaube, den sie in der Jugend eingesogen, mischte sich mit den Täuschungen des Alters und den Schrecken ihrer Lage und überredete sie gar oft, daß sie wirklich die Leibeigenen des Satans und jetzt daran wären, ihre Qualen auf Erden für eine Pein einzutauschen, die ebenso schmerzlich und dazu ewig wäre"[1]). Und dazu quälte nicht wenige der Opfer das entsetzliche Bewußtsein, daß durch die ihnen erpreßten Denunziationen schuldlose Bekannte, Nachbarinnen, Freundinnen in ihr Geschick verwickelt worden waren.

Das Bild einer Epidemie, das auf das massenhafte Auftreten der Hexenprozesse etwa seit 1560 schon öfter angewendet wurde, ist durchaus zutreffend. Wie eine Epidemie, von einem oder mehreren Infektionsherden ausgehend, sich sprungweise in der Nachbarschaft fortpflanzt, so die Hexenprozesse. Die Infektion in einem Territorium rührt zuweilen von einem Elementarereignis oder einer Seuche — trägt doch der Mensch jedes Mißgeschick leichter, wenn er einem anderen die Schuld aufbürden kann. Zuweilen wird die Verfolgung angefacht durch die Kanzelreden eines fanatischen Geistlichen — auch wo der Erlaß eines Landesfürsten oder Stadtrates anscheinend den ersten Anstoß dazu gibt, kann doch der tiefere Grund in den aufhetzenden Reden oder Schriften von Theologen liegen. Auf dieselbe Quelle dürfte zuweilen eine im Volke herrschende Aufregung[2]) zurückzuführen sein, die jedoch

---

[1]) Lecky, Geschichte des Ursprungs und Einflusses der Aufklärung in Europa, übersetzt von Jolowicz, I, 106.

[2]) Eine solche bemerkt man z. B. in Werbenfels (s. unten), in Freudenberg 1590 (s. oben) und im nassauischen Dillenburg 1592, wo nach vorausgehenden Hexenprozessen beim Amte Montabaur die Gemeinden Ruppenrodt und Uesselbach eine schriftliche Vorstellung mit Klagen über Hexereischaden einreichten und einige Weiber namentlich bezichtigten. S. „Ein Kulturbild aus dem 16. Jahrhundert". Beilage z. Allgem. Zeitung 1881, Nr. 344, 345.

bei weitem nicht so häufig vorlag, wie man wohl angenommen hat. Freilich läßt sich diese Quelle nicht immer so bestimmt nach=weisen wie z. B. bei den Hexenpredigten des Institoris in Inns=brud und des Prädikanten Neogeorgus in Eßlingen.

Die Fortpflanzung von einem Territorium auf das andere aber vollzieht sich auf die einfachste Art von der Welt: durch Nach=eiferung. Der die Obrigkeit hiebei leitende Gedankengang wird in den Akten wiederholt ausgesprochen: wenn in den Nachbar=ländern die Hexen so schlimm hausen, wie die letzten dort ge=führten Prozesse bewiesen haben, ist nicht wahrscheinlich, daß gerade wir Immunität gegen dieses Uebel besitzen; man muß ihm nur eifriger nachspüren, um die Schuldigen zu entdecken, zu überführen und auszurotten.

Dies ist in großen Zügen das allgemeine Bild der Hexen=prozesse. Jede Erklärung, welche in Thaten, Zuständen oder Fähigkeiten der Angeklagten und nicht in dem Wahn der Behörden und der Art des gerichtlichen Verfahrens gesucht wird, ist zurück=zuweisen. An einer Reihe derartiger Erklärungsversuche haben Solban=Heppe (II, 361 f.) und v. Wächter (S. 92 f., 303 f.) bereits zutreffende Kritik geübt. In neuerer Zeit bringt man wiederum aus hypnotischen Wahnvorstellungen, dem Somnambulis=mus und anderen spiritistischen Erscheinungen Parallelen für das Hexenwesen und will gewisse Aeußerungen der Hexerei als physio=logische Realitäten oder als übersinnliche, nur nicht mit Hilfe des Teufels erzielte Wirkungen erklären. Weier war wohl der erste, der darauf hinwies, daß die Anwendung von Giftpflanzen, Bella=bonna und Tollkirsche, in Salben Halluzinationen herbeiführen könne, welche den Hexenausfahrten zu Grunde liegen. Neuerdings ist die Hypothese wieder aufgenommen worden, daß narkotische Salben oder Tränke, Stechapfelabsub [1]) oder anderes ekstatische Zustände, visionäre Ausfahrten bewirkt haben. Ja einige, wie Kiesewetter, Geschichte des Occultismus, sind soweit gegangen, den Bestand einer Hexenzunft und thatsächliche Zusammenkünfte der

---

[1]) So L. Mejer, Die Periode der Hexenprozesse, 1882. Ueber alle diese Narkotica s. Snell in der unten erwähnten Schrift, S. 78 f. Die Litteratur über die Hexensalbe s. bei Janssen=Pastor VIII, 534.

Hexen anzunehmen. Alle diese Hypothesen zerfallen in nichts, wenn man sie an dem Thatbestand solcher Prozesse prüft, über welche ein reichliches und belehrendes Aktenmaterial vorhanden ist, wie z. B. jener, die uns sogleich beschäftigen werden, von Schongau und Werdenfels. Gesetzt, daß Frauen durch narkotische Mittel sich in visionäre Zustände versetzt hätten, so werden sie sich doch dessen nicht selbst berühmt haben, da sie wußten, daß dies der sicherste Weg zum Scheiterhaufen gewesen wäre. Unter den Indizien, auf Grund deren eine Hexe in Verdacht gerät und in Untersuchung gezogen wird [1]), wird auch derartiges nie erwähnt, vielmehr sind solche Verdachtsgründe das „hexenhafte" Aussehen alter Weiber, Hexenmale, Drohungen gegen einen Nachbarn, Aeußerungen, welche eine Kenntnis der Zukunft zu verraten scheinen, das „Zischeln des schlangenartigen Leumunds" u. s. w. Sicherlich haben die Menschen der damaligen Zeit oft von Hexerei geträumt: das Gegenteil wäre ja wunderbar, da man im täglichen Leben soviel davon hörte und der Gegenstand die Phantasie mächtig aufregte. Die nicht seltenen Geständnisse von Verkehr mit dem Teufel noch im Gefängnisse (Belege s. unten) werden meist auf Träume der Gefolterten, vor Schmerz und Angst dem Wahnsinn Nahegebrachten zurückzuführen sein. Auch bei den nicht von einer Anklage Betroffenen rief jeder Hexenprozeß Bilder wach, welche ihre Einbildungskraft unwiderstehlich im Wachen und Träumen verfolgen mußten [2]). Aber die Anwendung narkotischer Mittel war hiezu nicht erforderlich, und mit den Verhaftungen und Verurteilungen von Hexen haben diese Träume nichts zu thun. Suggestion liegt nur im bildlichen Sinne vor, teils insofern der Wahn in der Luft lag und ansteckend wirkte, teils insofern die

---

[1]) Man vergleiche u. a. die zwanzig Indizien der Hexerei, welche der einflußreiche Binsfeld (ed. 1623, p. 566) aufzählt.

[2]) In einem Falle läßt sich nachweisen, daß ein Hexenprozeß, dessen Akten noch erhalten sind, zum Gegenstand der Volkssage geworden ist. Vgl. bei Panzer, Beitrag zur deutschen Mythologie, II, 112 die Sage von dem Zauberer Lauterfresser mit dem aktenmäßigen Bericht über die historische Grundlage, den Zingerle, Barbara Pachlerin, die Sarnthaler Hexe, und Mathias Perger, der Lauterfresser, (1858) veröffentlichte. Der letztere Prozeß spielte 1645 vor dem Gerichte der Herrschaft Rodeneck in Tirol.

Richter durch ihre Fragen den wesentlichen Inhalt der Geständnisse suggerierten.

Selbst wenn diese Deutungsversuche begründet wären, würden sie immer nur einen kleinen Teil der den Hexen zugeschriebenen Unthaten erklären — um den größeren Teil zu erklären, müßte man doch auf den Wahn des Hexenhammers zurückgreifen. Die richtige Formulierung der Frage lautet daher, ob zureichende Gründe vorliegen, einzelne Bestandteile des Wahnsystems als Realitäten aus diesem auszuscheiden. Und bei dieser Fassung wird man nicht verkennen, daß die Wagschale der Verneinung von vornherein tiefer sinkt. Ich halte mich bei diesen Erklärungsversuchen nicht länger auf, weil sie dem, der die historischen Zeugnisse in ausreichender Fülle kennt und sie kritisch zu prüfen versteht, als gänzlich unhaltbar erscheinen. Daß unter den Tausenden verfolgter Weiber dann und wann auch solche waren, die Visionen hatten, sogar einzelne, die Versuche anstellten, ob sie wohl durch Anrufung des Teufels etwas zu erreichen vermöchten — diese Möglichkeit soll nicht in Abrede gestellt werden. Durchaus verfehlt ist es aber, derartige Dinge zum Erklärungsprinzip zu erheben. Bedürfte es noch eines Gegenbeweises, so könnte man auf die Erklärungen Spee's und der von Tanner erwähnten Beichtväter hinweisen, wonach die verurteilten Hexen, deren Beichte sie gehört, gänzlich schuldlos waren. Mit Recht hat Sudhoff am Schlusse einer Anzeige der Geschichte des Occultismus von Kiesewetter [1] bemerkt, daß der neue Spiritismus mit unerbittlicher Konsequenz den ganzen Wust alten Aberglaubens nach sich ziehe. Von Janssen-Pastor VIII, 533 f. wird diesen Erklärungsversuchen zu viel eingeräumt, wenn sie annehmen, daß viele wegen Hexerei Verklagte verworfene Personen waren, die sich der schwersten sittlichen Verbrechen schuldig gemacht hätten, daß Hexenversammlungen in Wirklichkeit nicht selten stattfanden, daß allerlei Rausch- und Betäubungsmittel als Tränke oder Salben in Gebrauch waren, daß viele auch thatsächlich den Bund mit dem Teufel suchten. Was endlich den Zusammenhang der Hexerei mit geistiger Krankheit betrifft, so ist ein Arzt in seiner darüber angestellten Unter-

---

[1] Beilage z. Allgem. Zeitung 1895, Nr. 264, 266.

ſuchung [1]) bereits zu bem richtigen Ergebnis gelangt, daß Geiſtes=
kranke unter den Opfern der Hexenprozeſſe nur in verſchwindend
kleiner Anzahl waren. Unter unſeren bayeriſchen Fällen ſind es,
wie wir ſehen werden, nur brei bis vier, in benen bieſes Ver=
hältnis nachweisbar ober wahrſcheinlich iſt. Snells Annahme
(S. 74, 112 f.), baß ber erſte Anſtoß zur Unterſuchung bei einer
großen Zahl von Prozeſſen von ben Ausſagen kranker, beſonders
hyſteriſcher Perſonen ausging, kann man jeboch nur zuſtimmen,
wenn man ſtatt: großer Zahl ſetzt: bei einer verhältnismäßig
kleinen Zahl. Snell führt vier Fälle auf, bei benen bieſe Aus=
legung wahrſcheinlich iſt, barunter einen aus Deutſchland.

So entſchieben die Auffaſſung ber Hexerei als einer phyſio=
logiſchen Realität zurückzuweiſen iſt, ſo begründet iſt bieſe An=
ſchauung gegenüber jenen Unglücklichen, bie man für beſeſſen hielt.
Es waren Kranke verſchiebener Art, bie meiſten wohl hyſteriſch [2]),
einzelne vielleicht epileptiſch, wiewohl man bie Epilepſie, „bas
fallenbe Weh“, als Krankheit bereits kannte [3]). Ob bie ſeltenen
Fälle, wo in einem Kranken Menſch und Dämon förmlich mit=
einander ſtreiten, als Erſcheinungen bes Doppelbewußtſeins, ber
Spaltung ber Perſönlichkeit aufzufaſſen ſind [4]), barüber mögen
Pſychiater entſcheiben. Es iſt behauptet worden, ber Glaube an
bie Teufelsbeſeſſenheit, ben niemanb ernſtlich anzugreifen wagte,
ſei gerabezu ber Punkt geweſen, ber bie Bekämpfung ber Hexen=
verfolgung lahmlegte. Dies geht jeboch zu weit: ber Glaube an
Hexerei hatte in bemſelben Grabe kirchliche Färbung wie ber an
bie Beſeſſenheit und wer jenen angriff, ſah ſich nicht minder ge=
fährbet als wer bie Beſeſſenheit beſtritten hätte. Natürlich aber
hat ber Glaube an Teufelsbeſeſſenheit ben an Hexerei mächtig
geſtützt unb beförbert. Wie eng beibes zuſammenhängt, hat kürz=
lich wieber einerſeits bie Exorciſierung bes Wembinger Knaben,
ber eine Frau als Hexe bezichtigte, anberſeits bas unheimliche

---

[1]) Snell, Hexenprozeſſe und Geiſtesſtörung. München 1891.
[2]) Vgl. Snell a. a. O. S. 114.
[3]) So in ben Werbenfelſer Prozeſſen bei der Angeklagten Arnolbin.
[4]) Nach dem Bulletin de l’Université de Lyon, Januar 1895, hat
Dr. Janet in Lyon einen berartigen Fall burch Anwenbung ber mobernen
Suggeſtionstherapie geheilt.

Buch der französischen Mystiker Jules Bois und Huysmans vor
Augen geführt. Aus beiden Formen des Aberglaubens zusammen
erwuchs jener Zustand, den Spee mit den Worten schildert, daß
das Volk mehr an den Teufel als an Gott denke.

In denselben Dezenien wie die Hexenverfolgungen, erreichte
die Teufelslitteratur mit ihren Berichten über Besessene und glück=
liche Austreibungen von Teufeln ihren Höhepunkt. Aus München
und Ingolstadt kennen wir Schriften derartigen Inhaltes von
1574, mehrere von 1584, von 1589 (diese mit einer Reihe von
Auflagen), von 1608. Canisius erbat sich wegen vieler Fälle von
Besessenheit, die er (1569) in Augsburg beobachtet haben will,
von seinem Ordensgeneral eigene Verhaltungsmaßregeln und trieb
aus Anna Bernhauserin, einer Dienerin im Fuggerschen Hause,
zehn Teufel aus. Den letzten freilich erst nach hartem Kampf in
der Liebfrauenkapelle zu Altötting[1]. 1584 ward in Ingolstadt
eine Predigt von Erledigung einer von 12652 Teufeln besessenen
Jungfrau gehalten und gedruckt. Im Geheimen Hausarchiv[2]
liegt ein Schreiben Herzog Wilhelms V. an einen Geistlichen, der
ihm in seinem Eifer, neue Reliquien zu erwerben, Vermittlerdienste
leistete, an Wolfgang Agricola, Dechant des Stiftes zu Spalt,
worin er denselben ersucht, nach Pfaffenhofen zu kommen und dort,
soviel Gott Gnade verleiht, sein Möglichstes zu versuchen, um
einen Teufel auszutreiben. Die beigeschlossene Bittschrift einiger
Unterthanen von Höbenzhausen im Landgericht Pfaffenhofen besagt,
vor kurzem sei dort der Hauswirt ihrer „Verfreundeten" gestorben
und habe die Witwe schwangeren Leibes hinterlassen. Noch ehe
man ihren Mann begraben, sei sie eines Kindes genesen, aber
dann seien ihr sechs Wochen lang „dermaßen Phantasieen zu=
gestanden, daß sie leider durch den bösen Feind besessen worden,
der sie unleiblich und erbärmlich regiert". Man hat sie an Händen
und Füßen binden müssen, doch werden ihr die Bande alsbald
ledig. Zuweilen begehrt sie nach Wasser oder nach Messern, „ihr
die Gurgel zu ledigen"; zu Zeiten wird ihr der Leib ganz auf=

---

[1] Irsing, Virginis Oetinganae Historia, p. 186 f.; Canisius, De
Maria V. incomparabili (1577), p. 667 f.; Rieß S. J., Petrus Canisius
(1863), S. 385, 389.

[2] Akt Nr. 609, XV.

geblaſen. Da der Dechant von Spalt bereits mehreren beſeſſenen
Perſonen geholfen habe, bitten ſie, daß er auch hier eingreifen möge.
Daß es auch an Geiſter- und Geſpenſtergeſchichten nicht fehlte,
bedarf kaum der Erwähnung. So erſchien zu München 1602 im
Druck eine „Wunderliche, doch wahrhafte Zeitung, ſo ſich im
Auguſt und September 1601 zugetragen", der Bericht von einem
Geſpenſte, das ſich in verſchiedenen Geſtalten auf der Feſtung
Roſenburg bei Cronach habe blicken laſſen.

Abgeſehen von den Schriften über Teufelsaustreibungen iſt
die ganze Teufelslitteratur[1]), die ſeit der Mitte des 16. Jahrhunderts mit unheimlicher Üppigkeit aufſchießt, eine Frucht des
theologiſchen Eifers auf proteſtantiſcher Seite. Schon dieſer Urſprung erklärt, daß das Bayerland dieſer Litteratur verſchloſſen
blieb. In dem Zenſurmandate Herzog Albrechts V. von 1565[2])
wurden alle die neuen Traktätlein, die in Teufels Namen betitelt ſind (es gab einen Hofenteufel, Spielteufel, Hausteufel, Tanz-
teufel, Saufteufel u. ſ. w.), verboten mit der treffenden Begründung,
daß ſie „faſt alſo beſchaffen ſeien, daß ſie dem, deſſen Titel ſie
tragen, zu ſeinem Reich am meiſten dienen". Merkwürdig iſt,
daß in einer dieſer Schriften: „Der Teufel ſelbs" von dem
lutheriſchen Prediger, dann Konrektor zu Lemgo, Jobok Hocker aus
Osnabrück, zwar dem Teufel große Wirkſamkeit auf Erden zu-
geſchrieben, aber unter Weiers Einfluß die Hexenritte und Verſammlungen als „vieljährige Lügen", die Erſcheinung der Teufel
als incubi und succubi und die Geburt von Wechſelkindern als
Täuſchung der beteiligten Perſonen bezeichnet wird[3]).

Im weiteren Sinne iſt dieſer Teufelslitteratur auch ein poe-
tiſches Werk anzureihen, das berühmte Volksbuch von Dr. Fauſt,
das zuerſt 1587 gedruckt wurde und 1601[4]) unter den beliebteſten

[1]) Vgl. über dieſelbe Goedeke, Grundriß II[2], 479 f.; Osborn, Die Teufelslitteratur des 16. Jahrhunderts (Acta Germanica III, 3. 1893).

[2]) Gedruckt zu München bei Adam Berg. Hienach wiederholt im Archiv
für Geſchichte des deutſchen Buchhandels I, 176 f.

[3]) Hocker ſtarb 1566, vor Vollendung des Buches, das dann ſein Freund
Hamelmann ergänzte und herausgab. S. Osborn S. 41 f.

[4]) S. v. Loepers Einleitung zu ſeiner Ausgabe des Goethe'ſchen Fauſt,
I. Teil, S. XXVI.

Leſebüchern genannt wird. Auch dieſes rührt, wie am deutlichſten
die Stelle von „dem gottloſen Unweſen des Papſtes und ſeines
Geſchmeißes“ [1]) zeigt, von einem proteſtantiſchen Verfaſſer. In
dieſem Volksbuche, dem an ſich wie als Quelle der Goethe'ſchen
Dichtung eine ſehr wichtige Stelle in unſerer Litteratur gebührt,
ſind zwei Grundlagen zu unterſcheiden: die hiſtoriſche und die
dogmatiſch=abergläubiſche. Der hiſtoriſche Held des Buches iſt der
Taſchenſpieler, Wahrſager und Nativitätenſteller Dr. Georg [2]) Fauſt,
geboren nach den glaubwürdigſten Nachrichten zu Knittlingen bei
Bretten, geſtorben (etwa 1537) nach der hier Glauben verdienen=
den Zimmeriſchen Chronik in der Herrſchaft Staufen im Breisgau,
ſüdlich von Freiburg. Wie dieſelbe Chronik berichtet, kamen ſeine
hinterlaſſenen Bücher an den Herrn von Staufen, in deſſen Ge=
biet er geſtorben war, und wurden von vielen Leuten begehrt.
Denn Fauſt war ein berühmter Mann, der in den erſten Jahr=
zehnten des 16. Jahrhunderts in Süd= und Mitteldeutſchland durch
ſeine mit reichlicher Beigabe von Prahlerei zur Schau geſtellten
Künſte großes Aufſehen erregt hatte. .Wir dürfen in ihm unbedingt
nichts anderes ſuchen als einen Vertreter der ſogenannten natür=
lichen oder weißen Magie, die man von der ſchwarzen, teufliſchen
beſtimmt unterſchied [3]). Auch die Wahrſagerei galt nicht ausſchließ=
lich als Teufelswerk, wie die lange Reihe von mittelalterlichen
Propheten und Seherinnen zeigt, die auch in kirchlichen Kreiſen
hohes Anſehen genoſſen. Nach dem Hexenhammer (ed. 1669,
p. 213) unterſchied man zwei Klaſſen von Wahrſagern (sortilegi
vel divinatores): die künſtlichen (artificiales) und die ketzeriſchen.
Die erſten wirkten nur mit Kunſt (mere ex arte agunt), die

---

[1]) S. 59 des von W. Braune beſorgten Abdruckes der erſten Ausgabe
(Neudrucke deutſcher Litteraturwerke des 17. und 18. Jahrhunderts, Nr. 7
und 8).

[2]) So, nicht Johann, in den gleichzeitigen Zeugniſſen.

[3]) Ueber dieſe Unterſcheidung ſ. u. a. Delrio, der ausführlich auch von
der natürlichen Magie handelt, und die Ingolſtädter Diſſertation von Weg=
mann, De magia theses theologicae, 1574. 1400 ſchrieb der Einſiedler
Magiſter Pelagius in Majorca eine vollſtändig auf dem Boden chriſtlicher
Theologie ſtehende Institutio magiae sanctae oder περὶ ἀναχρίσεων. Clm. 4416,
Nr. 35.

zweiten mit Hilfe böſer Geiſter und nur die letzteren wurden von
den Inquiſitionsgerichten verfolgt.

Nur unter ſolcher Vorausſetzung erklärt es ſich, daß Fauſt
in einer Zeit, da Hexenprozeſſe ſchon ziemlich ſtark im Schwange
waren, bald da bald dort ungefährdet ſein Handwerk trieb, dem
Biſchof von Bamberg die Nativität ſtellen durfte und eines natür=
lichen Todes ſtarb. Die Zimmeriſche Chronik[1]) läßt ihn freilich
vom Teufel umgebracht werden. Daß er ſelbſt ſeine Kunſtſtücke
als übernatürliche ausgegeben und durch Mitwirkung des Teufels
erklärt habe, wird jedem, der unſerer Darſtellung bisher gefolgt
iſt, als unglaubhaft erſcheinen. Wenn von ihm berichtet wird,
er habe vorgegeben, überirdiſches Wiſſen zu beſitzen, z. B. Chriſti
Wunder mit Leichtigkeit wiederholen zu können, und er habe ſelbſt
angedeutet, daß ſein Schwager, d. h. der Teufel, ihm helfe, ſo
dürften dieſe Züge eher als ſagenhafte Ausſchmückungen denn
als unbeſonnene Prahlereien aufzufaſſen ſein. Trotzdem, da die
Grenzen zwiſchen der natürlichen und der teufliſchen oder ſchwarzen
Magie ſich leicht verwiſchten, ward der Tauſendkünſtler doch zu=
weilen als unheimlicher Gaſt betrachtet und hat, wie ein Wormſer
Arzt ſich ausdrückt, „viel mit den Ferſen geſegnet". So wider=
fuhr ihm in Ingolſtadt, daß er aus der Stadt ausgewieſen wurde.
Nach dem Regiſter der Verwieſenen und dem Ratsprotokoll wurde
am Mittwoch nach Viti (17. Juni) 1528 einem, der ſich genannt
Dr. Jörg Fauſtus von Heidelberg, geſagt, daß er ſeinen Pfennig
anderswo verzehren ſolle, und er hat angelobt, ſolche Erforderung
für die Obrigkeit nicht zu ahnden noch zu äffern (rächen)[2]). Nach
einer ſpäteren Quelle, dem Nürnberger Roßhirt (1575), hätte er
zu Ingolſtadt auf der Hochſchule den Studenten Philoſophie und
Chiromantie geleſen.

Daß ſich die Sage dieſes Mannes bemächtigte, kann nicht
überraſchen, und da dies in einem Zeitalter geſchah, das unter

---

1) Ed. Barack I, 155; vgl. III, 604.
2) Oberbayer. Archiv XXXII, 336. Auf Wirken des hiſtoriſchen Fauſt in
Bayern kann man auch die Beſchreibung Münchens im Fauſtbuche (S. 63) deuten.
Aber bei der „mit herrlichem Pracht" gefeierten fürſtlichen Hochzeit in München
(S. 78 f.) iſt an die Herzog Wilhelms V. mit Renata v. Lothringen 1568 zu
denken. Dieſer Zug iſt alſo erſt durch die Sage hereingekommen.

dem Zeichen des Herenhammers ſtand, iſt ſelbſtverſtänblich, daß
Fauſts Treiben in die übernatürliche Sphäre entrückt und als
Zauberei und Hexerei hingeſtellt wurde. Darum behauptet im
Fauſtbuche neben den hiſtoriſchen Beſtandteilen der Sage auch der
vom Herenhammer geprebigte, von bort aus im Volke verbreitete
und von Proteſtanten wie Katholiken in gleicher Weiſe gehegte
kirchliche Herenwahn ſeine Stelle. Dieſer zweiten Grunblage der
Sage gehören an die Teufelsbeſchwörung, die Blutverſchreibung
an ben Teufel, das Einfahren in die Keller (Fauſt rühmt ſich,
er thäte ſeinem Herrn, dem Kurfürſten, auch dem Herzog von
Bayern und dem Biſchof von Salzburg viel Leibs in ben Kellern),
das Ausfahren über weite Länder burch die Lüfte, die Unzucht
mit ſieben teufliſchen Succuben, auch kleine Einzelzüge, wie das
Erſcheinen des böſen Geiſtes in einem Sturmwind. Nicht der
hiſtoriſche Fauſt, nur der Herenwahn des Zeitalters konnte der
Sage und dem Volksbuche dieſe Züge liefern. Und ſo durften
wir hervorheben, baß burch Vermittelung des Volksaberglaubens
und des Fauſtbuches das Herenwerk der beiden Dominikaner auch
zu einer Quelle für die größte Dichtung unſerer Litteratur geworden iſt [1].

---

[1] Die hiſtoriſchen Zeugniſſe über Fauſt, bereichert burch die neuen
Nachrichten des Nürnbergers Roßhirt, findet man jetzt am vollſtändigſten geſammelt in der Abhanblung von W. Meyer, Nürnberger Fauſtgeſchichten
(Abhanbl. b. philoſ.-philolog. Kl. b. Münchener Akad. b. Wiſſ. 1895, XX,
336 f.). Meyers Ausführungen über die Entſtehung des Volksbuches von Fauſt
berühren ſich nahe mit meiner Auffaſſung, die ich ſelbſtändig gewonnen habe,
ehe mir ſeine Arbeit zu Geſicht kam. Meyer betont jedoch nicht, daß der
hiſtoriſche Fauſt kein Zauberer war, und er geht nicht auf ben Herenhammer,
ſonbern nur auf die Anſichten der Reformatoren vom Teufelsbund zurück,
indem er annimmt, baß die Fauſtſage ſehr wahrſcheinlich in den proteſtantiſchen
Teilen Deutſchlands entſtanden ſei. Ich möchte, entſprechend der Wirkſamkeit
Fauſts in katholiſchen wie proteſtantiſchen Territorien, die Sage als eine beiden
Konfeſſionen gemeinſame betrachten, wenn auch ihre Rebaktion im Volksbuche
burch einen Proteſtanten erfolgte. Und die Anſichten der Reformatoren über
Zauberei und Hexerei beruhten auf benen der päpſtlichen Inquiſitoren und
des Herenhammers, wenn auch die Reformatoren, beſſen unbewußt, ſich nur
auf die Bibel beriefen.

In Bayern lassen sich erst im letzten Jahre der Regierung Herzog Albrechts V. einzelne Hexenverfolgungen nachweisen. 1578 saß Barbara Beyrlin unter dem Verdacht „ein Unhuldt" zu sein, in der Münchener Schergenstube gefangen [1]). Ihr weiteres Schicksal ist nicht bekannt. Dagegen liegt aus demselben Jahre aus München das Erkenntnis des Wolf Georg Präntl zu Yrnsingen, Pflegers, Stabt- und Landrichters zu Weilheim, vor [2]), wonach Margarete Schilherin von Bozen, die auf ihre gütlichen und peinlichen Geständnisse hin als Hexe erkannt worden, dem Züchtiger überantwortet und mit dem Feuer gerichtet werden soll. Ihre peinliche Aussage lautet: sie sei „ein Unhuldt", habe Gott verleugnet, sich dem bösen Feinde ergeben, der vielmals fleischlich mit ihr zu thun gehabt, ihr an zwanzigmal Geld gegeben und mit dem sie auf der Gabel gefahren sei. Mit ihrer Kunst habe sie zwölf Personen „erkrümbt", welche zuletzt sterben mußten, ferner „mit dem Paden" (sie war wohl in einem Bade bedienstet) sieben Personen und sonst habe sie freventlich in zauberischer Weise fünfzehn Personen umgebracht. Den Bauern habe sie mit ihrer zauberischen Kunst, so sie dem Vieh in den Barren gegeben, bei 26 Stück Vieh umgebracht, auch an 25 Stück „erkrümbt", welche dann auch „abbarrten" und zuletzt umfielen. Sie habe allenthalben, wo sie im Lande umhergezogen, zehn Wetter, zuletzt das große, das über Starnberg und Weilheim niederging, gemacht, habe mit ihrer Zauberei einen Buben verführt, habe endlich so ärgerliche und unchristliche Unthaten Zeitlebens über geübt, daß dieselben dem Volk und sonderlich der Jugend in specie vorzulesen nicht gebührlich erscheine. Wie man hieraus sieht, wurden die Geständnisse der Hexen vor ihrer Hinrichtung öffentlich verlesen, was den Glauben an Hexerei mächtig befördern und befestigen mußte. Um 1583 wurde in Bayern „der reiche Bürger Wolf Breymüller zu Aufkirchen, der sich dem bösen Geist ergeben und mit Gift 27 Personen vergeben hat", hingerichtet — vielleicht ein gemeiner Verbrecher, dem nur nebenbei das Teufelsbündnis

---

[1]) Kreisarchiv München, Hofzahlamtsrechnung 1578, S. 375: Gefangene.

[2]) Actum München 11. März 1578. Stabtarchiv München, Kriminalakten II, 34, f. 214 f.

angehängt wurde. Sicher läßt sich darüber nicht urteilen, da unsere Quelle nur eine „Klägliche newe Zeitung" ist [1]).

Das epidemische Wüten der Hexenprozesse fällt in Bayern in die Regierungen der zwei frömmsten Fürsten, die je über das Land geherrscht haben: Wilhelms V. und Maximilians I. In der Schongauer Gegend, einem Gebietsteile, den Wilhelm V. der Verwaltung seines Bruders Ferdinand, des Gemahls der Beamtentochter Maria Pettenbeck, überlassen hatte, führten un= scheinbare Vorgänge, wie gewöhnlich, zum ersten Massenprozeß, der auch in Bayern immer der opferreichste geblieben ist. Hier holte sich ein Grundholb des Klosters Steingaden, nachdem ihm ein Kind gestorben und ein Schwein gefallen war, Rat beim Nachrichter in Kaufbeuren. Zurückgekehrt bezichtigte er eine Bauernfrau namens Geiger als Hexe der That. Wie hier spielten überhaupt bei den Hexenverfolgungen Scharfrichter nicht nur in dem eigentlichen Bereich ihres Amtes eine wichtige Rolle. Be= sonders, da sie meistens die Hauptsachverständigen für die Hexen= male waren, auf deren Vorhandensein die Unglücklichen unter= sucht wurden und welche nach einem Ausspruch der fürstlichen Räte in München als ausgezeichnetes Indizium für sich allein die Anwendung der Tortur rechtfertigten [2]). Der Fall Geiger nun ward das erstemal niedergeschlagen, aber etwa zwölf Jahre später, 1587, ward die Frau auf Geheiß des Stadtrichters Libl von Schongau neuerdings festgenommen. Diesmal hatte das Gut= achten eines Wasenmeisters wegen gefallener Pferde den Anlaß gegeben. Der Prälat von Steingaden, wie schon bei der ersten Klage ein Konventual dieses Klosters, wünschte die Sache nieder= geschlagen — man sieht, daß noch immer einzelne Verständige, selbst Ordensgeistliche, dem herrschenden Wahnsinn widerstanden. Aber Libl sandte die Untersuchungsakten dem Münchener Hofrat ein, und auf dessen Bescheid befahl Herzog Ferdinand, der Besitzer von Schongau, die Angeklagte mit Daumenschrauben foltern zu lassen. Dieser Fall hatte den äußerst seltenen Ausgang, daß die

---

[1]) 1583 in Zürich gedruckt. Weller, Annalen der poetischen National=
literatur der Teutschen, S. 253, Nr. 288.
[2]) Oberbayer. Archiv XI, 358.

Frau, die, wie es scheint, stark genug war, der Folter zu trotzen, straffrei entlassen wurde [1]).

Von da an aber setzte sich in der Gegend das Gerede von Heren fest und ward immer lauter, so daß Herzog Ferdinand 1589, zwei Jahre später, eine umfassende Untersuchung anordnete. Diesem großen Prozeß, der sich drei Jahre hinzog und während dessen in Schongau alle anderen Gerichtshändel ruhten, sind etwa 63 Frauen von Schongau und Nachbarorten, darunter eine Amtmanns- und eine Richtersfrau und drei Hebammen zum Opfer gefallen. Sie wurden enthauptet und ihre Leichen verbrannt. Letzteres geschah auch mit dem Leichnam einer Frau, die sich im Gefängnis aus Verzweiflung erhängt hatte. Bei einer andern im Gefängnis Verstorbenen wollten ihr Beichtvater, der Dechant von Schongau, und ihr Vetter, der Spitalkaplan, die Verbrennung der Leiche hintertreiben, da die Angeklagte ihr Geständnis widerrufen hatte. Der Münchener Hofrat aber erteilte ihnen dafür einen scharfen Verweis, da es nicht ihnen zustehe, über die Kraft eines Widerrufes bei diesen Verbrechen zu urteilen. In den auf der Folter, bei einer Angeklagten aber schon durch die bloße Angst, erpreßten Geständnissen kehrt, da immer dieselben Suggestivfragen an die Gefolterten gestellt wurden, der stehende Wahn wieder: das Wettermachen, das Töten von Tieren durch Beschmieren mit der Herensalbe, das Ausgraben und Sieben von toten Kindern zum Zwecke der Bereitung dieser Salbe, der geschlechtliche Umgang mit Teufeln, die nächtlichen Ausfahrten auf Heugabeln zu teuflischen Festen. Als Schauplatz der letzteren wird bald diese, bald jene Oertlichkeit, darunter der Peißenberg und der Auerberg, genannt; einen feststehenden Platz dafür kannte in Bayern die Volksmeinung nicht — auch ein Zeugnis gegen wahre Volkstümlichkeit des Wahnes von Herenfahrten und Herenversammlungen. Wie bei diesen Prozessen immer, kam bei dem Mangel eines Thatbestandes alles auf das Geständnis an. Nun bestimmte die bayerische Landesordnung

---

[1]) Ueber die Schongauer Prozesse s. Her im Oberbayer. Archiv XI, 128 f.; zum Folgenden 356 f. Einen Akt über 9 hingerichtete Heren aus Schwabsoien aus den Jahren 1588—1592, wohl zu den Schongauer Prozessen gehörig, bewahrt das Kreisarchiv Neuburg a. d. Donau.

von 1553 (Titel 13) im Einklang mit der Rentmeisterordnung
von 1512, daß zur Anwendung der peinlichen Frage ein Befehl
des Hofrates oder der Regierung erforderlich sei. Hiemit war
ausgesprochen, daß in Bayern jeder Hexenprozeß auch vor die
höhere Instanz kam. Auch in den Schongauer Prozessen ist stets
der Bescheid des Münchener Hofrats eingeholt worden. Eine
Aenderung scheint durch die Gesetzgebung von 1616 eingetreten
zu sein, welche für die Anwendung der Tortur in Hexenprozessen
genaue Vorschriften gab und bestimmte, daß erst die Geständnisse
der Gefolterten an den Hofrat oder die Regierung zu schicken
seien. In einem der Schongauer Fälle lautete der Bescheid des
Hofrates ausdrücklich: das Weib sei weiter zu torquieren und
ihm nicht Ruhe zu lassen, bis man das Geständnis habe. Als
Richter saßen damals im Hofrat der Kanzler Nadler, die Räte
Donnersberger, Gabler, Gailkircher und Lagus [1]. Nur der
letztere zeigte sich vernünftiger und schlug einen Generalpardon
vor. Er gab zu bedenken, daß vor achtzig Jahren an 3000 Hexen
in Oberdeutschland verbrannt worden seien — wahrscheinlich hatte
er die durch Institoris und Sprenger veranlaßten Verfolgungen
im Auge, deren Zeit er nur etwas zu spät und deren Opfer er
viel zu hoch schätzte. Man sieht aber, welchen nachhaltigen Ein=
druck das Treiben der Inquisitoren hinterlassen hatte. Mit Seher=
blick sprach Lagus die Befürchtung aus, daß neuerdings Aehn=
liches oder noch Schlimmeres einreißen könnte. Doch er ward
überstimmt, ja der Hofrat drang darauf, daß noch weitere Ge=
ständnisse erpreßt würden. Und wenn der Hofrat den Schon=
gauer Stadtrichter Friedrich Herwart von Hohenburg, der die
Untersuchung führte, anwies, die Verhörsprotokolle an die Ingol=
städter Juristenfakultät zur Begutachtung zu senden, so konnte
auch dies den unglücklichen Weibern nichts helfen. Denn in

---

[1] Wohl jener Kaspar Lagus, der vorher Ordinarius in der Ingol=
städter juristischen Fakultät war und als solcher (überstimmt?) noch das Gut=
achten von 1590 unterzeichnete, dann wegen angeblicher Nachlässigkeit und Un=
brauchbarkeit dieses Amt verlor, später aber reaktiviert wurde. Vgl. Prantl,
Gesch. d. Universität I, 313. Als Hofrat erscheint er also in besserem Lichte.
Ist er etwa von Ingolstadt wegen Unfügsamkeit unter den herrschenden Geist
verdrängt worden?

dieſer Fakultät huldigte man dem Hexenwahn nicht weniger gläubig als im Hofrat. Der berühmte Ingolſtädter Juriſt Georg Ever= harb hat in ſeinen „Consilia" (1618) zwei Gutachten über Hexen= prozeſſe hinterlaſſen, welche zeigen, daß neben ſtupenber Gelehr= ſamkeit Raum bleibt für eine nicht minder ſtupenbe Dummheit ¹).

Nach dem Ausgang bes Schongauer Prozeſſes hob der Pfleger Herwart, ein jüngerer Bruder bes bayeriſchen Oberſtkanzlers Hans Georg Herwart von Hohenburg ²), in einem Berichte an Herzog Ferbinand hervor, welch hoher Ruhm bem Fürſten daraus erwachſe. Viele ber Hexen ſeien hingerichtet worden unter lautem Dank zu Gott für eine Obrigkeit, die ber geheimen Laſter ſo fleißige „Nachforſch" gehabt. Nirgend habe man ſolche Juſtiz geſehen wie gottlob in Schongau. Die Hexenprozeſſe, bie Herzog Wilhelm mittlerweile vorgenommen, könnten ſich bamit nicht vergleichen, ba ſie balb wieber geenbet hätten. Infolge dieſer Strenge ſei jetzt ſeit brei Jahren weber Menſchen noch Vieh Schaben beſchehen, auch bas liebe Getreibe wieber reichlich ge= wachſen unb gut eingebracht worden. Er ſtellte ben Antrag, daß

---

¹) Z. B. ſagt er über einen ſchwarzen Hahn, ber am Gefängnis herum= flatterte: wer bies geweſen, iſt ſo klar, baß es nicht erläutert zu werden braucht: — ber teufliſche Buhle ber Verhafteten. Wenn bieſe auf ber Folter leugnet — zu bem Schluſſe kommt Everharb —, iſt ſie lebenbig ben wilden Tieren vorzuwerfen, nur, wenn dieſe Strafe bort nicht üblich, bem Scheiter= haufen zu übergeben, wofern ſie nicht ber Herzog zu ewigem Gefängnis be= gnabigen will. Der ſehr intereſſante Fall, in bem bie zuerſt verbrannten Hexen vier weitere Frauen, barunter brei Abelige, bieſe bann wieber bie Herzogin ſelbſt beſchulbigen, ſpielt in einem Herzogtume B., beſſen Reſidenz ober boch Amtsſtabt Neuſtabt (S. 13) genannt wird. Zu verſtehen iſt Braun= ſchweig=Calenberg, wo 1572 bie Herzogin Sibonie, Gemahlin bes katholiſch geworbenen Herzogs Erich II., wegen einer Anklage auf Teufelsbund unb verſuchten Giftmord zu ihrem Bruder, bem Kurfürſten Auguſt von Sachſen, flüchten mußte. Auf Everharb wirft es ein ſchönes Licht, baß er ſein Gut= achten brucken ließ, wiewohl bamals längſt (ſ. v. Heinemann, Geſchichte von Braunſchweig unb Hannover, II, 330) bie ganze Scheußlichkeit bes angewendeten Verfahrens aufgebeckt unb bie Herzogin einſtimmig von bem auf ihr laſtenben Verbachte freigeſprochen worben war. Sugenheim unb nach ihm Janſſen= Paſtor machen aus ber Herzogin von B., über beren Fall Everharb ſein Gut= achten abgibt, eine wittelsbachiſche Prinzeſſin.

²) Vgl. über ihn v. Eiſenhart in ber Allg. Deutſchen Biographie XIII, S. 173.

in Schongau der Obrigkeit zum Ruhm eine „ewige Merksäule" als Denkmal des Prozesses errichtet werde.

Auch von den 1590 in Ingolstadt verbrannten Unholden wird berichtet, daß sie sehr gebuldig starben und laute Reue über ihre Sünden bezeugten [1]). Aehnliche Erscheinungen, die oft wieder= kehren, sowie die häufigen Angaben von freiwilligen Geständnissen haben manchen an Realität der gestandenen Verbrechen denken lassen. Die angebliche Freiwilligkeit der Geständnisse beruht jedoch in den weitaus meisten Fällen auf Fälschung der Protokolle oder auf Befolgung einer Vorschrift des Hexenhammers, die einer Fälschung nahe kam. Nach Anweisung dieses Werkes war nämlich ein auf der Folter erpreßtes Geständnis nachher in einem anderen Raume zu wiederholen mit der Erklärung, daß es nicht nur durch den Zwang der Folter erpreßt sei — quodsi fatetur per tormenta, ducatur postmodum ad alium locum, ut recognoscat et quod non tantummodo vi tormentorum cognoverit. Ließ man doch in Nördlingen die Kronenwirtin Holl, nachdem sie mehr als dreißigmal gefoltert worden war, in der Urfehde von ihrem „un= gezwungenen Bekennen" sprechen [2])! Durch Spee, einen Kenner ersten Rangs, erfahren wir, daß ein nach dem ersten Grade der Folter abgelegtes Geständnis regelmäßig als ein freiwilliges Ge= ständnis verzeichnet wurde [3]). War aber das Geständnis wirklich freiwillig, dann ist wohl in der Regel eine Angeklagte voraus= zusetzen, die das übliche Verfahren genugsam kannte, um zu wissen, daß sie nur durch dieses Mittel ihre Qualen abkürzen konnte. Daß dies vorkam, haben Tanner zwei in Hexenprozessen bewanderte Männer aus ihrer Erfahrung bezeugt und erklärt dieser Jesuit bei der Entsetzlichkeit der Folterqualen als glaubhaft. Spee (Dub. 51) rät sogar den Angeklagten ein solches Verhalten an — Unglückliche, ruft er aus, warum hast du nicht gleich beim ersten Schritt über die Kerkerschwelle dich schuldig bekannt! Daß aber nach den auf der Folter erpreßten Bekenntnissen eine gut= willige Wiederholung derselben sehr häufig vorkam, erklärt sich

---

[1]) Clm. 4795, f. 21.

[2]) Weng, Hexenprozesse in Nördlingen, II, 22.

[3]) Cautio criminalis (ed. 1631), p. 384. Fälschung eines Hexenprotokolls erwähnt auch v. Heinemann, Geschichte von Braunschweig II, 329.

nicht nur aus Angst vor Wiederholung der Folter, sondern auch, weil ohne solches Bekenntnis die Angeklagte nicht als bußfertig galt. Nur den Bußfertigen aber wurden die Sakramente gereicht [1] — wer also nicht freiwillig bekannte, mußte nach dem herrschenden Glauben fürchten, nachdem er die irdischen Qualen überstanden, einzufahren zur ewigen Pein des höllischen Feuers. Und nur die Bußfertigen wurden vor der Verbrennung erdrosselt oder ent= hauptet — das erstere Verfahren war das korrektere, da es der kirchlichen Inquisitionsprozedur getreu blieb: denn die Kirche sollte ja kein Blut vergießen! Die anderen wurden, nach dem Vorbild der italienischen und spanischen Praxis [2]), lebendig verbrannt, b. h. wofern nicht der Wind barmherziger war als die Menschen — gebraten. Wem kommen nicht Shelley's Verse in den Sinn:

Furchtbarer Feind,
Der du die Erde mit Dämonen füllst,
Die Höll' mit Menschen, und mit Sklaven
Nur das Himmelreich!

Ueber diese und andere Feinheiten des Prozesses unterrichtet am besten der unheilvolle Traktat des Trierer Weihbischofs und Doktors der Theologie Peter Binsfeld de confessionibus male= ficorum et sagarum. Unheilvoll insbesondere dadurch, daß er die nach mancherlei Erfahrungen schon aufgestiegenen Bedenken, ob von den Angeklagten auch Angaben über Mitschuldige erpreßt werden dürften, beseitigte und diese Aussagen als genügenden Grund erklärte, auch gegen die Beschuldigten mit der Folter vor= zugehen. Fragt man nach den Männern, die im katholischen Deutschland in den Hexenverfolgungen die weitgreifendste und verderblichste Wirksamkeit entfalteten, so gebührt unmittelbar nach Institoris und Sprenger die Palme zweifellos dem im Collegium germanicum erzogenen Fanatiker Binsfeld [3]). Cornelius Loos

---

[1]) S. hierüber Binsfeld=Vogel, S. 66 f., der auch empfiehlt, die Sakra= mente am Tage vor dem Brande, mindestens aber vier Stunden vorher zu reichen, „damit in solcher Zeit durch die Verdauung die Gestalt des Sakra= ments verzehrt werde und also dem Sakrament keine Unehre widerfahre" — ein Rat, den die Instruktion von 1622 zur Vorschrift erhebt.

[2]) S. Binsfeld, De confess. maleficor. ed. 1623, p. 304.

[3]) Der Artikel Binsfeld in der Allg. Deutschen Biographie, wo nur die

hat in seinem auf Binsfelds Betreiben unterdrückten Buche gegen
den Hexenwahn ausdrücklich erklärt, daß die Hexenverfolgungen
in Abnahme waren, als sie durch Binsfelds Bemühungen wieder
angefacht wurden [1]). Neben dem offen wirkenden trierischen Haupt-
hexenrichter, dem Freiherrn Zandt von Merl [2]), ist Binsfeld als
der geheime Anstifter und Schürer dieser Prozesse zu betrachten.
Dem Weihbischof kam dabei zu statten, daß der schwache Trierer
Kurfürst, Johann von Schönburg, in seiner eigenen Erkrankung
1587 eine Wirkung der Hexerei erkannte [3]). Mit rücksichtsloser
Grausamkeit wurden die Männer hinweggeräumt, die dem Wüten
Einhalt thun wollten: wir werden hören, wie der Rat und Schult-
heiß Dr. Flade den Scheiterhaufen besteigen, der Universitäts-
professor Loos ins Gefängnis wandern und Widerruf leisten mußte.
Seinerseits wohl durch den Verfolgungseifer des Hexenrichters
Remigius im Nachbarlande Lothringen aufgestachelt, erhob Bins-
feld Trier zum Schauplatz und Ausgangspunkte der gräßlichsten
Hexenprozesse, denen auch eine Reihe hochgestellter Männer zum
Opfer fiel. Dem Trierer Vorbilde sowie Binsfelds Buche ist es
zum guten Teil zuzuschreiben, wenn die Hexenverfolgungen vom
Ende der achtziger Jahre des 16. Jahrhunderts an im katholischen
Mittel- und Süddeutschland den Höhegrad erreichten.

Für Bayern erlangte Binsfelds Buch, das zuerst 1589
erschien, dann eine Reihe von Auflagen erlebte, besondere Bedeutung, da der Münchener Drucker Adam Berg durch den Assessor
des Münchener Stadtgerichtes Bernhard Vogel eine deutsche Uebersetzung (Von Bekenntnissen der Zauberer und Hexen) anfertigen
und 1591 erscheinen ließ. Das Buch wurde von den bayerischen
Juristen und Theologen mit dem lebhaftesten Interesse aufgenommen, so daß schon im folgenden Jahre eine zweite Auflage
sich als nötig erwies. Solange die Greuel der Hexenprozesse
in voller Blüte standen, hat neben dem Hexenhammer und dem

---

in seinem Buche hervortretende Leichtgläubigkeit gerügt wird, verrät davon keine
Ahnung.

[1]) S. die Mitteilung bei Janssen-Pastor VIII, 584 aus der in der
Trierer Stadtbibliothek aufgefundenen Hälfte des Manuskripts von Loos.

[2]) Burr, The Fate of Dietrich Flade, p. 51.

[3]) S. Binz, Dr. Johann Weyer, S. 107; Burr a. a. O. S. 21.

spanischen Jesuiten Delrio aus Antwerpen (Disquisitiones magicae) vornehmlich Binsfeld die bayerische Rechtsprechung beherrscht. Wenn die Entsetzlichkeit dieser Greuel noch gesteigert werden kann, so geschieht es durch die Thatsache, die trotz aller inneren Unglaubwürdigkeit durch die Akten [1]) als zweifellos festgestellt wird, daß in diesen ersten Schreckensjahren ein Scharfrichter in Hexensachen der einflußreichste Mann im Herzogtum war. Meister Jörg Abriel, der Nachrichter von Schongau, verdankte seinen Schongauer Erfahrungen dieses Ansehen. In Begleitung seiner Hausfrau und zweier Geleitsboten reiste er mit drei Pferden wie ein großer Herr im Lande umher; man berief ihn nach Werden= fels, nach Abensberg, nach München, nach Freising; seine Wirts= hausrechnungen zeigen, daß er in Saus und Braus lebte — bei einem Abschiedstrunk in Garmisch gingen einmal 29 Maß Wein auf. Sonst waren die Scharfrichter eine ehrlose, von jedem, der etwas auf sich hielt, gemiedene Menschenklasse. Jetzt war Leben und Tod von Hunderten völlig in die Hände dieses gemeinen Menschen gegeben. Denn er allein wußte, was ein Hexenmal und was keines war, eine Kenntnis, die für die Gerichte unbe= zahlbar war, da die allgemeine Regel, daß Hexenmale unempfindlich seien und beim Hineinstechen nicht bluten, für die Praxis nicht ausreichte. Von Abriels Ausspruch über das Vorhandensein oder Nichtvorhandensein von Hexenmalen hing es ab, ob an den Un= glücklichen die Folter angewendet werden sollte. Diese Entscheidung aber bedeutete zumeist, ob sie dem Tode geweiht waren. In den meisten Fällen, über welche Akten vorhanden sind, lautet die Ent= scheidung des Schongauer Scharfrichters wegen der Hexenmale bejahend. Einmal erklärt er, er habe zwar an der Angeklagten kein Teufelszeichen gefunden, aber dieselbe „habe die Gestalt gut, daß sie ein Unhold sei", und dieses Urteil des Sachverständigen genügt, daß gegen die Unglückliche zunächst mit Androhung der Folter vorgegangen und sie zu Geständnissen gebracht wird. In einem anderen Fall, da die angeklagte Margarete Pfisterin, eine Schlossersfrau, nach vielfältiger Marter bereits weitläufige Ge=

---

[1]) S. bes. die Freisinger Akten, Reichsarchiv, Hexenwesen Nr. 9a, f. 285, 293, 311 f., 325, 356, 400 f.

ständniſſe abgelegt hat, beſtimmt der Rat dieſes Scharfrichters
den Freiſinger Stabt= und Landrichter Marquarb Johann, die
Folter an der Verhafteten ſchon am nächſten Tage ganz unnötiger=
weiſe wiederholen zu laſſen. Für Wiederholung der Folter war
ſonſt ein dies intercalaris vorgeſchrieben [1]); aber die Hexerei als
crimen exceptum entbanb von allen derartigen Vorſchriften.
Einmal erklärte der Nachrichter, er könne an einer Angeklagten
ein Teufelszeichen, bas er bei der erſten Unterſuchung beobachtet
habe, nicht wiederfinden; der böſe Geiſt werbe es verborgen
haben; es komme öfters vor, baß man eine drei=, viermal beſichtigen
müſſe, bis man enblich die Zeichen finbe. Dieſer ſeltſame Fall
beſtimmt bas Freiſinger Gericht, von der Ingolſtädter Juriſten=
fakultät ein Gutachten einzuforbern, und burch dieſes dürfte
(Oktober 1591) wenigſtens dem ſchrankenloſen Einfluſſe des Scharf=
richters [2]) enblich ein Ziel geſetzt worden ſein. Denn die Fakultät
ſprach den Gedanken aus, baß der Scharfrichter mit den Teufels=
zeichen am Enbe boch ſich unb andere täuſchen könnte, ein Ver=
bacht, „ber bei dieſer Art gemeiner Menſchen nicht zu gewagt
erſcheine" [3]). Auch meinte die Fakultät, Teufelszeichen ſollten nur

---

[1]) Dies wurde in bem Hexenprozeß des G. Pröls 1722 eingehalten.
S. bie Druckſchrift barüber, S. 135.

[2]) Auch anberwärts gewannen die Scharfrichter großen Einfluß in Hexen=
prozeſſen, ſo baß ſich der Protonotar Laurentius de Harbach in ſeinem
„Gründlichen Bericht von ber Hexerei unb Zauberei" (1629) zu ber Bemerkung
veranlaßt ſah: „Man barf nicht auf bloßen Argwohn, ja nicht auf bie Hexen
unb bes Nachrichters Ausſage hin (welcher nach Befehl ber Obrigkeit ein
Exekutor ber Gerechtigkeit unb nicht ein Ankläger unb Examinator ſein ſoll)
ſolche ſchwere Sachen richten unb birigieren."

[3]) Im folgenden Jahre geriet auch der Werbenfelſer Landrichter Poißl
mit Abriel in einen Konflikt, ba beſſen Ungeſchicklichkeit bei der Enthauptung
bes jungen Hans Völkl, ber einen Raubmorb im Scharnitzer Walb verübt
hatte, einen ſchauberhaften Auftritt herbeiführte. Da Poißl ben Scharfrichter
infolgebeſſen nicht ſo entlohnen wollte, wie bieſer begehrte, brohte Abriel,
wenn er bem Richter auf ber Straße begegne, wolle er „bie Sache mit ber
Klinge teilen". Daß bie Freiſinger Regierung auf Poißls Bericht trotzbem
entſchied, der Scharfrichter ſei, um keine Weiterungen zu verurſachen, mit
ſeiner Forderung zu befriebigen, beutet barauf, baß man förmlich unter bem
einſchüchternben Banne bes ſchrecklichen Menſchen ſtanb. Reichsarchiv Nr. 9a,
f. 447, 451.

bann Anlaß zur Tortur geben, wenn sie mit anderen Indizien
zusammenträfen. Freilich konnten sich die wohlweisen Herren
selbst nicht verhehlen, daß damit gar nichts gewonnen sei, weil
ja dieser Fall immer vorliege. Denn Gelegenheit zur Beobachtung
von Teufelszeichen werde man immer nur dann haben, wenn
andere Indizien bereits zu einer Verhaftung geführt hätten [1]).
Welcher Art waren aber diese Indizien? In den Freisinger
Prozessen z. B. lediglich die nach einem Hagelwetter gefallene
Aeußerung einiger Weiber, man werde wohl bemnächst ein noch
schlimmeres Wetter zu erwarten haben [2]). Dies genügte, um eine
Verfolgung einzuleiten, die wie gewöhnlich infolge des regelmäßigen
Verfahrens, daß man die Verhafteten durch die Folter zwang,
auch Gespielinnen und Genossinnen zu nennen, immer weitere
Kreise zog. Die erste Serie der Verhafteten umfaßte damals
elf Weiber, darunter mehrere Freisinger Bürgersfrauen, deren
Ehemänner be= und wehmütige Petitionen um Freilassung an die
Behörde richteten. Auch die Mutter des Pfarrers von St. Veit
wurde verhaftet und, wiewohl sie eine altersschwache Frau war,
gefoltert [3]). Eine der Frauen erklärt unter der Folter, sie sei
zwar unschuldig, wolle aber jederzeit bekennen, was man hören
wolle, damit sie nur nicht gemartert werde [4]). Ursula Scherbin
„weiß keine andere Ursach, warum sie (in einem früheren Verhör)
die Schneider Henslin angegeben, als die große Marter". Da
man sie aber neuerbings foltert, bittet sie um Gottes willen, man
möge sie nimmer martern, sie wolle die Wahrheit anzeigen, und
bezichtigt wiederum die Schneider Henslin [5]). Sie starb, vielleicht
infolge der wiederholten Tortur, im Gefängnis, worauf ihre Leiche
verbrannt wurde. Wie auf die Teufelszeichen wird in diesen
Freisinger Prozessen auf die Thränenlosigkeit der Angeklagten großes
Gewicht gelegt. Von einer wird bemerkt, man befinde zwar an
ihr kein Teufelzeichen, aber verdächtig sei, daß sie „keinen Zäher
weint". Eine andere weint im Gegenteil „viele Zäher, was sonst

---

[1]) A. a. O. 455, 456 f.
[2]) A. a. O. f. 318.
[3]) A. a. O. f. 371, 376.
[4]) A. a. O. f. 412ᵛ.
[5]) A. a. O. f. 367.

kein Unhold thun kann" (f. 356, 357). Wie viele Hinrichtungen
damals in Freising erfolgten, ist aus den Akten nicht zu ersehen.
Von Schongau aus griff der Brand weiter um sich. Zu=
nächst ward in der Nachbarschaft die freisingische Grafschaft
Werdenfels[1]) ergriffen, wo alter Zündstoff aufgehäuft lag. Die
Hexenverfolgung, die in diesem stillen Alpenthale wütete, zeigt
gegenüber denen im Fürstentum Bayern einen wesentlichen Unter=
schied. Bei den letzteren geben im allgemeinen Befehle von oben
das Signal zum Ausbruch. Hier geht die Bewegung aus der
Mitte des Volkes aus, wie denn im Hochgebirge der Aberglaube
immer seinen ergiebigsten Nährboden findet. Nach altem deutschem
Recht wirken hier auch die Bauern als Rechtsprecher bei der
Schöpfung des Urteils mit — allerdings erst, nachdem ihnen der
Pfleger mit seiner Folter vorgearbeitet hat und dadurch die Ent=
scheidung bereits gefallen ist.

Unter dem Pfleger Hans Paul Herwart von Hohenburg
(1580—83) wurden in Werdenfels die ersten Anklagen gegen
Hexen erhoben. Hagelwetter und Krankheiten wurden denselben
zur Last gelegt. Eine weit und breit angesehene Wahrsagerin
in Etringen in der Grafschaft Schwabeck, namens Els, hatte der
kranken Müllerin von Garmisch den Bescheid gegeben, ihre Krank=
heit rühre von Verhexung. Die Müllerin richtete ihren Verdacht
auf Els Schlampin, „ein seltsames Mensch von Ansehen". 1581

---

[1]) Wiewohl es nicht im Plane dieser Schrift liegt, die Verfolgungen in
den bayerischen Bistümern vollständig hereinzuziehen, glaube ich bei den unter
altbayerischer Bevölkerung spielenden Freisinger und besonders Werdenfelser
Prozessen, die so enge mit denen von Schongau zusammenhängen und über
welche das Aktenmaterial in seltener Vollständigkeit vorhanden ist (wie auch
in der Folge bei Eichstätter Prozessen) eine Ausnahme machen zu sollen. Ueber
die Vorgeschichte der Prozesse s. Prechtl, Chronik der Grafschaft Werdenfels
(1850), S. 60 f., nach Akten aus der Registratur des Landgerichtes Werdenfels.
Meiner Darstellung der Prozesse selbst liegen die umfänglichen Prozeßakten zu
Grunde, die jetzt in den Sammlungen des Histor. Vereins von Oberbayern
(Archiv Nr. 183) geborgen sind. Her, der die Schongauer Prozesse bearbeitete,
beabsichtigte das Gleiche mit den Werdenfelser Prozessen. Die den Akten bei=
liegenden sorgfältigen Auszüge und Notizen dieses Forschers habe ich neben
den Akten selbst mit Dank benützt. Unbedeutend ist der ebenfalls den Akten
beiliegende Anfang einer Bearbeitung aus der Feder des früheren Besitzers
der Akten, Hoheneicher.

gab der Ausbruch eines Hagelwetters Sebastian Rösch, dem An-
walt des Richters, Anlaß, vier Zeugen zu vernehmen, welche gegen
die Els Schlampin aussagten. Der Pfleger Herwart erbat sich
Instruktion von Freising und erhielt die Weisung, zunächst nicht
weiter zu prozebieren, aber heimlich gute Nachforschung zu halten,
ob etwa stärkere Verdachtsgründe gewonnen werden könnten. Die
Garmischer aber, damit nicht zufrieden, drangen auf energisches
Einschreiten. Steffel Jocher, Müller an der Partnach, zeigte an,
daß Mang Röselberger Mühlstaub mit dem Harn des kranken
Georg Frölich angemacht, die Hälfte davon in fließendes Wasser
geworfen, die andere Hälfte unter Aufsagen kräftiger Worte aus
der heiligen Schrift in einen Ameisenhaufen eingegraben habe.
Durch solche Kunst habe er Geschwüre bei der Tochter des Müllers
vertrieben. Gegen die Krankheit Frölichs aber vermochte der
Zauberdoktor nichts und suchte rechtzeitig das Weite. Der be-
drängten Els Schlampin nahm sich Konrad Achrainer an, indem
er ein Malefizrecht von 72 Beisitzern verlangte, vor dem die
Ankläger ihre Beschuldigungen erweisen sollen. Herwart bat um
neue Instruktion. Er war, wie es scheint, bestrebt, die Aufregung
im Volke zu stillen.

Die Sache scheint dann mehrere Jahre geruht zu haben, bis
das Vorbild der Schongauer Prozesse zur Nacheiferung reizte.
Pfleger war damals Kaspar Poißl zu Atzenzell, ein „unstudierter"
Mann. Vor diesem erschienen nun mehrmals Unterthanen mit
Klagen, daß sie seit vielen Jahren durch Hexen, deren nicht wenige
im Lande seien und einige namentlich bezichtigt werden könnten,
mit Gewittern und Beschädigung des „lieben" Viehs und der
Rosse heimgesucht würden. Sie fürchteten an den Bettelstab zu
kommen, fürchteten auch, daß am Ende noch ihre Kinder ebenfalls
in die Hexerei verstrickt würden. Drei verdächtige Weiber seien
schon vor dreißig und vierzig Jahren „in der Bezicht" gewesen.
Am 28. September 1589 abends ließ Poißl Ursula Klöck von
Obergrainau und im Laufe der nächsten Wochen vier andere
Weiber, darunter die achtzigjährige [1] Greisin Els Schlampin nebst

---

[1] Alle Altersangaben in den Akten sind nur nach beiläufiger Schätzung
zu verstehen; ihr Alter genau anzugeben, war keine einzige Angeklagte im
Stande.

ihrer Tochter Apollonia verhaften. Die Hauptrolle bei den Pro=
zessen übernahm auch hier „der Meister", der Schongauer Nach=
richter, der auf Poißls Ruf sogleich erschienen war. In seinem
Berichte an Statthalter und Räte zu Freising vom 17. Oktober
rühmte Poißl von diesem, daß er „solche zauberische Personen
außerhalb der Tortur auf den Augenschein notdürftig erkenne,
daß er sich des Werks schon zu Schongau unternommen und aus
fürstlichem Befehl dort bereits Hexen hinweggerichtet habe". Der
Meister habe die drei bis dahin verhafteten Weiber besichtigt und
alle drei als Unholden befunden.

Nach eingeholter Genehmigung der Regierung wurde dann
gegen die Verhafteten, deren Zahl sich beständig mehrte, die Folter
angewendet. Neben dem vielbeschäftigten Schongauer Nachrichter
wurden auch der von Biberach als ein in Hexensachen erfahrener
Mann und der von Hall in Tirol berufen. Besonders von der
Gattingerin wurden viele Denunziationen auf andere Weiber
erpreßt. Wahrscheinlich geschah es aus Verzweiflung darüber,
daß sich die Gattingerin im Gefängnis erhängte, worauf ihre
Leiche vom Nachrichter verbrannt ward. Die Geständnisse besagten,
den vom Pfleger gestellten Fragen entsprechend: Ungewitter machen,
Einfahren in die Keller und Austrinken von Wein, Töten von
Kindern durch Beschmieren mit der Hexensalbe, Buhlen mit dem
Teufel, der als Meister Hämmerle und mit anderen Namen be=
zeichnet wird, Hexentänze auf der Mooswiese, in der Tegernau
und an anderen Orten (auch hier kein feststehender Versammlungs=
platz), Verunehrung des Sakraments. An individuellen und lokalen
Zügen sind die Bekenntnisse auffallend arm. Die Untersuchung
wird mit der bei diesen Prozessen gewöhnlichen Voreingenommenheit
und Nachlässigkeit geführt. Nie gibt man sich die Mühe, die
Wahrheit der Bekenntnisse ernstlich an dem Thatbestand zu prüfen,
festzustellen, ob wirklich Kinderleichen ausgegraben worden seien,
ob Ehemänner nachts ihre Frauen vermißten, ob in Kellern Ab=
gang an Wein gespürt werde u. s. w. Der Pfleger spricht zwar
von „Erfahrungen", die er in eigener Person eingezogen haben
will; da er aber dieselben näher zu bezeichnen unterläßt, kann
man kein Gewicht darauf legen.

Am 23. Januar 1590 beantragte Poißl bei der Regierung, daß

die Verurteilten, wie dies auch zu Schongau geschehen sei, vorher stranguliert, dann erst verbrannt würden, weil, „wenn sie also lebendig verbrannt werden sollen, das Feuer dermaßen laut, daß sie den Priester, der sie trösten soll, nicht mehr hören". Die Gerichte Garmisch und Partenkirchen (das dritte Gericht der Graf= schaft war Mittenwald) ließen den Fürsten durch den Pfleger daran erinnern, daß sie altem Recht nach von jedem Gericht 24, also im ganzen 72 Mann zu „Willsprechern und Rechtssitzern" haben müssen, baten aber, da jetzt die Tage kurz seien und die Anfrage zweimal herumgehen müsse, auch zur Verringerung der Unkosten, einen „Ringausschuß" bilden zu dürfen. „Zudem auch allhiesigem altem peinlichen Prozeß nach Inhalt einer hierüber geschriebenen Instruktion die malefizischen Personen durch die Rechtsprecher allein vom Leben zum Tod verurteilt werden, folgends erst zu dem Beschluß der Nachrichter die lest Will geben muß, mit was Art der Thäter hingerichtet werden soll" [1]. Die letztere Uebung ward von Poißl trotz der großen Autorität, die er dem Scharfrichter einräumte, mißbilligt.

An sieben „Malefizrechtstagen", vom 5. Februar 1590 bis in den November 1591, sind dann 49, mit Einrechnung der Selbst= mörderin 50 Weiber, nämlich 33 aus dem Gericht Garmisch, 10 aus dem Gericht Partenkirchen und 7 aus dem Gericht Mitten= wald [2], verbrannt und der Ehemann der einen, Simon Kembscher von Wamberg, gerädert worden. Kembscher, mit dem seine Frau hauste „wie in einer wilden Albe", war dreimal gefoltert worden, bis ihm ein Bekenntnis erpreßt wurde. Ein Teil der Verurteilten wurde lebendig verbrannt, die anderen vorher erdrosselt. Bei der

---

[1] Demnach dürfte Auer, Stadtrecht von München, den Artikel dieses Rechtsbuches, wonach der Richter dem Freimann (Scharfrichter) zusprechen soll, wie man über den Verurteilten richten soll, doch richtig ausgelegt haben, was ich früher (Geschichte Bayerns II, 549) bezweifelte. Findet man doch zuweilen den Scharfrichter sogar in den Rollen eines Staatsanwaltes und eines Ur= teilsprechers auftreten! S. Rieder, Beiträge zur Kulturgeschichte des Hochstiftes Eichstätt (Neuburger Kollektaneenblatt LIV, 137).

[2] Babers (Chronik von Mittenwald) Angabe, daß dieser Ort von Hexen= prozessen verschont geblieben sei, ist daher zu berichtigen Her hat ein genaues Verzeichnis der Hingerichteten nach Heimat, Alter, Stand, Vermögen aus den Akten gezogen.

Hinrichtung von neun Weibern im Mai 1590 geschah das letztere
gegen Poißls Absicht. Nur weil der Nachrichter erklärte, daß ihm
die Prozedur des Lebendigverbrennens wegen des Gewitterregens,
der in der Nacht Holz und Stroh durchnäßt habe, unmöglich sei,
hatte der Pfleger in das Strangulieren gewilligt und bat nun
(21. Mai 1590) die Regierung, die im allgemeinen Lebendig=
verbrennen angeordnet hatte, unterthänig, „deßhalb keine Ungnade
auf ihn zu werfen". Er hob hervor, daß mit Hilfe von sieben
gelehrten und verständigen Priestern die armen Weibspersonen so=
weit gebracht worden seien, daß sie hoffentlich ihr Leben christlich
geendet haben werden. Die Klerisei der Gegend stellte sich zu diesen
Autosdafé zahlreich ein; beim ersten treffen wir außer dem Rate
der drei werdenfelsischen Gerichte und einer großen Volksmenge die
Pröpste von Raitenbuch und Schlehdorf, die Pfarrer von Garmisch,
Mittenwald, Eschenlohe um die Scheiterhaufen versammelt.

Die meisten der verbrannten Hexen waren alte und arme
Weiber. Ursula Prandnerin von Mittenwald gab ihr Alter auf
94 Jahre an. Nachdem man dieser durch die Folter die ersten
Bekenntnisse auf Teufelsbuhlschaft, Verleugnung Gottes, Hingabe
an den Teufel, Empfang der Hexensalbe erpreßt hatte, wird wegen
ihres Alters und ihrer Schwachheit gnädig „eingestellt noch andere
notwendige Punkte von ihr zu erforschen". Doch finden sich unter
den Verbrannten auch einige jüngere und Angehörige der siegel=
mäßigen Geschlechter von Garmisch: Knilling, Schorn, Kätzler,
Prandt, Gänsler, die Frau des herzoglich bayerischen Zollgegen=
schreibers zu Mittenwald und unter den Angeklagten die Ehefrauen
„fast der vornehmsten zwei Männer aus Garmisch und Parten=
kirchen", die Röschin und Frölichin. Am 7. Juli 1590, bis zu
welchem Tage 18 Weiber verbrannt waren, berichtet Poißl: „Die
Sache zieht sich leider in die Länge und sieht gar keinem Auf=
hören gleich." Ihm sei durch diese Prozesse „ein solcher Last
aufgegangen", da er sich in Schulden gesteckt habe und ohne Hilfe
der Regierung sich nicht zu erholen wisse. Auch ist es ihm höchst
unheimlich, die verhafteten Unholden, von denen nichts als Unglück
zu gewarten, bei sich im Schlosse zu wissen. Er beantragte, doch
ohne Erfolg, daß die Behausung einer der Hingerichteten zu einem
Gefängnis umgebaut würde. Damals waren 27 Personen, darunter

ein Pfeifer aus Garmisch [1]), neu verhaftet, und bei zehn derselben hatte der Nachrichter von Biberach bei der Besichtigung die Zeichen gefunden. Bis zum 3. August war wieder eine weitere Anzahl von Hexen ausgekundschaftet, aber die Prozesse drohten ins Stocken zu geraten, weil das arme Ländchen die Mittel zu so ausgedehnter Strafrechtspflege nicht aufbringen konnte. Es fehlte an Geld und Getreide. Erhielt doch der Nachrichter ein tägliches Wartgeld von 2 fl., für jede Besichtigung — auch wenn er kein Hexenzeichen fand — 2 fl., für jede Hinrichtung 8 fl., und hatten doch die Kosten des ersten Autodafé allein 794 fl. 19½ kr. betragen. Schon am 3. Januar 1590 hatte Poißl berichtet, die drei Gerichte hätten bisher die Unkosten vorgestreckt, seien aber zu arm dazu. Diese Schwierigkeit ward durch den Regierungsbeschluß, daß das Vermögen der Hingerichteten einzuziehen und hiervon die Gerichts= kosten zu bestreiten seien, nicht gänzlich gehoben. Später (27. Nov. 1590) bat Poißl, man möge ihm aus dem Inventar der einen oder anderen Hingerichteten etwas zukommen lassen, da er in Geldverlegenheit sei. Seine Rechnung über die Prozeßkosten (im ganzen beliefen sich dieselben nahe an 4000 fl.) wurde in der fürstlichen Kanzlei in Freising betitelt: „Expensregister, was ver= fressen und versoffen worden" — eine wenigstens hinsichtlich der Scharfrichter und ihrer Gefolgschaften sehr wohl begründete und, wie es scheint, auch nicht wirkungslose Kritik; wenigstens hatte Poißl am 20. März 1596 noch immer keine Resolution der Regierung wegen Bereinigung des Kostenrestes erlangt.

---

[1]) Sollen bestimmte Berufsarten bezeichnet werden, die durch die Hexen= prozesse besonders gefährdet waren, so müßte man darunter die Spielleute nennen, da die Richter zuweilen die Frage stellten, wer bei den Hexentänzen aufgespielt habe. Am 4. Januar 1599 erging folgender Erlaß der Inns= brucker Regierung an Vogt, Hubmeister und Beamte zu Feldkirch. Es verlaute, daß Christan Riezler, Spielmann oder Geiger zu Wazenegg, den vor einiger Zeit verbrannten vier Hexen von Weschpenpühl bei zwei unterschiedlichen „Ferten", als sie mit den bösen Feinden getanzt, mit der Geigen aufgemacht haben soll. Er soll verhaftet und peinlich examiniert werden, mit welchem Instrument, wann, wie oft und für welchen Lohn er aufgespielt, überhaupt was sich alles dabei zugetragen, von wem er die Hexerei erlernt und ob er auch mit Wettermachen, Vergiften und dergleichen Schaden zugefügt hat. Statthaltereiarchiv Innsbruck, Kopialbücher Walgew, X, f. 2.

Der Landesfürst, Kurfürst Ernst von Köln, Bischof von Frei=
sing, Lüttich und Münster (um von seinen Abteien, Dompropsteien
u. s. w. zu schweigen), der Bruder Herzog Wilhelms V. von Bayern,
hat in der Geschichte des Hexenwesens schon darum einen traurigen
Namen, weil ihm der Jesuit Delrio seine „Disquisitiones magicae"
widmen durfte, neben dem Hexenhammer und Binsfeld eines der ent=
setzlichsten und unheilvollsten Werke der Hexenlitteratur. Auf Berichte
über die Werdenfelser Prozesse ließ sich nun Ernst (8. Okt. 1590 und
31. Jan. 1591) aus dem fernen Lüttich vernehmen, man möge nur
weiter ernstlich gegen die zauberischen Personen vorgehen, aber auch
„Diskretion brauchen", daß niemanden durch falsche Anzeige Un=
recht geschehe. Die Regierung in Freising, die mittlerweile in der
Hauptstadt selbst ebenfalls mit Hexenbränden begonnen hatte,
mahnte am 18. Juli 1591 den Pfleger Poißl zur Vorsicht. „Da
dem gemeinen Sprichwort nach der Menschen Blut heiß ist und
eine Obrigkeit sich wohl fürzusehen hat", möge er acht haben, daß
er niemanden unverschuldet „an die strenge Frage werfe oder zum
Tod kondemniere" und daß nicht etwa Unschuldige auf die Aus=
sage von Hexen hin aus teuflischem Haß und Neid „gestöckt, ge=
plöckt, gemartert und durch die Peinigung (wie mit vielen
alten und neuen Exempeln zu beweisen) dahin ge=
bracht werden, daß sie etwas gethan zu haben be=
kennen, was ihnen vielleicht zu thun niemals in den
Sinn gekommen." In demselben Erlaß aber, der diese ver=
nünftige Mahnung enthielt, teilt der bischöfliche Rat dem Pfleger
seine Erfahrung mit, „daß die Unholden viel leichter zu einem
Bekenntnis zu bringen seien, wenn sie mit frischen Ruten wohl
gestrüft, als sonst dem gemeinen Gebrauch nach heftig torquiert
werden" — was zur Folge hatte, daß Poißl nun neben der alten
Tortur auch das Peitschen mit Ruten anwenden ließ. Am
19. September 1590 erging an den Pfleger die Weisung der
Regierung, daß einer Hexe, die ihre Bekenntnisse widerrufen habe,
das Sakrament nicht gereicht werden dürfe. Einen besonders
schwierigen Fall, den der Maria Schornin, die ihre Geständnisse
auf öffentlicher Landschranne widerrufen, dann wiederholt, endlich
nochmals zurückgenommen hatte, legte der bischöfliche Rat der
Ingolstädter Juristenfakultät zur Begutachtung vor. „Die beiden

Marien", die Schornin und die Schlampin, erwiesen sich trotz
verschiedener und (bei der Schornin viermal) wiederholter Torturen
so verstockt, daß nichts aus ihnen herauszubringen war. Marie
Schlampin, die im Gefängnis niedergekommen war, wurde nach
zweijähriger Haft entlassen, die Schornin aber, dem Antrag des
Kanzlers Lorich entsprechend, zu ewiger Haft verurteilt. Nun
aber machte die Frage des Gefängnisses große Schwierigkeiten.
Poißl, der den Hexen auch die Krankheit seiner Frau (Benigna
von Gumppenberg, nach dem Grabstein in der alten Pfarrkirche
zu Garmisch gestorben 5. Juli 1592) zuschrieb, wollte den unheimlichen Gast durchaus nicht im Schlosse zu Werdenfels behalten und
setzte, wiewohl ihn die Regierung unter dem 1. Februar 1593
anwies, „sie ohne alles Diffikultieren alsbald wiederum in das
Schloß zu nehmen", zuletzt durch, daß er sie im Amthause in
Garmisch belassen durfte. Nach sechsjähriger Haft scheint die Unglückliche ihre Freiheit erlangt zu haben. Zuweilen zeigte sich die
Regierung noch unmenschlicher als der Pfleger, so wenn sie die
Weisung gab, daß auch eine mit der fallenden Sucht behaftete
Frau, die im Gefängnis entbunden hatte, die Arnoldin, die Poißl
bisher mit der Folter verschont hatte, gefoltert werden solle, wenn
sie nicht gütlich bekenne.

Indessen hatte in der Bevölkerung die Stimmung allmählich
umgeschlagen, besonders nachdem die Verhaftungen auch in die
besseren Familien eingegriffen hatten. Erwägt man, daß die Zahl
der in Untersuchung Gezogenen die der Hingerichteten noch weit
übertraf, daß die ganze Grafschaft damals etwa 4700 Einwohner [1])
zählte, und daß diese, wie der Pfleger einmal bemerkt, „sich alle
mit Freundschaft, Schwägerschaft oder Gevatterschaft zugethan
waren", so wird man zu dem Schlusse kommen, daß wenigstens in
dem zumeist betroffenen Flecken Garmisch nach und nach fast alle
Familien mehr oder minder in Mitleidenschaft gezogen wurden. Die
wohlhabenden Ehemänner der Röschin und Frölichin reisten selbst
nach Freising, um ihre Weiber womöglich zu retten. Auch von

---

[1]) Die Volkszählung von 1624 ergab 4790 Personen, 1222 in Garmisch
mit Zubehör, 1286 in Partenkirchen, 1646 in Mittenwald, Krün und Wall-
gau. Prechtl S. 70.

anderen Ehemännern verhafteter Weiber ward die Regierung mit
Bittſchriften beſtürmt. Georg Knilling beantragt in ſeiner Supplik,
die Unterſuchung möge dem Pfleger abgenommen und den zu=
ſtändigen Gerichten Garmiſch und Partenkirchen übertragen werden.
Er weiſt auf verſchiedene Umſtände hin, die für die Unſchuld
ſeiner durch die Folter bereits „an allen Gliedern verderbten"
Hausfrau ſprechen: daß ſie reichlich Almoſen gegeben, die Fremden
beherbergt, die Kinder geliebt, römiſche Paternoſter, Palmen,
Weihwaſſer immer chriſtlich gebrauch habe, beſonders aber, daß
ſie ſtets weine. Freilich wenn ſie „inzichterweis" befleckt iſt, mag
er ſich wohl gedulden, daß ihr recht geſchieht. So tief war durch
die geiſtlichen und weltlichen Autoritäten dem Volke der Wahn ein=
geimpft, daß ſelbſt der Ehemann ſeine Frau für eine Hexe halten
konnte. Aber es laſſen ſich auch Stimmen vernehmen, aus denen
herausklingt, daß manche der Erkenntnis der Wahrheit ſehr nahe
gekommen waren. Man klagte, daß der Pfleger mit der Tortur
unbarmherzig ſei, daß die armen Leute ihre Unſchuld keinem
Menſchen, weder dem Beichtvater noch dem Prokurator, bekennen
dürfen, ſonſt müßten ſie gleich wieder an die ſtrenge Marter. „Die
Züchtiger machen mit ihrer unleidlichen Marter viel mehr Un=
holden, als wir im Lande haben." „Warum haben die Züchtiger
die Freiheit, daß man ſie nicht auch auf die unerhörte Streckbank
richtet? So möchte man vielleicht bald auf den Grund kommen,
ob ihre Kunſt vom heiligen oder vom böſen Geiſt wäre." „Es
iſt ein ſo großes Mißtrauen und ſolcher Zweifel in das gemeine
Volk gekommen in und außer Landes. Jedermann ſagt, es ge=
ſchehe vielleicht den armen Leuten nicht recht, dieweil man ihrer
ſo viele hingerichtet hat und ihrer noch ſo viele ſein ſollen."
„Ihr frommen Weiber," — riefen einige Verurteilte auf der Richt=
ſtatt den Umſtehenden zu — „fliegt über alle Berge, denn wer
von euch dem Züchtiger in die Hände fällt und an die ſtrenge
Marter kommt, die muß ſterben!"
Jn ſeinem Rechtfertigungsberichte vom 8. Auguſt 1591 klagt
Poißl, er ſei bei Gericht und Gemeinde bereits dermaßen verhaßt,
daß er überall auf Hinderniſſe ſtoße. Er entſchuldigt ſich, daß
er gegen die Röſchin und Frölichin noch nicht mit der Tortur
vorgegangen ſei; in dieſen Fällen habe er geglaubt, auf einen

besonderen Befehl [1]) warten zu müssen. Das sei nicht wahr, daß
er die Weiber so lang, hart und unchristlich gemartet habe, daß
sie so wenig wie andere Weiber in gleicher Lage bei der göttlichen
Wahrheit bleiben könnten. Die Wiederholung der Folter sei auf
Befehl der Regierung erfolgt. Daß er den Gefolterten laut ihrer
Supplikation vorgesprochen: Du hast das und das gethan, du bist
an den und den Orten gewesen, wer sein deine Gespielen und
wie heißt dein Teufelsbuhle, wenn ihr ab der Marter wollt,
müßt ihr zu allen Dingen ja sagen, vorher ist kein Aufhören der
großen Marter — das sei alles nicht wahr, wofür er sich auf den
Gerichtschreiber, Amtmann und Gerichtsleute beruft. Er werde
in der ganzen Gemeinde verhaßt gemacht und die Verantwortung
ihm „als einem Einfältigen, so nit gestubiert", zugeschoben.

Die guten Garmischer täuschten sich: die meisten „stubierten"
Richter trieben es nicht besser — wie ja auch die Herren Räte
in Freising an Unverstand und Unmenschlichkeit mit Poißl wett=
eiferten. Aber die Mißstimmung des Volkes dürfte doch darauf
eingewirkt haben, daß Poißls Eifer allmählich erlahmte, daß ihn
selbst ein Grausen über die Zahl der Opfer überkam und daß er
am 18. Januar 1592 der Regierung vorschlug, die Untersuchungen
nicht weiter auszudehnen. „Sollte auf alle Denunzierten", so
schrieb er, „gefahndet und peinlich mit ihnen verfahren werden,
so zweifelt mir nicht, daß der mehrer Teil Weiber in der Graf=
schaft Werdenfels in dergleichen zauberischen Verdacht kommen und
torquiert werden müßte, welchem nachzufolgen meinem geringen
Verständnis nach schwerlich sein kann oder mag und dem Lande
zum höchsten Verderben gereichen würde" [2]). Aehnlich klagt eine
der Bittschriften: Wenn die hochlöbliche Regierung nicht ein
gnädiges Einsehen thut, so müssen sie wohl alle Weibspersonen
in der ganzen Grafschaft umbringen und verbrennen lassen. Poißl
bat also um Instruktion, wie er am ehesten aus der langwierigen

---

[1]) Dieser erging dann auch und besagte, daß die beiden Frauen gefoltert
werden sollten. Da sie unter der Folter nichts bekannten, wurden sie ent=
lassen.

[2]) v. Hormayr, der in seinem Taschenbuch 1831, S. 333, eine kurze
Notiz über die Werdenfelser Prozesse brachte, hat diese Aeußerung Poißls nicht
so wiedergegeben, daß der Sinn gewahrt bleibt.

Handlung — und den schweren Unkosten kommen möge. Denn er sei nicht im Stande, die Gefangenen und ihre Wärter länger im Schlosse zu unterhalten, und werde von Wärtern, Amtleuten und Nachrichtern täglich um Bezahlung angegangen. Er bat die im Mai 1591 eingereichte Hexenrechnung endlich zu erledigen. So endeten hier die Hexenbrände auch aus dem Grunde, weil sie dem armen Ländchen zu teuer kamen.

Ungefähr fünfzehn Jahre hört man dann aus Werdenfels nichts mehr von Hexenverfolgungen. Am 4. März 1607 erstattete ein neuer Pfleger oder dessen Verwalter — Poißl war 1598 ge= storben — an die Regierung wieder Bericht über zwei Hexen, erklärte aber selbst die Indizien als schwach. Das eine Weib habe nämlich die Glockenseile während der Vesper geschmiert, „bisher noch unwissend, mit was Materie". Die andere habe am hl. Abend nach Anzeige des Mesners drei schwarze Käfer, in ein Tüchlein gebunden, in die vor dem hl. Sakrament brennende Ampel geworfen, wolle dies aber nicht gestehen. „Aus welcher Superstition oder Intention dies geschehen", habe er bisher noch nicht tentieren wollen, da ihm scheine, daß diese Indizien von solcher Art seien, daß man behutsam vorgehen müsse. Auf Be= fehl der Regierung wurden die zwei verhafteten Weiber gegen Bürgschaft freigelassen.

In diesen beiden großen Hexenprozessen von Schongau und Werdenfels waren also unter 114 Opfern 113 Weiber. Es ist bekannt, daß das schwache Geschlecht überhaupt in unvergleichlich höherem Grade durch die Verfolgungen betroffen ward. Die Frage, wie dies zu erklären sei, ist oft aufgeworfen und verschieden be= antwortet worden; die richtige Antwort aber haben schon die Ver= fasser des Hexenhammers (p. I, q. 6) gegeben, nur muß man die= selbe aus ihrer objektiven Fassung in eine subjektive übertragen. Sie liegt in der aus Geringschätzung und Furcht gemischten asketisch=scholastischen Auffassung des Weibes in der mittelalterlichen Kirche. Vor allen dem im Cölibat lebenden Kleriker erschien die Verführung in der Gestalt des Weibes. Die Verführung war aber zugleich der Teufel. So konnten die Begriffe Weib und Teufel ineinander überfließen und wenn man nach Verbindungen von Menschen mit Teufeln suchte, war es natürlich, daß solche vorzugsweise unter dem weiblichen Geschlechte gefunden wurden [1]). Der kirchliche Hexenwahn erweist sich darin als echtes Kind der Scholastik. Die Inferiorität des Weibes, sagen die Verfasser des Hexenhammers, ist ein Stoff, über den man wohl predigen kann (materia est praedicabilis), auch hören die Weiber, wie die Er= fahrung lehrt, gerne davon, wenn man die Sache nur biskret zu behandeln versteht. Mit Niber und anderen Doktoren gehen sie von dem Satze aus, daß drei Dinge: die Zunge, der Kleriker und das Weib, im Guten wie Bösen das Maß überschreiten. Ihre verächtliche Charakteristik des Weibes entwerfen sie nach Bibelstellen, Kirchenvätern, Cicero und Seneca. Was ist das Weib, rufen sie mit Chrysostomus, als die Feindin der Freundschaft, eine Gefahr, der man nicht entfliehen kann, ein notwendiges Uebel, die natürliche Versuchung, ein begehrenswertes Unheil, eine häus= liche Gefahr, ein mit schönen Farben gemaltes Uebel der Natur u. s. w.! Die Weiber sind in größerer Menge abergläubisch als die Männer, weil sie 1. leichtgläubiger, 2. Eindrücken leichter zu= gänglich sind, 3. eine schlüpfrige Zunge haben [2]). Der Fehler, daß das Weib sinnlicher angelegt ist als der Mann, wird schon bei der Erschaffung des ersten Weibes bemerkt, da dieses aus einer krummen Rippe gebildet wurde. Das Weib ist daher ein animal imperfectum. Und nun wird der Leser förmlich erdrückt mit biblischen und historischen Belegen für die Schlechtigkeit des Weibes. Es gibt keinen Menschen in der Welt, der dem gütigen Gott so sehr zu gefallen strebt, wie das Weib, auch das Durchschnittsweib, durch seine Koketterie (vanitatibus) den Männern zu gefallen strebt.

---

[1]) Da diese Auffassung dem Mittelalter geläufig war, hat man die Buchstaben O. G. H. auf Dürers Stich: Die vier nackten Frauen, von 1491 vielleicht richtig als „odium generis humani" gedeutet. Trifft aber diese Deutung zu, dann liegt die Frage nahe, ob etwa auch dieses Blatt Hexen darstelle.

[2]) Ebenso in dem Traktat de st. Thoma et de aliis superstitionibus (vom Jahr 1497; clm. 11935. f. 119, quaest. 21) und ähnlich bei Binsfeld (ed. 1623, p. 336). Vgl. auch oben (S. 69) Hartliebs Bemerkung. Auch Luther steht im Banne dieser Anschauung. Diese abergläubischen Sachen, sagt er (Der zehn Gebot Gottes eine schöne, nützliche Erklärung, unter dem ersten Gebot), sind den Weibern angeboren von der ersten Eva her, die sich auch von der Schlange verführen ließ.

„Folgerichtig muß man nicht von der Ketzerei der Zauberer, sondern der Hexen sprechen, wenn man die Benennung von der Haupt=sache hernehmen will." Wie sie selbst nur Weiber verbrennen ließen, beschränken sie das Verbrechen geradezu auf das weibliche Geschlecht. Gelobt sei der Allerhöchste, rufen sie aus, der das männliche Geschlecht bis jetzt vor dieser Geißel bewahrt hat: da Gott im männlichen Geschlecht für uns geboren werden wollte, hat er es mit diesem Privilegium begnadigt.

Ebenso oder ähnlich sprechen sich alle folgenden Hexenschrift=steller über diese Frage aus. Um nur noch e i n e n hervorzuheben: auch der Münchener Jesuit Laymann erklärt unter Berufung auf Binsfeld, Jakob von Simanca und Paul Grillandus: die Weiber treiben deshalb mehr Hexerei als die Männer, weil sie wegen Mangels an Urteil und Erfahrung leichtgläubiger und mehr der Täuschung unterworfen, weil sie neugieriger und mehr zu Begierde und Üppigkeit geneigt, endlich weil sie kleinmütiger und schwächer sind [1]). Neben dieser asketisch=scholastischen Auffassung kirchlicher Vertreter kann, wie das Zeugnis des Hexenhammers schlagend beweist, erst in zweiter Reihe in Betracht kommen, daß schon der heidnische Glaube vorzugsweise dem Weibe Hexenwirksamkeit bei=gelegt hatte, und noch weniger, daß Hexenprozesse zuweilen von nachbarlichem Klatsch ihren Ausgang nahmen.

Für die systematischen und ausgedehnten Verfolgungen im Herzogtume Bayern haben, wie aus den Akten erhellt, jene in Schongau und in den Bistümern Eichstätt und Augsburg den Anstoß gegeben. Am 2. April 1590 forderte Herzog Wilhelm V. von seinem Hofrat und um dieselbe Zeit von der theologischen und juristischen Fakultät von Ingolstadt Gutachten über die Aus=rottung der Hexerei. Da die Erfahrung leider mit sich bringe, daß die Hexerei auch Bayern ergreifen wolle, erklärt der Herzog in Anbetracht seines landesfürstlichen Amtes seinen Entschluß, zur Rettung der Ehre Gottes, seiner lieben Heiligen und der hoch=würdigsten Sakramente, auch zur Abwehr zeitlichen Unheils, alles ins Werk zu setzen, was zur Ausrottung dieses Lasters dienen könne.

Das ausführliche Gutachten der beiden Fakultäten liegt vor,

---

[1]) Theologia moralis (1626), p. 515.

batiert vom 28. April 1590. Es ist so gehalten, wie es der eifrigste Hexenverfolger nur wünschen konnte. Da den bayerischen Richtern die Sache noch neu ist, sollen sie angewiesen werden, die Hexenprozesse in den Bistümern Augsburg und Eichstätt, von der Litteratur vor allem den Hexenhammer und das Buch Binsfelds zu studieren. Unter Berufung auf den Hexenhammer fordern die Professoren, mit Eifer und Strenge zur Verfolgung der Hexen zu schreiten. Denn „es ist nicht glaublich, daß Bayern von diesem Uebel frei sei, von dem ja feststeht, daß es in der Nachbarschaft so stark herrscht". Durch ein herzogliches Mandat soll bei Strafe befohlen werden, daß man jeden Verdacht auf Hexerei auf dem Wege der Anklage oder Denunziation zur Kenntnis bringe. Wie die Hexerei erkannt werde, darüber geben besonders Bodin, Bartholomäus Spina und Binsfeld Aufschluß. Unter den Erkennungszeichen der Hexen werden aufgeführt die Hexenmale, mit denen sie gewöhnlich gezeichnet seien, oder wenn ein Weib einem anderen Schlimmes angedroht habe, daß dann eingetroffen sei. Mit der Folter dürfe man bei diesen Prozessen rascher bei der Hand sein als bei anderen; schon Schwanken und Widersprüche in den Aussagen des Angeklagten genügen, um sie anzuwenden. Das Gutachten ist unterzeichnet von den Theologen Albert Hunger, Matthias Mairhofer, Dekan, Gregor von Valentia und Petrus Stevartius (die beiden letzteren Jesuiten) und von den Juristen Vitus Schober, Dekan, Dr. Kaspar Lagus, Andreas Fachineus und Leonhard Zinbecker [1]).

Einer der Unterzeichneten, der Spanier Gregor von Valentia, war damals der berühmteste Theolog des Ordens. Schon arbeitete er an seinem vierbändigen, Herzog Wilhelm V. gewidmeten Hauptwerke, den theologischen Kommentaren [2]), deren erster Band 1591 in Ingolstadt erschien. In diesem Werke (Bd. III, 1595) wird

---

[1]) Reichsarchiv, Hexenwesen Nr. 1, auch in Nr. 3; Kreisarchiv München, Criminalia, Fasc. 323/16. Die Angabe bei Prantl, Gesch. der Universität Ingolstadt I, 314, daß Lagus nur bis 1585 Ordinarius in der Ingolstädter juristischen Fakultät war, braucht darum noch nicht falsch zu sein. Denn Lagus ist (f. Prantl, Anm. 320) zu den Rechtsgutachten auch später noch als Mitarbeiter beigezogen worden.

[2]) Commentariorum Theologicorum Tomi IV, Ingolstadt 1591—1597.

auch der Hexenprozeß behandelt, hauptsächlich im Anschlusse an
Binsfeld. Unter anderem (T. III, c. 2007) wird eine Regel aus=
gesprochen, die dann auch in den folgenden Prozessen in Bayern
beobachtet wurde und die dazu führte, daß nach einigen Jahr=
zehnten Jesuiten selbst mit Schaudern auf die drohende Ent=
völkerung des Landes hinweisen: zur Folterung einer Person,
welche eine Angeklagte auf der Folter benunziert hat, genügt
diese Denunziation, sobald irgend welche andere Inbizien oder
die Präfumtion hinzutritt.

Jesuitischer Einfluß in dieser Angelegenheit ist noch von
anderer Seite her sowohl auf Wilhelm V. wie später auf seinen
Nachfolger sehr wahrscheinlich, wenn derselbe auch der Natur der
Sache nach nie bestimmt nachgewiesen werden kann. Beide Fürsten
hatten Jesuiten als Beichtväter. Nun kennen wir die Instruktion
für die Mitglieder des Ordens, welche mit dem wichtigen Amte
eines fürstlichen Beichtvaters betraut waren [1]. Sie schreibt die
aufs genaueste spezialisierten Fragen vor, die der Beichtvater an
den Regenten zu stellen hat, um diesem die Gewissenserforschung
zu erleichtern und ihn auf seine Regentenpflichten hinzuweisen.
Darunter aber findet sich: ob der Fürst zugelassen hat, daß die
Ketzereien (diese schlossen, wie erwähnt, die Hexerei in sich) in
seinen Landen wachsen, ob er nicht nach Möglichkeit alles, was
gegen die katholische Religion verstößt, verhindert hat? Ob er
Ketzern Verteidigung oder Gunst gewährte? Ob er dem Amte
der Inquisition gegen Häretiker und vom Glauben Abgefallene
Hindernisse in den Weg gelegt oder ob er, zu deren Unterstützung
und Ausführung ihrer Befehle aufgefordert, dies unterlassen hat?
— In der Praxis wird man bei dem ausgeprägten Sinne der Je=
suiten für Kasuistik sogar eine noch weitergehende Spezialisierung
annehmen dürfen: Haben Eure Fürstliche Gnaden alles, was in
Ihrer Macht stand, aufgewendet zur Bekämpfung und Ausrottung
des Luthertums, des Calvinismus, der Wiedertäufer, der Hexen
und Zauberer?

Eben damals (1589) hatte der Ordensgeneral Claudius

---

[1] Veröffentlicht von Dudik im Archiv f. österreichische Geschichte LIV,
S. 234 f.; zum Folgenden vgl. S. 235, 236.

Aquaviva an die deutschen Ordensprovinzen die Weisung[1] aus=
gegeben, den Vätern der Gesellschaft solle es erlaubt sein, den
Fürsten im allgemeinen zu raten, daß sie Mittel gegen die Hexen,
welche in Deutschland zahlreich sein sollen, anwenden. Die Hexen
sollen sie, wenn es sich trifft, mahnen, daß sie im Gewissen ver=
pflichtet seien, auf Befragung vor Gericht ihre Mitschuldigen
anzugeben. Im übrigen sollen sich die Väter vor dem weltlichen
Gericht (in foro externo) nicht einmischen und nicht darauf
bringen, daß einzelne Hexen bestraft werden, auch dieselben nicht
exorcisieren zu dem Zwecke, daß sie ihre bereits abgelegten Ge=
ständnisse nicht widerrufen. „Denn diese Dinge kommen uns
nicht zu."

Daraus spricht die Absicht, dem Orden seine vornehme
Stellung zu wahren und das Gehässige, das in dem Ein=
greifen gegen bestimmte Personen lag, von seinen Genossen fern=
zuhalten. Aber schon 1563, zu einer Zeit, da die Epidemie der
Prozesse noch nicht so ausgedehnt war, hatte Canisius an Laynez
von der merkwürdigen Mehrung der Hexen geschrieben, gegen die
man jetzt überall strafend einschreite, und hatte unter den entsetz=
lichen Frevelthaten, die sie begehen, auch diese aufgeführt, daß sie
Kinder aufzehren. Die Jesuiten konnten sich, dem Befehle ihres
Oberen gehorchend, von der Einmischung in einzelne Prozesse
freihalten und gleichwohl als die angesehensten theologischen
Autoritäten im allgemeinen in der gefährlichsten Weise zu Ver=
folgungen hetzen. Daß sie es daran nicht fehlen ließen, zeigen,
um nur die bayerischen Jesuiten zu erwähnen, Gregor von Valentia,
Laymann und Drexel. Von Laymann werden wir in anderem
Zusammenhange sprechen. Jeremias Drexel, der gefeierte Kanzel=
redner des Ordens (gest. 1638), der 23 Jahre in München als
Hofprediger Maximilians I. thätig war, sagt von der Hexerei:
Dieses Uebel ist so groß, daß es manchen unglaublich erscheint,
aber die Thatsachen sprechen: die Hexen fügen der Saat, dem
Vieh, den Menschen zahllose Schäden zu. So viele Tausende
dieses höllischen Geschlechtes haben den Scheiterhaufen bestiegen —

---

[1] Janssen=Pastor VIII, 654. Dort (652) s. auch das unten erwähnte
Schreiben des Canisius.

und wir wollen ihre Richter eines ungerechten Urteils beschuldigen?
Nichtsdestoweniger gibt es solche eiskalte (frigidissimi) Christen,
die dieses Namens nicht würdig sind, die mit Hand und Fuß der
Ausrottung dieser Sippschaft widerstreben, damit nicht etwa, wie
sie sagen, gegen die Unschuld gewütet werde. O über diese Feinde
der göttlichen Ehre! Befiehlt nicht das göttliche Gesetz ausdrück=
lich: Die Zauberer sollst du nicht leben lassen? Ich rufe auf
Befehl Gottes und so laut ich nur kann, Bischöfen,
Fürsten und Königen zu: Lasset die Hexen nicht leben!
Mit Feuer und Schwert ist diese schlimmste menschliche Pest zu
vertilgen. In diesem Tone fährt er fort, um dann einige Hexen=
geschichten anzureihen. Um die volle Tragweite seines Mahnrufes
zu würdigen, muß man in Betracht ziehen, daß die Schrift, in
der er ihn erschallen ließ [1]), wahrscheinlich zu einer Zeit erschien,
da in den Hexenprozessen in Bayern ein gewisser Stillstand ein=
getreten war.

Doch wir kehren zu Herzog Wilhelm V. zurück. Kaum hatte
sich dieser das Ingolstädter Gutachten über die Verfolgung der
Hexen ausstellen lassen, so machte sich die Wahrheit des biblischen
Spruches geltend: wie der Regent, so die Amtleute; wie der Rat, so
auch die Bürger. Ohne daß sich bis jetzt eine ausdrückliche Weisung
der Regierung, Hexenprozesse zu veranstalten, hätte nachweisen
lassen, sehen wir doch bald an verschiedenen Orten im Fürstentum
die Scheiterhaufen auflodern. Ueber Hexen, die im Münchener
Falkenturm eingesperrt waren, berichtet Dr. Ludwig Müller, der
Intendant der Münchener Fronleichnamsprozession [2]), an den

---

[1]) Gazophylacium Christi Eleemosyna, quam in aula Maxi-
miliani ducis explicavit, p. J, c. 8, § 1 (Drexelii Opera ed.
Antverpiae 1643, I, 157), nach Backer, Bibliothèque I, c. 1652, zuerst
1637 in München erschienen. — Bei Janssen=Pastor ist die Stellung der
deutschen Jesuiten zur Hexenfrage in viel zu günstigem Lichte geschildert.
Wenn hier (VIII, 653) behauptet wird, der einzige deutsche Jesuit, welcher
nachweislich die weltliche Obrigkeit zur Verfolgung der Hexen aufgefordert
habe, sei Georg Scherer (in Wien, 1583), so wird dies durch unseren Hinweis
auf Gregor von Valentia, Laymann und Drexel entkräftet.

[2]) Bei Westenrieder, Beyträge V, 76 f., findet man die durch ihre
Naivetät und unbeabsichtigte Komik hervorstechende Instruktion Müllers für
die Prozession.

Herzog, daß ſie mit und ohne Gewicht aufgezogen und hart ge=
martert wurden, bis man ihnen endlich das Geſtändnis der Buhl=
ſchaft mit Lucifer erpreßte. Der fromme Dr. Müller klagt bitter
— nicht über die Leiden der Gefolterten, ſondern über die Plage,
die e r damit hatte. „Möcht' einer lieber Holz hacken, als bei
ſolchen Sachen und greulichen Weibern ſein" [1])!

Wahrſcheinlich ſind die in München am 2. Juli 1590 hin=
gerichteten Weiber mit den von Müller erwähnten identiſch. Es
waren drei Witwen und eine ledige Frauensperſon, alle hoch=
bejahrt, welche, nachdem ſie die Folter beſtanden, nach dem Urteil
des Stadtoberrichters Chriſtoph Remhofer als Hexen zum Feuer=
tode verurteilt, wegen ihres hohen Alters aber und auf die Für=
bitte hoher fürſtlicher Perſonen vor der Verbrennung erdroſſelt
wurden [2]). Das Urteil ward an demſelben Tage gefällt und
vollzogen. In dem Erkenntnis erklären Bürgermeiſter und Rat,
daß das verfluchte Laſter der Zauberei und Hexenwerks jetzt ſehr
gemein ſei und durch Gottes Verhängnis zu weit einreißen wolle.
Man ſieht, wie raſch dieſe Ueberzeugung von den Fürſtenſtühlen
und Fakultäten herab zu den Behörden ſickert und wie raſch ſie
zu grauſamer Thatkraft entflammt. Die Bekenntniſſe der Münchener
Hexen entſprechen dem Typus, d. h. den vom Richter geſtellten
Fragen. Eine geſteht, ſie ſei verſchiedenemale über Feld und in
Weinkeller gefahren. Eine andere, ſie habe ein totes Kindlein
auf dem Gottesacker vor dem Sendlinger Thor ausgegraben und
daraus eine wäſſerige, zähe und waſſerfarbige Salbe bereitet.

In Ingolſtadt wurden 1590 „Unholden oder Zaubrerinnen"
verbrannt, nachdem ſie der Henker vorher erdroſſelt hatte [3]). Im
April 1591 folgte dort die Verhaftung der Hexe Anna Perlin.

---

[1]) Müllers Bericht bei Leiſt, Zur Geſchichte der auswärtigen Vertretung
Bayerns S. 48 (womit dieſes Aktenſtück freilich nichts zu thun hat).

[2]) S. die Mitteilung O. Titans v. Hefner im Oberbayer. Archiv XIII,
68—72. Einem undatierten Berichte des Hofkanzlers an Herzog Maximilian
(Reichsarchiv, Hexenakten Nr. 3) iſt von anderer Hand beigefügt: „Daß 1590
die Hexenprozeſſe wider die Bürger (ſic) allhie (zu München) von etlichen
Deputirten ſowohl fürſtlichen Räten als von der Stadt geführt worden, mag
vielleicht darum geſchehen ſein, weil man die von München zu einem ſolchen
Prozeß nicht für ſufficient hielt."

[3]) Cod. lat. Monac. 4795, f. 21.

Diese legte „nicht in strenger Tortur, sondern allein unter dem Daumenstock" Geständnisse ab und bezichtigte auch andere Weiber, widerrief aber dann alles. Unter den von ihr Denunzierten war die Dr. Lichtenauerin, eine im besten Rufe stehende, sehr fromme Frau, auf die sonst kein Verdacht fiel. Der Statthalter und geheime Rat Rudolf Freiherr zu Bollweiler, auch andere verordnete Räte zu Ingolstadt berichteten (9. Juni) an den Herzog, etliche von der Perlin geübte Teufelskünste seien in facto wahr befunden worden, besonders mit Wiederbringen entfremdeter Kleider und entlaufener Personen, wie auch mit dem Fahren in die Keller. Die Perlin aber habe erklärt, sie wolle „auf der Tortur als Märterin sterben". Angesichts dieses Vorsatzes, meinen die Richter, werde die erneute Anwendung der Tortur gegen sie etwas gefährlich sein, wenn nicht der Fürst befehle, „eine sonderbare Tortur" gegen sie anwenden zu lassen. Vom Herzoge erging (6. Juli) der Befehl, die Richter sollten gegen die Perlin mit der strengen Frage nach ihrer Diskretion vorgehen, auf die von ihr Beschuldigten aber zunächst nur sorgfältige Aufsicht halten [1]).

Sonst werden noch Abensberg, Tölz, Weilheim als Orte angegeben, wo Herzog Wilhelm Hexenprozesse „zu Handen genommen hat" [2]). Von zwei Hexen, die 1591 zu Weilheim verbrannt wurden, wird gerühmt: „haben sich gar schön gricht ghabt" [3]). Solche Ausdehnung wie die Schongauer und Werdenfelser Prozesse gewann jedoch keine dieser Verfolgungen; der Schongauer Pfleger Friedrich Herwart konnte im stolzen Bewußtsein seiner Ueberlegenheit bemerken, daß sich Herzogs Wilhelms Hexenprozesse mit den von ihm geführten nicht vergleichen könnten, da sie bald wieder geendet hätten.

Auf Wilhelm V. folgte ein Fürst, der an Ergebenheit und blindem Gehorsam gegen die Lehren der Kirche mit seinem Vater

---

[1]) Kreisarchiv München, Criminalia 323/16.

[2]) Oberbayer. Archiv XI, 379.

[3]) Westenrieder, Beyträge III, 107. Auch von den Schongauer Hexen heißt es (a. a. O. 105) „haben viel geweint und gelamentirt, aber sich gut gricht". Die sonderbare Bemerkung erklärt sich wohl daraus, daß man im Anfang der stehenden Hexenprozesse noch zweifelte, ob nicht der Teufel den Hinrichtungen ein Hindernis in den Weg legen würde.

wetteiferte, während er ihn an Verstand weit überragte. Es fragte
sich, ob seine hervorragende geistige Begabung die Kraft besitzen
würde, den Bann des in seiner Umgebung herrschenden Hexen=
wahns zu durchbrechen. Leider muß darauf mit Nein geantwortet
werden. Maximilian vermochte in dieser Frage nicht zu jener
Freiheit und Klarheit des Urteils durchzubringen, die doch, wie
wir sehen werden, manche seiner Beamten und Unterthanen sich
bewahrten. So unversöhnlich die Herzlosigkeit und Unvernunft, die
er als Hexenverfolger bewies, neben seinen hohen Vorzügen, dem
scharfen Verstand, dem stolzen Eigenwillen, eisernem Pflichtgefühl,
unermüdlicher Arbeitskraft, seinem Kunstsinn, zu stehen scheinen
— die Geschichte hat sie zu einem Gesamtbilde zu vereinigen.
Als eine gewisse Entschuldigung kommt für den Fürsten in Be=
tracht, daß seine Erziehung in dieser Richtung die unheilvollste
war. Fielen doch die Jahre, in denen sich seine geistige Persön=
lichkeit ausprägte, gerade in die Zeit, da man am bayerischen
Hofe die Hexenverfolgung mit dem ganzen Feuereifer des Ent=
deckers in Angriff nahm! Und hatte er doch als Erzieher einen
theologisch und juristisch geschulten Geistlichen, der sich im heiligen
Zorn gegen das Hexenwerk von niemanden übertreffen ließ und
selbst als Hexenschriftsteller sich hervorgethan hatte! Der Theologe
Johann Baptist Fickler, früher erzbischöflich salzburgischer Proto=
notar, hatte 1582 aus Anlaß einiger Hexenprozesse im Salz=
burgischen ein „Iudicium generale de poenis maleficarum,
magorum et sortilegorum utriusque sexus"[1] verfaßt, worin er
die strengsten Grundsätze der päpstlichsten Inquisitoren vertrat.
Er legte auf diese Leistung solchen Wert, daß er sie einem seiner
Lieblingsbücher, dem Neuen Hexenhammer des Bartholomäus von
Spina, in säuberlichster Reinschrift beibinden ließ.

So ward denn, was die unselige Zeitkrankheit betrifft, nichts
versäumt, den Verstand des jugendlichen Maximilian in Fesseln
zu schlagen und zugleich sein Herz zu verhärten. Man ließ den
siebzehnjährigen Prinzen sogar der Folterung von Hexen beiwohnen.

---

[1] Super maleficia quaedam intra et extra Salisburgens. Metro-
polim commissa. Münchener Staatsbibliothek: libri impressi c. not. mspt.
in 8° Nr. 26. S. auch Föringer in seinem Artikel über Fickler, Allg. deutsche
Biographie.

Am 7. Mai 1589 schrieb er an seinen Vater aus Ingolstadt: „Wir (der Ingolstädter Rat) hätten gern wieder ein suspectam personam der Zauberei wegen einziehen lassen, so hat man doch nit auf den rechten Grund kommen können, jedoch haben die Räte gute Inquisition halten lassen, vielleicht bringt man sie noch zu= wegen" [1]). Am 1. März 1590 schreibt er wieder an seinen Vater aus Ingolstadt: „Gestern ist nach dem Urteil aller herzoglichen Räte (deren Rate ich beiwohnte) ein Weib gefangen genommen worden, das nach dem Urteil vieler und auch nach dem allgemeinen Ruf für eine Hexe gehalten wird. Ob dieser Ruf begründet ist, wird morgen vielleicht die Erfahrung zeigen, da sie durch die Folter gezwungen werden wird, die Wahrheit zu sagen." Auf die Aufforderung seines Vaters, über die gefangene Hexe weiteren Bericht zu erstatten, meldet er dann am 14. Mai [2]), „daß man bisher weder in Güte noch mit der Tortur aus ihr ein Wort herausbringen konnte". Er hat selbst gesehen, wie man sie „zweimal redlich aufgezogen und einmal wohl gebrannt hat. Sie hat aber nicht nur nichts bekannt, sondern ihrer aller schier gespottet, weder Ach noch Weh geschrieen noch Zeichen des Schmerzes von sich gegeben, nur wenn sie auf die Erden wieder (herunter=) kommt, schreit sie einmal Ach. Die sie hinaufgezogen, sagen auch, alsbald sie von der Erde hinaufkomme, werde sie so ring (leicht), als wenn sie einen leeren Sack hinaufziehen. Wer sie so ring macht, das weiß Gott." „Wenn nit das Feuer das Beste thun wird, so wird man nicht leicht etwas daraus bringen." „Letzten Freitag hat man wieder eine andere eingezogen, welche unter der von Ingolstadt und der Burgerschaft Jurisdiktion. Ihr Sohn, welcher ein kleiner Bub, hat viele erbare schöne Bossen von seiner Mutter gesagt, also daß ich glaub', man werde auch bald die Tortur für die Hand nehmen, wiewohl der hieig Burgerrat nit viel Lust dazu hat. Was sie für Ursachen haben (zu dieser Unlust), ist unbewißt." Es liegt dann noch ein Schreiben Maximilians an seinen Vater aus

---

Ingolstadt vor, datiert vom 12. August 1590), worin diese An=
gelegenheit berührt wird: „Mit den leibigen Unhulden fährt man
flugs fort und, wie ich verstehe, sind schon fünf zum Feuer
bereit."

Nach solcher Vorbereitung auf seinen Regentenberuf kann es
nicht überraschen, daß Maximilian der ärgste Hexenverfolger unter
den bayerischen Fürsten geworden ist. Es ist nicht unwahrscheinlich,
daß das Verhalten des Fürsten in dieser Frage auch dadurch
beeinflußt wurde, daß er in seiner eigenen Familie unter Teufels=
spuk zu leiden glaubte. Durch den Barnabitengeneral Michael
Marrano (Murazanus), der auch den Herzog Johann Wilhelm
von Jülich und eine ganze Reihe fürstlicher Personen entzaubert
hatte, war festgestellt worden, daß der so schwer empfundenen
Unfruchtbarkeit der Herzogin Elisabeth, Maximilians erster Ge=
mahlin, nichts anderes als Verhexung zu Grunde liege. Daß
Maximilian dem Glauben schenkte, ist sicher, da er den General
(1604) seine Beschwörungen vornehmen ließ. Durch diese sollte
dann zwar nach Erklärung des Exorcisten der Zauber gelöst worden
sein [1]), doch ward Elisabeths Ehe auch in der Folge nicht mit
Kindern gesegnet. Marrano war damals der hochangesehene
Spezialist für die Entzauberung fürstlicher Persönlichkeiten. Der
Papst, einige Kardinäle und Fürsten ersuchten ihn, auch nach Prag
zu reisen, sich zu überzeugen, ob Kaiser Rudolf II. verzaubert sei,
und in diesem Falle seine Heilkunst an ihm zu versuchen. Kardinal
Spinelli und andere betrachteten die Geisteskrankheit Kaiser Rudolfs
als Verzauberung. Im Jahre 1605 glaubte man in Prag, sein
Kammerdiener Philipp Lang habe ihn bezaubern lassen, und einige
Personen wurden deshalb „examinirt". Auch von Erzherzog
Matthias, dem späteren Kaiser, der sich (1607) um Herzog Maxi=
milians Schwester Magdalene bewarb, schrieb die Erzherzogin
Maria Anna, Wilhelms V. Tochter, aus Graz an den Vater,
er sei von seiner Freundin Susanna Wachter, mit der er zu=
sammenlebte, verzaubert. In einem Kloster brenne Tag und Nacht

---

[1]) S. Stieve, Briefe und Akten IV, 431, Anm. 5; V, 765, 766; VI,
92; Stieve, Wittelsbacher Briefe, Abt. VI (Abhandl. d. histor. Kl. der Akad.
XX, 2. Abt.), S. 371, 481.

ein Licht; solange dieses nicht ausgelöscht sei, sei Matthias durch Zauber an seine „Vettel" gekettet. Der bayerische Rat Viepeck ward zur Aufklärung dieses und eines noch heikleren Punktes ausgesandt und vernahm in Graz „solche specialissima, welche der Federn nicht zu vertrauen", welche in ihm aber die Ueberzeugung weckten, daß es mit der Verzauberung seine Richtigkeit habe. Weitere Nachforschungen in Prag führten ihn dann freilich zu der Ansicht, daß das Zauberwerk Erfindung sei[1]). Als später Herzog Ferdinands von Bayern Witwe starb (4. Dezember 1619), ging das Gerede, daß auch dieser Todesfall auf Hexerei zurück=zuführen sei, und da auch sonst damals manche Krankheitsfälle vorkamen, die man auf Hexen schob, sandte Maximilian eine Vertrauensperson[2]) zu neuer Instruktion über das Hexenwesen an den bischöflich augsburgischen Rat. Mit dieser beständigen Angst vor Verhexung und den daraus entspringenden Prozessen war man auf jener Stufe angelangt, auf der wir viele heidnische Negerstämme treffen[3]), nur daß bei diesen die Verfolgungen ohne Eingreifen einer Priesterschaft direkt aus dem Volkswahn entspringen.

Aus Maximilians Regierung haben wir Akten oder Nach=richten über Hexenprozesse in München, Ingolstadt, Tölz, Weil=heim, Donauwörth, Kelheim, Abensberg, Vohburg, Mitterfels, Wembing, ohne daß dadurch die Menge der Prozesse erschöpft wäre. In Rain hieß ein 1812 abgebrochener Stadtturm der Hexenturm[4]), die Stadt selbst „das Hexenstädtl", was sicher darauf hindeutet, daß dort Hexenverfolgungen stattfanden. Kelheim muß besonders stark betroffen worden sein, da Schmeller den Ausdruck „Kelheimer Basel" für Hexe verzeichnet. In der Registratur des dortigen Landgerichtes lagen früher umfängliche Hexenprozeß=akten. Ebenso bei dem Pfleggericht Mitterfels, wo im Schlosse

---

[1]) Stieve, Wittelsbacher Briefe VII, bes. 682.

[2]) S. deren undatierten Bericht Reichsarchiv, Hexenakten Nr. 1.

[3]) S. u. a. Ratzel, Völkerkunde I, 628 und Max Buchner in einem meines Wissens ungedruckten Vortrag.

[4]) Oberbayerisches Archiv XIX, S. 65, 86; Schuegraf in Zeitschrift für Deutsche Kulturgeschichte III, 766.

ein Herenturm eingebaut war [1]). Von Kötzting sagt der Volks=
mund [2]):

> Des is richtig und gwis,
> Daß Kötzting sei Lebtag a Herenmarkt is.

In Tölz wurden 1599 „Herenweiber" aus der Hofmark Hohen=
burg (Länggries) eingeliefert und verbrannt [3]). Das Inchen=
hofer Mirakelbuch von 1605 erwähnt, daß Margarete N. als
Unholbin angeschmiedet, mit Ruten gepeitscht und verbrannt
worden sei [4]). Wahrscheinlich war das nahe Aichach der Schau=
platz dieses Prozesses. Ein unbatiertes Gutachten [5]) beginnt mit
den Bemerkungen, daß in den Landgerichten Abensberg, Kelheim
und Vohburg noch etliche Personen wegen Hererei eingezogen
werden müssen, daß überhaupt durch die Prozesse täglich neue
Indizien zur Verhaftung weiterer Personen sich ergeben und im
Münchener Falkenturm wegen Menge der Gefangenen kein Platz
mehr sei. Da es aber anderseits in foro conscientiae bedenklich
sei, Heren auf freiem Fuße zu belassen, schlägt der ungenannte
Verfasser zur Beschleunigung der Prozesse vor, eigene Heren=
kommissäre auf das Land zu schicken.

1600 wurden zu München acht Männer und drei Frauen
wegen Hererei hingerichtet, darunter die Landstreicherfamilie Pämbs
oder Gämperl, auch genannt Pappenheimer, von denen wenigstens
mehrere Glieder gemeine Verbrecher, Diebe und Mörder gewesen
zu sein scheinen [6]). Die Bekenntnisse ergaben, daß der jüngste
Sohn, der elfjährige Cyprian, schon im Mutterleibe dem Teufel
geweiht und an seiner Stelle ein anderes gestohlenes Kind getauft
worden sei [7]). Bei dem Urteil gegen diese Familie fand denn
auch der fürstliche Bannrichter Christoph Neuchinger zu Ober=

---

[1]) Schuegraf a. a. O. S. 521 f., 765.
[2]) Mitteilung meines Kollegen Dr. August Hartmann.
[3]) G. Westermayer, Chronik der Burg und des Marktes Tölz (1871),
S. 101.
[4]) Schmeller=Frommann I, 1090.
[5]) Reichsarchiv, Herenakten, unter Nr. 3.
[6]) Reichsarchiv, Herenakten Nr. 2, ein dicker Band.
[7]) A. a. O. Nr. 3, Gutachten der Freiburger Juristenfakultät vom
21. Oktober 1601.

neuching geraten, alles zu häufen, was der barbarischen Justiz der
Zeit an Grausamkeit zu Gebote stand: sechs Verurteilte wurden
auf dem Wege zur Richtstatt je sechsmal mit glühenden Zangen
gezwickt, der Mutter wurden beide Brüste abgeschnitten, den fünf
Mannspersonen mit dem Rade die Glieder abgestoßen, Paulus
Gämperl als der Vater „an den Spieß gezogen" (gepfählt), zuletzt
alle noch lebend verbrannt [1]).

Derartige Prozesse gegen gemeine Verbrecher, denen man in
einer Zeit, da überall Hexerei gewittert wurde, nebenbei auch diese
vorwarf, dürfen nicht mit den eigentlichen Hexenprozessen zusammen=
geworfen werden. Es läge ja ein gewisser Trost darin, wenn
die Auffassung begründet wäre, wonach die verfolgten Hexen
„größtenteils übelberufenen Kreisen angehörten, in denen Unzucht
oder Anschläge auf Leben und Wohlfahrt anderer Menschen viel=
fach sich mit phantastischen Zaubergebräuchen verband" [2]). Wer
aber das Aktenmaterial in großer Ausdehnung kennt, wird mir
beistimmen, daß es nur in seltenen Fällen zu solcher Anschauung
berechtigt, in den meisten dieselbe ausschließt, wie auch Tanners
und Spee's Ausführungen deutlich dagegen sprechen.

Von ergreifender Tragik ist das Schicksal einer allem Anschein
nach durchaus ehrsamen und unbescholtenen Familie, die in den
Prozeß Gämperl verwickelt ward. Unter 21 Personen, die der
Wirt zu Tettenwang (bei Riebenburg) [3]) auf der Folter der Hexerei
bezichtigt hatte, war auch der Klostermüller von Tettenwang mit
Frau und Tochter. Das erpreßte Zeugnis genügte, auch sie auf
die Folter zu bringen. Der Mann starb im Falkenturm. Die
Klostermüllerin ward elfmal aufgezogen, nach dem vierten oder
fünften Mal und nachdem man ihr gedroht, man werde nicht so=
bald von ihr ablassen, erklärt sie, sie würde ja gern etwas sagen,
wenn sie nur wüßte, was sie sagen könnte, ohne ihrer Seele zu

---

[1]) A. a. O. Nr. 3.

[2]) So M. Ritter, Deutsche Geschichte II, 480.

[3]) Ulrich Scholz, der vor acht Jahren „zu einer Hex" (sic) geworden zu
sein bekennt. In der Regel werden die Männer später als Zauberer, Hexen=
männer oder Hexenmeister bezeichnet. Damals aber war die Beschuldigung
der Hexerei gegen Männer offenbar noch so ungewöhnlich, daß man keinen
besonderen Ausdruck dafür hatte.

schaben. Außer den Denunziationen der Verbrecher macht sie
verdächtig, daß ihre elf Kinder aus zwei Ehen bis auf eines gestorben sind und daß in ihrem Hause ein Tiegel voll Salbe gefunden ward. Am 11. August wird auch die zwanzigjährige
Tochter Agnes, später Ursula genannt, elfmal aufgezogen, zehnmal
mit einem 50 Pfund schweren Stein belastet. Das heldenmütige
Mädchen bleibt standhaft, wiewohl ihm alle Glieder zerrissen
werden. Nichts ist aus ihm herauszubringen als Beteuerungen
seiner Unschuld und später die Erklärung, sie wolle denen, die
sie fälschlich beschuldigt haben, gern verzeihen. Sie wünsche vor
Gott, daß ihr Herz nur eine halbe Stunde ein Spiegel wäre,
so würde man darin ihre Unschuld sehen. Wer es nicht mit dem
Gesindel, dem Pappenheimer und seinen Spießgesellen, habe
halten wollen, den haben diese angefeindet; besonders rühre die
Feindschaft daher, daß ihr Vater und der alte Pappenheimer
einmal hintereinander gekommen seien. Vor dem Beginn der
Folter hatte der Hofrat Wagnereck, um sie zu entzaubern, lateinische
Psalmen oder Verse über sie gesprochen. Da hier der Name
Jesus vorkam, sagte sie: sie wolle diesen Jesus nit (in dessen
Namen man Unschuldige martert, ist wohl zu verstehen), sondern
wolle den haben, der sie erschaffen und für sie am Stamme des
Kreuzes gelitten.

Nun läßt man ihr etwa zehn Wochen Ruhe, sei es, daß
man Gutachten über die Zulässigkeit weiterer Tortur abwartet,
sei es, daß der Henker die Gefolterte mittlerweile notdürftig kurieren
oder daß auch die Schrecknisse des Kerkers ihre Wirkung üben
sollen. Am 20. Oktober aber lassen sie die Herren Kommissäre:
Pronner, Wagnereck und Haimbmiller aufs neue zur Tortur
schleppen. Und jetzt, nach viermaligem Aufziehen, ist die Kraft
der Aermsten gebrochen, besonders nach dem Vorhalt, daß ihre
Mutter sie bereits als Unholden angezeigt habe. „Wenn ihre
Mutter sage, sie sei ein Unhold, so wolle sie halt auch einer sein,
und fängt an zu heulen, doch ohne Vergießen von Zähren.“ Wer
sie die Unholderei gelehrt habe? „Will halt sagen: meine Mutter.“
Zuletzt verliert sie die Besinnung, fällt auf den Boden und krümmt
sich seltsam. Vier Tage darauf begeht sie einen Selbstmordversuch,
worauf eine Reihe neuer, doch nur gütlicher Verhöre angestellt

wird. „Hat sich anfangs gestellt, als wenn sie gar verstummt
wäre." Allmählich fängt sie an zu erzählen, ganz leise: der Teufel
sei an diesem Morgen in Gestalt eines Bauernknechtes zu ihr vor
das Fenster gekommen und habe gesagt: Sieh dich vor; die Schelme
(salvo honore, setzt das Protokoll hinzu) werden jetzt wieder kommen
und dich hart peinigen. Bring' dich um, so entgehst du der Marter
und dem Köpfen! Darauf habe sie nach einem Messer gegriffen,
das die Eisenmeisterin in ihrer Keuche liegen gelassen, und sich
damit in den Hals gestochen. Gebrochen und verzweifelnd, viel=
leicht auch in der trügerischen Hoffnung, gerade durch die Fülle
der Geständnisse deren Wahnwitz zu erweisen, bekennt sie nun alles,
was man hören will. Sie habe eine Menge Kinder umgebracht,
habe an dreißig Herzlein (von Kindern) gegessen, habe acht alte
Leute durch Bestreichen mit der Salbe getötet, sei ausgefahren,
besonders zu Brunn im Schloß (an der Altmühl) in den Keller, wo
sie guten Wein getrunken. Des Edelmanns Weib dort habe sie
„erkrümbt". Sie habe an 20 Rinder gefällt, vielen Kühen die Milch
benommen, fünf Wetter, öfters auch Reif, Regen und Nebel gemacht.
Im Alter von acht Jahren sei sie durch den obersten Teufel ihrem
Buhlen, der die Gestalt eines schönen Bauernknechtes gehabt, vor=
gestellt worden und habe mit diesem sich vergangen. Sie habe
Gott verleugnen müssen, und wenn sie in die Kirche kam, seien
die Predigten zum einen Ohr ein= und zum anderen ausgegangen.
Beim Tanzen habe sich der Teufel bald zu einer Schlange, bald
wieder zu einem Menschen gemacht. Tanzplätze seien zu Kohl=
mühl, Simlsberg, bei der Tränk und beim Streitholz. Am
27. Oktober wird während ihres Verhörs „gespürt, daß sie von
dem bösen Geist angefallen und diesen Tag etwas verkehrt ge=
wesen". Den Schluß der Akten bilden zwei Revokationen, laut
deren mehrere Angeklagte in Beisein des Beichtvaters und Rent=
schreibers ihre Beschuldigungen anderer Personen widerrufen;
die Tochter des Klostermüllers erklärt, sie habe ihre Aussagen zum
Teil aus Schmerz, zum Teil aus Furcht vor weiterer Marter
gemacht. Sie endete, gleich ihrer Mutter, auf dem Scheiter=
haufen [1]).

---

[1]) Ihre sowie des gleichfalls von den Pappenheimer'schen benunzierten

Daß die Kinder von Hexen in der Regel in das tragische Schicksal ihrer Mutter hineingerissen wurden, bedarf kaum besonderer Erwähnung. Unter den Angeklagten eines Prozesses, über den Akten der Ingolstädter Statthalterei aus den Jahren 1610—18 vorliegen [1]), sind ein zwölfjähriges Mädchen und ein neunjähriger Knabe, die Kinder eines Soldaten der Ingolstädter „Leibguardi" und einer hingerichteten Hexe. Durch Rutenhiebe entlockt man ihnen die Geständnisse, daß sie ausfahren können, daß sie es von ihrer Mutter gelernt haben, daß jedes seine besondere Gabel besitze und jedes immer seine Gabel selbst geschmiert habe. Da aber die näheren Angaben der beiden über diese Ausfahrten nicht im geringsten übereinstimmen, entsteht im Richterkollegium peinliche Verlegenheit.

1607 oder 1608 wurde eine Bäuerin von Winden im Gericht Schwaben in den Falkenturm in München geworfen, weil sie ein Schauerwetter gemacht habe. Thatsächlich konnte man nichts gegen sie vorbringen, als daß sie mit dem Weihwedel in der Kirche in auffälliger Weise hantiert hatte, und dies Gebaren erklärt sich einfach daraus, daß sie geisteskrank oder geistesschwach war. Nach der Meinung der Richter selbst „nicht furios, unsinnig, phrenetisch, aber träppig, gwalmisch [2]), einfältig". „Auch närrische Menschen haben ja memoriam und wissen, was sie gethan." Ein andermal erklären dieselben Richter geradezu, die Bäuerin sei „verrückt und in der Tortur nicht verständiger geworden". Auch der Henker sei von ihrer Hexerei nicht überzeugt. Daß sie trotzdem hart gefoltert wurde, würde unbegreiflich sein, wenn nicht bei den Hexenprozessen das der Vernunft und Gerechtigkeit Widersprechende die Regel wäre. Die zwei herzoglichen Kommissäre, darunter der Hofoberrichter, ließen sie sechsmal foltern, zuerst mit

---

Webers Johann Clusius (?) Verbrennung wird in dem Freiburger Gutachten vom 21. Oktober 1601 (Reichsarchiv, Hexenakten Nr. 3) erwähnt.

[1]) Reichsarchiv, Hexenwesen Nr. 7a. In der Reichsstadt Augsburg muß 1685 ein zehnjähriger Knabe, den seine Mutter zur Hexerei verführt haben soll, deren und zweier anderen Hexen Hinrichtung zusehen, worauf er mit einem „Stadt-Schilling" entlassen wird. Cgm. 2026 unter 1685.

[2]) Beide Ausdrücke, deren Sinn wenigstens beiläufig zu erkennen ist, bilden Nachträge zu Schmeller-Frommanns Wörterbuch.

dem Daumenstock „bis zum Blutvergießen und bis der Stock aufgestanden", dann mit der chorda, an der man sie „ziemlich lang" hängen ließ. Dann aber hat man in die Kommissäre „Mißtrauen gesetzt und die Akten von ihnen gefordert" — nicht etwa wegen Anwendung der Tortur gegen eine Geisteskranke, sondern im Gegenteil, weil sie berichteten, auf weitere Tortur könnten sie nicht erkennen. Nachdem die Unglückliche noch acht Monate ohne weiteres Verhör im Falkenturm gelegen, nahm sie sich in der Verzweiflung selbst das Leben, und dieser Selbstmord veranlaßte die zwei Berichte des Hofrats an den Herzog vom 30. November 1608, aus denen unsere Darstellung geschöpft ist, einen ausführlicheren und einen, der in kürzere Form gebracht ist, „damit es dem Herzog nicht zu lang und verdrießlich werde" [1]).

In Donauwörth [2]) gingen wie am Niederrhein und in der Markgrafschaft Baden [3]) die Herenverfolgungen Hand in Hand mit der katholischen Restauration, welche Maximilian in der eroberten Reichsstadt anfangs behutsam, erst nach seinem Siege am Weißen Berge rücksichtsloser durchführte. Am 29. November 1608 ward eine Schustersfrau hingerichtet, die während einer Prozession ein Unwetter gemacht haben sollte. Eine reiche Kauf= mannswitwe, Anna Pucherin, mußte am 18. März 1609 den Scheiterhaufen besteigen. Ihre durch die Folter erpreßten Ge= ständnisse besagten, sie habe mit dem Teufel, der ihr in Gestalt eines schönen, munteren Jünglings von einer anderen Here zu= geführt worden sei, geschmaust, getanzt, gebuhlt, sich ihm mit Leib und Seele ergeben, an Herentänzen teilgenommen, während eines über Donauwörth niedergegangenen Donnerwetters einen Besenritt durch die Luft gemacht und durch dreimaligen Reif alles Obst in der Gegend verdorben. Ihr Vermögen wurde konfisziert, einige

---

[1]) Kreisarchiv München a. a. O.

[2]) S. P. Ph. Wolf, Geschichte Maximilians I., II, 269 und besonders Stieve, Ursprung des Dreißigjährigen Kriegs I, 334 und Anmerkungen S. 113, 453.

[3]) Ob etwa auch in der Oberpfalz, vermag ich nicht anzugeben. Vom Kreisarchive Amberg erhielt ich den Bescheid, daß es (außer der unten zu erwähnenden Supplikation Delmucks von 1656) keine Herenprozeßakten ver= wahre.

hundert Gulden davon den Jeſuiten angewieſen. Zugleich mit
der Pucherin wurden zwei andere Heren zum Tode verurteilt.
Am 3. November 1610 befürwortete der Statthalter Bemelberg
das Geſuch eines katholiſchen Bürgers Keßler um Freilaſſung
ſeiner ſeit zwei Jahren gefangenen Frau, die ſchon viele Torturen
ausgeſtanden habe. Die Frau erlangte jedoch die Freiheit erſt,
nachdem ſie auf Befehl des Herzogs nach München gebracht und
ihr auch dort kein Geſtändnis entriſſen worden war; die Rück=
kehr nach Donauwörth ward ihr verboten. Um dieſelbe Zeit ließ
Bemelberg in ſeiner Pflege Wembing zehn Heren verbrennen,
welche die Donauwörther Jeſuiten auf den Tod vorbereiteten.

　　Dazwiſchen machte Maximilian einen Verſuch, auch geiſtliche
Gerichte wieder zu Herenprozeſſen heranzuziehen. Wahrſcheinlich
lag dabei nicht die Abſicht zu Grunde, dieſe Prozeſſe den weltlichen
Gerichten zu entziehen, ſondern die, daß geiſtliche und weltliche
Gerichte nebeneinander ſelbſtändig, aber mit vereinter Kraft dem
Unweſen zu Leibe gehen ſollten. Am 4. Mai 1604 gewährte
nämlich Papſt Clemens VIII. auf Bitte Maximilians dem Propſte
Unſ. L. Frau und dem Dechanten von St. Peter in München
ſowie den Pröpſten zu Landshut und Straubing, alſo geiſtlichen
Behörden in dreien der vier Regierungsſitze [1]), auf drei Jahre
die Vollmacht, Unterſuchungen und Prozeſſe gegen Zauberer und
Heren zu führen und darin Urteile zu fällen (facultatem inqui-
rendi et procedendi contra maleficos et striges et eorum causas
cognoscendi), auch wenn dieſe Dinge das Amt der hl. Inquiſition
berühren. Nach Gutdünken ſolle ihnen auch geſtattet ſein, bei
dieſen Prozeſſen einige im Kirchenrecht und in Kriminalſachen
erfahrene Männer, auch einige Magiſter der Theologie als Be=
rater beizuziehen [2]). Bisher iſt nichts von Herenprozeſſen bekannt
geworden, welche die genannten geiſtlichen Behörden auf dieſen
päpſtlichen Erlaß hin geführt hätten, wie überhaupt aus der
Blütezeit der Herenprozeſſe eine Thätigkeit der geiſtlichen Gerichte

---

[1]) Burghauſen fehlt, wohl aus dem Grunde, weil ſich dort keine geiſt=
liche Behörde fand, die zur Uebernahme dieſer Funktion geeignet erſchien.

[2]) Datum Romae apud St. Petrum 4. Mai 1604. Original im Geh.
Hausarchiv VI, III, n. 1569; Stieve, Kurfürſt Maximilian I. von Bayern,
Akad. Feſtrede (1882) S. 33, Anm. 27.

auf diesem Gebiete nicht nachzuweisen ist. Unter den Fällen, die im Bistum Augsburg durch Mandat vom 14. Sept. 1596 der Kompetenz des bischöflichen Gerichtes oder Konsistoriums zugewiesen werden [1]), wird Zauberei und Hexerei n i c h t aufgezählt. Es ist merkwürdig, aber als nachhaltige Wirkung der alt= heidnischen Anschauung wie als Folge der herrschenden Gesetz= gebung wohl erklärlich, daß in der Periode des ärgsten Wütens der Hexenprozesse dazwischen auch einzelne Prozesse wegen anderer Arten der Zauberei geführt wurden, bei denen die Frage der Hexerei gar nicht aufgeworfen erscheint. Diese Prozesse unter= scheiden sich von den Hexenprozessen dadurch, daß meist Männer, nicht Weiber den Anlaß zur Verfolgung boten, und daß ein gewisser Thatbestand, die Absicht, durch zauberische Künste sich oder anderen Vorteile zuzuwenden, vorlag. Daß trotzdem das Urteil hier in der Regel glimpflicher ausfiel als bei den meist gänzlich grundlosen Hexenprozessen, beruht aber darauf, daß durch die Zauberei kein Schaden angerichtet war, und steht im Ein= klang mit der alten Uebung. So gab 1598 in München [2]) der Fund von Zauberbüchern [3]) im Besitze des Wolf Scheirer Anstoß zu einer Untersuchung, in die eine größere Zahl von Personen verwickelt wurde. Die Frau des Wolf Scheirer gab an, sie habe diese Zauberbücher oft verbrennen wollen, doch ihr Mann habe es nicht gelitten, habe sie sogar deswegen geschlagen. Er sei mit diesen Büchern oft zu Bekannten in den fürstlichen Marstall ge= gangen, auch seien die Bücher beim Schatzgraben auf dem Hessel= loch gebraucht worden. Kaspar Müncher, deutscher Schulhalter in der Stadt, ward gefragt, ob sich nicht etliche Bürger bei ihm mehrmals versammelt und von Geistern, Schatzgraben und Schwarz=

---

[1]) Braun, Gesch. der Bischöfe von Augsburg IV, 72. In dem Religions= mandate des Bischofs Heinrich von Augsburg von 1600 (a. a. O. 109) wird bei Leibesstrafe verboten das Wahrsagen, Segensprechen, Zauberei und alle Arten von Aberglauben. Bücher, die von solchen Dingen handeln, soll nie= mand lesen oder sich vorlesen lassen.

[2]) Stadtarchiv München, Malefizprotokoll von 1598, f. 20 f.

[3]) Papst Sixtus V. hatte 1585, 5. Januar, alle Zauberbücher, Astro= logie, magischen Künste u. s. w. verboten. Die Bulle ist u. a. gedruckt bei Binsfeld, Confess. malefic. (1623) p. 628 f.

künften gesprochen hätten. Zu den Verhafteten gehörten der
Bildhauer und Bürger Hans Arnhofer, der bei dem Schatzgraben
in Hesselloch gewesen, Jakob Erlemuß (?), der, wie es scheint,
Alchemie trieb, der frühere Besitzer der Zauberbücher Ulrich Götz,
Loberknapp von Kaufbeuren, jetzt Bürger zu München, und Magda=
lene, sonst „die schwarz Christlin" genannt, die bei männiglich
in der Stadt als „Schwarzkünstlerin" beschrieen sei. 1599 ward
Peter Englhard von Pernstein, ein Kriegsmann, der in Ungarn
gedient hatte und durch den Besitz vielen Silbergeschmeides in
den Verdacht geraten war, seinen früheren Herrn bestohlen zu
haben, auf der Folter u. a. auch gefragt, was er mit Teufels=
beschwörungen gethan, von wem er das erlangt und mit wem er
es getrieben habe[1]. Im Münchener Reichsarchive ist eine Hand=
schrift mit dem sogenannten Segen des Papstes Leo, die, wie es
scheint, 1656 bei einer „Zaubrerin", Marie Reiter, konfisziert
wurde. 1693 wurden vom Gericht Kelheim Maria Barbara
Reichweinin, „geweste Beisitzerin und Kapellmeisterswitwe" von
Regensburg und „ihr Anhang", der Lizentiat der Rechte Jos.
Ignaz Rieder, von Landshut gebürtig, verhaftet. Man nahm
ihnen Manuskripte ab, die Planetentafeln, Anleitung zu Geister=
beschwörungen, kabbalistische Zeichnungen u. s. w. enthalten[2].
Ein kurfürstlicher Befehl vom 1. August 1693 an die Regierung
zu Straubing ordnete jedoch, falls sich weiter gegen die Verhafteten
nichts ergeben würde, deren Entlassung an, doch sollte ihnen
exemplarische Strafe angedroht werden, wenn sie sich ferner in
dergleichen Unthaten betreffen ließen.

Im Hochstift Eichstätt war das Schatzgraben besonders stark
im Schwange, so daß 1731 eine eigene bischöfliche Verordnung
dagegen erging. Der eichstättische Rentmeister Bertlin, der 1725
wegen großartiger Unterschlagungen verhaftet und nach neun=
jährigem Prozeß zu lebenslänglicher Haft verurteilt wurde, soll
sich vorher als Kastner in Nassenfels eifrig mit Schatzgräberei
beschäftigt und hiezu von dem Juden Heilbronner zu Fürth ein

---

[1] Stadtarchiv München, Malefizprotokoll 1599—1604, f. 3.
[2] Jetzt ebenfalls im Reichsarchiv. S. Regnet in der Archivalischen
Zeitschrift VI, 252, 253.

Zauberbuch um 40 fl. gekauft haben. Ueberdies soll er Leib und
Seele dem Teufel verschrieben haben [1]. Zuweilen hatten bei
derartiger Magie gewerbsmäßige Betrüger die Hand im Spiel.
1567 war nach Augsburg eine alte Wahrsagerin gekommen, die
aus dem Geschlechte der fränkischen Freiherren von Wolfstein
stammen wollte und auf ihr Vorgeben, alle verlorenen Sachen
wiederzubringen, ungeheuren Zulauf fand. Als sie sich in der
Stadt nicht mehr sicher fühlte, siedelte sie nach dem benachbarten
Leutershofen über. Binnen Jahresfrist soll sie an 100 000 fl.
„erpraktiziert" haben. Endlich ward sie vom Landvogt verhaftet
und in Burgau gefoltert, wobei sich ergab, daß sie „weder mit
der Schwarzkunst noch einiger Zauberei der Hexen", sondern mit
lauter Lügen, Nasendrehen und Betrug gewirkt hatte. Sie mußte
die Hälfte des abgezwackten Geldes zur Strafe erlegen und ward
auf ewige Zeiten des Landes bis jenseit des Rheins verwiesen [2].
Verwandt ist ein jüngerer Fall aus der Oberpfalz, der kurz berührt sei [3]. Am 19. September 1746 erklärte der Kurfürst Karl
Theodor in einem Erlasse, in seinen Landen beginne das Laster
der Zauberei und der beim Schatzgraben gewöhnlichen abergläubischen Teufelsbeschwörungen einzureißen; derlei böse Leute ver-
fügen sich expresse in das Bayreuthische, um dort dergleichen
Bosheiten ordentlich zu erlernen. Ein gewisser Johann Peter
Peter, Jäger im Dienste der Frau v. J. auf Rupprechtsreut,
geborenen v. S., der Witwe eines sulzbachischen Oberstforstmeisters,
habe solches verübt und solle dingfest gemacht werden. Die
Untersuchung ergab, daß Frau v. J. einen angeblich auf ihrem
Schlosse Rupprechtsreut (wo man auch öfters eine weiße Frau
umgehen sah) vergrabenen Schatz heben wollte und sich zu diesem
Zwecke unter Vermittlung ihres Jägers an einen gewissen Braun
in Stadt Kemnat wandte. Der Jäger gestand, seine gnädige
Frau habe ihn befragt, ob er das Herz habe, sich mit seinem
Blut für einige Zeit dem Teufel zu verschreiben; sie würde ihm
dann durch die Geistlichkeit schon wieder loshelfen. Er habe zu-

[1] S. Rieder, Geschichte von Naffenfels, Neuburger Kollektaneenblatt I,
75; II, 115.
[2] Cgm. 2026 (Malefizbuch der Stadt Augsburg) unter dem Jahre 1567.
[3] Reichsarchiv, Hexenakten (pfalz-neuburgische) Nr. 41.

gesagt auf die Bedingungen 1. einer lebenslänglichen Pension
für sich und seine Familie, 2. daß ihm die Teufelsverschreibung
an seiner Seligkeit nicht schädlich sein solle. Braun, dem die
Frau v. J. für die zur Beschwörung nötigen Sachen an Geld
und Geldwert etwa 100 fl. geben mußte, verspricht den „Spiri=
tus" auf dem Kreuzberg abzuholen und läßt vor dem Jäger
zweimal den Fürsten der Geister, den Culimetto, erscheinen.
Frau v. J. erklärt, als Brauns Bescheid von der nötigen Blut=
unterschrift kam, sei sie sogleich nach Weiden zum Prediger der
Kapuziner gegangen, und dieser habe ihr davon abgeraten. Sie
habe dem Jäger nur ein E, U, J mit Hahnenblut geschrieben,
um ihn zu foppen. Im Besitze des Jägers wurden Zauberbücher
gefunden, u. a. das schon von Hartlieb erwähnte Vinculum oder
Clavicula Salomonis, auch eine Schrift mit Blut. Welches Urteil
gefällt ward, ist aus den Akten nicht zu ersehen.

Am 12. Februar 1611 erließ Herzog Maximilian ein um=
fassendes Landgebot wider Aberglauben, Zauberei, Hexerei und
andere Teufelskünste [1]). Der Aberglaube, heißt es in der Ein=
leitung, sei keine so geringe Sünde, wie er insgemein betrachtet
werde, sintemalen alle superstitiones von dem verfluchten Teufel
erfunden seien. Besonders das Wahrsagen und die unkirchlichen
Segen seien stark im Schwange. Die Nachrichter und dergleichen
Gesellen, etliche alte Weiber, bei denen in solchen Sachen ge=
meiniglich Rat gesucht wird, die Schmiede auf dem Lande und
wohl auch in Städten seien vornehmlich im Auge zu halten. Die
Beamten sollen das Mandat zweimal im Jahre, zu Weihnachten
und Pfingsten, auf den öffentlichen Kanzeln verlesen lassen. Hier
treten uns nun einerseits alle Formen des im Volke lebenden Aber=
glaubens entgegen, anderseits aber ein Gesetzgeber, der selbst dem
gröbsten Aberglauben von wirksamem Teufelsbündnis und Teufels=
buhlschaft huldigt. Und im Verhältnis zu dem abergläubischen
Wahn des Gesetzgebers, der zu grausamen Verfolgungen und
Justizmorden führt, erscheinen die abergläubischen Volksgebräuche
als harmlos. Das Landgebot zählt 52 Formen des Aberglaubens
auf, die mit Strafe bedroht werden, 15 mit Anrufung der bösen

---

[1]) Druck. Staatsbibliothek, Bavar. 960 in 2°.

Geister, 37 ohne ausdrückliche Anrufung derselben und sine pacto expresso. So die Wahrsagerei, das Versprechen oder die Kunst, den Leuten gestohlenes oder verlorenes Gut wiederzubringen, das Nativitätenstellen. Alles dies, mag nun das Wahrsagen durch Spiegel, Glas, Krystall, Ringe, ein Sieb oder Becken u. s. w. geschehen, „kann nicht wohl anders als per spiritus familiares und heimlich vermeintlich gefangene oder beschworene böse Geister zugehen". Es sind daher solche Leute der Zauberei und Gemein=schaft mit dem bösen Geist hoch verdächtig. Ferner wird ver=boten der Besitz von Zauberbüchern [1]), abergläubische Worte oder Werke, in der Andreas=, Thomas=, Christnacht oder „anderen der=gleichen Nächten" angewendet, um verborgene oder künftige Dinge zu erfahren, Bannung der bösen Geister ohne christliche geistliche Mittel, z. B. durch Kreise, die auf Kreuzstraßen gezogen werden, durch Farnsamen, durch Ausgraben der Mandragora, des Alrauns oder toter Körper, das Beschwören der Schlangen, Nattern, Ratten, Mäuse. Ebenso das Ansegnen und Vertreiben der Gewitter ohne die zugelassenen geistlichen Mittel, das Anfertigen von Bildern von Wachs, Blei oder Metall zur Bezauberung der Leute, be=sonders wenn solche Bilder verletzt oder durchstochen werden, alle Segen [2]) (auch die am Hals oder Leib getragenen und die über Wehr und Waffen ausgesprochenen), welche dem Gebrauch der

---

[1]) Ueber die Ausgaben des besonders verbreiteten Zauberbuches Clavi-culae Salomonis („Für solche halbe Höllenbrut ist Salomonis Schlüssel gut", sagt Faust) vgl. Sterzingers Aufsatz in seiner „Bemühung den Aberglaube (sic) zu stürzen", S. 48. Im Reichsarchiv befinden sich unter den Herenakten Nr. 50 (Fragment von 1532), 51 (mit schwarzen und farbigen Bildern), 52 (mit der Jahrzahl 1597, 1659 im Besitze eines Andreas Schmidt) Zauber=bücher, die wohl durch Konfiskation in das Staatseigentum übergegangen sind. Vgl. über dieselben Regnet, Von Zauberapparaten und Herenakten im Reichs=archiv zu München (Archivalische Zeitschrift VI, 245 f.). Aus der Gerichts=schreiberei in Dingolfing, in die es wahrscheinlich durch Konfiskation bei einem Zaubererprozeß gelangt war, kam ein Zauberbuch, betitelt: „Manuale magi-cum, Doctoris Fausti, i. e. Magnum quadratum Pendaulum Salomonis regis" von 1743 an die Franziskaner in Dingolfing. Jetzt clm. 5736.

[2]) Nider erzählt wohlgefällig von einer Jungfrau im Constanzer Sprengel, die durch Segen Verzauberung heilte. Formicarius p. V a. a. O. p. 319. Man glaubte auch an todbringende „Segen", wie aus der Erzählung der Zimmerischen Chronik IV, 78 f. von der Gräfin von Bitsch erhellt.

katholischen Kirche zuwiderlaufen — zwei für das kranke Vieh
und für Wunden häufig gebrauchte Segen werden dabei im Wort=
laut mitgeteilt. Ferner alle Amulette sowie der an Thüren,
Betten, Wiegen u. s. w. eingeschnittene Drudenfuß, das Anhängen
eines leinenen Kleides an den Hals von Frauen, die sich beim
Abnehmen der säugenden Kinder dadurch vor Brustschmerzen be=
wahren wollen, der Gebrauch von Ketten oder Stricken Hin=
gerichteter von den Hochgerichten und der Gebrauch von Richt=
schwertern oder von Werkzeugen, mit denen sich ein Selbstmörder
den Tod gegeben, zu abergläubischer Anwendung, das Schatz=
graben und was mit Zurück= oder Hinter=sich=Werfen oder Gehen [1]),
auch ohne Anrufung des bösen Feindes geschieht, das Kaufen wie
Abkaufen des Fiebers oder anderer Krankheiten. Ferner das
maleficium ligaminis. wodurch Männer oder Weiber unfruchtbar
gemacht werden, das Einsiedenlassen von Milch am Feuer, um
dem Mangel der Milch beim Vieh abzuhelfen, das Herabwerfen
eines gekleideten oder angezündeten Bildes des bösen Geistes von
der Höhe der Kirche an Christi Himmelfahrt, das Bestreichen des
am Charfreitag in den Kirchen niedergelegten Kruzifixes mit
Eiern, Brot, Fett u. s. w. und das (geheime oder öffentliche)
Einschieben gewisser Sachen unter das Altartuch zu Zauberzwecken,
die Aberlässe der Pferde am Stephanstag, das Ausgraben von
Kräutern oder vierblätterigem Klee in gewissen heiligen Nächten
und Stunden und mit gewissen Zeremonieen, die Enthaltung vom
Fleischgenuß am Oster= oder Weihnachtstag gegen das Fieber, die
Kalender, worin etliche Tage als glück=, andere als unglückbringend
bezeichnet werden, das Herumtragen von Heiligenbildern mit
Trommeln und Pfeifen (so St. Urban durch die Schäffler,
St. Loy durch die Schmiede), die dann, wenn es nicht schön
Wetter ist, ins Wasser geworfen werden — ein Brauch, der jetzt
nicht mehr so sehr im Schwange sei wie früher. Auch ganz harmlose
Gebräuche der Volksmedizin wie das Baden am Weihnachtsabend
oder Fasnachttag gegen Fieber und Zahnweh werden mit Strafe
bedroht.

----

[1]) Und doch hatte das letztere der Malleus maleficarum und nach ihm
Tengler den Richtern gegenüber den Hexen empfohlen!

Vergleicht man dieses Verzeichnis des in Bayern herrschenden
Volksaberglaubens mit den umfassendsten Repertorien des mittel=
alterlichen Volksaberglaubens, welche, wie erwähnt, Vintlers
„Blumen der Tugend" und Hartliebs Buch aller verbotenen
Künste bieten, so findet man, wie sich ja erwarten läßt, einen
guten Teil, wohl die Hälfte der 1611 aufgeführten abergläubischen
Bräuche in gleicher oder ähnlicher Form schon zwei Jahrhunderte
vorher bei Vintler und Hartlieb erwähnt. Auch das Landgebot
nennt viele Bräuche, bei denen undenkbar ist, daß sie ohne Zu=
thun oder wenigstens Zulassen der Geistlichkeit aufgekommen seien.
Sind doch z. B. für die „Segen" gegen verschiedene Uebel gerade
klösterliche Handschriften des Mittelalters unsere ergiebigste Fund=
grube!

Den zweiten Teil des Landgebots bilden Strafsatzungen, be=
sonders wider Hexerei. Wer den Teufel anruft oder anbetet,
wird lebendig verbrannt, wer es indirekt thut, zuerst enthauptet.
Wahrsager, Zauberer, Schwarzkünstler und dergleichen Gesindel,
Nativitätensteller, Eingeber von Liebesträuken sowie solche, die
jemanden gefährliche Krankheiten an den Hals zaubern, werden
mit dem Schwert gerichtet, die sie befragen, des Landes verwiesen.
Wer mit dem bösen Feinde einen Pakt schließt (Art. 9), wird
mit peinlicher Frage angegriffen, mit dem Scheiterhaufen und
mit Einziehung seiner Habe und Güter bestraft, wenn er überdies
Menschen, Vieh und Früchten durch Zauberei Schaden zufügt,
mit glühenden Zangen gezwickt, ehe er „an das Feuer gesetzt
wird". Hat jemand ohne Teufelsbund und Teufelsbuhlschaft
jemanden durch Zauberei oder Gift geschädigt, wird er nach der
Carolina bestraft, seine Güter aber den Erben gelassen. Wenn
(Art. 14) „wider jemand glaubwürdig fürkommt oder sonst red=
liche, erhebliche und in Rechten zulässige Vermutungen vorhanden",
daß er einen Bund oder Gemeinschaft mit dem Teufel gehabt
habe oder habe, gegen den soll je nach den Indizien mit der
Tortur schärfer oder gelinder verfahren werden. Auch wenn er
geständig ist, soll von ihm erforscht werden, wann, welcher Ge=
stalt, wie oft, was Orten und Enden er diese Laster geübt, von
wem er sie gelernt, wer ihm dazu geholfen hat u. s. w. Merk=
würdig ist, daß auch die beliebte Alchemisterei durchaus verboten,

mit Geldstrafe, Gefängnis oder Landesverweisung bedroht wird.
Und doch trieb selbst Maximilians Oheim, der Kurfürst Ernst
von Köln, „alchimische Arbeit", die ihm, wie er 1595 dem Kaiser
Rudolf berichtete [1]), wohl von statten ging.

Die große Gesetzgebung Maximilians von 1616 beließ es in
Bezug auf Hexenverfolgungen im allgemeinen bei den Bestim=
mungen der Carolina und hat auch durch die wenigen besonderen
Anordnungen, die sie in dieser Hinsicht traf, keine Aenderung der
herrschenden Praxis herbeigeführt. Während die Malefiz=Prozeß=
ordnung dieses Jahres über einige Verbrechen, wie Unkeuschheit,
Giftmord, Diebstahl, in besonderen Artikeln handelt, geschieht dies
nicht für Ketzerei und Zauberei, eine Unterlassung, die sich wohl
durch die erst vor fünf Jahren ergangene besondere Verordnung
erklärt. Die Bestimmungen dieses Gesetzbuches, die für Hexen=
prozesse in Betracht kommen, sind vornehmlich folgende. Laut
Tit. III, Art. 7 (S. 808) gehören Ketzerei und Hexerei zu den
Verbrechen, bei denen die Regel, daß kein Verdächtiger ohne vor=
liegendes corpus delicti gefänglich angenommen noch weniger
peinlich gefragt werden könne, nicht statt haben soll. Auf
Gesellen und Mithelfer mag man bei der Tortur wohl fragen,
nur nicht auf eine bestimmte Person (III, 12, S. 810). Wenn
einer auf die erste Tortur hin (III, 13, S. 811) die Uebelthat
bekennt, hernach aber widerruft mit dem Vorgeben, seine Aussage
sei nur aus Schrecken und Marter erfolgt, soll er zum zweiten=
male und, wenn die Indizien stark sind, auch zum drittenmale
gefoltert werden. Und kommen neue Indizien wider ihn auf,
so mag er (auch wenn schon dreimalige Tortur vorhergegangen)
von neuem gefoltert werden. Ueberdies kommt in Betracht, daß
Torturen zum Zwecke der Fragestellung nach Gesellschaft, Helfern,
Rat= oder Befehlsgebern nicht unter die Zahl der anderen
Torturen zu rechnen sind. Die Bekenntnisse der Gefolterten
sind (III, 17, S. 813) gen Hof oder an die Regierung zu schicken
und dann weitere Befehle abzuwarten. Ueberhaupt hat der
Richter nach Tit. V, Art. 4 (S. 818), wenn das Urteil beschlossen
ist, alle Akten an den fürstlichen Hofrat oder die Regierung zu

---

[1]) Stieve, Wittelsbacher Briefe V, Nr. 191, S. 105.

schicken und darauf weiteren Bescheid zu erwarten. Tit. VIII, Art. 9 (S. 827) endlich besagt, daß diejenigen, die mit dem Feuer vom Leben zum Tode gerichtet werden sollen, in der kaiser= lichen peinlichen Halsgerichtsordnung (der Carolina) ausdrücklich genannt sind. Wenn aber die Uebelthat „nicht gar schwer" ist und der Uebelthäter christliche Reue seiner Missethat zeigt, mag der Richter diese Strafe also mildern, daß der arme Sünder nicht lebendig verbrannt, sondern zuvor an der Säule (des Scheiterhaufens) erdrosselt werde.

So vermissen wir in Maximilians Stellung zur Hexenfrage durchaus die Verständigkeit, die ihn sonst auszeichnet. Allerdings hat er in den Jahren 1601—1603 Bedenken getragen, drei Weiber, die von angeblichen Mitschuldigen der Pappenheimer als Hexen angegeben worden waren, sofort der Tortur zu unter= werfen, und hat darüber nicht nur von der theologischen und juristischen Fakultät in Ingolstadt, sondern auch von der theo= logischen Fakultät in Dillingen, von den juristischen Fakultäten in Freiburg und Köln, von den Juristenkollegien in Bologna und Padua, von dem Hexenschriftsteller P. Martin Delrio, von dem lothringischen Rate und berühmten Hexenrichter Nikolaus Remigius, vom Kurfürsten Lothar von Trier und vom Kurfürsten Johann Adam von Mainz wie dessen Nachfolger Johann Schweikhard sich Gutachten erbeten [1]. Der Kölner Juristenfakultät waren schon einige Jahre vorher von Maximilian 32 „wichtige und schwierige Fragen" über den Hexenprozeß vorgelegt worden, Delrio beantwortete am 4. Oktober 1602 40 Fragen des Herzogs und ließ später noch ein zweites und drittes Gutachten folgen [2]. Eine ähnliche ängstliche Umständlichkeit, die das Aktenmaterial zu einem einzigen Prozeß zu einem Berge anschwellen läßt, ist auch sonst zuweilen nachzuweisen und steht in merkwürdigem Gegensatz

---

[1] Meist im Reichsarchiv unter Hexenakten Nr. 3. Das Paduaner Gut= achten (sacri collegii Patavini) auch in cgm. 2622, f. 144. Dieses kam zu dem Schlusse (§ 102): Eine bestimmte Lehre darüber, welche Indizien zur Tortur genügen, kann nicht aufgestellt werden.

[2] Im Gegensatz zu ihm vertrat ein Ungenannter (Hexenakten Nr. 3) die Ansicht, daß die Tortur in diesem Falle nicht zulässig sei. In diesem Gutachten wird erwähnt, daß die drei Weiber bereits gegen Kaution entlassen seien.

zu der Thatsache, daß man die einfachsten Grundsätze der Logik und Menschlichkeit mit Füßen trat. Im übrigen ergibt sich aus den Akten zur Genüge, daß Maximilian seine Gerichte im Auf=spüren der Hexen nicht rührig, im Prozeß nicht streng genug waren. 1612 forderte er von seinen Behörden in einem gedruckten Mandat sorgfältige Spähe und strenges Einschreiten gegen die Hexen [1]). 1625 (März 24) brachte er diesen Befehl der Regie=rung zu Landshut neuerbings in Erinnerung, aber nach vier Jahren fand er schon wieder, daß im Rentamte Landshut den abergläubischen Künsten nicht mit gebührendem Eifer nachgegangen werde, weshalb das Laster der „Unholderei" dort mehr und mehr überhandnehme, und drang auf Verfolgungen. Bei empfindlicher und unnachsichtlicher Strafe sollte auf Hexerei und Aberglauben fleißig Spähe gehalten werden [2]). Als 1619 der Ingolstädter Statthalter v. Königseck einen Hexenprozeß gegen zwei Weiber und drei Kinder wegen ungenügender Indizien niederschlagen wollte, resolvierte der Herzog, daß dies nicht geschehen dürfe, und verwies die Sache unter dem Vorgeben, daß der Statthalter mit anderen Geschäften überladen sei, an Bürgermeister und Rat zu Ingolstadt [3]).

Ein Dekret des Fürsten an seinen Hofkanzler [4]) besagte, er sei keineswegs gemeint, länger zu gedulden noch ungeahndet zu lassen, daß durch den bürgerlichen Magistrat in München Per=sonen, welche wegen Hexerei verdächtig und „beschrait" und gegen welche mehrmals starke Präsumtionen bestanden, nicht fleißig nachgeforscht noch auf den rechten Grund gesehen werde. Der Hofkanzler ward aufgefordert, unter Zuziehung einiger qualifizierter und verschwiegener Räte ein eingehendes Gutachten abzugeben, durch welche Mittel diesem Uebel, ehe es noch weiter einreiße, gesteuert werden könnte. Dieses Gutachten, zu dessen Erstattung

---

[1]) Erwähnt im unten citierten Mandat an die Landshuter Regierung. Vielleicht ist 1612 irrig statt 1611 geschrieben und an das bekannte Landgebot dieses Jahres gegen den Aberglauben zu denken.

[2]) Befehl an die Landshuter Regierung von 1629, November 2. Kreis=archiv München und Cgm. 2545, f. 123.

[3]) Reichsarchiv a. a. O. Nr. 7a.

[4]) S. dessen undatierten Bericht, Reichsarchiv, Hexenakten Nr. 3.

die Räte Hans Christoph von Preising, Georg Hund zu Lauter=
bach, Hofoberrichtersamts=Verwalter, Dr. Hieronymus Aurpach,
Dr. Ottheinrich Schobinger und Dr. Niklas Bonet (?) beigezogen
wurden, sprach sich nun dahin aus, daß der Fürst, wenn die
Obrigkeit kein Genüge thue, die Sache sogleich in erster Instanz
an sich ziehen könne. In dem angeführten besonderen Fall der
Kürschnerin Unsinnin wissen die Räte jedoch nicht, ob die an=
gezogenen Specialia so lauter, wahr und stadtkundig seien, daß
bei denen von München affectata ignorantia präsupponiert werden
könne. Etlichen von ihnen sei bekannt, daß vor ungefähr zwanzig
Jahren von der Unsinnin, als sie noch im Thal (Straße in
München) gehaust, das Geschrei ging, als habe sie ihre eigene
Tochter, des jetzigen Pflegverwalters zu Aibling Hausfrau, im
Ausfahren (als Hexe) auf dem Rablsteg (Seitengäßchen des Thals)
fallen gelassen. Darüber soll sie auch damals von der bürger=
lichen Obrigkeit zu Rede gestellt worden sein. Was dabei heraus=
gekommen, wissen die Räte nicht, aber es sei ein Nachklang davon
zurückgeblieben. Gleichwohl sind sie der Meinung, daß der Fürst
den Prozeß gegen die Unsinnin nun vor sich und den Hofrat
ziehen solle. Ferner schlagen sie vor, daß aus den verschiedenen
eingeholten Gutachten von Rechtsgelehrten und Fakultäten Sta=
tuten in Bezug auf den Hexenprozeß verfaßt und als Richtschnur
an alle Richter im Lande geschickt werden sollen.

Vielleicht gab dieser Vorschlag den Anstoß zu Maximilians
General= und Spezialinstruktion über den Hexenprozeß von 1622 [1]).
Diese wichtige Verordnung atmet den Geist bureaukratischer Ge=
nauigkeit, der die ganze Verwaltung Maximilians durchbringt,
aber auch den finsteren Wahn eines Sprenger, Institoris und
Binsfeld, deren Vorschriften im allgemeinen, teils direkt, teils
durch Vermittelung der eingeholten theologischen und juristischen
Gutachten, für die Instruktion maßgebend geworden sind. In
einigen Bestimmungen zeigt sich zwar diesen Autoritäten gegenüber
Mäßigung und Milderung, in anderen aber ist die Milderung
nur eine scheinbare und im ganzen muß die Instruktion den
unheilvollsten offiziellen Kundgebungen in der Hexenfrage bei=

---

[1]) Reichsarchiv, Hexenakten Nr. 1 1/2.

gezählt werden. Sie rekapituliert den ganzen Hexenwahn, sogar daß die Hexen „in vielerlei erschrecklichen Gestalten von Tieren erscheinen". Unter den Beweismitteln wird auch angeführt: wenn bei einer eine Handschrift gefunden wird, in welcher sich dieselbe dem Teufel verschrieben hätte, „oder wenn sonst bei einer ein Zeichen am Leib gefunden wird, welches der böse Feind dem Menschen zur Bethätigung des Bundes zugefügt hätte" [1]). Die Beamten haben alle Amtsunterthanen zu verpflichten, jeden Verdacht auf Hexerei sofort zur Anzeige zu bringen, sollen aber bei diesen Anzeigen Acht haben, ob sie nicht aus Haß, Neid oder Feindschaft und ob sie von ehrlichen, redlichen und glaubwürdigen Personen herrühren. Daß die zu Verhaftenden aus dem Bette aufgehoben werden müßten, damit sie nicht das Erdreich berühren [2]), wird als ein Aberglaube erklärt, da die tägliche Erfahrung beweise, daß solche Personen „als ihre Stöck und Teufelskünste verlieren, wenn sie von der Obrigkeit angerufen sind", und daß sie durch Zauberei nimmermehr entweichen können. Als Rat, nicht als genau einzuhaltende Vorschrift wird dem Richter ein Frageschema [3]) an die Hand gegeben mit der Bemerkung, daß er

---

[1]) 1630 wagte sich schon ein Kanoniker und Pfarrer in Bonn, der Doktor der Theologie Joh. Jordanäus, in seiner Disputatio de proba stigmatica, utrum scilicit ea licita sit necne (Köln 1630, gewidmet dem Erwählten Ferdinand von Köln) gegen die Bedeutung der Hexenmale auszusprechen. „Wie aus Afrika immer etwas Neues kommt, so ersinnt der Teufel immer neue Dinge zu unserem Verderben. Nachdem durch den apostolischen Stuhl die volkstümlichen Proben ..., auch die Wasserprobe, abgeschafft worden sind, hat der Teufel jetzt eine neue erfunden, die auf die Hexenmale." Der Verfasser bekämpft die auf der letzten Frankfurter Messe erschienene, ebenfalls Ferdinand von Köln gewidmete Schrift des Juristen Peter Ostermann, welcher die Ansicht vertrat, daß die Richter nach Hexenmalen suchen und diese als sichere Indizien betrachten dürfen.

[2]) Vgl. dazu Tengler, oben S. 135, und den Akt der Volksjustiz von 1090, S. 29. Der Malleus maleficarum erörtert die Frage eingehend in p. III, q. 8, p. 233.

[3]) Da dergleichen „Fragestücke" als Schlüssel zum Verständnis von Hexenprozeßakten dienen und in den zugänglicheren Schriften über Hexenwesen kein Stück dieses Inhalts zu finden ist, bringe ich diesen Teil der Instruktion in der zweiten Beilage zum Abdruck. Es bedarf kaum der Erwähnung, daß mit diesem Frageschema den Gerichten nicht etwa ein ganz neues Hilfsmittel zur

sich je nach den Umständen des Falles selbst am besten zu regulieren und das peinliche Examen danach anzustellen wissen werde. Die beharrliche Anzeige einer gefolterten Hexe auf eine oder mehrere Personen wird als genügende Ursache erklärt, diese zur Haft zu bringen. Sprechen jedoch nicht auch andere Vermutungen gegen sie, soll sie der Richter nur gütlich und mit Androhung (der Folter) befragen, es wäre denn, daß drei Personen wider eine auf gleicher Anzeige beharren. Nicht jeder Argwohn genügt schon zur Anwendung der Tortur, sondern es muß „die Verschreiung" von vielen glaubwürdigen Personen herkommen oder die Aussage eines Anklägers muß noch durch eine andere ansehnliche, ehrliche und glaubwürdige Person bestätigt werden. Immerhin darf man bei Hexerei nach den Aussprüchen der Rechtsgelehrten schon auf weniger Vermutung hin als in anderen peinlichen Fällen foltern. Auch wenn sich der Inquisit wankelmütig, unbeständig und furcht= sam (!) erzeigt, geben solche Zeichen schon genügende Ursache zur peinlichen Frage. Auf die Anzeigen angemaßter Wahrsager und Angeber hin soll man niemanden verhaften oder foltern, viel= mehr diese Angeber darum gebührlich strafen. Auch dürfen die Examinatoren die Wahrheit nicht durch unbefugte, böse Mittel, wie durch das falsche Versprechen der Freiheit im Fall eines Bekennt= nisses, von den Gefangenen herausforschen. Die Probe durch das kalte Wasser oder glühende Eisen wird als abergläubisches Mittel verboten. Die Richter sollen nicht zu geschwind, sondern nach Gerichts=Brauch und =Ordnung prozedieren. Advokaten werden zu= gelassen. Die Frage, ob und wann Wiederholung der Folter zulässig sei, wird nicht berührt. Erfolgt kein Geständnis, so soll die Angeklagte außer der Tortur, die sie erlitten, nicht verurteilt werden, wenn auch andere auf sie bekannt haben, außer wenn die Indizien keinen Zweifel lassen. Doch muß auch dann die

---

Führung des Prozesses vorgelegt wurde. Vorher waren auch schon ähnliche Formulare in Gebrauch. Ein solches, ebenfalls aus Bayern, wahrscheinlich um einige Jahrzehnte älter, im wesentlichen Inhalt mit dem von 1622 überein= stimmend, aber noch mehr in Einzelheiten eingehend, hat Schuegraf aus der Kelheimer Gerichtsregistratur in der Zeitschrift für deutsche Kulturgeschichte, 3. Jahrg. 1858, S. 522 f., veröffentlicht. 110 Fragen für Hexenrichter s. im Reichsarchiv, Hexenakten Nr. 53.

Strafe etwas verringert werden. Nach dem Bekenntnis dürfen die Hexen im Gefängnis nicht mehr allein gelassen werden, sondern es sind ihnen „um weniger Verzweiflung willen" (Verhütung des Selbstmordes) Leute beizugeben.

Ferner erläßt die Instruktion die grausamen Vorschriften: wer einmal bekannt hat, soll nicht mehr zum Widerruf zugelassen werden — „sonst würde man in diesen Sachen nie zu einem Ende kommen" (!) — und: wer halsstarrig bleibt, d. h. seine Unschuld beteuert, dem darf das Sakrament nicht gereicht werden. Priester dürfen außer zur Abnahme der Beichte nie allein zu den Verurteilten zugelassen werden, dürfen nicht heimlich mit ihnen sprechen und ihnen nicht zu einem Widerruf Ursache geben [1]). Eine Vorschrift, die darauf deutet, daß der zu schrecklicher Einsicht gelangte Beichtvater Spee, wie dies ja in der Natur der Sache liegt, in Bayern schon damals seine Vorläufer gehabt hat, leider nur Vorläufer im Mitgefühl, nicht solche, die sich zu öffentlichem Auftreten für die Unglücklichen ermannten. Damit die Verurteilten nicht durch die Angst zur Verzweiflung getrieben würden (wahrscheinlich hatte man allzuviele Selbstmorde erlebt), ward bestimmt, daß sie zuvor erdrosselt, dann erst verbrannt werden sollten. Da aber der Richter zugleich ermächtigt wurde, aus erheblichen und wichtigen Ursachen, anderen zum Abscheu und merklichen Exempel, die Verurteilten doch lebendig verbrennen zu lassen, und da eine solche erhebliche Ursache mit dem hochangesehenen Bintsfeld schon in der Halsstarrigkeit, d. h. in der Beteuerung der Unschuld gefunden werden konnte, wollte diese Milderung nicht soviel besagen, wie es auf den ersten Blick scheinen möchte.

Von Einsendung der Akten an Hofrat oder Regierung ist nicht mehr die Rede. Wahrscheinlich hatte sich die Bewältigung des massenhaften Stoffes durch diese Behörden als unmöglich erwiesen. Dagegen lautet die letzte Bestimmung der Instruktion: Damit die Richter mit solchen Personen um so sicherer gehen (hier bleibt zweifelhaft, ob die Hexen allgemein oder nur die im

---

[1]) Clm. 8554, sacc. 17/18. aus dem Münchener Augustinerkloster enthält Anweisungen für Beichtväter, darunter p. 94—103: was bei der Beicht eines Zauberers oder einer Hexe zu beobachten sei und wie sich der Beichtvater bei der Hinrichtung von solchen zu verhalten habe.

vorausgehenden Artikel erwähnten Halsstarrigen, die nicht bekennen wollen, gemeint sind), soll vor der Exekution der Fall mit allen Umständen „bei den hohen Schulen und Universitäten oder anderen Rechtsgelehrten" beratschlagt werden. Die Mitwirkung einer höheren Instanz blieb also immerhin vorbehalten.

An kleinen Orten ward durch Hexenprozesse, deren Opfer nach Dutzenden zählten, die halbe Bevölkerung in Mitleidenschaft gezogen. Es kann nicht überraschen, daß hier der Giftstoff der Seuche besonders tief in den Boden gesenkt wurde und zuweilen noch nach Menschenaltern neue Verfolgungen entzündete. So hören wir von dem so schwer heimgesuchten Wiesensteig, daß dort noch 1842 der Hexenaberglaube groß gewesen sei[1]). In dem bayerischen Städtchen Wembing hat noch 1892 ein Kapuziner aus einem Knaben Teufel ausgetrieben[2]). In den lebhaften Erörterungen der Presse über diesen Fall fand ich doch nirgend hervorgehoben, daß Wembing ein alter Infektionsherd ist. Dort sind zuerst 1609 (der Ort war auch damals bayerisch) eine Menge von Hexen und „Hexenmännern" verbrannt worden. So dürftig unsere Nachrichten über diese Prozesse sind[3]), so lassen sie doch einbringlich hervortreten, wie aus einer Verfolgung immer wieder andere erwuchsen, so daß man sich eher über den endlichen Abschluß als über die Ausdehnung des gerichtlichen Verfahrens wundern muß. Durch die ersten Hexenprozesse haben in Wembing die Vorstellungen von dem Wirken des Teufels in der Stadt neue Nahrung em-

---

[1]) (Chr. Fr. Stälin) Beschreibung des Oberamtes Geislingen S. 267.

[2]) Den Bericht des Exorcisten P. Aurelian findet man u. a. in der Schrift von Treufels (pseudonym), Die Teufelsaustreibung in Wembing. Nach dem Berichte des P. Aurelian für das Volk kritisch beleuchtet. 1892.

[3]) Nur Zeugenprotokolle von 1630, cgm. 2197. Die Nachricht von vielen Hexenverbrennungen in Wembing im Jahr 1611 bei Sax, Bischöfe von Eichstätt, S. 514, bezieht sich wohl auf jene Prozesse, die nach den Protokollen von 1630 21 Jahre früher, also 1609, unter dem Pfleger Bemelberg stattgefunden hatten. Sie werden sich mehrere Jahre hingezogen haben. — Am 7. Februar 1629 erging an die Hofkammer der Befehl des Kurfürsten, dem Richter zu Wembing, Balthasar Vogl, zu verordnen, daß er im Namen Sr. Durchlaucht dem Dr. Wolf Kolb für seinen Aufsatz einer Instruktion über den Hexenprozeß 60 Reichsthaler verehre. Kreisarchiv München, Criminalia, Fasc. 323/16.

pfangen. Alle Leidenschaften genießen nun freien Paß. Die
Wembinger glauben noch immer Hexen und Unholden in ihrer
Mitte zu haben; vor allen „sind im Geschrei" die Kinder, Ver=
wandten, Gespielinnen der als Hexen Hingerichteten. 1630 wird
daher ein eigener, wie es scheint, herzoglicher Kommissär namens
Schmid nach Wembing gesandt, um neuerdings einen großen
Hexenprozeß zu instruieren. Er fragt eine lange Reihe von Ein=
wohnern aller Stände, auf wen sie Verdacht haben, sowie über
bestimmte Personen, die „im Geschrei sind". Im Juni, dann
wieder im Oktober werden 75 Personen auf Eid als Zeugen
vernommen, darunter kaum eine, die nicht Nachbarn und Nach=
barinnen zu verdächtigen wüßte. Und mit welchen Gründen!
Der ist „im Geschrei", weil er „keine unebene Farbe zum Un=
holdenwesen hat", ein anderer, weil kein Glück in seinem Hause
ist und seine Kinder immer gar so seltsame Krankheiten bekommen,
ein dritter, weil er traurig ist, wiewohl er vorher fröhlich war,
ein vierter als reicher Mann, während doch andere Leute auch
arbeiten, aber es zu nichts bringen. Eine war früher ein lachen=
des Weib, aber seit man ihre Freundin verbrannt hat, ist sie still
geworden, eine verspürt greuliche Furcht, weil die Kinder auf der
Gasse auf sie deuten. Ein anderer kennt den Lauf der Welt,
da er vermeint, er werde seiner verbrannten Eltern halber wohl
auch entgelten müssen. Dieser hat sein Lebenlang „nie keinen
Rosenkranz bei sich getragen", jenem schaut der lebendige Teufel
aus dem Angesicht heraus. Einer geht ziemlich in die Kirch';
„aber wenn die Kirch' helf', gehen alle Hexen hinein". Eine Frau
bringt von vier schlechten Kühen soviel Butter und Schmalz
zuwege, daß die ganze Nachbarschaft dafür hält, es könne nicht
mit rechten Dingen zugehen. Einen Kranken hat der Scharfrichter
von Lauingen aufgeklärt, daß sein Leiden von Hexenvergiftung
rühre. Ein Knabe ist krank, seit er von einem Verdächtigen ge=
zwickt wurde — das post hoc, ergo propter hoc spielt bei allen
diesen Prozessen eine große Rolle. All dieses Geschwätz, aus dem
zuweilen Neid und Haß, zuweilen auch — dies sind die glimpf=
lichsten Fälle — Abscheu gegen moralisch verwilderte Personen,
am häufigsten eine unsägliche Verdummung spricht, wird mit
größtem Ernst protokolliert.

Aus Wemding war auch Johann Reichard, ein Jesuit, der
als Opfer eines Herenprozesses fiel. Er hatte als Lehrer in Eich=
stätt, dann als Pfarrer U. L. Frau in Ingolstadt gewirkt, ward
1625 in einen Herenprozeß verwickelt und angeblich erst 1644 von
langer Haft durch den Tod erlöst. Reichard war von einem als
Here hingerichteten und „mit allen Zeichen innerlicher Bekehrung"
gestorbenen Mädchen benunziert worden. Die Anklage lautete
auch auf Verführung dieses Mädchens und dürfte in diesem Punkte
begründet gewesen sein. Nachdem Reichard dreimal die Tortur
überstanden hat, ohne zu bekennen, befindet das Gericht, daß man
ihn zwar zur Zeit nicht zum Tode verurteilen könne, daß aber
auch kein Grund vorliege, ihn auf freien Fuß zu stellen, denn er
sei ein starker Mann und die Tortur vielleicht nicht genügend
gewesen. 1631 ließ sich der Kurfürst Maximilian über den Fall
berichten. Damals saß Reichard noch gefangen. Sein bedeutendes
Vermögen wurde dem Jesuitenkollegium Eichstätt zugewiesen[1]).
Eichstätt spielte überhaupt unter den bischöflichen Territorien
eine besonders traurige Rolle in diesen Verirrungen. Dort waren
schon im 15. Jahrhundert viele Ketzerbrände veranstaltet worden.
Herenprozesse mit zahlreichen Hinrichtungen folgten 1590, 1603
bis 1630, 1637. Als der Augsburger Kunstkenner Hainhofer
1611 als Gast beim Eichstätter Bischof Johann Konrad weilte,
kam das Gespräch bei der Tafel auf die Heren. Der Ingolstädter
Professor Peter Stevart erwähnte, daß der Propst von Ellwangen
so viele Heren verbrennen lasse. Es ist ein großer Schmerz — warf
salbungsvoll der Bischof dazwischen — wenn der Freund vom
Freunde, ein noch größerer, wenn die Seele vom Leibe, der größte,
wenn die Kreatur von ihrem Schöpfer scheidet[2]). Dieser Propst
von Ellwangen, Johann Christoph von Westerstetten, folgte noch
1611 dem Bischofe Johann Konrad auf dem bischöflichen Stuhle
von Eichstätt, und seine Regierung bezeichnet auch für dieses Stift
die Periode der ärgsten Herenprozesse.

---

[1]) Im Reichsarchiv, Herenakten Nr. 47, Bruchstücke der Prozeßakten aus
den Jahren 1625 und 1631, und Sax, Die Bischöfe von Eichstätt, S. 281.
Weitere Akten dürften im bischöflichen Archive zu Eichstätt zu suchen sein.
[2]) Hainhofers Reisen S. 34 (Zeitschr. des Hist. Vereins für Schwaben
und Neuburg, VIII).

In Privatbesitz [1]) fand ich ein Libell von Hexenurgichten, eine in unserem Jahrhundert gefertigte Abschrift, an deren Schlusse steht: Ende des Urphebt Buchs de anno 1603. Genauer wäre der Titel: Urgichtenbuch. Titel und Anfang fehlen, die Daten sind erst von 1618 an beigefügt und reichen bis 1627. Die Herkunft ist nicht angegeben, aber aus dem Inhalt ergibt sich, daß es Geständnisse von Hexen sind, die in Eichstätt gerichtet wurden. Hiernach wurden von 1603 bis zum 20. August 1627 in Eichstätt 122 Personen „wegen Unholderei" hingerichtet. Da die ersten Urgichten fehlen, war die Zahl innerhalb dieses Zeit=raums jedenfalls noch etwas höher, wahrscheinlich ist aber das Urgichtenbuch, auch abgesehen von der Anfangslücke, nicht erschöpfend. Unter diesen 122 Verurteilten sind nur neun Männer, u. a. der Ratsherr Kaspar Abelmann, hingerichtet am 30. Juli 1622, und der Bürger und Gastgeb Jakob Häring, hingerichtet am 15. No=vember 1625. Von den hingerichteten Frauen gehören höheren Ständen an: die Forstmeisterin Barbara Hönigin, die Apothekerin Walburga Richterin, beide hingerichtet am 10. Oktober 1620, und die Kanzlerin Maria Richlin, hingerichtet 19. Dezember 1620. Nur bei einer der Angeklagten, Katharine Glaskopfin, von Ortl=sing im Pfalz=Neuburgischen gebürtig, Pfründnerin im Spital zu Eichstätt, „hat sich nach ausgestandenem Examen die Unholderei nicht erfunden", das heißt: die Greisin war stark genug, sich durch die Folter keine Geständnisse erpressen zu lassen. Sie ward des=halb nach Ausstellung einer Urfehde am 8. Juli 1620 entlassen. Die nach gütlicher und peinlicher Besprechung abgelegten Geständ=nisse der übrigen erstrecken sich auf den gewöhnlichen Inhalt des Hexenwahns: Teufelsbuhlschaft, die meist im Vordergrund steht, Ausfahren, Einfahren in Keller, Unholdentänze, Gottesver=leugnung, Hostienverunehrung, Wettermachen, Ausgraben und Verzehren von Kinderleichen. Wo die Hinrichtungsart angegeben ist, ist es in der Regel Enthauptung, dann Verbrennung der Leiche, doch kommt auch Verbrennen von Lebenden vor. Einige

---

[1]) Des Herrn Juweliers und Gemeindebevollmächtigten Winterhalter in München, für dessen freundliches Entgegenkommen auch hier der gebührende Dank ausgesprochen sei.

werden vorher mit glühenden Zangen gezwickt und ihnen die rechte
Hand abgehauen. Von einzelnen Orten ist außer der Stadt Eich=
stätt selbst, die zu den am schwersten betroffenen Orten im ganzen
Reiche gehört, besonders Pietenfeld arg mitgenommen. 1625
wurden von elf Hexen Denunziationen gegen den Domdechanten
Johann Ulrich Hundtpiß von Waltrambs ausgesprochen. Diese
Denunziationen sind in das Urgichtenbuch nicht aufgenommen, sie
wurden nicht öffentlich verlesen, und aus unserer Quelle ist nicht
zu ersehen, ob denselben irgend eine Folge gegeben wurde.

Am 7. September 1624 wurde in Eichstätt ein in den fünf=
ziger Jahren stehender Kaplan von seiner als Hexe gefangenen
und seit elf Jahren in seinem Dienst stehenden Haushälterin und
ebenso von deren Tochter (daher Anklage auf Incest) gütlich,
peinlich und überdies eidlich beschuldigt, daß er sich mit ihnen
unsittlich vergangen habe. Später trat die Anklage auf Hexerei
hinzu. Der Prozeß läßt erkennen, mit welcher Rücksicht man
gegen Geistliche vorging: erst am 11. Januar 1625 wird nach
den Voten der geistlichen Räte zur Verhaftung des anfangs nur
überwachten Denunzierten geschritten und monatelang wird trotz
der Schwere der Indizien die Folter nicht angewendet. Anfangs
verhören ihn der Vikar und der Offizial im Beisein der weltlichen
zum Malefizprozeß deputierten Kommissäre; später werden die
letzteren von den geistlichen Räten dazu bevollmächtigt. Die eigene
Mutter des Angeklagten war 1609 als Hexe und sein Bruder
wegen eines Ochsendiebstahls hingerichtet worden. Von mehreren
hingerichteten Hexen lagen gegen ihn Denunziationen vor, daß
sie ihn auf der Schottwiese, auf der Lünswiese und anderswo bei
Hexentänzen gesehen hätten. Die Lage ist also sehr ernst, trotz=
dem dehnen sich die gütlichen Verhöre ins Unendliche aus. So=
weit unsere Akten reichen, bleibt die Haltung des Angeklagten
unerschütterlich die gleiche. Er gesteht, mit seiner Haushälterin,
das erste Mal im Zustande der Bezechtheit, gesündigt zu haben,
bleibt aber stets dabei, daß er gegenüber der Tochter und in
Sachen der Hexerei unschuldig sei. Stünde er allem so fern wie
der Hexerei, so würde er sofort ein Kind der Seligkeit werden.
Die Tochter wolle sich an ihm rächen, weil er ihr den Abschied
gegeben und weil er ihr oft verboten habe, zu der G. und der

H. zu laufen, die beide später als Hexen verbrannt wurden. Die Uebereinstimmung in den Denunziationen [1] der Hexen werde wohl auf Verabredung beruhen. Unter den zahllosen an ihn gestellten Fragen kommt auch vor, ob er an Hexen und Unholden glaube. „Weil sie justifiziert werden," antwortet er, „müsse er sie dafür halten." Ob er an Hexenausfahrten glaube? „Er habe nicht darauf studiert, in philosophia habe er wenig davon gelesen." Ob sich derjenige, der solchen Sachen widerspricht oder sie approbiert, nicht verdächtig mache? „Er habe dem nie widersprochen noch es approbiert, komme nicht viel zu den Leuten." Ob er vermeine, es sei S. Fürstl. Gnaden lieb, mit dergleichen Sachen umzugehen? „Gedenke wohl, daß es derselben ebensowenig lieb sei wie ihm." Einmal erwähnt der Angeklagte ein mit dem Pater Prediger im Gefängnis geführtes Gespräch, wonach auch ein Jesuitenpater angezeigt worden sei, daß er bei einem Hexentanz gesehen worden. Der Prediger habe es zugestanden und diesen Pater mit Namen genannt (wohl den oben erwähnten Joh. Reichard). Ferner: bei neuen Hexenverhaftungen seien drei nach München geführt, aber in einer Kutsche wieder zurückgebracht worden, und da man sie für unschuldig erkannt, sei nachher der Richter namens Gottfried Sattler gerichtet worden.

Die uns vorliegende Abschrift der Akten [2] ist unvollständig

---

[1] Mutmaßungen über den Grund derartiger Denunziationen sind selbstverständlich ziemlich wertlos. In diesem Fall konnten die Angeklagten, wenn sie einmal durch die Tortur gezwungen wurden, Teilnehmer an den Hexentänzen anzugeben, leicht darauf verfallen, einen zu nennen, der bereits unter schwerer Anklage in Haft saß und ihnen ohnedies als verlorener Mann erschien.

[2] Als besonders lehrreicher Fall aufgenommen in Cod. mspt. 214 der Münchener Universitätsbibliothek, f. 59—83. Diese 1657 dem Ingolstädter Jesuitenkolleg gehörige Handschrift ist in Eichstätt unter dem Bischof Johann Christoph (regierte 1611—1637) zur Belehrung für Hexenrichter angefertigt. Außer den oben angeführten Stücken enthält sie besonders Formulare für den Eid eines Malefizkommissärs und eines Malefizschreibers, eine Instruktion für die Kommissäre bei Hexenprozessen, den Eid eines Oberamtsknechtes, Formulare für Protokolle und Fragstücke bei Hexenprozessen, Formular für die Urfehde eines wegen unbefugten Verkehrs mit gefangenen Hexen Angeklagten. F. 47 folgt die bayerische Instruktion für den Hexenprozeß von 1622, hier aus einem Exemplar des Rentamtes Straubing kopiert. F. 87

und läßt nicht erkennen, wie der Prozeß des Kaplans endete.
Sie bricht damit ab, daß die geistlichen Räte protestieren: wenn
die Tortur angewendet werden soll, wollen sie coram Deo exku=
siert sein. Daß die Tortur dann gleichwohl angewendet wurde,
lehrt die Ueberschrift unserer Kopie: Protocollum eines Priesters,
so .... ad custodiam subindeque ad capturam et torturam
gezogen worden.

Am 11. Dezember 1627 erließ Bischof Johann Christoph
von Eichstätt, der schärfste Hexenverfolger in diesem Stifte, eine
Verordnung, wie es mit der Hinterlassenschaft hingerichteter Hexen
zu halten sei. Wiewohl er berechtigt sei, diese an sich zu ziehen,
erklärte der Fürst, habe er sich zu einem milderen Verfahren

---

bis 114 das Protokoll des Prozesses einer am 15. November 1627 gefangenen,
am 17. Dezember 1627 hingerichteten, „ziemlich wohl gestorbenen" Hexe, der
ungefähr vierzigjährigen Marie N., vulgo Richter N. In ihren Geständnissen
kommt vor: draußen sei auch gesagt worden, daß der Stadtrichter und die
Kommissäre mit den Leuten so ungehen und keine Barmherzigkeit mit ihnen
haben. Hexentänze werden erwähnt: auf dem Galgenberg, auf dem Planen=
berg (Plommenberg), auf der Linswiese. Die Unglückliche, hart gefoltert,
macht wiederholt Selbstmordversuche, bittet ihre Wärter flehentlich um ein
Messer, sucht sich „die Medianader" mit den Nägeln aufzukratzen, sich mit ihrem
Kittel zu erhängen, sich die Zunge auszureißen, sich mit einem Finger zu er=
sticken. F. 116 folgen wieder Interrogatoria für Hexenprozesse: 84 Fragen;
F. 134 des Züchtigers zu Eichstätt Besoldung, Bestallung und Eid; f. 127
die Urfehde einer wegen Hexerei angeklagten Witwe, die auf Bitten ihres
Sohnes, eines Pfarrers, entlassen wurde. F. 129 ausführliche Spezialrelation
wegen der zu Eichstätt Hexerei halber verhafteten N. N., f. 133ᵛ Protokoll
eines Hexengeständnisses vom 8. Juli 1627, f. 135ᵛ Denunziationen, welche
von 1620—1627 auf eine Person entsprangen. Von f. 140 bis zum Schlusse
folgen meist öttingische Hexensachen: zuerst die Urgichten eines Hexenmeisters
und zweier Hexen, die am 3. März 1623 zu Wallerstein hingerichtet und zwar
infolge Begnadigung des Grafen Albrecht zu Oettingen enthauptet wurden.
F. 143 Denunziationen, die von 1623 an gegen eine herausgesprungen,
f. 146 sechzehn Denunziationen gegen einen äußeren Ratsbürger zu Eichstätt,
der auch zu Ingolstadt wegen Hexerei in Verdacht ist; dann wieder Urgichten.
F. 150 alte Gerichtsordnung, gefunden beim Amte Wallerstein; f. 167ᵛ Kanzlei=
ordnung des Grafen Johann Albrecht zu Oettingen; f. 192—208 Protokolle
eines Hexenprozesses zu Wallerstein vom Jahre 1593; f. 268 Bestallung eines
gräflich öttingischen Advokaten 1628; f. 210ᵛ Kommission auf die Stadt und
Vogtei Neresheim 1629, mit Fragstücken wegen Hexerei.

resolviert, damit männiglich wisse, daß es ihm und seinen Räten bei diesen Prozessen nur um die Rettung der Ehre Gottes, Beförderung des menschlichen Heils und Administration der Gerechtigkeit zu thun sei [1]).

Um 1628 wird von einem Eichstätter Richter erwähnt [2]), daß er nunmehr 274 Hexenpersonen examiniert habe, „welche äußerlichem Schein nach wohl gestorben seien". Ein Eichstätter Gericht war es auch, welches das Geständnis eines Gefolterten, daß er bei Hexentänzen in so vielen Jahren nur neun Bekannte gesehen, nicht glaublich fand. Es befahl also, mit der Tortur fortzufahren, worauf der Unglückliche weitere Namen nannte [3]). Unter den in Eichstätt Verbrannten sind auch Höhergestellte, außer den schon Erwähnten 1627 wieder ein Eichstätter Ratsherr, 1629 der Richter von Grebing. Im allgemeinen sind wir über die Hexenprozesse in den altbayerischen Bistümern [4]) mangelhaft unterrichtet.

---

[1]) A. a. O. f. 84.

[2]) Anonymer Bericht im Kreisarchiv München a. a. O. — Ueber das Hexenloch in Eichstätt s. Panzer, Beitrag zur deutschen Mythologie II, 201.

[3]) Abbruck aktenmäßiger Hexenprozesse u. s. w. (Eichstädt 1811) S. 32. Der Herausgeber hat nicht nur alle Personen-, sondern auch die Ortsnamen unterdrückt. Aber nach dem Druckort und nach Vergleichung mit den Angaben bei Sax 281, 514, die ich zur Ergänzung herangezogen habe, kann man kaum zweifeln, daß die Prozesse vor dem bischöflichen Gericht in Eichstätt spielten. — Eichstättische Hexenprozeßakten, 16 Angeklagte aus den Jahren 1618—1637 betreffend, liegen im Reichsarchiv, Hexenakten Nr. 45.

[4]) Die im Reichsarchive vorhandenen Akten über solche beginnen mit Ausnahme von Eichstätt erst spät; die freisingischen 1715, die salzburgischen 1677 (bis 1720), die augsburgischen 1720 (bis 1734). Dillingen, der Sitz der augsburgischen Jesuitenuniversität, und die Reichspropstei Ellwangen werden als Schauplätze sehr zahlreicher Hexenhinrichtungen genannt. (Letztes Aktenstück in dem Fasc. 1 des Reichsarchivs, Hexenwesen, bald nach 1611 zu setzen.) Meichelbeck in seiner Historia Frisingensis schweigt sich über die Freisinger Prozesse aus. Daß Erhard, Geschichte der Bischöfe von Passau, nichts über Passauer Hexenprozesse zu berichten weiß, mag mit den für die Passauer Archivalien so verderblichen zwei großen Bränden in dieser Stadt (1662, 1680) zusammenhängen. Jauners Geschichte der Bischöfe von Regensburg reicht noch nicht in die Zeit der Hexenprozesse. Hexenprozeßakten des Stiftes Kempten von 1645—1699 liegen im Kreisarchive Neuburg. — In einem Malefizbuch der Reichsstadt Augsburg (cgm. 2026) beginnen deutliche Nachrichten von Hexenhinrichtungen erst 1625 und endigen 1694. Aus diesem Zeitraum

Da der Kurfürst Maximilian vernahm, daß etliche in Eich=
stätt hingerichtete Hexen auch bayerische Unterthanen bezichtigt
hätten, bat er (18. Oktober 1628) [1]) den Bischof, ihm deren Be=
kenntnisse zuzustellen, „da er solches heilloses Gesindel in seinen
Landen keineswegs gestatten könne". Darauf übersandten ihm
der Stadtrichter und die fürstlichen Räte zu Eichstätt Auszüge aus
den Protokollen und die Denunziationen von 25 wegen Hexerei
verbrannten Manns= und Weibspersonen. Einhellig ward durch
diese Katharina Nidlin, die alte Hofschneiderin, bezichtigt, die
Eichstätt aus Furcht vor Bestrafung verlassen und zu ihrem Tochter=
mann, dem Buchdrucker Wilhelm Eber nach Ingolstadt geflohen
sei. Dort ward sie dann auch verhaftet und gefoltert. Am
30. Juli 1629 bestätigte die Ingolstädter Juristenfakultät das
gegen sie ergangene Urteil, wonach sie wegen Teufelsbündnis und
Teufelsvermischung, Absagung Gottes und vieles den Leuten und
dem Vieh zugefügten Schadens, Umbringens und Hostienver=
unehrung auf dem Scheiterhaufen an eine Säule gebunden,
erdrosselt und dann zu Asche verbrannt werden solle [2]). Als man
an dieser alten Hofschneiderin die Tonsur und Vertauschung der
Kleider vornahm, da war, wie ein Bericht besagt, „gleich das
Kurren und Murren, daß man also mit alten Leuten umgehe".
Unter der Folter hatte sie etliche Personen zu Ingolstadt und
Eichstätt mit allen Umständen benunziert, nachher aber alles zurück=
genommen. Eine Vorgängerin der Nidlin, die Hofschneiderin

werden fünfzehn hingerichtete Hexen genannt, die in der Regel enthauptet, dann
verbrannt, zuweilen auch vorher mit glühenden Zangen gezwickt wurden. Dar=
unter sind zwei „Kindbett=Kellerinen" und der siebzehnjährige Student Veit
Karg aus Bayern (1680), der angeblich einen Diebstahl begangen und sich auf
drei Jahre dem Teufel verschrieben hat. Zweimal wird erwähnt, daß während
der Hinrichtung von Hexen verderbliches Hagelwetter oder starke Regengüsse
eintraten. 1654 erschien zu Augsburg im Druck: Bericht und Erzehlung über
die in der Reichsstadt Augsburg 18. April 1654 hingerichteten Hexen Barbara
Frölin von Rieden und Anna Schäflerin von Erringen. 1628 ließ der evange=
lische Pfarrer Bernhard Albrecht von Augsburg in Leipzig erscheinen: Magia,
b. i. christlicher Bericht von der Zauberei und Hexerei und dero zwölferlei
Sorten und Arten.

[1]) Kreisarchiv München, Criminalia 323/16.
[2]) Reichsarchiv, Hexenakten Nr. 3.

Anna Schatzin in Eichstätt, war dortselbst am 15. Dezember 1622 als Hexe hingerichtet worden [1]. Auch der beschuldigte Eichstätter Bürger und Beck Dolln Lienbl, heißt es in dem Eichstätter Berichte, sei nach Gerolfing in Bayern entflohen.

Auch nach Neuburg spann sich ein Faden von den Eichstätter Prozessen hinüber. Am 20. September 1629 warb vor der Brücke zu Neuburg Anna Käserin, eine von Eichstätt nach Neuburg übergesiedelte Wirtsfrau, als Hexe enthauptet, nachdem sie vorher grausame Torturen ausgestanden hatte [2]. In den Akten ihres Prozesses werden Eichstätter Hexenbrände von 1620—1629 aufgezählt. Die Käserin hatte zuletzt gebeten, man möge sonst niemanden mehr als sie verbrennen und möge „hier im Lande nicht weiter brennen". Den Geistlichen hatte sie erklärt, nur durch die Pein der Folter seien ihr Geständnisse abgepreßt worden, sie und alle, die sie als Unholden angegeben habe, seien unschuldig. Als aber die Geistlichen dies den Kommissären mitteilten, hatte dies nur zur Folge, daß sie aufs neue und noch ärger als vorher gefoltert wurde.

Werfen wir einen raschen Seitenblick auf die Hexenprozesse im Fürstentum Pfalz-Neuburg, das erst 1504 aus altbayerischem Gebiete begründet worden war, so finden wir das kleine Ländchen verhältnismäßig wahrscheinlich noch schwerer heimgesucht als Bayern. Da die Verfolgungen besonders unter dem Schwager Maximilians I., dem zum Katholizismus übergetretenen Pfalzgrafen Wolfgang Wilhelm, der dann in seinem Lande mit Hilfe der Jesuiten die Gegenreformation durchführte, eifrig betrieben wurden, stehen sie vielleicht auch hier in Zusammenhang mit der katholischen Restauration. Die pfalz-neuburgischen Hexenprozeßakten im Münchener Reichsarchive umfassen den Zeitraum von 1538—1747, die im Kreisarchiv Neuburg die Jahre 1563—1705. Besonders sind hier viele Prozesse gegen Kinder zu verzeichnen, so 1629 gegen ein zehnjähriges Hexenmägblein zu Reichertshofen, Tochter der als Hexe verbrannten Ursula Zoller, 1699 gegen ein

---

[1] Eichstätter Urfehbbuch von 1603.
[2] Baader hat diesen Prozeß im Anzeiger des German. Museums XXIII (1876), S. 259 f. veröffentlicht.

siebenjähriges Mädchen, 1700 gegen einen dreizehnjährigen Buben.
1637 wurde in Neuburg der Hofkastner Georg Müller wegen
Hexerei hingerichtet (N.-A.). In dem Prozeß gegen Barbara
Kleusl, die 33jährige Witwe eines Hirten aus Hemau (1637),
führt der Referent ausdrücklich als Indizium an, daß ihr Vater
ein Zauberer war, und von einer Person, deren Eltern sich mit
Zauberei befaßt haben, nach dem Malleus maleficarum anzunehmen
sei, daß auch sie damit umgehen könne. Diese Angeklagte hielt
sich unter wiederholter Folter sehr tapfer, wollte sich aber dann
erhängen, um neuer Tortur zu entgehen. In demselben Hemau
war 1617 Magdalene Scherer auf das schärfste gefoltert worden,
wiewohl sie aus Angst schon vorher Bekenntnisse abgelegt hatte.
Nachher erklärte sie alle ihre Geständnisse als durch Angst und
Pein erpreßt. Außer ihr wurden 1617 in Hemau drei andere
Frauen als Hexen prozessiert. Die Untersuchung auf Teufelszeichen durch den Nachrichter war im Neuburgischen durch Regie-
rungsmandat befohlen, auch das Scheren wurde regelmäßig geübt[1]).
In Tenglers Amtsstadt Höchstädt a. b. Donau saßen 1587 zwei
Hexen im Rathaus in Haft. 1716 wurde Johanna Pürzlerin
von Feldheim bei Rain als Hexe hingerichtet, ein Hexenknabe dem
Kloster Pielenhofen überwiesen. Am ärgsten wurden im Ländchen
wohl die Orte Reichertshofen und Burglengenfeld heimgesucht.
Aus Reichertshofen liegt ein aus der Mitte des 17. Jahrhunderts
rührendes Verzeichnis von 50 Personen aus dem Orte vor, die
bis dahin wegen Hexerei hingerichtet worden waren. Aus Burglengenfeld bewahrt das Kreisarchiv Neuburg Hexenprozeßakten von
1613, 1685—1686 (ein Mann und eine Frau hingerichtet), 1718
bis 1719, 1742—1743 und noch 1765 (Jakob Zacharias Schneider
von Eib im Ansbachischen puncto suspectae Magiae). Im Reichsarchiv[2]) liegen neuburgische Hexenprozeßakten aus den Jahren
1665 und 1687 je über eine Hexe zu Hemau, 1681 über mehrere
der Hexerei beschuldigte Personen zu Monheim, 1686—1689 aus
Regenstauf, 1699, 1700 das wegen Hexerei eingezogene Töchterlein

---

[1]) S. über die Hemauer Prozesse Schnepf im Neuburger Kollektaneenblatt 43, S. 121—137 und Rißl a. a. O. 47, S. 1 f. Die Akten zum Folgen-
ben im Neuburger Kreisarchiv.

[2]) Hexenakten Nr. 34—40 und 53 b.

des Schuhmachermeisters Georg Schwenber zu Velburg betreffend,
1700—1713 einen wegen Diebstahls eingezogenen Knaben zu
Höchstädt betreffend, der im ersten Examen Hexerei bekannt hat,
endlich eine Instruktion für Hexenrichter von 1730. In Hilpolt=
stein wurde 1687 Johann Harrer, genannt der Jägerbub, wegen
verschiedener Verbrechen enthauptet, u. a. weil er, um einen
sicheren Schuß zu erlangen, in des Teufels Namen nach einem
Kruzifix geschossen habe ¹).

---

¹) Siegert, Geschichte von Hilpoltstein (Verhandlungen des Hist. Vereins
von Oberpfalz und Regensburg XX, 414).

IV.

Die erste Reaktion.

So war die christliche Menschheit in ein Netz dämonischer
Vorstellungen verstrickt, aus dem ein Entrinnen kaum möglich
schien. An der Hand ihrer geistlichen Führer war sie so tief ge=
sunken, daß der blühende Gottesgarten, über dem die Engel ge=
sungen hatten: Friede auf Erden und den Menschen ein Wohl=
gefallen! bald hier, bald dort zu einer Hölle sich umwandelte.
Tantum religio potuit suadere malorum: was Lucrez unter heid=
nischen Völkern geklagt hatte, war nun erfüllt unter den christ=
lichen. Theologen und Juristen wetteiferten, die Lehre von den
Hexen zu verteidigen, zu verfeinern, zu verbreiten, Fürsten und
Behörden gaben ihr mit dem Scheiterhaufen Anwendung und
Nachdruck. Auf protestantischen wie katholischen Kanzeln hielt man
eigene Teufels= und Hexenpredigten. Wenn unter jenen, die im
Drucke erschienen, die protestantischen [1]) bei weitem überwiegen,
berechtigt dies noch nicht zu dem sicheren Schlusse, daß in protestan=
tischen Ländern Hexenpredigten im entsprechenden Maße häufiger
abgehalten wurden als in katholischen: unter den Katholiken war
die Sitte, Predigten drucken zu lassen, weniger verbreitet. Die
immer zahlreicher werdenden Prozesse wirkten in der gleichen Rich=
tung wie die Hexenpredigten, die päpstliche Bulle, der Hexenhammer

---

[1]) Diefenbach, Der Hexenwahn S. 301 f., verzeichnet achtzehn Sammlungen
von solchen, dazu eine Reihe von einzelnen Predigten. Vgl. auch Döllinger,
Reformation II, 425; Alemannia IX, 253.

und die ganze Hexenlitteratur. Jede Verfolgung mußte den Wahn
weiter verbreiten und verstärken, da sie das Volk vor die Wahl
stellte, an aller göttlichen und menschlichen Autorität, ja an der
sittlichen Weltordnung irre zu werden oder dem Glauben zu
huldigen, auf dem die Verfolgung beruhte. Die Menge aber
strömt immer nach, wohin der Strom sie reißt. „Muß wohl an
Hexerei glauben," sagte der Eichstätter Kaplan im Verhör, „da
ja die Hexen hingerichtet werden!" „Sollen wir etwa glauben,
daß diese vielen Tausende von Hexen unschuldig verbrannt worden
sind?" schreibt der Jesuit Drexel.

Trotz alledem fanden sich auch im 16. und 17. Jahrhundert
immer noch Leute, die ihre Vernunft in dieser Richtung nicht
unterjochen ließen.

> „Ganz leise spricht ein Gott in unsrer Brust,
> Ganz leise, ganz vernehmlich, zeigt uns an,
> Was zu ergreifen ist und was zu fliehen."
>
> (Goethe.)

Inmitten der ununterbrochenen Kette von Greueln, die
so lange schon unseren Blick fesseln, gewährt es doch einigen
Trost, den Zeugnissen dieser inneren Stimme, den Spuren
eines Widerstandes gegen die herrschende Strömung nachzugehen.
Wir sprechen hier zunächst nicht von den edlen Männern,
welche durch Schriften ihrer Ueberzeugung von der Nichtigkeit der
Hexerei oder doch der Ungerechtigkeit der meisten Prozesse Ausdruck
gaben, sondern nur von den Spuren einer stillen Opposition.
Daß eine solche bestand, lehrt ein Blick in fast jeden Hexenschriftsteller. Wie schon der Kanzler Gerson gegen jene polemisierte, welche
die Zauberei in das Bereich der Fabeln verweisen [1]), ziehen die
speziellen Kämpen des Hexenwahns von dem Inquisitor Nider bis
auf Delrio und Binsfeld, Laymann und Glanvil gegen diesen Unglauben zu Felde. Und aus dem Tone, den sie dabei anstimmen,
aus dem Raume, den diese Polemik in ihren Schriften einnimmt,
kann man unschwer Ebbe und Flut in Macht und Verbreitung des
Gegners ermessen. Für die Nider, Institoris und Sprenger galt

---

[1]) Lecky, Gesch. der Aufklärung I, 65 f., wo auch weitere Zeugen der
Polemik gegen den Unglauben an Hexerei aufgeführt werden.

es, den Glauben an Hexerei erst recht zu begründen, während die Späteren sich nur mehr gegen vereinzelte Zweifler und Widersacher zu wenden brauchen, die Ausläufer dieser Litteratur aber wie Glanvil hinwiederum sich fast in die Defensive gedrängt sehen. Daß es selbst in Rom Leute gab, die wenigstens gegenüber gewissen Bestandteilen des Hexenwahns sich skeptisch verhielten, lehrt uns eine merkwürdige Aeußerung des Dominikaners Silvester Prierias [1]. Im Gebiete von Como und Brescia, erzählt dieser, haben Knaben und Mädchen von 10, 12, ja 8 Jahren, die durch Belehrung und Zureden der Inquisitoren bekehrt wurden, vor diesen ihre eigentümlichen teuflischen Tänze aufgeführt. Dabei sitzt das Mädchen auf dem Rücken des Knaben, man tanzt immer nach rückwärts, nicht nach vorwärts, der Fuß aber wird hoch nach vorwärts erhoben und das alles mit solcher Grazie und Anmut, daß es unmöglich ist, daß diese Kinder es so bald (auf natürliche Weise) gelernt haben. „Ich wünschte sehr, daß einer der hochzuverehrenden Herren Kardinäle es auf sich nähme, zehn von diesen Knaben und Mädchen, was ja leicht wäre, nach Rom kommen zu lassen; es würde dadurch zugleich der Stadt Rom eine große Sehenswürdigkeit gewonnen und den Ungläubigen ein noch größerer Schleier der Blindheit weggezogen."

In Freiburg i. B. verfaßte Johann Zink 1549 eine Abhandlung de potestate daemonum, maleficarum et sagarum, die sein Schüler Johann Waltenberger später abschrieb und dem Kardinal, Bischof Otto von Augsburg widmete [2]. Zink führt es auf Träume zurück, daß die Hexen sich in Tiere verwandeln und in solcher Gestalt Kinder verzehren. Diese beiden Punkte des Systems konnten sich auch in der Blütezeit der Prozesse nicht unangefochten behaupten; nur ausnahmsweise (so noch 1720 im Salzburgischen; s. unten) begegnet man noch der ersten Anklage. Auch das Fahren durch die Lüfte, meint Zink, geschehe nur in der Illusion. Wer an körperliche Ausfahrten glaubt, den bezeichnet er als dumm. Bezüglich der Bestrafung der Hexerei bemerkt er: viele wackere

---

[1] De Strigimagarum demonumque mirandis (Romae 1521), l. II, c. 1, punct. 7 gegen den Schluß.

[2] Cod. lat. Monac. 3757.

Männer wollen aus göttlichem Eifer die Heren verbrennen. Aber
nicht geringer ist die Zahl derer, die aus Mitleiden
die Heren in Schutz nehmen, da diese doch immer getauft
und Glieder Christi bleiben, und da es nicht wahr sei, daß
sie den Menschen schaden können. Zink entscheidet sich für
die strenge Ansicht, denn schon der eine Grund, daß sich die
Heren mit dem Teufel einlassen, rechtfertige ihre Verbrennung,
und wenn man ihnen so leicht verzeihen wollte, würden bald alle
Winkel mit Heren angefüllt sein.

Der Protestant Renhard Lutz von Schlettstadt, wie es scheint,
Pfarrer daselbst, sah sich veranlaßt, eine Rechtfertigungsschrift über
die Schlettstadter Herenbrände von 1570[1]) herauszugeben, weil
die Rechtmäßigkeit dieser Hinrichtungen von einigen in Zweifel
gezogen worden war „und vielerlei opiniones dieser zauberischen-
Sachen halben hin und wieder auskamen". Viele vermeinen,
sagt Lutz (f. B 3), es sei dies alles eitel Fabelwerk oder ein
melancholisch Phantasei, besonder Imagination und Einbildung.

1574 verteidigte der Ingolstädter Pfarrer Hektor Wegman
aus Augsburg, Baccalaureus der Theologie, an der Universität
Ingolstadt 95 theologische Thesen über Zauberei[2]). Die Druckschrift ist Herrn Philipp Fugger von Kirchberg und Weißenhorn
gewidmet. Als ersten der Gründe, die ihn zur Wahl dieses
Stoffes bestimmten, nennt Wegman seine Beobachtung, daß dieses
unglückliche Zeitalter leider nur zu viele Urheber profaner Neuerungen zähle, die in dieser Frage so falsch und verschroben urteilen,
daß zwischen Magie und Nichtmagie fast kein Unterschied bleibe.
Daß dies auf eine rationalistische Opposition gegen den Zauber-
wahn zu deuten ist, kann um so weniger bezweifelt werden, da
die 95. These lautet: Es ist eine Täuschung, wenn behauptet
wird, daß wir diesen geheiligten Dingen (hisce sacratis rebus,
nämlich der Zauberei!) weit mehr zuschreiben, als ihr gebühre.

---

[1]) Warhafftige Zeitung von den gottlosen Heren u. s. w. 1571.

[2]) De Magia Theses theologicae. Ingolstadii ex officina Weissen-
horniana. Ein Teil der Sätze bezieht sich auf die Hexerei, der Hexenhammer
wird hier nicht citiert, sondern nur die Bibel, Kirchenväter und Scholastiker,
für die Lehre von den Incubus und Succubus (th. 48) wie gewöhnlich der
hl. Thomas von Aquino p. p. q. 51, art. 3 et de potent. q. 6, art. 8 ad 5.

Der Weihbischof Binsfeld[1]) berichtet: Viele fragen aus Mitleid, wann endlich die Hexenbrände aufhören werden, und er antwortet: Sie werden aufhören, sobald die Hexerei aufhört. Der Jesuit Drexel (s. oben S. 191) beklagt, daß es laue Christen gebe, welche den Hexenverfolgungen nach Kräften widerstreben, damit nicht, wie sie sagen, gegen Unschuldige gewütet werde. Der Jesuit Tanner[2]) nennt einfältig, wer nicht an Hexen glauben will. Der Jesuit Laymann klagt[3]): Etliche wollen mit den Atheisten, Heiden und Türken behaupten, daß es keinen Teufel und keine Hölle gebe und deswegen auch keine Zauberer, oder behaupten mit Weier, Lesäus und anderen Calvinisten, es sei nur etlicher Leute Phantasie oder Traum. Diese bösen Christen bewirken dadurch nur, sich selbst sehr verdächtig zu machen, daß sie entweder selbst in diesem Spital krank liegen oder mit den genannten Ketzern eines Glaubens sind.

Auch beim Dichter des Simplicissimus (II, 18) finden wir den Hinweis, daß etliche und zwar auch vornehme und gelehrte Leute nicht glauben wollen, daß es Hexen oder Unholde gebe, geschweige daß sie in der Luft hin und her fahren sollten. Aber Grimmelshausen, der ja bischöflich straßburgischer Schultheiß in Renchen war und als solcher in die Lage kommen konnte, selbst über Hexen zu urteilen, hegt diesen Glauben und bringt eine Menge von Erzählungen, um die Existenz von Hexen zu beweisen. Den Helden seines Romanes selbst läßt er im Lager in einen Hexen= prozeß verwickelt werden (II, 26).

Noch mehr als diese Spuren einer stillen und unwirksamen Opposition weckt es unsere Teilnahme, wenn wir selbst in den richterlichen Kreisen Bayerns etwas spüren, was man gern als Verstand und Menschlichkeit, nicht als Angst vor eigener Ver= hexung deuten möchte. Für die Mehrheit der Ingolstädter Richter um 1628 ist diese Deutung gesichert, denn „Graf Tilly hat sich verlauten lassen, daß keiner aus ihnen zu den Hexenprozessen Lust

---

[1]) De confessionibus maleficor. et sugarum, ed. 1623; Epist. de-dicatoria f. 5ᵛ.

[2]) Theologia III, c. 1019.

[3]) Processus juridicus (Aschaffenburg 1629) p. 56.

hätte, sondern alles nur für ein somnium halten"[1]). So möchte man auch zu Ehren der Landshuter Regierung gern annehmen, daß Abscheu vor diesen Verfolgungen der Grund ihrer von Maximilian gerügten Saumsal war. Von 1611 liegt ein Gutachten des Hofrates Wagnereck vor, laut dessen auch der bürger= liche Magistrat in München den Hexen nicht fleißig nachforschte[2]). 1615 aber berichtet ein Ungenannter dem Herzog, daß mehrere der Herren Hofräte selbst „keine Lust oder Affektion, viel weniger einen zelum oder Eifer" zu Hexenprozessen hätten. Er knüpft daran Vorschläge, wie die Richterbank im Hofrat zu besetzen sei, damit der gehörige Eifer in die Sache komme[3]). Aus Ingol= stadt benunziert ein anderer Anonymus[4]), die Ingolstädter Richter hätten keine Lust zum Brennen. Alle Unholden, die in den letzten zwölf Jahren in Ingolstadt gefangen worden seien — gefangen nur deswegen, weil die Richter nicht mehr anders konnten —, seien wieder ausgelassen, ja etliche Waisenkinder sogar nach Oester= reich verschickt worden, während man zu Wembing vier Weibs= personen alsbald zum Bekenntnis gebracht habe. Außer dem Statthalter und Dr. Fasolt laborieren sämtliche kurfürstliche Räte in Ingolstadt „velis remisque", nicht allein den zu Ingolstadt jetzt begonnenen Prozeß, sondern auch den zu Wembing zu ver= hindern und zu zerstören. „Im gesessenen Rat" habe Dr. Demich ausdrücklich bemerkt, was es denn sein solle mit den Denunzia= tionen, wenn es etwa zweien oder dreien einfiele, auf ihn zu be= kennen, daß er selber „ein Unholder" sei. Ob dieser frechen Rede sei jedermann erschrocken. Denn vor etwa sechs Jahren wäre ja Demichs Schwiegermutter, seines jetzigen Weibes Mutter vulgo die alte Syndikusin, selber wegen Hexerei beigefangen worden, hätte sie sich nicht durch die Flucht nach Oesterreich dem entzogen. „Ist also der affectus bei den Händen zu greifen!" Beim Oberrichter entspringe ebenfalls ein affectus daher, daß vor

---

[1]) Kreisarchiv München 323,16.
[2]) Reichsarchiv, Hexenakten Nr. 3. Vgl. auch oben S. 214 f.
[3]) A. a. O.
[4]) Kreisarchiv München a. a. O. Undatiert; wie die Erwähnung des Prozesses gegen die alte Hofschneiderin von Eichstätt u. a. zeigt, c. 1629 an= zusetzen.

sechzehn Jahren seine Ehefrau als eine öffentliche Unholdin aus=
gerufen ward. Dr. Weitzenöcker, „sonst ein frommer Mann“,
sei wahrscheinlich durch seine Frau verführt, die seit Jahren mit
der Oberrichterin zusammenstecke. Die fürstlichen Räte zu Eich=
stätt sagen offen: die Doktoren zu Ingolstadt wollen nicht an den
Hexenprozeß, weil sie sich vor ihren Weibern fürchten.

Vielleicht bietet diese elende Hetz= und Denunziationsschrift einen
neuen Fingerzeig zur Erklärung der Thatsache, warum in den
geistlichen Fürstentümern, wo vielfach geistliche Richter an der
Spitze der höheren Richterkollegien standen[1]), die Verfolgungen
am ärgsten wüteten: unter den verheirateten weltlichen Richtern
lebte doch zuweilen eine gewisse Achtung vor dem weiblichen Ge=
schlecht, die den priesterlichen Richtern fehlte und die zügelnd und
mäßigend wirken mußte.

Demich sprach sich auch gegenüber dem Kanzler Abeck gegen
die Hexenprozesse aus und erklärte dann, auf die Denunziationen
halte auch der Kanzler nichts. Es sei zu fürchten, schließt unser
Anonymus, daß die kurfürstlichen Räte zu München, besonders
soweit sie noch junge Herren seien, dieser Opinion leichtlich nach=
folgen und infolgedessen der Prozeß zu Wembing ganz eingestellt
werde. Er knüpft daran die Verdächtigung, daß zu diesem Ende
zu München viele stattliche Herren mit Geld bestochen und ge=
schmiert seien.

Guten Einblick in diese unheimliche Stimmung, in das Auf=
steigen leiser Zweifel an der Gerechtigkeit dieser Prozesse, gewährt
auch das Schreiben eines ungenannten Vaters oder einer Mutter
an ihren Sohn, einen, wie es scheint, in München thätigen, eifrigen
Hexenrichter[2]). Herzlieber Sohn, ich muß Dir gleich entdecken,
daß ich um Dich und die Deinigen nicht wenig bekümmert bin,

---

[1]) Ein Eichstätter Hexenprozeßprotokoll von 1625 (Reichsarchiv Nr. 47)
zeigt z. B. unter vier Richtern obenan zwei geistliche, den Vicarius und den
Officialis.

[2]) Reichsarchiv, unter Hexenakten Nr. 3. Das undatierte Stück, wohl
nicht Original, sondern gleichzeitige Abschrift, ist etwa in die Jahre 1620 bis
1630, jedenfalls in die ersten dreißig Jahre des 17. Jahrhunderts zu setzen.
Wahrscheinlich ist das Schreiben von dem Empfänger dem Herzoge vorgelegt
worden und so in das Reichsarchiv gekommen.

denn im Unterland Bayern haben verständige, gottesfürchtige,
ansehnliche Personen gesagt, wenn sie mit Dir verwandt wären,
wollten sie ihren Kopf nicht zur Ruhe legen, ehe Du Dich dessen
entschlagen hättest, mit den gottlosen Zauberleuten also zu schaffen
zu haben. Denn schon ehe Du ein Mensch warst, sind diese Ver=
folgungen oft mit solcher Strenge und großem Ernst in Angriff
genommen worden, doch stets hat es sich soweit in hohe Freund=
schaften einreißen wollen, daß man verursacht gewesen, sie wieder
einzustellen. „Wie dann vor etlichen Jahren auch zu München
mit namhaften Personen geschehen, das man wohl weiß mit
Namen, hat nit viel Schreien (sic) und wenn's Arme wären gewesen, hätt' man's auch einzogen, wären aber vielleicht auch
unschuldig gewesen, nichts desto weniger kommt ein großer
Nachklang auf eine ganze Freundschaft." Der Teufel mit seinem
Anhang ist ein Lügner. Diese menschlichen Schmerzen und Marter,
auch das listige, ernstliche Zusprechen von Deiner Seite, gleich als
hättest Du gründliches Wissen von ihren bösen Thaten: sie sollen
nur ja sagen und nicht leugnen[1]) — wenn Du ihnen also zu=
sprichst und mit großer Marter gegen sie fortfährst, das kann die
Ursache sein, daß sie heute etwas gestehen, morgen es wieder
leugnen. „Ist also das allergrößt die Unschuld." Ich weiß viele
gottesfürchtige Frauen, die jetzt nicht mehr am Leben sind, die
mich vielerlei Segen, Gebete, Zeremonieen, Zeichen gelehrt haben,
für allerlei Gebrechen der Menschen und des Viehs. Ich weiß
wohl, daß solches in der hl. Schrift verdammt wird, und sobald
wir darüber die Prediger und unsere Beichtväter gehört, lassen
wir es schon bleiben. Du aber willst das, was leider bei etlichen
aus Einfalt getrieben wird, gar für Unholderei ausschreien! Gott
gnade der seligen Frau Dr. Stockhamerin, wenn die zu Deiner
Zeit noch am Leben wäre! Da hättest Du vielerlei Segen und

---

[1]) Gegenüber dieser Stelle, die bestimmt auf einen Untersuchungsrichter,
wohl Hofrat, deutet, muß man doch wohl den besonders durch den Schluß nahe=
gelegten Gedanken fallen lassen, daß das Schreiben vom alten Herzog Wilhelm
selbst (gest. 1626) an seinen Sohn Maximilian gerichtet sei. Denn daß Maxi=
milian selbst den Untersuchungsrichter gemacht hätte, ist nicht überliefert und
höchst unglaubwürdig. Herzog Wilhelm würde auch kaum sagen: der Herr
Graf von Etting.

wunderliche Dinge gesehen, die ihre Kinder in ihrem Nachlaß ge=
funden. Und dennoch weiß ich, daß sie gar gewissenhaft war,
männiglich diente und nach ihrem Vermögen geraten und geholfen,
auch einmütiges Lob hinter sich gelassen hat. Deswegen ist meine
Kümmernis, es möchte oft ein unschuldiges Blut treffen und Dir
bei mancher stattlichen Freundschaft Schaden bringen. Ueberdies
weiß ich, daß es viel Phantasieren, Nachdenken, Unlust bei Tag
und Nacht verursacht, daß Du mit Ruhe kaum essen kannst, da
Du sonst wohl genug zu schaffen hättest, daß Du auch schwere
Nachrede auf Dich bringst, daß man Dich gar für blutdürstig
erkennt. Die Frau von Herberstein sagt unverhohlen, seit ihr
Eidam, Herr Truchseß, diese Leute also hinrichten läßt, habe er
„viel unfällige Zuständ, eins nach dem andern"; sie habe wohl
Sorge, es laufe zuweilen (unter den Hingerichteten) eine Unschuld
mit. Herr Truchseß ist auch darin ermüdet, fährt nicht mehr so
streng fort. Der Herr Graf von Etting (Oettingen) hat sich stark
vorgenommen, dergleichen zauberische Personen in seinem Gebiet
ganz und gar auszurotten, hat es auch etliche Jahre getrieben,
viel gute Freundschaften sind darüber ins Geschrei gekommen, —
bis auf seine eigene Frau Gemahlin bekannt wurde! Hat auch
deswegen Spott leiden müssen. Solcher Exempel haben wir
etliche. Im oberen und unteren Land Bayern sagt man von
Dir, Du wollest und gedünkest Dich mehr zu sein als alle anderen
Verständigen, so vor Dir gewesen und noch sind; sie haben er=
fahren, daß sie dies ersticken lassen mußten, Du aber sagst: wir
dürfen darin nicht nachlassen. Tragen aber viele mit Dir Mit=
leiden, indem sie, nach dem Exempel vieler, sorgen, daß Dir und
den Deinen Arges widerfahre.

Unverkennbar bestand also in gewissen Schichten der baye=
rischen Bevölkerung und sogar in richterlichen Kreisen eine nicht
zu unterschätzende Gegenströmung. Diese hat jedenfalls darauf
eingewirkt, daß die Hexenprozesse im Fürstentume Bayern, so
schlimm sie auch hier wüteten, doch nicht einen so entsetzlichen
Umfang erreichten wie in vielen anderen Territorien. Auch ward
hier durch das gesetzlich geforderte Eingreifen einer höheren In=
stanz, nachdem einmal der erste blinde Eifer verraucht war, wenig=
stens den ärgsten Ausschreitungen bornierter und fanatischer Richter

vorgebeugt. Und so sehr Maximilian I. durch das Vorbild seiner Gesinnung, durch seine Verordnungen und wiederholtes Drängen der Behörden die Verfolgungen schürte, lag doch anderseits in dem Geiste strenger bureaukratischer Ordnung, der sein ganzes Walten kennzeichnet und vom Throne in die Amtsstuben sich fortpflanzte, eine Schranke gegen maßlose Ausdehnung der Verfolgungen aufgerichtet. Im Gegensatze zu vielen anderen Territorien sind in Bayern Angehörige der höheren Stände so gut wie gar nicht in Hexenprozesse verwickelt worden. Auch läßt keiner der bis jetzt bekannten bayerischen[1]) Fälle Eigennützigkeit oder Schurkerei bei den Richtern erkennen. Selbst die schlimmsten Verfolger, wie ein Poißl und Herwart, handelten aus Pflichtgefühl. Innerhalb der Schranken, in welche die Hexenwahnverblendung, der dem Zeitalter eigentümliche Mangel an psychologischem Blick und die entsetzlichen Prozeßvorschriften und =gewohnheiten die Richter bannen, haben es diese, wenn man auf das scheußliche Verfahren den Ausdruck anwenden darf, gewissenhaft genommen. Aber diese Schranken sind verhängnisvoll und in ihnen vollzieht sich in aller Legalität der regelmäßige, himmelschreiende Justizmord.

Von so häufig wiederholten Massenhinrichtungen, solchem Wüten auch gegen Höhergestellte, wie wir es u. a. in den geistlichen Fürstentümern Würzburg und Bamberg kennen, blieb Bayern verschont. Zählte man doch in Würzburg unter der achtjährigen Regierung des Bischofs Philipp Adolf von Ehrenberg (1623 bis 1631) allein 900 Verbrannte. Diese Prozesse stechen auch durch ihre große Ausdehnung auf Männer und auf Personen der höheren Stände hervor. Am ärgsten haben innerhalb des Reiches die Hexenverfolgungen gewütet einerseits in den geistlichen Fürstentümern Trier, Straßburg, Fulda, Würzburg, Bamberg, denen

---

[1]) Während im Pfalz=Neuburgischen 1631 die Rechnung des Pflegverwalters Jakob Kracker zu Reichertshofen (wo fünfzig Hexen verbrannt worden waren) über Hexenbrände zuerst zwar von den Kammerräten anerkannt, später aber, nachdem Kracker „mehrerer Schelmenstücke, Untreue und Diebstahls" überwiesen worden, beanstandet wurde. Der Kammerpräsident Graf Ernst zu Oettingen, früher selbst Pfleger zu Reichertshofen, erhob Klage gegen Kracker. Reichsarchiv, Hexenakten Nr. 31. Ueber einen ungerechten Richter im Eichstättischen s. oben S. 224.

von den bayerischen Bistümern Eichstätt und Freising nahe kommen,
auch im schlesischen Fürstentum Neisse, das dem Bischof von Breslau
gehörte [1]), anderseits in einigen protestantischen Territorien, wie
Brandenburg, Braunschweig, Nassau, Hessen-Kassel, Kursachsen,
wo der Leipziger Professor Carpzov († 1666) seine große Autorität
im Sinne der Verfasser des Hexenhammers verwertete, und in
den sächsischen Fürstentümern. Von den weltlichen katholischen
Fürstentümern ward wohl keines so schwer betroffen wie das nur
lose zum Reich gehörige Herzogtum Lothringen, wo nach dem
Zeugnisse eines beteiligten Richters nur innerhalb 16 Jahren
800 Hexen zum Tode verurteilt wurden, während ebenso viele
Angeklagte entflohen oder nicht zum Geständnis gebracht werden
konnten. Daß irgend ein Territorium des Reichs von Hexenprozessen gänzlich verschont geblieben wäre, müßte erst noch bewiesen werden. v. Wächter hat angenommen, daß es in Württemberg wenigstens nicht zu ausgedehnteren Verfolgungen gekommen
sei; aber 1616 erschien in Tübingen im Drucke die Beschreibung
der vom Herzoge von Württemberg zu Vaihingen, Dornstetten,
Sindelfingen, Leonberg angestellten zahlreichen Hexenbrände [2]), an
denen es auch sonst in diesem Lande nicht fehlte.

Soll für das Fürstentum Bayern eine Zahl der Hingerichteten
ausgesprochen werden, so möchte ich mit aller Zurückhaltung,
welche die Verschleuderung vieler Akten dem Urteil auferlegen
muß, die Opfer, welche die Hexenprozesse während der ganzen
Periode ihrer Dauer vom 16. Jahrhundert bis 1756 — ohne
die bayerischen Bistümer — gefordert haben, etwa auf tausend

---

[1]) Ueber diese weniger bekannten gräßlichen Verfolgungen, denen 1684 auch
der Stadtpfarrer und Dechant Lauthner zum Opfer fiel, s. „Das Hexenwesen im
Furstentum Neisse, dann im Gesenke Mährens im 17. Jahrhundert. Nach den
Originalquellen dargestellt von H..b R...t." 1836. In Zuckmantel wurden
allein binnen Jahresfrist 58, in Freiwaldau im ganzen 102 Hexen, darunter
sämtliche Ratsfrauen, verbrannt.

[2]) Den Examinationen mußten hier die Pfarrer beiwohnen. S. „Zwo
Hexen-Zeitung, die erste aus dem Bistum Würzburg, die andere aus dem
Herzogtum Würtenberg. Tübingen, 1616." Ueber Hexenverfolgungen in
Württemberg (zu den hier Betroffenen gehörte die greise Mutter des Astro-
nomen Kepler) s. auch Soldan-Heppe II, 96 f., 131; Längin 237 f.

bis zweitausend schätzen. In den Bistümern Freising, Augsburg, Eichstätt zusammen scheinen, trotz weit geringeren Gebietsumfanges, die Opfer nicht viel geringer gewesen zu sein. Ueber die Bis=tümer Passau und Regensburg herrscht noch vollständige Unklar=heit. Auf die großen Massenprozesse von Schongau, Werdenfels, Wembding, Eichstätt finden sich in den Akten über andere Prozesse wiederholt Verweisungen. Daher scheint der Schluß einige Be=rechtigung zu haben, daß anderweitige große Massenprozesse, da sie in den Akten und der Litteratur keine Spuren hinterlassen haben, in Bayern nicht vorgekommen sind. Wenn Tanner von der Entvölkerung ganzer Dörfer, ja Städte durch Hexenprozesse spricht, muß er nicht eben kurbayerische im Auge haben. In unmittelbarer Nähe seines Wohnortes Ingolstadt lag das neu=burgische Dorf Reichertshofen, wo man nach der Hinrichtung von fünfzig Einwohnern, woran sich vielleicht noch die Flucht vieler anderen knüpfte, wohl von Entvölkerung sprechen konnte.

Woher sollte die Rettung kommen? — Die Geschichte, hat Napoleon gesagt, ist der gefährlichste Feind der durch menschliche Unvollkommenheit entstellten Religion. Aber viele Generationen mußten noch vorüberwandeln, bis die Geschichtsforschung in den Stand gesetzt war, den Quellen des Uebels auf den Grund zu sehen. Etwas früher stellte sich der Bruch mit dem ausgedehnten mittelalterlichen Wunderglauben ein, die vernünftige Einsicht, daß alles Leben in der Natur, wenn wir auch die Ursachen der Er=scheinungen oft nicht zu durchschauen vermögen, auf natürlichen Gründen beruht. Auch diese Ueberzeugung aber brach sich nur langsam unter den Gebildeten Bahn; die litterarische Opposition gegen den Hexenglauben, die sich vor dem 18. Jahrhundert in Deutschland hervorwagte, ist nur als Vorläufer dieser naturwissen=schaftlichen Erkenntnis zu betrachten und geht mehr aus in=stinktivem Widerwillen gegen einzelne besonders absurde Sätze des Hexenwahnsystems als aus wissenschaftlicher Einsicht hervor.

Von einer wirksamen Reaktion in den richterlichen Kreisen begegnen uns in Bayern die ersten Anzeichen in der Ingolstädter Denunziationsschrift von 1629. Aber der vernünftigen Ueber=zeugung offenen Ausdruck zu geben war mit der Gefahr ver=bunden, auf dem Scheiterhaufen zu enden. Dieses Schicksal traf in Trier den kurfürstlichen Rat, Schultheißen und früheren Rektor der Universität, Dr. jur. Dietrich Flade, der sich der Hexen an= nahm und ihren Verfolgungen Einhalt zu thun suchte[1]). In seiner Eigenschaft als Stadtschultheiß hatte er vorher selbst an den Hexengerichten teilgenommen, und, wie es scheint, war er bei dieser Thätigkeit allmählich zu der Ueberzeugung von der Un= gerechtigkeit dieser Prozesse durchgebrungen. Nun wurde er selbst

---

[1]) Weber in dem Artikel der Allg. Deutschen Biographie über Flade noch bei Janssen=Pastor VIII, 639 ist davon die Rede, aber nach den Zeugnissen der Gesinnungsgenossen Binsfelds, der Jesuiten Delrio (vgl. Solban=Heppe II, S. 25 und Binz, Dr. Johann Weyer S. 108 f.) und Laymann, muß die That= sache als wahrscheinlich betrachtet werden. Delrio bemerkt, Flade habe mit aller Kraft hemmend auf die Hexenprozesse einzuwirken gesucht, aber Binsfeld habe sich ihm mit seinem Buche über die Hexenbekenntnisse widersetzt. Lay= mann (Processus iuridicus contra sagas, Aschaffenburg 1629, p. 57) eifert gegen die Bekämpfer des Hexenwahns, Weier und andere, auch über Ebelin, dem der Teufel geboten habe, zu predigen, daß die Hexerei nur eine Ver= blendung sei, und fährt dann fort: „Dieses hat sich auch vor etlichen Jahren D. Vlaet, ein fürnehmer churfürstl. Trierischer Rat, mit Ernst unterfangen, welchem sich der hochwürdige Herr D. Petr. Binsfeldius widersetzt hat und Confessionem Maleficarum geschrieben. Dieser Herr ist hernacher gefangen worden und als er seinen Betrug und Verführung mit einer öffentlichen Oration (dies scheint sich auf die von Flade auf dem Richtplatz an das Volk gehaltene Rede zu beziehen) entdeckt hat, ist er, wie auch Ebelin, ganz reu= mütig ausgeführt und verbrannt worden." Die von dem Amerikaner George L. Burr 1882 aufgefundenen Prozeßakten Flade's enthalten allerdings nichts, was zu der Annahme berechtigt, daß Flade die Realität der Hexerei bezweifelte, und lehren uns, daß der gebrechliche Greis nicht als Martyrer eines Prin= zips gestorben ist. Aber Flade scheint durch seine richterliche Thätigkeit zu der Ueberzeugung gelangt zu sein, daß man auf die erpreßten Denunziationen der Hexen nichts geben dürfe, und scheint von diesem Standpunkte aus die Aus= dehnung der Hexenprozesse bekämpft zu haben. Ueber seine eigene Thätigkeit als Hexenrichter sagt er im Verhör abschwächend: er selbst habe ja in diesen Prozessen nicht Urteil gesprochen, sondern nur die Urteile der Schöffen durch das Brechen des Stabes bekräftigt. S. Burr, The Fate of Dietrich Flade, p. 47 f. (Papers of the American Historical Association, Vol. V, Nr. 3, Juli 1891). Burr (p. 57) urteilt: „Es ist möglich, daß Flade seinen Tod indirekt durch sein Zögern in der Hexenverfolgung herbeiführte." Daß dem Zeugnisse Delrio's Bedeutung beizumessen ist, wird auch von Burr (p. 47, Anm. 1) anerkannt. Vgl. auch Evans, Ein Trierer Hexenprozeß (in der Allg. Zeitung 1892, Beilage Nr. 86).

von einem Hexenknaben Matthias und bald auch von mehreren
Hexen der Teilnahme an Hexentänzen bezichtigt, in einen Hexen=
prozeß verwickelt und am 18. September 1589 verbrannt.

Erwähnungen Delrio's und Laymanns scheinen darauf zu
deuten, daß Flade's Opposition Binsfeld den Hauptanstoß zur
Veröffentlichung seines verhängnisvollen Buches über die Hexen=
bekenntnisse gab. Als aber dieses 1591 in vermehrter Ausgabe
erschien, schrieb sogar ein Mitglied der theologischen Fakultät in
Trier (quidam theologicae facultatis) dagegen einen Traktat,
der nach Binsfelds Angabe darauf ausging, alles, was von den
Werken und Bekenntnissen der Hexen behauptet wurde, als Fäl=
schung und Traum nachzuweisen und die Obrigkeiten, die Hexen
hinrichten ließen, des Justizmordes zu zeihen. In dem Verfasser
dürfen wir also den ersten Bekämpfer der Hexenprozesse aus den
Reihen des katholischen Klerus feiern. Schon waren einige Bogen
seiner Schrift gedruckt, als ein Verbot der Behörde an den Kölner
Buchdrucker erging. Als Sohn der Kirche schwor der Verfasser,
wie Binsfeld sagt, seine Irrtümer vor dem als Kommissär auf=
tretenden päpstlichen Nuntius Octavius (Frangipani) ab und erbat
dessen Verzeihung. Diese Bemerkung, fügt Binsfeld [1]) als eine
nicht mißzuverstehende Drohung seiner Nachricht bei, genüge für
diejenigen, die in Handschriften oder in den Winkeln ihres Ge=
dächtnisses noch Ueberreste dieser Abhandlung [2]) aufbewahren.

Binsfeld hat den Namen dieses aufgeklärten Theologen
„ehrenhalber" verschwiegen. „Ehrenhalber" sei festgestellt, daß
es der Holländer Cornelius Callidius Loos war, ein eifriger
Gegner des Protestantismus, der ein Kanonikat in seiner Vater=
stadt Gouda durch die Einführung der Reformation verloren und
dann, wie wir aus Binsfelds Zeugnis folgern dürfen, eine Pro=
fessur in der theologischen Fakultät in Trier erlangt hatte. Seine
Schrift war betitelt: De vera et falsa magia. Wie weit sie

---

[1]) De confessionibus maleficorum et sagarum (ed. 1623), p. 28.

[2]) Zwei von den vier Büchern des Werkes hat Burr, der darüber in
The Nation 1886, November 11. berichtet, handschriftlich in der Trierer Stadt=
bibliothek aufgefunden. S. auch Burr, The Fate of D. Flade und Janssen=
Pastor VIII, 583.

ging, lehren die sechzehn Artikel des Widerrufes [1]), den Loos am
15. März 1592 im Kloster St. Maximin in Trier, wo ihn der
päpstliche Nuntius Frangipani hatte gefangen setzen lassen, vor
Binsfeld, dem Abte dieses Klosters und vielen anderen Zeugen
beschwören mußte. Loos hatte gelehrt, daß die Hexenausfahrten
nur Aberglaube und Einbildung seien — in seinem Widerrufe
mußte er anerkennen, daß dies sowohl nach Ketzerei als nach
Majestätsverbrechen schmecke! Ferner hatte er behauptet, daß die
armen Hexen nur durch die Bitterkeit der Tortur zu ihren Be=
kenntnissen gebracht und daß in den Hexenprozessen mittelst einer
neuen Alchemie aus Menschenblut Gold und Silber gemacht werde.
Ja er hatte sogar gelehrt, daß es keine Zauberer gebe, die Gott
absagen und den Teufel verehren, mit Hilfe desselben Wetter
machen und andere Künste vollbringen, sondern daß dies alles
Träume seien. Um den Hexenprozessen Einhalt zu thun, hatte
Loos auch an den Rat und die Geistlichkeit von Trier Zuschriften
im Sinne seines Buches gerichtet. Aus dem Lande gejagt, fand
der wackere Priester eine Zuflucht in Brüssel. Bald aber mußte
er auch dort, da er seinen Kampf gegen den Hexenwahn un=
erschrocken fortsetzte, ins Gefängnis wandern. Nochmals entlassen,
sah er sich zum drittenmale mit einer Anklage bedroht, als ihn
der Tod am 3. März 1593 der Verfolgung entzog. Nach Delrio
hinterließ er jedoch nicht wenige Anhänger „seiner Dummheit".
Mögen diese, sagt Delrio, wenn auch spät, inne werden, wie ge=
fährlich es ist, dem Urteil der Kirche die Delirien des e i n e n
Ketzers Weier vorzuziehen [2])! Lange vorher war ebenfalls in
Brüssel der halb aufgeklärte, halb mystische Metzer Syndikus
Cornelius Agrippa von Nettesheim als Zauberer angeklagt und
ein Jahr lang eingesperrt worden, als er eine angeklagte Hexe
geschickt verteidigt und zugleich in seinem Buche de occulta philo-
sophia (1531) den Hexenwahn und die daraus entspringenden
Verfolgungen angegriffen hatte. Die ersten, die es wagten, den

---

[1]) Ueberliefert von Delrio, Disquisitiones magicae, lib. V, append.
ed. 1606, III, 315 f.

[2]) Delrio a. a. O. 320; Soldan-Heppe II, 22 f. In der Allg. Deutschen
Biographie hätte Loos wahrlich mehr verdient als die paar Zeilen, mit denen
er dort abgefertigt wird.

Greuel zu bekämpfen, zählen zu den ruhmvollsten Helden, Wohl=
thätern und — Martyrern der Menschheit. Ueberall ward ihnen
ihr kühnes Unternehmen zum Ikarusflug. Sie wurden verfolgt,
verlästert, eingesperrt, zu unaufrichtiger und schmählicher Revoka=
tion oder zur Flucht gezwungen.

Der erste Deutsche, bem der unsterbliche Ruhm gebührt, in
einer Druckschrift ben Herenwahn bekämpft zu haben, ist ein
Calvinist, Johann Weier, Leibarzt des Herzogs Wilhelm IV. von
Cleve. Sein Buch de praestigiis daemonum, von Kaiser Ferdi=
nand mit einem Schutzbriefe gegen Nachbruck ausgestattet, er=
schien 1563. Weier ist voll von Teufelsaberglauben, er schildert
die Einrichtung der Hölle mit 572 Höllenfürsten und über sieben
Millionen Dämonen, glaubt auch an Zauberei, die mit Hilfe des
Teufels geschehe, glaubt an Giftmischerinnen, die durch angestrichenes
oder hingelegtes Gift Krankheiten und Tod erzeugen. Dagegen
ist er überzeugt, daß in den Herenprozessen viel unschuldiges Blut
vergossen und „den armen Zaubervetteln" in Bezug auf Un=
gewitter und Leibesverletzungen zu viel zugeschrieben werde. Das
Prozeßverfahren bewirke, daß die armen Leute lieber im Feuer
sterben wollen, als so unmenschlicherweise auseinander gestreckt
und gefoltert zu werden. Die Geständnisse der Heren von ihren
nächtlichen Ausfahrten und Tänzen, Vermischung mit dem Teufel,
Verwandeln von Menschen in Tiere, erklärt er durch Verblendung
und Täuschung, „baß sie nicht anders meinen, als sie haben's
gethan"[1]). Zur Einsicht, daß bies alles nur auf den Suggestiv=
fragen der Richter und dem Zwange der Folter beruhe, ist er

---

[1]) Aber selbst wenn nur phantastische Illusion vorliegt — hatte gegen=
über bieser Ansicht schon der Dominikaner Jacquier in seinem Flagellum
(S. 182) erklärt — sind die Angeklagten bennoch schuldig, da sie sich in
wachendem Zustand mit Vergnügen baran erinnern und ben Willen haben,
mit Teufeln in Verbindung zu treten. — 1621 meinte ein Gießener Jurist
in seinem Gutachten über einen Herenprozeß (Responsum iuris ... imper-
titum Giessae a ICto quodam anno 1621, gedruckt 1630 Marpurgi Catto-
rum): ber größere und weisere Teil der Theologen, Juristen, Staatsmänner
und Aerzte nehme an, baß die Herenzusammenkünfte meist nur Illusionen und
Vorspiegelungen der Dämonen seien und baß bei den Spielen und Tänzen
nur Trugbilder von Frauen gesehen würden. Dieses günstige Urteil war
jeboch, wie die massenhaften Prozesse der Folgezeit zeigen, sehr verfrüht.

nicht durchgedrungen. Bis 1583 erschienen sechs inhaltlich stets wachsende Ausgaben des Buches, das auch ins Deutsche (mehrmals, zuerst 1565) und Französische übersetzt wurde. Wie in Rom und anderwärts ward es in München (1582) auf den Index der verbotenen Bücher, und zwar hier als Werk eines Häretikers in deren erste Klasse, gesetzt. Sowohl von katholischer als von protestantischer Seite: von dem Franzosen Bodin wie von dem Marburger Arzte und Professor Scribonius ward Weier selbst als Genosse und Mitschuldiger der Hexen verdächtigt [1]. Von beiden Lagern aus heftig bekämpft, hat Weiers Buch gleichwohl in einigen protestantischen Territorien, besonders, wie Weier rühmt, in der Kurpfalz, den Hexenprozessen den ersten Stoß gegeben [2]. Von den Juristen stellte sich der Rostocker Gobelmann (de magis, veneficis et lamiis, 1590) im wesentlichen auf Weiers Standpunkt, indem er die Hexen, die sich nur unmögliche Dinge einbilden, von den Zauberern und Giftmischern streng unterschied. Auch bekämpfte Gobelmann die Ansicht, daß die Zauberei zu den crimina excepta zu rechnen sei [3].

Der erste katholische Kämpe gegen den Hexenwahn, Cornelius Loos, vertrat weit aufgeklärtere und folgerichtigere Ansichten als Weier, aber seine Stimme ward, wie wir hörten, durch Binsfeld und den Nuntius sogleich gewaltsam unterdrückt. Erst zwei Menschenalter nach Weier gelang es auch einem katholischen Kämpen, mit einem Buche gegen die Hexenverfolgungen in die Oeffentlichkeit zu bringen. Es war der edle Jesuit Friedrich von Spee, aus westfälischem Geschlecht, der bekannte Dichter der „Trutznachtigall" [4]. Schon

---

[1] Laymann (Processus 1629, p. 56); Janssen-Pastor VIII, 595.

[2] Soldan-Heppe II, 13.

[3] Vgl. Stintzing, Geschichte der deutschen Rechtswissenschaft I, 647.

[4] Von den zwei bedeutendsten deutschen Gegnern der Hexenverfolgungen hat Weier von der Forschung die sorgfältigste Berücksichtigung erfahren. Ueber ihn (auch Weyer und Wier geschrieben) s. bes. Binz, Joh. Weyer (Bonn 1885); Eschbach, Dr. med. Joh. Wier (Beiträge z. Gesch. des Niederrheins I, 1886, S. 56 f.). Diefenbach und Janssen-Pastor nennen Weier einen Katholiken. Daß dies irrig ist, lehrt schon der verächtliche Ton, in dem Delrio und Laymann von dem Ketzer sprechen. „Wierus, Lesaeus und andere Calvinisten", sagt Laymann (Processus 1629, p. 56). Eine Stelle bei Weier

hatte in England Reginalb Skot (Discovery of witchcraft, 1584), in Deutschland Loos die Möglichkeit der Hexerei ganz allgemein geleugnet. So weit wagte weder Weier noch Spee zu gehen. Weier bestritt aus naturwissenschaftlichen Gründen nur gewisse, aller= dings die am meisten Unheil wirkenden Teile des Hexensystems. Spee deckte besonders die Scheußlichkeit des Prozeßverfahrens auf. Er hatte als Beichtvater in Würzburg an zweihundert als Hexen und Hexenmeister Verurteilte zu ihrem letzten Gang vorbereitet und hier die entsetzliche Ueberzeugung gewonnen, daß kein einziger schuldig war. Von seinem Gewissen gedrungen, schilderte er die Greuel eines gerichtlichen Verfahrens, dem jeder Angeklagte unter= liegen mußte, in der Cautio criminalis, die 1631 zu Rinteln anonym, als Werk eines „unbekannten römischen Theologen", er= schien, und vermochte, wie Leibniz in der Theodicee rühmt, wenig= stens seinen Freund Philipp von Schönborn, den Kurfürsten von Mainz, gegen die Hexenverfolgungen zu gewinnen. In Spee's Buche vernehmen wir endlich wieder die Stimme mitfühlender Menschlichkeit. Des eblen Jesuiten Verdienst ist unantastbar, aber es ist ein rein individuelles und darf nicht seinem Orden zu= gerechnet werden. Wäre der in der Gesellschaft Jesu damals herrschende Geist seinen Anschauungen günstig gewesen, hätte er nicht Namen und Ordenszugehörigkeit zu verleugnen gebraucht.

Auf die bayerische Entwickelung hat keiner von diesen Männern nachweisbar ·eingewirkt. Anders steht es bei einem bayerischen Lehrer der Theologie, den sein Ordensgenosse Spee bereits als Vorläufer rühmt: dem in Innsbruck geborenen Jesuiten Abam Tanner, der von 1596—1603 in Ingolstadt, auch einige Jahre in München als Professor thätig war. Tanner, als Schriftsteller von großer Fruchtbarkeit, war einer der gelehrtesten und an= gesehensten Theologen und Polemiker seiner Zeit. In der Hexen= frage gebührt ihm in der That das boppelte Lob, daß er den

---

(VI, 18), die als Beweis für seine Zugehörigkeit zur römischen Kirche betrachtet wurde, ist nur ein Citat aus Erasmus. S. Binz, Das Bekenntnis des ersten deutschen Bekämpfers der Hexenprozesse (Allg. Zeitung, Beilage vom 11. Februar 1895). Ueber Spee s. den trefflichen Artikel seines Ordensgenossen Guido Maria Dreves in der Allg. Deutschen Biographie, wo weitere Litteratur an= geführt wird.

schrecklichen Wahn seiner Zeit in zwei wichtigen Punkten wenig=
stens nicht unbedingt und nicht in vollem Umfang teilte, noch
mehr aber: daß er Milberungen des Prozesses, besonders in An=
wendung der Folter, befürwortete, deren Durchführung den allzu
massenhaften Hinschlachtungen ein Ende gesetzt haben würde. Aber
er ist anderseits auch mit einem Vorschlage hervorgetreten, der
nur auf Ausdehnung der Prozesse abzielte — und unmöglich kann
man einen Platz in der Ruhmeshalle der Kämpen gegen Hexen=
wahn und Hexenverfolgungen einem Manne einräumen, der seine
Gesinnung durch den Ausspruch[1]) kundgegeben hat: „Die gericht=
liche Strenge gegen Hexerei ist nötig, einerseits um Aergernis zu
vermeiden, daß n i c h t d i e E i n f ä l t i g e n wähnen, ein solches
V e r b r e c h e n g e b e e s n i c h t , anderseits um die Ehre Gottes zu
rächen und die schwere, Gott angethane Unbill durch die schuldige
Strafe zu züchtigen." Das übertriebene Lob, das Tanner von
vielen Autoren gespendet wird, ist nur begreiflich, weil die Mehr=
zahl derselben Tanner offenbar nie gelesen hat. Rapp[2]), der
Tanner unter sein Tiroler Dreigestirn wackerer Kämpen gegen
die Hexenverfolgungen (Tanner, Tartarotti, Sterzinger) aufnahm,
gehört zwar nicht zu dieser Mehrzahl: er hat einen Auszug aus
Tanners Aeußerungen mitgeteilt, doch durch Hinweglassung alles
dessen, was in dem schönen Bilde störend wirken würde, diesem
eine viel zu günstige Färbung gegeben. Derselben Einseitigkeit
macht sich Janssen=Pastor schuldig. Es ist daher unerläßlich, daß
wir auf Tanners Aeußerungen näher eingehen — wir werden
dabei auch manches hören, was für die Kenntnis der Hexen=
prozesse seiner Zeit und als Zeugnis ihrer ungeheuren Ausdehnung
wertvoll ist.

Wenn in Tanner Bedenken über die Gerechtigkeit des bisher
beobachteten Prozeßverfahrens erwachten und wenn er mit Milbe=
rungsvorschlägen hervortrat, so haben, wie aus seinen Aus=
führungen erhellt, zwei Dinge den Anstoß dazu gegeben. Einmal
das Grausen, das die ungeheure Ausdehnung der Prozesse und
deren Uebergreifen auf Personen der höheren Stände wecken mußte.

---

[1]) Theologia scholastica III, c. 1019, § 126.
[2]) Die Hexenprozesse und ihre Gegner aus Tirol S. 59—69.

Es ist wahrscheinlich, daß der Fall Reichard auf seinen Standes=
genossen besonderen Eindruck gemacht hat. Den zweiten Anlaß
boten die mehr und mehr bekannt gewordenen Erklärungen von
Hexenbeichtvätern, daß sie nach ihrer in der Beichte gewonnenen
Ueberzeugung Hingerichtete für unschuldig halten mußten. Spee
hatte diese Erfahrung selbst gemacht, Tanner wurde sie von
Kollegen mitgeteilt.

Tanners gelehrte „Theologia scholastica", worin sich seine
Aeußerungen zur Hexenfrage finden, erschien in Ingolstadt in
vier Bänden in den Jahren 1626 und 1627. Das Werk ist dem
Kaiser Ferdinand II. gewidmet, ein Ingolstädter Bürger und
Ratsherr, Johann Bayr, hat die Druckkosten bestritten. In der
fünften Disputation über die Engel[1] (auch die gefallenen) be=
spricht Tanner die Frage der Hexenfahrten. Darüber bestehen,
sagt er, unter den Schriftstellern zwei Ansichten. Die erste
leugnet, daß körperliche Ausfahrten möglich seien, und nimmt vom
Teufel den Menschen eingegebene Phantasiegebilde an. Tanner
will nicht bestreiten, daß solche Phantasieen vorkommen, nichts=
destoweniger, sagt er, ist die entgegengesetzte Meinung wahr und
ausgemacht, daß die Hexen nicht selten auch wirklich und körper=
lich vom Teufel zu ihren Versammlungen getragen werden. „Dies
ist jetzt unter den Katholiken die allgemeine Ansicht der Theologen
und Juristen." Freilich, wie man dies mit dem Canon Episcopi
zusammenreimen kann, ist eine wichtige und schwierige Frage.
Denn dieser Canon ist echt und seine Autorität unanfechtbar.
Die Lösung gelingt Tanner auf folgende Weise, die für den
jesuitischen Scholastiker charakteristisch ist: der Canon wolle nicht
definieren, ob die Weiber thatsächlich vom Teufel zu nächtlichen
Versammlungen getragen werden, sondern ob dies auf solche
Weise geschehe, wie sie sich selbst rühmten, zum Untergang und
zur Beschimpfung des christlichen Glaubens, nämlich daß sie nicht
von einem bösen Geist, sondern von Diana und Herobias ent=
führt würden. Man sieht, daß jene altchristliche Auffassung, wo=
nach Diana und die anderen römischen Gottheiten eben selbst
nichts anderes als Teufel waren, der Theologie dieser Zeit nicht

---

[1] Theologia scholastica I, Disp. V, quaest. 5, dub. 2, c. 1495 f.

einmal mehr in Erinnerung war. Aus dem Kanon, schließt
Tanner, darf also kein Argument dafür entnommen werden, daß
die Hexen unserer Zeit vom Teufel nicht zu diesen Zauber=
versammlungen entführt würden. Andere Bedenken gegen die
Realität der Ausfahrten werden von ihm stark betont: daß die
Ehemänner der verheirateten Hexen von solchen Ausfahrten nichts
bemerken und daß es unglaublich sei, daß Gott leicht und so oft
zulasse, daß schuldlose Ehemänner durch den Teufel getäuscht
werden; ferner daß die Bekenntnisse der Hexen in den Angaben
über diese Ausfahrten und Zusammenkünfte nicht zusammen=
stimmen, so daß gelehrte und erfahrene Männer, welche diese
Bekenntnisse öfter angehört, nicht selten zweifeln, ob die Hexen
nicht Träume für Thatsachen halten. Tanners eigene Ansicht
geht dahin, daß der letztere Fall allerdings der häufigere [1]), daß
aber an dem wirklichen Vorkommen körperlicher Ausfahrten fest=
zuhalten sei.

Eine weitere Frage lautet [2]): ob der Teufel ohne besondere
Zulassung Gottes, sei es unmittelbar, sei es mittelbar, durch Hexen
oder Zauberer die Menschen schädigen könne. Tanner antwortet:
Nein, wofern nicht Dinge angewendet werden, die dem Menschen
von Natur schädlich sind. Der Teufel kann also nicht nach seiner
Willkür ein Unwetter machen, wenn auch die Hexen unter An=
wendung von Besen und Ausleerung ihrer Gifttöpfe seine Hilfe
zu diesem Zweck anrufen, „wiewohl es Gott in diesem Fall leicht
zulassen könnte". Erhalten aber die Hexen vom Teufel eine
Giftsalbe oder etwas von Natur Schädliches, dann können sie
nach ihrer Willkür davon Gebrauch machen und durch Anwendung
dieser Dinge schaden, wofern nicht Gott ihrem Vorhaben besonders
widersteht. So lehre auch Trithemius in der Beantwortung der
acht kaiserlichen Fragen.

Für die Praxis weit wichtiger als diese im ganzen nicht er=
heblichen und verklausulierten Modifikationen der herrschenden
Theorie ist, was Tanner in dem 1627 erschienenen dritten Band
seines Werkes über das Prozeßverfahren bemerkt. Die vierte

---

[1]) Vgl. dazu c. 994, § 41.
[2]) L. c. I, Disp. V, quaest. 6, dub. 7, c. 1583 f.

Disputation dieses Bandes handelt von der Gerechtigkeit, die fünfte Quästio von dem Prozeß gegen crimina excepta und speziell gegen Hexerei (veneficium). Hier hat sich Tanner bei seinen Milbe=rungsvorschlägen hauptsächlich mit dem strengen Delrio auseinander=zusetzen. Zauberer und Hexen, sagt er, sind die schlimmsten und gefährlichsten Feinde des menschlichen Wohls. Nichtsdestoweniger soll der Richter auch gegen sie ein Prozeßverfahren einhalten, das der Vernunft und natürlichen Billigkeit angemessen ist, und wie es das Recht für die crimina privilegiata sive excepta vorschreibt. Aus dem Verfahren dürfen nicht moralische und häufige Gefahren für Unschuldige erwachsen, wie dies besonders in Hexenprozessen bei einem der Gesetzlichkeit und Umsicht entbehrenden Vorgehen leicht geschehen kann. Die erste Gefahr liegt in der Infamie und den schrecklichen Folterqualen von Unschuldigen, gegen welche ungesetzliche Anklagen erpreßt werden, und zwar, wie bei einem langwierigen, mehrere Jahre sich hinziehenden Prozesse notwendig eintritt, von Unschuldigen in größerer Anzahl. Die Ursache liegt in dem strengen Grade und der häufigen Anwendung der Folter gegen solche Verbrechen [1]. Die zweite Gefahr ist die In=famie und ewige Makel ehrenwerter, ja vornehmer Familien. Die dritte eine gewisse Makel und Schande, welche auf die katholische Kirche entfällt, da oft auch solche Personen, welche durch ihren ganzen Lebenswandel und häufigen Empfang der Sakramente allen Guten ein Vorbild waren, in diese Prozesse verflochten werden. Aus diesen Gründen gelangt Tanner zu der Forderung: lieber, als daß auf zehn oder auch zwanzig Schuldige nur ein einziger Unschuldiger in einen solchen Prozeß verwickelt wird, möge man, wenn es nicht anders geht, von Inquisition und Strafe der Schuldigen absehen. Denn ist ein Prozeß ein=mal begonnen, wächst die Zahl der zu Strafenden fast ins End=lose [2]. Ist durch die Tortur, ohne daß ausreichende Indizien dieselbe gerechtfertigt hätten, ein Geständnis erpreßt worden, so ist darauf nichts zu geben, und das darauf gegründete Urteil ist nichtig, auch wenn das Geständnis in der Folge (ohne Tortur)

---

[1] L. c. c. 934, § 8.
[2] C. 985, § 11.

bestätigt worden ist. Die bloße Anschuldigung von Angeklagten aber ohne irgend welche andere Indizien genügt nicht, Personen, die vorher einen guten Ruf genossen, zu verhaften und zu foltern (Dub. II) [1].

Die Hexen haben wohl die Macht, auch Unschuldige zu be= nunzieren, **wegen der Schwere der Folterqualen aber er= folgt fast immer, daß die davon Betroffenen, auch Un= schuldige, zuletzt der schwersten Todesstrafe verfallen** [2]. Auch daß mehrere Hexen eine und dieselbe Person bezichtigen, ist nicht ausreichend. Denn dies kann leicht infolge von Suggestion des Teufels geschehen. **Ja, da die Menge der Hexen, welche Tag für Tag vor Gericht durch die Folter zum Denun= zieren gezwungen wird, so groß ist, kann es gar nicht anders kommen, als daß zufällig mehrere Denunzia= tionen auf eine und dieselbe Person zusammentreffen. Besonders dann, wenn an einem Orte, wie zuweilen vorkommt, nur mehr wenige Frauen übrig sind, die nicht durch dergleichen Indizien schon hinweggerafft (absorptae) sind(!).** Auch lehrt die Erfahrung, daß durch Aus= plaudern aus den Hexengeständnissen Indizien über die denun= zierten Personen in das Volk bringen und diese dadurch in all= gemeinen Verruf kommen.

Und hier darf man sich nicht auf die göttliche Vorsehung berufen. Wenn ein Prozeß nach seiner Natur die Wendung nimmt, daß Unschuldige gefährdet werden, steht nichts entgegen, daß die göttliche Vorsehung dieses Uebel zuläßt. Zwei ernste, ge= lehrte, in diesem Geschäft erfahrene Männer haben Tanner ver= sichert, daß Personen, die sie für unschuldig hielten, ihnen glaub= würdig eröffneten, daß sie, um den Folterqualen zu entgehen, schon vorher freimütig Dinge bekannten, die eine gewisse Wahr= scheinlichkeit haben sollten. Bei der Entsetzlichkeit der Folterqualen (in tanta tormentorum acerbitate [3]) ist dies nicht unglaubwürdig.

---

[1] C. 987, § 19.

[2] C. 993, § 38 und zum Folgenden § 39.

[3] Ein tapferer, gelehrter, frommer und kluger Mann, der viel mit Hexenprozessen zu thun hatte, gestand Tanner, er traue sich nicht die Kraft zu, die Folter, so wie sie angewendet wird, zu ertragen, auch wenn es gälte,

In einer Stadt am Rhein begab sich vor nicht langer Zeit, wie ein zuverlässiger Bericht an die juristische Fakultät in Ingolstadt meldete, folgendes: als die Bekenntnisse der verurteilten Hexen öffentlich verlesen wurden, worin auch verschiedene an bestimmten Personen begangene Mordthaten vorkamen, waren eben diese Personen, gesund und heil, anwesend und widerlegten so die Bekenntnisse.

Die Erfahrung der Richter und die Geständnisse der Hexen lehren, daß dieses Verbrechen durch Kriminalprozesse allein, seien sie noch so streng, nicht ausgerottet, ja kaum vermindert werden kann. Wenn auch diese Prozesse durchaus notwendig sind, sowohl als Exempel der Gerechtigkeit, wie um das Aergernis zu heben, scheinen sie doch soweit einzuschränken, daß wenigstens moralische Gefahr für die Unschuldigen ferngehalten werde. Dies wird geschehen, wenn man bloßen Denunziationen von Hexen nicht mehr so viel Glauben schenkt, wenigstens nicht gegen gut beleumundete und durch kein anderes Indizium belastete Personen. Sind die Denunzierten keine Hexen, so können sie nichts von Mitschuldigen wissen, lügen also, wenn sie solche nennen. Sind sie aber Hexen, so liegt in der Natur dieses Verbrechens, daß sie anderen schaden und sie in ihre Verurteilung hereinziehen wollen [1]).

Dem freien Belieben der Richter sollen nach Möglichkeit Schranken gesetzt werden [2]), zumal da bei diesen Prozessen nicht immer und überall gerade die gelehrtesten und klügsten Richter verwendet werden. Oft fehlt auch den Richtern die Erfahrung oder sie lassen sich durch eine ungezügelte Begierde zu strafen hinreißen. Davon haben wir kürzlich Beweise gehabt: an verschiedenen Orten sind zwei Schurken wegen ungerechter und zu strenger Hexenprozesse nach dem Gutachten der Ingolstädter juristischen Fakultät mit dem Tode bestraft worden [3]).

---

einen Unschuldigen zu retten. Und oft hört man von Hexen, daß sie den Tod der Folter vorziehen, zumal da dieselbe zuweilen auch gegen ihre Scham und Sittsamkeit verstößt. C. 996, § 7.

[1]) C. 995, § 46.
[2]) C. 1000 f., Dub. 3.
[3]) C. 1005, § 74. Es ist nicht notwendig, diesen Vorgang nach Bayern

Alles, was diese Prozesse betrifft, soll durch klare Bestim=
mungen erläutert, die Tortur nicht auf so leichte Gründe hin
wiederholt werden. Aus Tanners Aeußerungen erhellt, daß drei=
malige und stets eine Stunde währende Anwendung der Tortur
ganz allgemein war [1]). Daß den Angeklagten bei diesem Ver=
brechen Verteidiger verweigert werden, fordert billig eine Ein=
schränkung [2]). Auch Gregor von Valentia (disp. 6, quaest. 13,
§ 4) ist für Zulassung von Verteidigern, bringt nur nach dem
Hexenhammer darauf, daß diesen die Namen der Zeugen ver=
schwiegen werden. Verteidiger sind nötig, da die Hexen meist
ungebildet, einfältig, furchtsam und zur Selbstverteidigung un=
fähig sind. Das Naturrecht kennt keine Unterscheidung zwischen
crimina excepta und non excepta. Nach dem gemeinen Rechte
wird allerdings bei Majestätsverbrechen (crimen laesae Maiestatis
divinae et humanae), Straßenraub u. s. w., wenn der An=
geklagte notorisch ein Ketzer, Rebell, Mörder, Räuber u. s. w. ist,
ein Verteidiger verweigert, bevor dies aber feststeht, ein solcher
zugestanden.

Zuweilen werden bloß auf die Anzeige von Angeklagten hin
die Denunzierten nicht nur verhaftet, sondern sofort, ohne daß
man ihnen Zeit zur Besinnung ließe, zur Folter geschleppt. Auch
ein Unschuldiger kann bei solcher Geistesverwirrung durch den
Zwang der Folterqualen zu einem falschen Geständnisse verleitet
werden. Ferner wird bei Anwendung der Folter zuweilen weder
das schuldige Maß noch immer ein solches Vorgehen beobachtet,
das der Billigkeit, der christlichen Mäßigung, der natürlichen
Ehrbarkeit und Scham entspräche [3]).

Würden Fürsten und Staatslenker dies alles weise erwägen,
würden sie sich wohl leicht davon überzeugen, daß die unbegrenzte
Gewalt der Richter hier in gewisse Schranken eingeschlossen
werden muß.

-----

zu versetzen; die Ingolstädter Fakultät wurde auch von auswärts um Gutachten
angegangen. Vgl. auch oben S. 224.

[1]) C. 1002, 1003, §§ 69, 70.
[2]) C. 1005, § 76.
[3]) C. 1006, § 81.

In dem vierten Dubium wird dann die Beteiligung der
Seelsorger an diesen Prozessen besprochen. Daß Unschuldige ver=
urteilt werden, kann sehr wohl vorkommen und wird auch von
niemandem bestritten. Auch kann es zuweilen geschehen, daß ein
Beichtvater die moralische Gewißheit von der Verurteilung eines
Unschuldigen erlangt. Davon hat sich Tanner gegen den Wider=
spruch einiger durch häufige Beratung mit vielen ernsten und
klugen, frommen und gelehrten Männern überzeugt. Wie dies
geschehen könne, wird im einzelnen dargelegt. Die Bußfertigkeit
einer Verurteilten kann so ernst und beständig erscheinen: wenn
sie sich freiwillig für ihre anderen Sünden als Todesopfer dar=
bringt und keine Befreiung begehrt, wenn sie unter unaufhörlichen
Thränen und Wehklagen ihre Sünden beweint und sich freiwillig
kasteit, wenn sie der göttlichen Vorsehung und der Disposition
der Richter sich demütig unterwirft und in diesem Seelenzustand
standhaft verharrt, so daß der Beichtvater mit Recht die Ueber=
zeugung gewinnt, daß der Widerruf ihres in Bezug auf Hexerei
abgelegten Geständnisses glaubwürdig sei. Nicht nur weil der
Beichtvater im allgemeinen den in der Beichte gemachten Angaben
Glauben zu schenken hat, sondern auch weil man schwerlich an=
nehmen kann, daß unter einem solchen Seelenzustande sich Heuchelei
verberge, ohne sich durch ein Zeichen zu verraten [1]). Oder der
Beichtvater kann in der Beichte erfahren, daß die Denunziation
aus einem persönlichen Hasse entsprungen, daß die Hexensalbe
der Angeklagten böswillig in das Haus gelegt worden sei u. s. w.
Hat nun ein Seelsorger auf diesem oder anderem Wege die
moralische Gewißheit erlangt, daß ein Unschuldiger verurteilt
worden ist, soll er den Richter in kluger Weise davon in Kenntnis
setzen, damit dieser, wenn er auch nicht sofort dem Glauben
schenken will, doch dadurch zu noch genauerer Prüfung des Falles
veranlaßt werde. Der Seelsorger muß sich eben hüten, nicht zu
sehr (importune) in den Verurteilten zu bringen, daß er sein
Geständnis widerrufe, noch darf er einen freiwillig geleisteten
Widerruf unklug und in Aergernis gebender Weise an die Oeffent=
lichkeit bringen. In den meisten Fällen wird es genügen, den

---

[1]) C. 1009, § 90.

Richter davon in Kenntnis zu setzen[1]). In Bezug auf die Frage endlich, ob Hexen, die weder geständig noch gänzlich überführt, aber in hohem Grade verdächtig sind, wenn sie im Gefängnis zu sterben kommen, die Eucharistie und nach dem Tode das Begräbnis zu verweigern, oder ob gegen solche noch nach dem Tode weiter vorzugehen ist, entscheidet sich Tanner im Gegensatze zu Binsfeld für die mildere Praxis.

Ferner werden Vorschläge[2]) gemacht, 1. wie man Hexerei durch religiöse Werke, Exorzismen, fleißigen Gebrauch des Kreuzzeichens, Weihwassers, Agnus u. s. w. verhüten[3]), 2. wie man sie ausrotten könne. In letzterer Hinsicht kommen in Betracht: a) Politische Maßregeln: Abschaffung alles dessen, was dem Teufel Vorschub leistet: der ländlich-unsittlichen Belustigungen, der Tänze, des anstößigen Brauchs, Frauen am Kindleinstage mit Ruten zu schlagen[4]). Tanner erzählt hier, wie in der Nähe Ingolstadts ein Jesuit Prügel erntete, als er die Bauern von sittenlosen Vergnügungen zurückhalten wollte. Bei Janssen-Pastor (VIII, 533) wird davon Anlaß genommen, von „unzüchtigen Zusammenkünften ganzer Dörfer" zu sprechen; aber die asketische Jesuitenmoral läßt glaubhaft erscheinen, daß schon ländliche Tanzbelustigungen, wie sie noch heute im Schwange sind, den frommen Vätern solches Entsetzen einjagten. Ferner in der ganzen Christenheit durch Uebereinkunft der Fürsten einheitliche Organisation der Hexenprozesse. Wiewohl nicht zu hoffen, daß dieses Verbrechen durch Strenge je ausgerottet werden könne, ist solche doch nötig, um Gottes Ehre zu rächen und das Aergernis zu vermeiden, daß Einfältige glauben, es gebe kein solches Verbrechen (!)[5]). Erfordernisse dieses Universalhexenprozesses wären: gelehrte, kluge, unbescholtene Richter; Beiordnung eines Theologen; endlich überall

---

[1]) C. 1013, § 105 f.

[2]) C. 1015 f.

[3]) Diese Vorschläge erinnern zum Teil an des Trithemius Antipalus.

[4]) Ueber diese im Eichstättischen besonders stark verbreitete Sitte vgl. u. a. Rieder im Neuburger Kollektaneenblatt L, 53.

[5]) Und von diesem Autor behauptet u. a. Henne am Rhyn, Kulturgeschichte der neueren Zeit S. 350, er habe gleich Spee „mit Geist und Kraft gegen die Hexenprozesse geprebigt und geschrieben" (!).

in Stadt und Dorf Bestellung von Aufpassern (syndici et exploratores), die auf alle Anzeichen von Hexerei sorgfältig zu achten und diese heimlich zur Anzeige zu bringen hätten. Daß Maximilian I. seine Regierung damit eröffnet hatte, daß er das Land mit einem Netze solcher Aufpasser, nur nicht auf Hexerei allein, umsponnen hatte[1]), war Tanner offenbar nicht bekannt — nach der Natur der Sache mußte ja das strengste Geheimnis über dieser Einrichtung walten. Die Prozesse sollen nicht zu lange dauern; nach Mitschuldigen die Hexen erst dann gefragt werden, wenn sie ihr Todesurteil vernommen und gebeichtet haben; wahrhaft Reumütigen soll außer Gericht Straflosigkeit versprochen und ihre Namen sollen im Katalog der Angezeigten gestrichen werden. Zuweilen würde es vielleicht nützen, auch gegen Verurteilte so gnädig zu sein und sie nur mit Kirchenbuße zu belegen.

b) Geistliche Mittel, die weit bedeutsamer sind: nach der Predigt widersage die ganze Gemeinde feierlich dem Teufel; was auch im Beichtstuhl geschehen soll, denn Tanner hat die Erfahrung gemacht, daß der Hexerei Verdächtige sich dazu nicht leicht verstehen. Diese Bemerkung bietet wieder einen Beweis für den entsetzlichen Mangel an psychologischem Urteil, der für diese Zeit charakteristisch ist! Zu Grunde lag Tanners Beobachtung wohl nichts anderes als das Stutzen, die Angst und Verlegenheit, in die ein Beichtkind geraten mußte, wenn der Beichtvater von Hexerei zu sprechen begann. Natürlich mußte auch jede, der eine Absage an den Teufel angesonnen wurde, das Bedenken hegen, ob dies nicht als Schuldbekenntnis gedeutet werden würde. Weiter empfiehlt Tanner öffentliche Ablegung des Glaubensbekenntnisses; in der Messe das Officium vom hl. Michael und dem Ortsschutzheiligen; gute Kindererziehung; öffentliche Gebete um Ausrottung der Hexerei. Im übrigen wird auf den Hexenhammer, Delrio und Binsfeld verwiesen.

Es ist klar, daß das nach bekanntem Jesuitenspioniersystem empfohlene besondere Hexenbenunzianteninstitut die Verfolgungen in solchem Maße vermehrt haben würde, daß dadurch die Wirkung jener Vorschläge, welche eine Milderung bedeuteten, wieder aus=

---

[1]) Darüber werde ich an anderem Orte seiner Zeit Näheres mitteilen.

geglichen worden wäre. Daß Spee in seiner Cautio criminalis nur Tanners Milderungsvorschläge erwähnt und Tanner dafür warmes Lob spendet, ist leicht zu verstehen. Dem wackeren Jesuiten, der mit seinem Angriff auf die Hexenprozesse ein schweres Wagnis auf sich nahm, war es natürlich hochwillkommen, wenn er sich auf die mildere Auffassung einer gefeierten theologischen Autorität aus dem eigenen Orden berufen konnte. Den modernen übertreibenden Lobrednern Tanners steht keine solche Entschuldigung zur Seite.

Tanner starb auf der Reise nach Innsbruck in dem salzburgischen Dorfe Unken am 25. März 1632. Die spaßhafte Anekdote, wie er nach dem Tode selbst in den Geruch eines Hexenmeisters kam, hat uns sein Ordensgenosse Kropff überliefert. Die Bauern in Unken bemerkten unter seinen Habseligkeiten ein Mikroskop, worin eine Mücke oder ein Floh eingeschlossen war, ein Geschenk seines Ordensbruders, des Ingolstädter Astronomen Scheiner. Sie hielten das unheimlich aussehende Tierchen für einen „Glasteufel", den Verstorbenen aber für einen Zauberer und widersetzten sich seinem Begräbnis in geweihter Erde, bis sie durch den Pfarrer des Orts aufgeklärt wurden [1].

Tanners Aeußerungen über die Verkehrtheit und Grausamkeit der üblichen Folterpraxis konnten den Vertretern des herrschenden Systems nicht behagen. Diese witterten die Gefahr, die von hier aus den von ihnen so eifrig gehegten Hexenprozessen drohte, befürchteten wohl auch, daß aus diesen Aussprüchen die äußerste Konsequenz gezogen und die Folter gänzlich beseitigt werden könnte. Und sie erkannten wohl, daß dies das Ende der Hexenverurteilungen bedeuten würde. Denn — schrieb der Jesuit Laymann [2] — „der getreue Gott hat dieses schier einzige Mittel (die Folter) durch die liebe Obrigkeit wohl verordnet, daß die Hexen also durch die Qual der Gefängnis und Tortur einen Anfang ihrer Bekehrung machen" (d. h. ein Geständnis ablegen). Wie uns Spee [3] berichtet, äußerten zwei Inquisitoren eines mächtigen Fürsten, nach-

---

[1] Reusch in der Allg. deutschen Biographie XXXVII, 380 f.
[2] Processus p. 19.
[3] Cautio criminalis (Rintelii 1631), p. 34.

dem sie Tanners Kommentar gelesen: wenn sie diesen Menschen
in ihre Gewalt bekämen, würden sie sich keinen Augenblick be=
sinnen, ihn auf die Folter zu spannen. In Tanners eigenem
Orden fand man nötig, der Theologia scholastica eine Schrift
entgegenzustellen, welche die Wirkung ihrer Kritik abschwächen und
der Gesahr vorbeugen sollte, daß sich an Tanners Werk etwa zu
weitgehende Milderungen des Prozeßverfahrens knüpften. Zweifel=
los ist dies der Gedanke, aus welchem der 1629 in Köln erschienene
„Processus juridicus contra sagas et veneficos" [1] hervorgegangen
ist, wiewohl diese Schrift auf Tanners Werk nirgends ausdrücklich
Bezug nimmt. Als Verfasser nennt sich auf dem Titelblatt der
(Münchener) Jesuit P. Paul Laymann, Theolog und Doktor des
kanonischen Rechts. Neben Tanner war er damals der bedeutendste
unter den bayerischen Theologen des Ordens. Daß er 1629 des
berühmten Kollegen großes Werk, dessen Druck zwei Jahre vorher
seinen Abschluß erreicht hatte, noch nicht gekannt haben soll, ist
vollständig ausgeschlossen. Daher ist gerade sein Schweigen über
dasselbe vielsagend. Laymann hatte schon vor Tanner in seiner
zweibändigen Theologia moralis (München 1625, s. Bd. II,
sectio V, tract. VI: de iudiciis, cap. de sagis) die Hexenprozesse
behandelt, und zwar im Sinne des herrschenden Systems, in
zweifelhaften Fragen lieber die strengere Auffassung vertretend [2].
Denselben Geist atmet seine besondere Schrift über den Hexen=
prozeß, und wenn aus derselben hervorgeht, daß es manche von
Laymanns Zeitgenossen noch ärger und grausamer trieben, als er

---

[1] D. i. Ein rechtlich Prozeß gegen die Unholden und zauberischen Per=
sonen, in lateinischer Sprache geschrieben, aber zum Besten der Gerichtshalter
und guter Justitien Befreundeten verdeutscht. Mir sind nur deutsche Aus=
gaben bekannt: zwei aus dem Jahre 1629, in Köln und Aschaffenburg er=
schienen, eine vom Jahr 1700 in Oettingen und von 1710 in Augsburg.
Ueber die lateinischen Ausgaben, die unter dem Titel: Aurea enucleatio etc.
1629 und 1639 erschienen, s. Backer, Bibliothèque II, 676.

[2] Dagegen meint Rapp (der von Laymann nur die Theologia moralis
erwähnt) a. a. O. S. 69, Laymann habe sich zwar nicht so freimütig wie
Tanner über den „Unfug" der Hexenprozesse überhaupt (als ob Tanner dies
gethan hätte!) ausgesprochen, jedoch in diesem Punkte mehr Mäßigung und
Gerechtigkeitsliebe an den Tag gelegt, als bei den meisten damals zu
sehen war.

selbst wünscht, so wird dadurch seine eigene Gesinnung noch nicht in das Menschliche erhoben. Zur Begründung dieses Urteils sei nur darauf hingewiesen, daß Laymann (Theologia II, 518) die Frage, ob ein Beichtvater, der durch die Beichte einer Verurteilten den Glauben an deren Unschuld gewonnen, den Richter darauf aufmerksam machen darf, mit einem grausamen Nein beantwortet; daß er sich für das Lebendigverbrennen ausspricht (p. 519) und daß er denen, die nicht bußfertig sind, sondern im Verbrechen (d. h. auf der Beteuerung ihrer Unschuld) beharren, auch die Gnade nicht gewährt wissen will, daß durch Anhängen eines Pulversacks ihre Qualen auf dem Scheiterhaufen abgekürzt werden (p. 519, 520). Ueber den letzteren Punkt spricht sich Laymann im Processus (p. 78) nur dahin aus: es sei jetzt bei fast allen christlichen Gerichten Gebrauch, die zum Feuertode verurteilten Hexen vorher zu erdrosseln oder zu enthaupten, weil die Obrig= keit zu besorgen hat, daß die Verurteilten sonst aus Verbitterung oder großer Kleinmütigkeit in grobe Sünden (im Gefängnis!) oder Verzweiflung geraten und von einem Feuer in das andere wandern! Laymann hält daran fest, daß, wenn auch ein „gemeines Geschrei" über eine Person „zur Probation nicht genüge", doch auf die Denunziationen der Mitgespielinnen großer Wert zu legen sei. „Ohne diese", sagt er (Processus p. 11), „könnte ja die Sache keinen Fortgang haben, denn wo man testes infames verwerfen wollte, wo könnte ein Richter von einem aufrichtigen und frommen Menschen Zeugnis haben? Es kann ja kein Frommer von ihren Thaten zeugen." Für den, der sehen will, ist es auch ein deut= liches Zeugnis von dem theologischen Charakter der Hexenprozesse, daß der weitaus größte Teil dieser Jesuitenschrift von der An= wendung der Folter handelt — weil eben in dieser Frage von Tanners Reformvorschlägen die größte Wirkung drohte. Als Be= lege für die einzelnen Sätze werden aus anderen Hexenschrift= stellern, dem Malleus, Jaquier, Remigius, verschiedenen Inquisi= toren u. a. zum Teil geradezu haarsträubende Geschichten von Gefolterten beigebracht. Bei Standespersonen freilich, meint Lay= mann, müssen die Indizien größer sein, um zur Anwendung der Folter zu berechtigen. Aber er bleibt dabei, daß „in criminibus exceptis", unter welchen das Hexenlaster das vornehmste ist, die

Angeklagten eher und bälder als in geringeren gefoltert werden
dürfen (p. 13). Allerdings soll in Acht genommen werden, „daß
nicht dem Gefolterten die Beine und Glieder dermaßen zerrissen
werden, daß er nachher, falls er unschuldig erklärt wird, weder
ihm selbst noch anderen im Leben mehr etwas nutz, sondern viel=
mehr schädlich und überlästig wäre" (p. 15). Gleichwohl dürfen
die Richter hier auch mit schärferen Torturen vorgehen, denn dieses
Laster ist so groß und weitläufig, daß es fast alle anderen in sich
begreift, Menschen und Vieh, Luft und Elemente, das liebe Ge=
treide, Feld= und Baumfrüchte werden dadurch geschädigt, aber
was der größte Schaden ist: Leib und Seele werden des himm=
lischen Paradieses beraubt. Immerhin soll der Richter der Billig=
keit gedenken und man soll an den Gerichten nicht alle Zeit auf
unerhörte oder exquisite neue Martern sinnen. Zur Zeit gibt die
Bulle des Papstes Paul III. die Regel, wonach der Angeklagte
nicht über eine Stunde ununterbrochen und an demselben Tage
nicht öfter als einmal gefoltert werden soll. Auch das noch jetzt
an einigen Orten gebrauchte „tormentum insomniae" (p. 20) soll
nicht angewendet werden — nicht etwa wegen seiner Grausamkeit,
sondern weil der dadurch Gefolterte leicht von Sinnen kommt und
dann auf die Fragen ganz verrückte Antworten gibt. Dagegen
wird das vorausgehende Scheren der Hexen (p. 21) gebilligt.
Die Bedingungen, unter denen Laymann die Wiederholung der
Folter für zulässig und geraten erklärt, sind von der Art, daß es
fast in jedem Prozesse, in dem nach seinen Weisungen verfahren
wurde, zur Wiederholung kommen mußte. Ein Grund zu neuer
Folter ist z. B., wenn die Angeklagte keine Mitschuldigen nennen
will (p. 25), ein anderer, wenn sie nach ihrem auf der Folter
abgelegten Geständnis „wieder zurückschlägt", d. h. das Geständnis
widerruft. Daß die Angeklagten durch den Teufel auf der Folter
unempfindlich gemacht werden, lasse Gott selten zu, immerhin
komme es vor: einen derartigen Fall von einem westfälischen
Zauberer Lycaon (Werwolf), der an die zwanzigmal unter der
Folter gewesen, habe der Kölner Kurfürst Ernst von Bayern Herrn
Karl Bilse erzählt (p. 56).

Laymanns Aeußerungen gewähren ein neues, wertvolles
Zeugnis dafür, daß selbst in der Blütezeit der Hexenprozesse Ver=

ständigere — und nicht so ganz vereinzelt — lebten, die den
Wahn nicht teilten. Nachdem er gegen jene geeifert, welche die
Hexerei nur für Phantasie und Träume erachten, fährt er fort
(p. 31): Auch bei etlichen katholischen und nicht schlechten Leuten
ist diese irrige Meinung eingewurzelt und ist ihnen schwer aus=
zureden. Diese „Wirrigkeit" (Anspielung auf den Arzt Wier oder
Weier) und Perplexität der Oberherren kommt zuweilen auch dem
gemeinen Mann zu Ohren, und da den Hexen ihr Lehrmeister,
der Teufel, getreulich hilft, wissen sie dem Richter mit so be=
schlagenen Worten und Ausreden zu begegnen. Daher etliche
Richter gefunden werden, welche mit den Hexen nur spielen, wie
die Katze mit der Maus, sie wohl zur Probe ihrer Beschuldigung
auf dem Stecken fahren oder Ungewitter machen heißen und sie
(wenn sie diese Probe ihrer Kunst nicht leisten konnten) wieder
laufen lassen oder nur zuweilen die eine oder andere dem Henker
zum Verbrennen übergeben. Etliche (p. 51) wollen mit den
Atheisten, Heiden und Türken sagen, daß kein Teufel oder Hölle
mehr sei und deswegen auch keine Zauberer. Oder sie sagen mit
Weier, Lesäus und anderen Calvinisten, es seien nur etlicher Leute
Phantasieen oder Träume. Diese bösen Christen richten nichts
anderes aus, als daß sie sich verdächtig machen, daß sie entweder
selbst in diesem Spital (Teufelsbündnis) krank liegen oder mit
den genannten Ketzern eines Glaubens und Ketzer sind [1]. Der
trierische Rat Vlaet, dem sich der hochwürdige Herr Binsfeld

---

[1] P. Laymann würde sich im Grabe umkehren, wenn er wüßte, daß
ihm jetzt, noch dazu von kirchlicher Seite, das Lob eines Bekämpfers des
Hexenwahns gespendet wird, das er nur als schimpflichen Tadel empfände. Diese
Leistung ist Diefenbach (Hexenwahn S. 277) gelungen: er führt Laymann
unter den „Jesuiten als Gegnern des Hexenwahns" (!) auf und läßt Spee
heroisch vertreten, was „Laymann mit mehr schüchternen Worten gegen die
damalige juridische Praxis einzuwenden hatte". Janssen=Pastor VIII, 655 f.
(so auch Soldan=Heppe II, 186) erwähnen nicht Laymanns spezielle Schrift
über den Hexenprozeß, aus welcher doch des Jesuiten eigenste Gesinnung
spricht, und citieren auch Laymanns Aeußerungen in der Moraltheologie nur
nach einer späteren (1723) Ausgabe, also nicht in der ursprünglichen Fassung.
So kann auch hier Laymann als ein Vorläufer Spee's gefeiert werden. Die
Geschichte aber, sagt Lucian, trennt kein schmaler Isthmus, sondern eine
gewaltige Mauer von der Lobhudelei.

widersetzt und gegen den er seine Confessio Maleficarum geschrieben hat, ist denn auch verbrannt worden.

Als Berater der Praxis, daran läßt sich nicht zweifeln, hat der Fanatiker Laymann den milderen Tanner vollständig aus dem Felde geschlagen. Laymanns Prozeß ist fünfmal, Tanners Theo= logie nicht wieder gedruckt worden. Zumal bei den Richtern mußte die nicht sehr umfängliche, dem hohen Zweck zuliebe auch in deutscher Sprache erschienene und nur vom Hexenprozeß handelnde Schrift weit mehr verbreitet werden als Tanners drei gewaltige theologische Folianten, in denen die für den Richter in Betracht kommenden Kapitel nur einen verhältnismäßig engen Raum ein= nehmen.

Aber an hoher Stelle dürften Tanners Ausführungen nicht ohne alle Wirkung geblieben sein. Eine Münchener Handschrift [1] enthält ein weitläufiges lateinisches Gutachten über Hexenprozeß, besonders über die Frage, unter welchen Bedingungen die Anwen= dung der Folter zulässig sei. Das Stück ist nicht unterzeichnet und nicht datiert, aber man kann nicht zweifeln, daß es von Tanner auf Wunsch des Kurfürsten Maximilian bald nach oder fast gleich= zeitig mit der Theologia, zwischen 1626 und 1630, verfaßt wurde. Denn in dem Gutachten finden sich die einschlägigen Abschnitte aus Tanners Theologia scholastica wörtlich wiederholt, ohne daß Tanner genannt oder als Verfasser angedeutet wäre, und ferner bemerkt der Verfasser, daß ihm schon vor 24 Jahren, als er in München Moraltheologie lehrte, eine Frage über die Crimina ex= cepta (eine dem Theologen nicht fremde Materie, da hier nicht so sehr menschliche Gesetze als das Naturrecht in Betracht komme) vorgelegt worden sei [2]. Dies stimmt zu Tanners Lebensverhält=

---

[1] Cod. germ. Mon. 2625, f. 265—316.

[2] Dieselbe Frage, sagt der Verfasser, sei nachher auch an Martin Delrio gebracht und von diesem im zweiten Appendix seines Werkes behandelt worden. Daß Delrio im Jahr 1602 auf Wunsch Herzog Maximilians ein Gutachten des bezeichneten Inhalts abgab, ward bereits erwähnt (s. oben S. 213). Die chronologischen Angaben lassen als möglich erscheinen, daß Tanners Gutachten schon etwas früher entstand als die entsprechenden Abschnitte der Moral= theologie, und daß eben das erstere ihn veranlaßte, in seinem theologischen Werke sich so eingehend über Hexenprozesse zu äußern. Da jedoch Kurfürst

niſſen, der von ungefähr 1599 bis nach 1603 in München als Profeſſor gewirkt hatte[1]). Indem ſich dieſes Gutachten im allgemeinen gerade auf die drei ſchlimmſten Hexenſchriftſteller, auf den Malleus maleficarum, Delrio und Binsfeld[2]) beruft, gibt es uns auch wieder einen Fingerzeig, daß wir Tanners Freiſinnigkeit nicht zu hoch ſtellen dürfen. Aber die Warnungen und Milderungsvorſchläge aus ſeiner Theologia scholastica dürften ihren Eindruck auf den Kurfürſten nicht verfehlt haben. Ein undatiertes und nicht unterzeichnetes Aktenſtück, betitelt: Capita deliberationis[3]) knüpft unverkennbar an Tanners Vorſchläge an. Unter anderem wird des Vorſchlages gedacht, in den Kirchen verſchloſſene „Stöcke oder Trühlen" aufzuſtellen, worin jeder, auch ohne Nennung ſeines Namens, Zettel mit Angabe der der Zauberei verdächtigen Perſonen einlegen ſolle. Der Verfaſſer ſtellt zur Erwägung, ob und wie dies ausgeführt werden ſolle (c. 10). Ferner wird hier (c. 6) erwähnt, daß einer bei Hof ſeinen eigenen Bruder bezichtigt haben ſoll, daß er ihn und ſein Weib mit einer Krankheit bezaubert habe. Da zwiſchen beiden Brüdern Feindſchaft wegen eines Hauſes beſtand, wird die Frage aufgeworfen, ob Inquiſition gegen den Beſchuldigten anzuſtellen ſei.

Von oben herab wehte ſeitdem der Wind etwas weniger rauh, und auch der grimmige Laymann fand ſich bewogen, den Mantel danach zu tragen. In der dritten Auflage ſeiner Moraltheologie, die 1630 in München erſchien, hat er zu den neun Quäſtionen des Kapitels über die Hexen ſieben weitere hinzugefügt und hier Tanners Bedenken und Milderungsvorſchläge unter ausdrücklicher

---

Maximilian noch am 2. November 1629 die Landshuter Regierung zu Verfolgungen anſpornte (ſ. oben S. 214), anderſeits in ſeinem Mandat vom 12. Januar 1631 eine Wirkung der Tanner'ſchen Warnungen nicht zu verkennen ſein dürfte, halte ich die ſpätere Abfaſſung des Gutachtens für wahrſcheinlicher.

[1]) S. den Artikel von Reuſch über Adam Tanner in der Allg. Deutſchen Biographie.

[2]) Von weiteren Autoritäten, die das Gutachten citiert, ſeien erwähnt: der Brabanter Jeſuit Leonhard Leſſius (de iustitia et iure ceterisque virtutibus cardinalibus) und der päpſtliche Fiskal zu Rom, Proſper Farinacius (de heresi).

[3]) Reichsarchiv, Hexenweſen in Fasc. 1.

Berufung auf diesen sich teilweise angeeignet. Er hebt mit Tanner hervor, daß aus der großen Zahl und unvorsichtiger Führung der Prozesse manche Gefahren entstehen, daß leicht Unschuldige verurteilt werden, daß es an manchen Orten soweit gediehen sei, daß ganze Bevölkerungen, nicht nur von Dörfern, sogar von Städten, durch Hexenprozesse dem Tode verfallen schienen, daß auch ehrenwerte Personen in Amt und Würden, zuweilen sogar aus geistlichem Stande, darein verwickelt wurden. Er fordert, daß dem Angeklagten vor Anwendung der Folter Gelegenheit zur Verteidigung gegeben werde und daß die Tortur nicht so streng sein dürfe, daß sie, die körperliche Konstitution des Angeklagten in Betracht gezogen, unerträglich sei und den Angeklagten, moralisch gesprochen, zu einem Geständnis zwinge. Besonders müsse man sich hüten, Angeklagte durch Angst vor den Folterqualen zur Anzeige von Mitschuldigen zu treiben. In dieser Fassung sind dann Laymanns Aussprüche über Hexenprozeß auch in die folgenden Ausgaben der Moraltheologie[1]) übergegangen. Der jesuitische Moraltheolog ist durch diese Aeußerungen von 1630 nirgend in direkten Widerspruch mit den von ihm 1625 und 1629 gemachten getreten. Aber sie atmen einen neuen Geist — der nicht Laymanns Geist ist. Könnten wir hinter die Kulissen sehen und alle inneren Vorgänge, die damals im Orden spielten, überschauen, würden wir wohl den Schlüssel zur Lösung des Rätsels besitzen.

Auch auf die Landesgesetzgebung scheint Tanner einigen Einfluß geübt zu haben: wenigstens entsprach ein Mandat Maximilians vom 12. Januar 1631[2]) einem von ihm erteilten Ratschlag — ohne daß sich jedoch ein praktischer Fortschritt direkt daran knüpfen konnte. Die Verfügung besagt, daß glaubwürdige Berichte eingelangt seien, wonach sich in München nicht wenige mit dem Laster der Hexerei behaftete Personen befinden. Maximilians landesfürstliches Amt und väterliche Fürsorge für seine Unterthanen gebieten ihm, dagegen einzuschreiten. Ohne Unter-

---

[1]) Die Münchener Staatsbibliothek besitzt von solchen: München 1625, 1626, 1630, Bamberg 1669, 1688, 1699, Mainz 1709 und 1723, Venedig 1714 und 1729.

[2]) Reichsarchiv, Hexenakten Nr. 9a, f. 483.

schied der Person[1]) soll nach Maßgabe der Carolina streng gegen die Schuldigen verfahren werden. Nichtsdestoweniger, da der Fürst höre, daß etliche dieser Hexenpersonen sich bereits reuig bezeigen und zu ihrem Gott zurückkehren wollen, wird bestimmt, daß, wer reumütig beichtet und sich selbst einem hiezu als Kommissär deputierten Hofrat[2]) freiwillig anzeigt, auch die ihm bekannten Hexenpersonen benunziert, unter Geheimhaltung seines Namens begnadigt werden solle. Wer sich aber dem Kommissär nicht freiwillig stellt, gegen den soll nach strengem Recht mit peinlicher Frage und Lebensstrafe vorgegangen werden.

Es bedarf kaum der Hervorhebung, daß diese Milde nur eine scheinbare ist. Wo keine Schuldigen sind, kann es auch keine Reuigen geben, die sich freiwillig selbst anzeigen. Daß sich Unschuldige selbst schuldig bekannten in der Voraussicht, daß ohne solche Lüge eine Verfolgung gegen sie verhängt würde, dürfte kaum vorgekommen sein, dagegen spricht nicht nur die psychologische Unwahrscheinlichkeit, sondern auch die Erwägung, daß man den Verdächtigen dazu wohl keine Zeit ließ, sondern deren Verhaftung in der Regel plötzlich und unerwartet vollzogen haben wird.

Gleichwohl scheint dieses Mandat für Bayern die Periode des ärgsten Wütens der Verfolgungen abzuschließen. Thatsache ist wenigstens, daß aus den nächsten Jahrzehnten bis jetzt keine bayerischen Hexenprozesse bekannt geworden sind. Kann daraus bei der Lückenhaftigkeit der Ueberlieferung auch kein sicherer Schluß auf gänzlichen Stillstand der Verfolgungen gezogen werden, so wird doch mindestens dies wahrscheinlich gemacht, daß die Zahl der Verfolgungen von da an sehr abgenommen hat. Papst Gregor XV. hatte am 20. März 1623 in der Konstitution „Omnipotentis Dei" angeordnet, daß Zauberer nur dann, wenn sie den Tod einer oder mehrerer Personen verursacht hätten, dem weltlichen Gerichte (zur Todesstrafe) übergeben, wenn sie dagegen durch ihre Zauberkünste nur Schaden an Tieren, Feldfrüchten u. s. w. herbeigeführt hätten, mit lebenslänglicher Einkerkerung (muro

---

[1]) Ist diese Hervorhebung etwa durch den in Hoftreisen spielenden Fall, dessen die Capita deliberationis gedenken (s. S. 265), veranlaßt worden?

[2]) In der obigen Abschrift des Mandats (unter den Freisinger Alten) nur als N. N., Doktor der Rechte, bezeichnet.

claudi) bestraft werden sollten. Wo noch keine Gefängnisse beim Amte der hl. Inquisition bestehen, sollen zu diesem Zweck solche gebaut werden. Was den Kern der Anklage gegen Hexen bildete, das Bündnis und die Unzucht mit dem Teufel, erfuhr durch diese Bulle keine Modifikation der Strafe, und die Erwähnung der Inquisition zeigt, daß sie Deutschland zunächst nicht im Auge hatte[1]). Immerhin ist möglich, daß sie auch hier auf die Urteils=sprechung einigermaßen hemmend und einschränkend gewirkt hat.

Bemerkenswert ist, daß auch ein Gutachten der Ingolstädter Juristenfakultät von 1631 eine mildere Auffassung als die bisher übliche verrät. In Freising war eine als Hexe Beschuldigte schwer gefoltert worden, zuerst mit dem „Bock", tags darauf mit Auf=ziehen. Gleichwohl war kein Geständnis erfolgt. Der Nachrichter hatte zwar bei ihr ein Zeichen gefunden, das auch beim Hinein=stechen nicht blutete, aber sie hatte das Stechen empfunden. Thränen

---

[1]) Bullarium Roman. T. III (1638), p. 327. — Die Instruktion der römischen Inquisition von 1657, worin übermäßige Anwendung der Folter und andere Unregelmäßigkeiten der Inquisitionsgerichte getadelt wurden (s. Solban=Heppe II, 207), übte, wie die deutschen Prozesse der Folgezeit zeigen, außerhalb des Bereiches der Inquisitionsgerichte keine Wirkung, ist wohl auch außerhalb dieses Bereiches sehr wenig bekannt geworden. Eine Abschrift dieser in der päpstlichen Druckerei erschienenen „Instructio pro formandis proces-sibus in causis strigarum, sortilegorum et maleficiorum" bietet cgm. 6051b. Seit langer Zeit, heißt es hier, sei von der Inquisitionskongregation beobachtet worden, daß kaum jemals ein Hexenprozeß richtig geführt worden sei, und sehr oft sei es nötig gewesen, die Richter zu tadeln „ob indebitas vexationes, inquisitiones, carcerationes necnon diversos malos et impertinentes modos habitos in formandis processibus, reis interrogandis, excessivis torturis inferendis, ita (ut) quandoque contigerit iniustas et iniquas proferri sen-tentias, etiam ultimi supplicii sive traditionis brachio seculari" etc. Das Scheren der Angeklagten wird verboten, auf ihre Thränenlosigkeit soll kein Gewicht gelegt, das Corpus delicti muß untersucht, bei Krankheiten und Todesfällen, die auf Verhexung zurückgeführt werden, muß der Arzt gehört werden, „denn es ist klar, daß Krankheit und Tod in der Regel nicht aus Hexerei entspringen". Diese Ausführungen mögen genügen, um zu zeigen, welche vernichtende Kritik hier an dem bisherigen Verfahren der Inquisitoren geübt wird, und um wie viel früher in Rom eine Reaktion der Vernunft und Menschlichkeit erfolgte als in den katholischen wie protestantischen Territorien Deutschlands. Leider geschah dies erst zu einer Zeit, da das Vorbild der römischen Inquisition nicht mehr so einflußreich war wie früher.

hat sie nicht geweint. In diesem schwierigen Falle fragte man von Freising aus bei der Fakultät an, ob die Verhaftete frei zu lassen, weiter zu foltern oder etwa bis zu ihrem Tode in Haft zu halten sei. Die Fakultät kam in einem weitläufigen Gutachten zu dem Schlusse, sie sei frei zu entlassen, freilich unter Verhängung des Damoklesschwertes, daß sie sich jederzeit dem Gerichte auf Ver- langen wieder stellen müßte[1]).

Daß man die große Pest von 1634 nicht den Hexen zu- schob — in dem aus Anlaß der Epidemie ergangenen umfassenden landesfürstlichen Mandat vom 19. August 1634 fehlt jede An- deutung in dieser Richtung und wird der Ursprung des Uebels nur in natürlichen Gründen gesucht — darf auch als Zeichen einer etwas veränderten Gesinnung gedeutet werden. Der Hauptgrund für das Nachlassen der Verfolgungswut scheint doch nicht in den Wirkungen einer litterarischen Reaktion, sondern in der politischen Lage zu suchen. Der Schauplatz der Hexenverfolgungsgreuel war zum Schauplatz von Kriegsgreueln geworden. Darüber verlor man Muße und Lust zum Aufspüren von Hexen — wie gewisse Krankheiten Immunität gegen andere gewähren. Der große Reli- gionskrieg, der für Bayern mit glorreichen Siegen und Triumphen, Landgewinn und Standeserhöhung seines Fürsten begonnen hatte, schlug seit dem Auftreten des Schwedenkönigs um in Niederlagen, Verluste und Jammer aller Art. Bei Janssen-Pastor (VIII, 694) erscheint der Dreißigjährige Krieg als das unausbleibliche Straf- gericht Gottes für den Frevel der Hexenprozesse. Welcher Gottes- begriff, der zuläßt, daß die Strafe an anderen als den Schuldigen vollzogen werde! Im Grunde beruhte der große Religionskrieg, der Deutschland zerfleischte, trotz alles Hereinspielens politischer Faktoren, auf derselben Wurzel wie die Hexenprozesse: auf Hyper- trophie des dogmatischen Geistes.

---

[1]) Reichsarchiv, Hexenakten Nr. 9a, f. 475 f.

V

Das letzte Jahrhundert der Hexenprozesse.

———

Viele Menschenalter waren erforderlich gewesen, ben Hexenwahn und die Hexenverfolgungen zur üppigsten Blüte reifen zu lassen, und jetzt, nachdem die ärgsten Greuel ausgetobt hatten, mußten wieder viele Jahrzehnte verstreichen, bis ein frischer Lufthauch die letzten welken Blätter entführte. Und diese Abnahme der Prozesse — in einzelnen anberen Territorien erreichten sie erst in ber zweiten Hälfte bes 17. Jahrhunderts ihren Höhegrad — vollzieht sich langsam und schließt nicht aus, daß noch besonders entsetz= liche Fälle vorkommen, ja daß in den Jahren 1715—1722 die Verfolgungen — wenn wir auch die bischöflichen Enklaven ins Auge fassen — nochmals zu einer Hochflut anschwellen.

Grausig ist in den letzten Jahrzehnten in Bayern und den bayerischen Bistümern [1] zumal bas Anschwellen der Prozesse, die gegen Kinder, besonders Schulknaben, oder auch auf die Aussagen von solchen gegen Erwachsene geführt werben. Wahrscheinlich

———

[1] Doch war biese Erscheinung nicht auf bas bayerische Stammesgebiet beschränkt, ist sogar anberwärts früher aufgetreten. U. a. wirb 1673 von einer großen Hexenepibemie unter Kinbern in bem württembergischen Calw berichtet. Solban=Heppe II, 131. Schon 1629 war in Köln erschienen: „Newer Tractat von verführter Kinder Zauberei", aus bem Lateinischen in bas Deutsche übersetzt. Darin wirb zu erklären versucht, wie es komme, „baß viele Unerwachsene und unmünbige Kinder, so noch zur Zeit scheinen unschulbig zu sein, zu der verbammten Geister und Zauberer Gesellschaft gebracht und unerhörter Weise verführt werben".

ist dies dadurch zu erklären, daß nun im Religionsunterricht der Schule das Gift des Hexenwahnes schon den kindlichen Gemütern eingepflanzt und die kindliche Phantasie durch diese Schreckens= bilder aufs höchste aufgeregt wurde. Wenigstens liegt eine baye= rische Kinderlehre vom Jahre 1700 vor, worin bei Auslegung der zehn Gebote Gottes auch die Hexerei erläutert und Beispiele derselben aufgeführt werden [1]). „Die Begriffe von zahlreichem Zauber= und Hexengeschmeiß," heißt es in einer 1767 zu München erschienenen Schrift gegen den Hexenwahn, „werden von Alter zu Alter fortgepflanzt, ja den Kindern fast in der Wiege mit fürchterlichen Geschichten und Märlein eingeprägt" [2]). Und in der Bestrafung der Hexenkinder ging man nicht selten noch über die Grausamkeit eines Binsfeld [3]) hinaus, welcher gelehrt hatte, daß man Hexenkinder unter dem 14. Jahre nicht eigentlich foltern, sondern nur mit Rutenhieben schrecken und solche unter dem 16. Jahre nicht hinrichten, sondern einsperren und bis zu dieser Altersstufe zuwarten solle, ob sie sich nicht bessern.

Je länger der Wahn herrscht, desto tiefer senkt er sich durch sein eigenes Schwergewicht in die Volksseele. Da auch der klerikale Einfluß seine alte Stärke bewahrt, bleibt die Gesetzgebung über Zauberei und Hexerei die gleiche. Das Entscheidende für das seltenere Auftreten des Greuels liegt nur darin, daß nun nicht mehr von oben herab immer aufs neue die Verfolgung geschürt und in Gang gebracht wird und daß der dogmatische Geist, der so eng mit dem Verfolgungsgeist zusammenhängt, nicht mehr so vorwiegend das öffentliche und private Leben beherrscht. Fortan trägt meist die Borniertheit einzelner Richter die Hauptschuld, wenn noch Prozesse ausbrechen. Die Kriegsjahre im Anfang des 18. Jahrhunderts und die Zeit der österreichischen Herrschaft scheinen wieder wie die Notjahre des Dreißigjährigen Kriegs einen Stillstand in den Prozessen herbeizuführen.

---

[1]) Cod. Germ. Monac. 4608, p. 113—115.

[2]) Anpreisung der Landesverordnung der Kaiserin Maria Theresia u. s. w. S. 141.

[3]) Binsfeld (De confess. malefic. ed. 1623) handelt p. 519 f. eingehend über diese Frage.

Auch Juristen finden nun, daß man früher in den Verfol=
gungen zu weit gegangen sei, aber die Notwendigkeit einer gründ=
lichen Reform des gerichtlichen Verfahrens wird daraus nicht ge=
folgert. „Das Laster der Zauberei", sagt (1709) der Tiroler
Frölich von Frölichsburg, der in katholischen Ländern angesehenste,
auch von Kreittmayr benützte Kommentator der peinlichen Hals=
gerichtsordnung, „war derjenige Stein, an den sich viele Gerichts=
bediente anvor merklich gestoßen, viele unschuldige Personen
hingerichtet, dagegen Schuldige ungestraft gelassen haben.
Nunmehro aber", fährt er triumphierend fort, „ist dieses Delictum
von denen authoribus so umständiglich traktiert und dergestalt
erleuchtet werden, daß, dafern dero Lehrsätze recht und fleißig
beobachtet werden, es gleichsam unmöglich fallet, jemanden Un=
schuldigen widerrechtlich zu verfällen." Seine eigenen Lehrsätze,
die im wesentlichen noch auf dem Standpunkte des Herenhammers
stehen, sind der reinste Hohn auf dieses Selbstlob! Sein Kom=
mentar läßt recht deutlich ersehen, wie die alte unselige Wechsel=
wirkung zwischen einem auf die Folter gestützten Prozeßverfahren
und absurder Theorie fortwährte: als unwiderleglichen Beweis
für die Realität der Hexerei, das Mäuse= und Ferkelmachen[1]
(das jetzt mehr als früher in den Vordergrund tritt), das Teufels=
bündnis, Verunehrung geweihter Hostien, Hexenversammlungen,
nächtliche Ausfahrten, Wettermachen u. s. w., führt Frölich Ge=
ständnisse an, die in dem großen Salzburger Prozesse (s. unten)
den vom Zaubererjackl verführten Leuten erpreßt wurden[2].

In Bayern ließen der Kurfürst Ferdinand Maria 1665
(23. März) und der Kurfürst Max III. Joseph 1746 (13. April)
erneute Landgebote wider Aberglauben, Zauberei, Hexerei und
andere sträfliche Teufelskünste ausgehen. Beide Mandate sind
von der Einleitung bis zum Schlusse wörtliche Wiederholungen
des Landgebotes Maximilians I. von 1611 (s. oben S. 208).
Nur die Beispiele von Vieh= und Wundsegen (I, b, 4) und in

---

[1] Vgl. dazu Grimm, Mythologie[2], 1044, der bereits richtig bemerkt
hat, daß dieser Zug besonders in Hexenprozessen im bayerischen Stamme her=
vortritt.

[2] Frölich, Commentarius, 1709, II. Traktat (wo der dritte Titel des
ersten Buchs weitläufig von der Zauberei handelt) S. 19, 21 f., 27.

den Satzungen wider Hexerei und Zauberei Artikel 15 gegen die mehr als je hoffähig gewordenen Alchemisten sind 1665 und 1746 weggelassen worden. Daß es möglich war, dieses Landgebot noch 135 Jahre nach seiner Entstehung wörtlich zu wiederholen, be= zeugt einerseits, wie sorgfältig unter Maximilian I. derartige Regierungserlasse durchdacht und ausgearbeitet wurden, ander= seits aber verrät sich darin die große Stagnation des geistigen Lebens, welche diesem Zeitraum in der Geschichte Bayerns das Gepräge gibt.

Kreittmayr hat an diesen Mandaten offenbar Anstoß ge= nommen, da er in den Anmerkungen zum Kriminalkoder (S. 62) bemerkt, daß das Mandat von 1611 in den Jahren 1665 und 1746 „nicht sowohl wiederholt und bestätigt, als von neuem auf= gelegt und unlängst gar in den zweiten Band der sogenannten Staatsschriften neuerer Sammlung (S. 985) nescio quo fine vel fato eingekommen" sei. Man kann jedoch nicht behaupten, daß die Mandate 1665 und 1746 einen anachronistischen Charakter getragen hätten. Denn sowohl bei den Behörden als im Volke herrschte der wüsteste Aberglaube fort, und als Sterzinger 1785 ein Verzeichnis der zu seiner Zeit herrschenden Arten des Aber= glaubens zusammenstellte[1]), übertraf dieses durch seine Reichhaltig= keit alle früheren.

In wenigen Ländern aber wird noch eine so junge Gesetz= gebung die Hexerei mit dem Scheiterhaufen bedroht haben wie in Bayern. Was diesen Wahn betrifft, erfolgte die große Ge= setzgebung unter dem Kurfürsten Max III. Joseph, das bekannte Werk des scharfsinnigen und gelehrten Kanzlers von Kreittmayr, in einem ungünstigen Zeitpunkte: nur zehn bis fünfzehn Jahre später — und das Wehen des neuen Geistes wäre wohl schon zu mächtig gewesen, als daß der stehende Justizmord noch ein= mal zum Gesetz erhoben werden konnte. Das Strafgesetzbuch von 1751[2]) bestimmte über Hexerei und Zauberei: Bündnis oder

---

[1]) „Dreihundert abergläubische Stücke, die keine Widerlegung verdienen" (zum größeren Teil harmlos) in „Don Ferdinand Sterzingers Bemühung den Aberglaube (sic) zu stürzen", München 1785, S. 151 f.

[2]) Codex iuris bavarici criminalis de ann. 1751, Teil I, Kap. 7, §§ 7 und 8.

fleischliche Vermischung mit dem Teufel oder dessen Anbetung
und Verunehrung der Hostien werden mit lebendiger Verbrennung
bestraft. Die Strafe des Schwertes steht auf Gemeinschaft mit
dem Teufel und Beschwörungen oder zauberischen Mitteln, wodurch
jemanden an seinem Leben, Leibes= oder Gemütsgesundheit, Vieh,
Früchten, Hab und Gut Schaden geschieht. Allerlei abergläubische
Possen und Künste aber, wodurch kein Schaden erfolgt, wie auch
gemeine Anrufungen oder Ausforderungen des Teufels werden
mit Gefängnis, öffentlicher Buße, Relegation und nach Gestalt
des Aergernisses mit dem Staupbesen bestraft. Ist der Aber=
glaube mehr aus Einfalt, Unverstand, Scherz, Fürwitz oder von
ungefähr zu Schulden gekommen, so wird die Strafe gemildert.
Die Obrigkeiten werden jedoch ermahnt, bei diesem Verbrechen
mit aller Behutsamkeit und Moderation zu verfahren, nicht alles,
was dem menschlichen schwachen Verstande unergründlich scheint,
gleich für Hexenwerk und Aberglauben anzusehen, viel weniger
den gerichtlichen Aussagen der Hexen und dem Aberglauben er=
gebener Personen, besonders was die angeblichen Complices be=
trifft, wegen der teuflisch=falschen Vorspiegelungen und auch öfters
mitvorwaltender starker Einbildung, Phantasie oder „Imposten“
so leichterdings Glauben beizumessen. „Inmaßen bei Kindern
und Unvogtbaren, welche sich dergleichen teuflischer Künste und
Hexenwerks berühmen oder von anderen hierin angegeben werden,
mehr auf gute Disziplin und Unterweisung als malefizische Strafe
der Antrag zu machen ist.“ Weil aber (§ 8) in dem Laster der
Hexerei und Zauberei gemeiniglich viel andere schwere Verbrechen,
insonderheit das Laster der Gotteslästerung, Sodomiterei, Ab=
trünnigkeit, Ketzerei, Kirchenraub, Giftmischung und Totschläge
mit einlaufen, so ist sowohl bei der Inquisition als Bestrafung
hierauf ein besonderes Augenmerk zu nehmen.

Daß diese Bestimmungen trotz der angeknüpften Mahnung
zur Vorsicht dem bayerischen Gesetzgeber zur Schande gereichen,
wird sich niemand verhehlen. Und wenn die Anmerkungen zum
Strafgesetzbuche, die Kreittmayr als „ungenannter Autor“ 1752
veröffentlichte, zu verraten scheinen, daß er selbst die Realität der
Hexerei nicht ohne Zweifel und Bedenken acceptierte, so ist dies
nicht geeignet, ihn zu entlasten. Im Gegenteil ist die Frage be=

rechtigt, wie ein Gesetzgeber wegen eines bestrittenen und von ihm selbst für zweifelhaft gehaltenen Vergehens den Feuertod verhängen konnte. Die Erklärung ist wohl darin zu suchen, daß er sich genötigt glaubte, der Anschauung des noch immer über= mächtigen Klerus dieses Zugeständnis zu machen. Am deutlichsten tritt diese Nachgiebigkeit in den Bestimmungen seines Gesetzbuches über Ketzerei hervor, welche, der kirchlichen Auffassung ent= sprechend, mit Zauberei und Hexerei in einem Kapitel vereinigt erscheint. Notorische Ketzer, welche ihren Irrtum nicht ablegen — so besagt § 5 dieses Kapitels — sind des Landes zu ver= weisen oder bei geringer Kost solange einzusperren, bis sie ihren Irrtum widerrufen haben. Werden aber die ketzerischen Lehren mit Fleiß ausgesprengt, andere dadurch verführt oder wohl gar gegen die Obrigkeit aufgebracht, so sollen dergleichen Verführer oder Aufwiegler mit dem Schwert gerichtet und der tote Körper auf dem Scheiterhaufen verbrannt werden. Aus anderen Stellen geht allerdings hervor, daß Kreittmayr die von der Reichs= verfassung geschützten Protestanten nicht unter die Ketzer gezählt wissen wollte [1]).

In dem Stiftungsbriefe der Akademie von 1759 rühmte der Kurfürst, daß durch Erlassung des Codicis Maximilianei die Be= mühung erfüllt sei, „die mit veralteten Sachen durchflochtenen Gesetze dem jetzigen Zustande des Landes gemäß zu bestimmen". Man muß also schließen, daß der Zustand, d. h. die öffentliche Meinung, 1751 noch nicht zu gestatten schien, die Hexereigesetze als veraltet auszumerzen. Hätte es sich aber für einen weisen Gesetzgeber nicht geziemt, in dieser Frage der öffentlichen Meinung vorauszueilen und dadurch auf sie einzuwirken? Von der Hexerei sagt Kreittmayr in seinen Anmerkungen (S. 61): Sie ist ein Bündnis mit dem Teufel, kraft dessen man sich diesem gegen von ihm versprochene Vorteile zu eigen übergibt. Ob es nun der= gleichen Bündnisse gebe, ist nicht nur jetzo noch, son= dern zu allen Zeiten ein großer Disput unter den Gelehrten gewesen. Hiefür wird auf das philosophische

---

[1]) Vgl. v. Bechmann, Der churbayerische Kanzler Alois Freiherr v. Kreitt= mayr (1896) S. 21, 23.

Lexikon des Protestanten Walch verwiesen, das zu Leipzig erschienen war und seit 1726 brei Auflagen erlebt hatte. Zu der
Bemerkung des Gesetzbuches, daß man nicht alles, was unergründlich scheint, gleich für Herenwerk ansehen solle, fügt Kreittmayr verstärkend hinzu, „daß wir ja sogar von den palpabelsten
und täglich vorkommenden Sachen weder den rechten Grund noch
die Art und Weise, wie sie sich ergeben, finden können". Den
öffentlichen Teufelsbund aber, der bei versammeltem Herentanz
geschehe und vom geheimen Bunde unterschieden wird, beschreibt
Kreittmayr, ohne irgendwie seinen Unglauben zu verraten, nach
Frölich. Der Möglichkeit, daß aus der Teufelsbuhlschaft Menschen
erzeugt werden, sagt er, widersprechen die meisten. Die Aussage
der Here thue nicht viel zur Sache, sondern es müssen andere, weit stärkere Indizien sich hervorthun, bis man
dergleichen Bekenntnisse von gepflogenem Teufels-
beischlaf für wahrscheinlich annimmt. In diesem Sinne
erging auch auf Anfrage der Landshuter Regierung eine Resolution in intimo vom 28. Januar 1752. Zur Feuerstrafe bemerkt Kreittmayr, daß sie vielen Rechtsgelehrten allzu hart erscheine. Endlich klingt es wie eine Entschuldigung vor seinem
eigenen Gewissen, wenn er zu § 8 bemerkt, daß die hier genannten anderen Laster gemeiniglich auch, zumal an jenen Orten,
wo man an der Existenz der Zauberei und Hexerei „noch"
Zweifel trage, den meisten Ausschlag zur Verurteilung geben.
Leider wird diese Behauptung durch die aktenmäßig festzustellen-
den bayerischen Prozesse des 18. Jahrhunderts, wenn auch in
vielen Fällen, doch nicht „gemeiniglich" bestätigt.

Die unerläßliche Voraussetzung zur Fortdauer der Herenprozesse bildete die Tortur, doch darf man nicht glauben, daß
dieses Rechtsmittel in Kreittmayrs Gesetzgebung nur aus Rücksicht auf die Herenprozesse beibehalten wäre. Auch in dieser Frage
lassen die Anmerkungen erkennen, daß der Gesetzgeber nicht ohne
Bedenken auf dem mittelalterlichen Standpunkte beharrte. Die
Tortur, sagt Kreittmayr (S. 139), ist ein rechtliches Mittel,
aber auch ein sehr gefährliches und betrügliches,
welches von unzähligen Autoren heftig bestritten und daher bei
vielen Nationen nicht mehr in Uebung ist. Dem sei nun, wie

ihm wolle, bei uns ist es einmal eingeführt und ist nach deutlichen Spuren schon vor tausend Jahren in Bayern gebräuchlich gewesen[1]. Auch könne dem Nutzen, den der gute Gebrauch dieses rechtlichen Mittels habe, aus der Erfahrung nicht widersprochen werden. Die Bestimmungen des Gesetzbuches über die Anwendung der Folter (II. Teil, Kap. 8) enthalten keine erhebliche Milderung der alten Barbarei. Die Tortur soll zwar (§ 21) nicht über dreimal wiederholt werden, aber bei einem Widerruf des Bekenntnisses greift sie stets und so oft, als der Widerruf geschieht, von neuem Platz. Auch wird die gleich anfänglich zu zwei= oder dreimalen eingeteilte oder wegen bezeigter Unempfindlichkeit repe= tierte Tortur allezeit nur für eine gerechnet (vgl. den Hexen= hammer), und wenn sich bei Wiederholung derselben neue In= dizien ergeben, mögen die nachfolgenden Grada wohl verschärft werden. Nicht nur der Uebeltäter, sondern auch Zeugen (§ 23) dürfen gefoltert werden, und wenn die Umstände darauf weisen, daß die Uebelthat von mehreren begangen wurde (§ 25), mag der Delinquent „mittelst sonderbarer Tortur" auch auf seine Ge= sellen und Helfer gefragt werden.

Hiemit blieb die Tortur gerade in ihrer Anwendung auf die Hexenprozesse in vollem Umfange das fast unfehlbare, schreck= liche Werkzeug des Justizmords. Daran konnte die Abschaffung einiger Folterarten, nämlich der früher in Bayern auch gebräuch= lichen Beinschrauben (der sogenannten spanischen Stiefel) und der Tortur mit Feuer, nichts ändern. In Gebrauch blieben Daumen= stock, Aufziehen, Spitzruten (§ 2, vgl. Anmerkungen S. 139, 140) und beim schärfsten Grade Bock und Leibgürtel. „So scharf der Bock[2]) und die Spitzrutentortur immer ist, gibt doch die Er= fahrung, daß die Malefikanten noch mehr durch die gemeiniglich

---

[1]) Tit. VIII, c. 18 der Lex Baiuwariorum, worauf sich Kreittmayr hier beruft, ist von ihm mißverstanden; denn dort werden für Kindsabtreibung von Leibeigenen 200 Peitschenhiebe als Strafe, nicht als Mittel, ein Ge= ständnis zu erzielen, festgesetzt — eine Freie, die sich des gleichen Verbrechens schuldig gemacht, soll ihre Freiheit einbüßen.

[2]) Beschreibung desselben s. in den Anmerkungen zum Kriminalkodex S. 140.

zweimal 24 Stunden anhaltenden Leibgürtel bezwungen werden."
Der erste Grad (§ 3) der Tortur bestand in Androhung derselben,
der dritte Grad begriff u. a. Spitzrutenstreiche „zu zwei= oder
dreimalen allezeit über den andern Tag wiederholt". Kreittmayr
selbst bemerkt (S. 143), daß die Tortur dem Tode oder wenig=
stens der Handabhauung gleich geschätzt werde. In welchem Maße
der Einfluß der alten päpstlichen Inquisitoren noch in der baye=
rischen Gesetzgebung von 1751 nachwirkte, zeigt besonders die Be=
stimmung (§ 13): „Wo ein Maleficium taciturnitatis anscheint,
soll man teils durch Visitir= und Rasirung des ganzen Leibes (!),
teils durch Veränderung der Kleider und Gefängnisse, wie auch
mit Anschlagung der Leibgürtel und Vorkehrung geistlicher Mittel
die nötige Vorsorge gebrauchen." Gleich nach der Tortur (S. 145,
vgl. Herenhammer) ward der Gefolterte in ein anderes Zimmer
gebracht, wo man sein Bekenntnis protokollierte (s. wieder den
Herenhammer). „Dies ist aber noch nicht die rechte Ratifikation,
welche ihm den Hals bricht, sondern erst jene, welche in banco
juris geschieht."

Noch 1772 (5. Okt.) ward verordnet, daß die Tortur künftig
den Abdeckern übertragen werden solle, und 1779 (16. Ernte=
monat) Beischaffung der bei einigen Pfleggerichten etwa noch ab=
gängigen Folterinstrumente ins Auge gefaßt. Zugleich aber ward
in der letzteren Verordnung verfügt, daß (§ 5) „in Ansehung der
Tortur zur Erforschung der Wahrheit jedesmal der Bedacht mehr
ad torturam animi als corporis genommen, sohin dieselbe als
ein remedium mere subsidiarium nur in dem äußersten Falle
der enormitatis delicti oder inemendabilitatis inquisiti verhängt
werde"[1]. In Preußen (1740), Baden (1767), Sachsen (1770),
Oesterreich (1776) war die Tortur damals bereits gänzlich ab=
geschafft[2].

Im Folgenden stellen wir, meist aus den Akten, in Regesten=
form eine gedrängte Uebersicht über die uns bekannt gewordenen

---

[1] Georg Karl Meyr, Sammlung der Kurpfalz=Baierischen Landes=Ver=
ordnungen II, 1371; I, 155.

[2] Nach Lipowski, Materialien zur Prozeßform der bayerischen Strafgesetz=
gebung S. 98, soll sie auch Karl Theodor in seinen Herzogtümern Jülich und
Berg gänzlich abgeschafft haben.

bayerischen Hexenprozesse vom Ende des Dreißigjährigen Krieges
bis zum Aufhören der Verfolgungen zusammen. Auch aus den
Bistümern Freising, Salzburg, Augsburg, Eichstätt wurden einige
Prozesse, deren Akten meist im Münchener Reichsarchive liegen,
aufgenommen. Vergleicht man diese mit den kurbayerischen, so
springt in die Augen, daß man in den geistlichen Territorien in=
sofern noch etwas hinter Bayern zurückgeblieben ist, als hier die
in Bayern herrschende Scheu vor großer Ausdehnung eines Pro=
zesses auf viele Angeklagte gar nicht oder doch nicht in gleichem
Maße sich geltend macht. Vielleicht darf man auch sagen, daß
in Bayern 1722 eine Hinrichtung wegen Lykanthropie (weil ein
Mensch als Wolf Wild und Vieh überfallen habe), wie sie da=
mals im Salzburgischen erfolgte, nicht mehr möglich gewesen
wäre. Hat doch selbst der nichts weniger als fortschrittliche Jurist
Frölich [1]) 1709 gelehrt, daß es dem Teufel keineswegs möglich sei,
eine Sache nach ihrer Wesenheit in eine andere, z. B. eine Hexe
in einen Wolf oder eine Katze, transsubstantialiter zu verändern.

Freilich behauptete der Wahnwitz des Aberglaubens auch bei
den kurbayerischen Behörden und bei Hoch und Nieder bis zur
Mitte des 18. Jahrhunderts und darüber hinaus noch einen ent=
setzlichen Grab. Zu den Belegen hiefür, welche die Hexenprozeß=
akten bieten, seien noch ein paar weitere erwähnt. 1652 wurden
amtliche Erhebungen über den zu Priegelried im Amte Landshut
beobachteten Geisterspuk gepflogen und die Priegelrieberin nebst
ihren Kindern verhaftet. Der Franziskanerguardian zu Lands=
hut, den der Besitzer des Hauses zur Hilfeleistung herbeigeholt
hatte, berichtet, daß von unsichtbaren Händen Steine und Kraut=
köpfe in die Stube geschleudert, glühende Holzkohlen umher=
geworfen, Milchschüsseln umgeschüttet worden und mehreres der=
gleichen [2]). Aehnliches hat man freilich auch am Ende des
19. Jahrhunderts noch erleben können. Das Kreisarchiv München [3])
verwahrt den Bericht über einen angeblich übernatürlichen Vor=

---

[1]) Commentarius zur peinlichen Halsgerichtsordnung (1709), II. Trak=
tat, S. 28.

[2]) S. Archivalische Zeitschrift VI, 256.

[3]) Unter Hexenakten (323,16), im übrigen fehlt jedoch jeder Anhalt für
Zusammenhang mit einem Hexenprozesse.

gang vom 12. März 1720. Zu Grunde liegt wohl ein auf Aber=
glauben ſpekulierender Betrug, deſſen Zweck mit Händen zu greifen
iſt [1]): die Kurfürſtin ſoll durch ihren Beichtvater von einer ge=
planten Reiſe ins Ausland abgeſchreckt werden. Um 11 Uhr
nachts, beſagt die Erzählung, erſchien der nicht näher bezeichneten
B. ein ſchöner Jüngling, ganz weiß gekleidet, mit einem Rab=
mantel umhängt, und befahl ihr, aufſchreiben zu laſſen, was er
ihr verkünden werde. Es ſei der Befehl Gottes, daß P. Feobor,
der Beichtvater der Kurfürſtin, dieſe ermahne, die weite Reiſe
aus dem Bayerlande, die ſie vorhabe, zu unterlaſſen. Denn dazu
wolle ſie der hölliſche Satan verführen, und durch die Abſonde=
rung dieſer zwei fürſtlichen Eheleute ſtünden viele tauſend Seelen
vor der Gefahr ewigen Untergangs. Der Beichtvater erkläre,
er könne dieſe Reiſe nicht verhindern, der Engel aber ſehe in
ſein Herz und wiſſe, daß er helfen könne. Führe er dieſen Be=
fehl aus, ſo werde ihn ganz Bayerland ehren. Dann aber er=
ſchien auch der Satan, verbot der B., die Botſchaft des Engels
aufſchreiben zu laſſen und drohte, da ſie ſich auf den Befehl
Gottes berief, er werde ſie in der ganzen Stadt München offen=
bar machen und in ſchreckliche Verfolgung bringen. Nochmals er=
ſchien dann der ſchöne Jüngling und ſprach ihr Mut zu. Aus
dem Marianiſchen Bayerlande könne man nicht ohne Gefahr
reiſen. Die B. fragte den Jüngling, ob denn die Kurfürſtin
noch den Gedanken hege, dieſe weite Reiſe zu machen, was der
Jüngling bejahte. Die Prinzeſſin müſſe im Namen Gottes davor
gewarnt werden. Sie ſolle gedenken, daß Gott ſie vor vielen

---

[1]) Von den häufigen Fällen betrügeriſcher Ausbeutung des herrſchenden
Aberglaubens ſei noch auf einen älteren hingewieſen. 1524 wurde im Kloſter
Heggbach bei Biberach Dämonenſpuk fingiert, um ſehr gewöhnliche irdiſche
Vorgänge zu verſchleiern. Die dort ſpielende Geſchichte der Novizin Magda=
lena Galſterin, genannt die ſchwarze Mablena (nach Pflummern, Annales
Biberacens, veröffentlicht von Baumann im Freiburger Diözeſan=Archiv IX,
246 f.) enthüllt den wüſteſten Aberglauben in klöſterlichen Kreiſen. Der Chor=
herr Hans Tüſſel zu Buchau und der Dominikanerprior von Ulm, als Sach=
verſtändige beigezogen, gaben das Gutachten ab, daß das ſeltſame Unweſen
im Kloſter Heggbach auf Dämonenſpuk beruhe oder Unholdenwerk ſei. Die
Galſterin ward aus dem Kloſter entlaſſen, worauf ſie nach Biberach zog
und — eines Kindes genas.

Tausenden zu einer Landesfürstin auserwählt und mit so vielen Prinzen begnadigt habe. Therese Kunigunde von Polen, die hier gemeint ist, die zweite Gemahlin des Kurfürsten Max Emanuel, hatte diesem zehn Kinder geboren.

In der Stephansnacht 1744 glaubte sich in Landshut ein Babergeselle, als er sein Haus verließ, von einem Geisbock, der wie ein Mensch sprach, durch die Lüfte entführt. Unterwegs verlobte er sich zu Unserer Lieben Frau nach Altötting, dann ward er in einem Garten niedergesetzt und es überkamen ihn „die Fraisen". Der Vorgang dauerte nach seiner Schätzung zwei ganze Stunden. Ob der Baber betrunken war oder auch nüchtern an Sinnestäuschungen litt, läßt sich aus den Akten nicht ersehen. Die Landshuter Regierung forderte nun (13. Januar 1745) von Bürgermeister und Rat der Stadt Bericht „über den auf einem Geisbock geholt sein wollenden Babergesellen namens Dominikus Fischer", und dessen Aussage sowie die seines Bruders wurden ganz ernsthaft zu Protokoll genommen[1]).

Sterzinger hat 1767 in der Verteidigungsschrift seiner akademischen Rede[2]) bemerkt: „Nachdem verschiedene Autoren tapfer wider die Hexenprozesse geschrieben, wurden die Verbrennungen der Hexen so selten, daß man sie von hundert Jahren her leicht zählen kann." Ein Blick auf unser Verzeichnis und die Erwägung, welch kleiner Teil von Deutschland bei dessen Aufstellung herangezogen und daß aus diesem wiederum nur ein Teil der Prozeßakten erhalten ist, läßt leider diese Behauptung des Münscheners Akademikers kaum als begründet erscheinen, wenn man nicht gerade den Ton auf das „Verbrennen" legt. Daß die hier berücksichtigten Territorien des Reichs durch langes Fortleben des Greuels nicht allein stehen, ist genugsam bekannt. Was das Prozeßverfahren betrifft, so hat seine Scheußlichkeit bis zum Schlusse keine Milderung erfahren. Bis zu den letzten Prozessen werden die schrecklichen, zum Teil von der römischen Inquisition nun selbst verworfenen Lehren des Hexenhammers befolgt: das

---

[1]) Hellmann, Ein aktenmäßiger Teufelsspuk; Verhandlungen des Histor. Vereins für Niederbayern II, 60 f.

[2]) Betrügende Zauberkunst S. 42.

Scheren der Opfer, ihre Untersuchung auf Hexenmale, die Sugge=
stiofragen des Richters, die Wiederholung der Folter, wenn das
erstemal kein Geständnis erfolgt, das Fragen nach Mitschuldigen.
Charakteristisch für diese letzte Periode der Prozesse ist, daß nun
die Weiber nicht mehr wie früher die weit überwiegenden Opfer
bilden. Und wenn die Opfer schon vorher zum größten Teil den
niederen Ständen angehörten, so entfallen sie nun fast ausschließ=
lich auf die ärmsten und elendesten Klassen der Bevölkerung: kleine
Söldner, Taglöhner, Dienstboten, Bettler und Landstreicher.

Auch in einigen protestantischen Ländern haben sich die Hexen=
prozesse bis in das 18. Jahrhundert hinein erhalten. Im Kanton
Zürich wurden 1701 unter der Kirchenleitung des Antistes
A. Klingler sieben Personen aus dem Dorfe Wasterkingen wegen
Hexerei enthauptet und eine verbrannt[1]. 1713 wurde eine Hexe
nach dem Spruche der Tübinger Juristenfakultät verbrannt, und
in Berlin kam es noch 1728 zu einem Hexenprozesse, der mit
Verurteilung zu lebenslänglichem Arbeitshause endete[2]. Ja das
letzte gerichtliche Opfer des Hexenwahns in den Ländern deutscher
Zunge fiel unter der Herrschaft des Protestantismus, 1782 in
Glarus. Im allgemeinen aber hat die Aufklärung in den prote=
stantischen Territorien des Reiches, für welche besonders die litte=
rarische Thätigkeit des Christian Thomasius (seit 1701) entschei=
dend war, etwa um eine bis zwei Generationen früher als in
den katholischen über den Hexenwahn gesiegt. In den jetzt unter
der bayerischen Herrschaft vereinigten Gebieten wurde die letzte
Hexe 1775 in einem geistlichen Territorium, der Fürstabtei
Kempten, hingerichtet: Anna Maria Schwägelin von Lachen[3].
In einem polnischen Städtchen im Posenschen aber endeten noch
1793 zwei Hexen auf gerichtliches Urteil hin auf dem Scheiter=
haufen[4], und aus Mexiko kamen sogar bis in die neueste Zeit
Nachrichten von Hexenverbrennungen[5].

[1] S. Meyer von Knonau in der Allg. Deutschen Biographie XVII, 796.

[2] Solban=Heppe II, 257, 268.

[3] Haas, Die Hexenprozesse S. 108 f.

[4] Solban=Heppe II, 322, 327.

[5] Nippold, Die gegenwärtige Wiederbelebung des Hexenglaubens (Berlin
1875) S. 11 f.

1653. Verhandlung vor dem bayerischen Pfleggerichte Reichenberg gegen die Bettlerin und Landstreicherin Marie Killnerin und ihren 13jährigen Begleiter Georg Kilian, beide gefangen in der Fronfeste Pfarrkirchen. Der Bube, dessen Mutter eine Hexe gewesen, ist seit 4 Jahren in Gesellschaft der Killnerin dem Bettel nachgezogen. Er beschuldigt, angeblich in gütlicher Aussage, wahrscheinlich unter Androhung der Folter, die Killnerin, sie habe ein Wetter gemacht, sei in Keller eingefahren und bei Hexentänzen gewesen. Beschreibt einen Hexentanz, woran neben dem ganz feurigen Teufel 16 Personen teilgenommen, in einem Dorfe eine Meile vom Heiligen Berg (Andechs) entfernt. „Bei diesem Tanz haben sie weiter nichts gehabt als Bier getrunken." Von ihm habe der Teufel dort die Verschreibung verlangt, und da er sie verweigerte, ihm mit seinen Krallen zwei starke Kratzer auf dem Kopf eingedrückt, die man noch sehe. Wie willst du dich dem Teufel verschreiben, habe seine Mutter gesagt, kannst ja nicht schreiben! Da habe ein junger Student oder Schreibersbub, der sich beim Wirt auf dem Peissenberg aufgehalten, für ihn unterschrieben. Zu einer andern Hexenversammlung zu Peiting mitten im Dorf seien über 60 Personen auf Böcken geritten gekommen. Das nötige Getränk zu diesem Fest haben sie sich aus den Kellern in Peiting geholt, in die sie einfuhren. Zwei Pfeifer haben aufgespielt, die „Prädl" (Braten) hat der Teufel selbst aufgetragen. Außer seiner Mutter, seinem Ahnl und dem mit ihm verhafteten Weibe habe er bei diesen Tänzen niemand erkannt. Weiter spricht er von einem Hexentanz mit 16 Personen bei Vilshofen. Die Alte, die unter ihren Kindern einen Kapuziner hat, gibt an, daß sie sich seit dem Tode ihres Mannes, eines Soldaten, vom Bettel ernährte. Sie sei 15mal nach St. Jakob (di Compostella) und 18mal nach Rom gezogen — Angaben, die wohl ebenso übertrieben sind wie die ihres Alters auf 98 Jahre. Sie kennt zwei Segen, einen gegen Feuer, den andern gegen Hundsbiß, die nach ihrem Diktat niedergeschrieben werden. Der Bube sei ein loser, vermaledeiter Schelm, man solle ihm doch um Gottes willen nicht glauben, er sage, was man haben wolle. Sie habe nie Wetter gemacht und habe Gott und Unsere Liebe Frau im Herzen, darauf wolle sie leben und sterben. Auf die Mitteilung dieser Aussagen an die Regierung erfolgt der Bescheid: Sowohl der Bube als das Weib sollen peinlich mit Ruten weiter gefragt werden. Der denunzierte Schreibersbub sei schon vor 20 Jahren von Peissenberg hinweggezogen, zu einer Zeit, da der Angeklagte Kilian noch nicht am Leben war. Diese Feststellung bietet jedoch der Regierung keinen Anlaß, die anderen Angaben Kilians als ebenso erlogen zu betrachten. Weitere Akten fehlen. Reichsarchiv, Hexenwesen Nr. 6.

1653. Landshut. Student Paul Zächerle, etwa 17 Jahre alt, wegen Zauberei eingezogen. Bezichtigt unter der Tortur auch andere Scholaren. Da er aber dann bezüglich dieser in wie außer der Tortur wieder revoziert, wird angeordnet, daß deren Namen in den Akten ausgelöscht werden. Zächerle wird „in der Hauptsache absolviert" und seinen Eltern mit dem Bedeuten zugestellt, daß sie ihn unter fleißiger Aufsicht und christlicher Zucht halten sollen, damit er „als ein unbeständiger, unbehutsamer und blödsinniger Mensch" nicht wieder in Gefahr gerate. Reichsarchiv a. a. O. Nr. 6.

1656, 10. Januar, richtet der Regimentsrat Franz Gotthard Delmuck in Amberg an den Kurfürsten von Bayern die folgende Supplikation: Nach= dem im Pflegeamt Wetterfeld Ursula Zannerin, über 40 Jahre alt, samt ihrem Ehemann und drei Kindern nicht allein wegen allerhand begangener Diebstähle, sondern auch schweren und greulichen Hexenwerks und anderer großer Unthaten verhaftet worden, ist seiner wenigen Person die Kommission aufgetragen worden, die gütlichen wie peinlichen Examina und alles andere, was dergleichen Prozesse mit sich bringen, vorzunehmen. Nolens volens hat er dies auf sich nehmen müssen. Die alte Zannerin ist wegen erschreck= licher Zaubereien, Anmachung höchst schädlicher Gewitter, Donner, Hagel, Wind, Regen, Stein 2c., über das Geholz, Vieh und Getreide, Schickung zau= berischer Wölfe, Machung der Mäuse und anderes, Verkrümmung unterschied= licher Personen, Reitung und Zuschandenbringung vieler Pferde, Ochsen, Kühe, Schafe und dergleichen Viehs, item nächtlicher Ausfahrung auf die Hexentänze, Treibung der Sodomiterei mit dem bösen Feind, Verleugnung und überaus grausamer Entunehrung und greulicher Verspottung Gottes, b. Marine Vir= ginis und aller Heiligen, teuflischen und erschrecklichen Mißbrauchung des hochheiligen Sakraments des Altars und (vieler zu geschweigen) anderer gar grausamen Unthaten, davon ganze Protocolla von etlichen Sextern bei Kurf. Regierung hier vorhanden, den 23. Dezember 1655 nach vorhero mit einer glühenden Zange gegebenen Zwick auf dem Scheiterhaufen zu Asche ver= brannt worden. Nun hat ihm das teuflische Hexenwerk von der ersten Stunde dieser schweren und gefährlichen Kommission so stark zugesetzt, daß er gewißlich sich eines stündlichen, ja augenblicklichen Schadens und Gefahr zum höchsten stätig besorgt, deswegen er sich auch mit hl. Reliquien und anderen Sachen wie allzeit bestens verwahrt. Nachdem es dann an seiner Person gottlob nichts ausrichten konnte, ist es über seine Pferde gekommen und hat diesen, sonderlich nach der gegen die Zannerin vorgenommenen ersten wirklichen Tortur dermaßen hart zugesetzt und sie abgeplagt, daß es nicht zu beschreiben, und er sich leichtlich die besorglichen Gedanken machen kann, daß er von dieser üblen Kommission schädlichen Dank davon tragen, und die gefangenen „Unhold", welche ihn als Kommissär ohnedies vielfach bedroht und sich oft sehr cholerisch erzeigt, oder deren Gespielinnen (darunter sonderlich zwei Hexen besagte Zannerin in dem Gefängnis durch unnatürliches Dahinfahren zu verschiedenen= malen besucht und mit und samt ihr allerhand Unheil angesponnen) ex odio dieser leidigen Kommission an ihm sich rächen und revengieren werden, inmaßen es auch leider gar bald der eventus selbst gezeigt hat, indem ihm auf die so starke augenscheinliche Zusetzung (dawider weder geistliche noch weltliche Mittel geholfen haben) das beste Pferd dergestalt zu Schanden gerichtet worden, daß es in wenigen Tagen urplötzlich gefallen und verreckt ist. Da nun Ursula Zannerin selbst bekannt hat, daß sie mit Beihilfe obgedachter anderer zweier Hexen, so die Hand wirklich angelegt, dem Pferd das Blut gewaltig zum

Herzen gezogen und es so violenter umgebracht habe, bittet er, ihm den ent=
standenen Schaden rekompensieren zu lassen. Nach Mitteilung des Herrn Kreis=
archivars Hüttner aus dem Kreisarchiv Amberg (Oberpfälzische Administrativ=
alten Nr. 2682, ad Produkt 120).

1666, 9. Januar, wird in München ein 70jähriger Greis hingerichtet,
der ein Ungewitter gemacht, „darin durch die Wolken gefahren und nackend
zur Erde gefallen, auch darüber gesangen worden", der auch dem Teufel über
40 Jahre gedient und im Abendmahl empfangene Hostien verunehrt hat. Wie=
wohl er einer härteren Strafe würdig gewesen wäre, ließ Se. Kurf. Durch=
laucht ihm noch Gnade widerfahren, indem er ihn auf beiden Armen und an
der rechten Brust mit glühenden Zangen zwicken, an einen Pfahl binden und
auf dem Scheiterhaufen verbrennen ließ. Starb dem Ansehen nach mit buß=
fertigem Herzen und Bereuung seiner Missethaten. Theatrum Europ. X, 447.
Nach Akten über diesen Fall habe ich im Stadtarchiv München wie in den
staatlichen Archiven vergebens gesucht. Der Mangel eines aktenmäßigen Be=
leges ist hier um so mehr zu bedauern, als die Angabe, der Zauberer sei nackt
aus einem Gewitter zur Erde gefallen, zu den höchst seltenen Zügen gehört,
in denen man in jüngeren Hexenprozessen Nachklänge germanischer Mythologie
(vgl. Grimm, Deutsche Mythologie ², 1042) ohne Vermittelung des kirchlichen
Hexenwahns finden kann. — Nur entfernt klingt folgende Erzählung an, der
wohl ein Meteor zu Grunde lag. Zum Jahr 1531 berichtet der Weißenhorner
Chronist Thoman (Quellen zur Geschichte des Bauernkriegs in Oberschwaben,
ed. Baumann, S. 182), zu Göttingen bei Albeck hätten die Schnitter bei
einem großen Gewitter gesehen, als ob in dem Gewölk ein großer Mann oder
Drache sich in den Acker herabließe, worauf alle Garben in einem großen
Wind und Feuer aufgehoben und hinweggeführt wurden, daß nie mehr etwas
gesehen ward.

1677—1681. Salzburg. Riesiger Hexenprozeß gegen eine Menge (wenig=
stens 100) Personen, die mit dem berüchtigten Zauberer= oder Schinderjackl,
Jakob Koller, in Berührung gekommen sind, größtenteils Kinder und junge
Leute, viele darunter aus dem Bayerischen, aus Teisendorf, Trostburg, Traun=
stein, Tuntenhausen („im Schwabenland"!) und dem Berchtesgadischen, Schellen=
berg, der Ramsau. Nach Aussage des 15jährigen Veit Lindner aus See=
kirchen, eines „feinen lecken Buben", führte der hingerichtete Zaubererjackl den
Spitznamen Taxenhaut. Die Geständnisse tragen meist die Bezeichnung „extra
locum torturae", was dahin zu verstehen sein wird, daß die Gefolterten die
erpreßten Geständnisse, der Vorschrift des Hexenhammers entsprechend, an einem
anderen Orte wiederholen mußten, und daß erst diese protokolliert wurden.
Bei einigen wird die Tortur erwähnt (Brennen der Finger mit einem Wachslicht,
Rutenstreiche u. s. w.). Ein 12jähriges Kind bekennt „nach etlichen geringen
Rutenstreichen". Auch die Kinder werden geschoren und auf Zeichen besichtigt.
Das 10jährige Bäberl aus der Ramsau soll angeben, woher es zwei verdächtige
Male am Leib hat. Das Alter der angeklagten Kinder geht bis zu 5 Jahren
herab. Die meisten sind Bettelkinder, alle arme Leute. Wie gewöhnlich

zwingt man die Eltern, gegen ihre Kinder, und die Kinder, gegen ihre Eltern auszusagen. Die Urteile fehlen, doch wird erwähnt, daß am 22. Februar 1679 sieben der Angeklagten mit dem Fallbeil oder Strang hingerichtet wurden. Daß ein ähnliches Schicksal die meisten Angeklagten traf, läßt sich nach ihren umfassenden Geständnissen kaum bezweifeln. Für vier Zauberbuben im Alter von 10—12 Jahren stellt Franz Rieder, ihr „ad bancum iuris instituierter Patrocinant", den Antrag, sie wegen ihrer Stupidität und unachtsamen Jugend gnädigst zu verschonen. Auch für Hans Stangassinger liegt ein Begnadigungsgesuch seines Defensors vor. Reichsarchiv, Hexenakten Nr. 10 a—c und 11, vier große Aktenstöße. Zur Ergänzung dient, was Pirckmaper, Der Hexenturm in Salzburg, in den Mitteilungen der Gesellschaft für Salzburger Landeskunde XXV, 14 f. aus Salzburger Akten berichtet. Hiernach war durch Hofratsbeschluß vom 12. Januar 1678 auf den Kopf des Zaubererjackls ein Preis ausgesetzt worden. Aus den Salzburger Akten ergeben sich für 1678—1679 in der Stadt Salzburg allein 76 Todesurteile wegen Hexerei, vollzogen durch Fallbeil, Schwert, Erdrosselung, Galgen und Feuer. Das jüngste Opfer war ein 10jähriger Knabe von Lend, das älteste eine 80jährige Greisin. Zur Tortur ward auch Feuer angewendet. Infolge der Ueberfüllung der Gefängnisse wurde ein neues, der sogenannte Hexenturm, gebaut. Am Schlusse des Jahres 1678 betrugen die Kosten des Prozesses schon 8000 fl. In den genannten „Mitteilungen" XII, 413 ist ferner ein Urteil vom 9. Februar 1678 gegen sieben Bettelbuben, die mit Schilling und Daumenstock gefoltert worden waren, wegen Hexerei abgedruckt. Das Urteil lautet für alle auf Verbrennen, für Thomas Kogler, der sich nicht bekehrt, d. h. nicht gestanden hat, auf Lebendigverbrennen, wofern er nicht noch auf dem Richtplatz in sich geht.

1689—1691. „Hexenepidemie" zu Geisling bei Pfatter. In dem Hause des Drechslers Grueber in Geisling spukt eine „fromme" arme Seele aus dem Fegfeuer, zupft und schlägt die Leute, wirft von der Bank aus Holzscheiter gegen sie u. s. w. Das bayerische Pfleggericht Haibau leitet allmählich gegen mehr als 20 Einwohner von Geisling, Pfatter und Alburg Untersuchung wegen Hexerei ein. Besonders sind angeklagt die Familien Grueber und Egger, Wolfgang Weinzierl, dessen Ehefrau Margarete (die im Gefängnis Selbstmord begeht) und Tochter Christine, auch die Geislinger Hebamme Schneiderbäuerin. Die Beschuldigungen lauten auf Teufelsbündnis, Unzucht mit dem Teufel, Hexentänze, Hostienverunehrung u. s. w. Bei der Christine Weinzierl will der Scharfrichter bei ihrer Untersuchung „drei eingeheilte Partikul" gefunden haben. Die Tortur mit den „Beinschrauben" übersteht diese Angeklagte so, daß, je schärfer das Zuschrauben, desto größer ihre Verstocktheit wird. „Hat kein einziges Zäherlein vergossen und so veränderte Augen gehabt, daß die Richter claro clarius annehmen müssen, daß sie mit dem veneficio (sic) taciturnitatis simul et insensibilitatis behaftet sei." „Auch die Ehefrau Gertrud Grueberin hat, auf die Leiter gespannt, weder eine Zähre vergossen noch eine Antwort gegeben, sondern nur immerfort geschrieen und mit aufgesperrtem Rachen ein solches Gesicht und Augen gemacht, als wenn sie von dem leibigen Teufel wahrhaft besessen wäre." Die Hebamme wird gütlich examiniert, ausführlich auch über die von ihr bei den Entbindungen beobach= teten Gebräuche. Erklärt die Nottaufe so zu vollziehen, wie sie es der Pfarrer von Geißling gelehrt. Rauten brauche sie nur an Stelle eines Hadern, um den Chrisam nicht mit der Hand zu berühren. Ehe sie das Kind in das Chrisambad lege, lege sie einen Pfennig und das nächste beste Ei in fri= sches Brunnenwasser, dann gieße sie dieses Wasser an die Wurzel eines frucht= baren Baumes, stecke den Pfennig, „so neben dem Gotten= (Taufpaten=) Geld die Tauf=Gott gemeiniglich einzubinden pflegen", in ein Stückchen Brot und gebe dieses wie das Ei einem Bettler. Wenn sie die Kinder bade, sage sie nichts als: „Gesegn' dir Gott dein Babl, damit es dir nit schad!". Die meisten Angeklagten werden hingerichtet, Weinzierl und seine Tochter enthauptet, dann verbrannt, die Eheleute Hans und Gertrud Grueber, ferner Benedikt und Elisabeth Egger an einer Säule erdrosselt, dann verbrannt, die Grueber'schen Kinder Katharina und Balthasar enthauptet, dann verbrannt. Die übrigen Grueber'schen Kinder, Thoma, Adam, Marie, ferner die junge Eva Eggerin sollen zur Richtstatt hinausgeführt, bei der Exekution vorgestellt, dann im Amthaus empfindlich mit Ruten gezüchtigt werden. Doch ist das letztere Urteil vielleicht noch verschärft worden, denn bei dessen Einsendung fand es der Hofrat „etwas zu leise", und es liegt noch ein Bericht des Haibauer Richters vor, daß der Umgang der verhafteten Kinder mit dem bösen Feind und ihre Unzucht mit demselben im Gefängnis fortdauere(!), so daß keine Besserung zu hoffen sei. Das Grueber'sche Häuschen wird durch den Scharfrichter abgebrochen, das Holz auf dem Scheiterhaufen verbrannt. — 1770 stellte das Kloster Windberg das Gesuch, daß eine hölzerne Tischplatte, auf welcher die Verurteilten geweihte Hostien mißhandelt haben sollen, von der staatlichen Behörde authentisiert werden möge. 1803 sucht die (Regierungs=) Klosterkommission nach diesem Hexentisch in Windberg. — 22 Aktenfaszikel im Kreisarchiv Landshut. Untersuchungsakten gegen die Familie Grueber auch im Reichsarchiv, Hexenakten Nr. 7.

1692. Prozeß gegen Zaubererbuben zu Burghausen. Die Schloßfron= feste ist infolgedessen dermaßen besetzt, daß die Burghauser Regierung die Gefangenen nicht mehr unterzubringen weiß. Einer der Angeklagten, Thomas Wagner, ist nach dem Berichte dieser Regierung an den Kurfürsten vom 22. August 1692 bereits zum Tode verurteilt. Mit Exekution dieses Urteils und Fortsetzung des Prozesses wird auf die Genesung des Vicedoms und An= kunft des Kanzlers gewartet. Nur Fragmente (zwei Aktenstücke) im Kreis= archiv München 323/16.

1701. Landshut. Hexenprozeß gegen die Dienstmagd Lucia Mottingerin von Stallwang im Rentamt Straubing, „eine dem Ansehen nach nit recht beim Verstand sich befindende und mithin zu Diensten untaugliche Weibs= person". Es handelt sich u. a. um „angezaubertes Unzifer". Nur ein Bericht von Bürgermeister und Räten der Hauptstadt Landshut. Kreisarchiv München a. a. O.

1701, 17. September, wird Maria Theresia Käserin von Pfaffenhofen in München wegen schwerer Hexerei mit dem Schwert hingerichtet und ihre Leiche auf dem Scheiterhaufen verbrannt. Die gewöhnlichen Geständnisse auf Teufels=buhlschaft u. s. w. werden an einem anderen Orte als der Folterkammer frei=willig wiederholt. Der Münchener Bürgermeister und Stadtoberrichter Max Joseph Bacchiery fällt das Urteil besonders kraft der kurbayerischen Konstitu=tion von 1665. Akten im Münchener Stadtarchiv.

1713. „Herr Sebastian Oefele, Doktor der Theologie, Kämmerer und würdigster Pfarrer des Marktes Mainburg (in der Holletau), hat zu Scheiern mehrmals erzählt, daß in diesem Jahre eine Hexe eingefangen worden, die gerichtlich ausgesagt, daß sie durch Hilfe des Teufels dem Markte Mainburg in einem Schauerwetter den äußersten Untergang angedroht, das ganze Wetter aber ohne Erfolg ihres teuflischen Beginnens abgeloffen, weilen in einer Glocke aus obigen Herrn Kammerers Anordnung ein Scheirer Kreuz eingegossen wor=den. Herr Akademikus, lachen Sie nicht!" So berichtet, gegen Sterzinger sich wendend, der Scheirer Benediktiner P. Angelus März, Kurze Verteidigung u. s. w. 2. Aufl., S. 31.

1715, 5. Januar. Erlaß des Hofrates zu München an die Regierung zu Landshut auf deren Anfrage wegen des in der Fronfeste zu Dingolfing ad perpetuos carceres (d. h. wohl solange, bis Geständnis erfolgt) kondemnierten Erzbösewichtes Adam Hellselbner, die Vernehmung mit ihm ob maleficium taciturnitatis, den weiteren Prozeß und die Kommunizierung der Grade der allhier gebrauchten schärfsten Torturen betreffend. „Wenn man mutmaßt, daß dergleichen Bösewicht des maleficium taciturnitatis kundig, so pflegen wir sie 24 Stunden oder noch länger vor dem Examen in die Leibgürtel mit beiden Händen schlagen, die Kleider mutieren, in eine andere Keuche legen, auch sie zuweilen am Kopf, unter den Jeren (Achselhöhlen) et circa pudenda rasieren und ihnen vor der Tortur St. Johannis=Segen, Weihbrunnen, hl. Dreikönig=, Ignati=Wasser und Terpentinöl, alles untereinander vermischt, trinken zu geben, und ihnen vor der Tortur diesen Trank durch den Scharf=richter im Namen St. Johannis=Segen zubringen zu lassen, welches sie ent=gegen dem Scharfrichter in solchem Namen bringen und wirklich trinken müssen (vgl. dazu das Volkslied auf den zu Kufstein 1504 hingerichteten Pienzenauer). Welche geweihte Wasser aber etliche gar ungern zu sich genommen und die=selben zu trinken sich ganz obstinat erzeigt, also daß man oft bemüßigt ge=wesen, ihnen solche mit Gewalt einzugießen. Und sollen diese geweihten Wasser und sonderheitlich das Terpentinöl das maleficium taciturnitatis auf=lösen, wie zwei Justifizierte unter des Brandweinhammerls Diebsrat (Bande), im hiesigen Fallenturm verhaftet, ausgesagt, wir auch bei vielen einen Effekt der Bekanntnus verspürt haben. Wann nun dieses geschehen, so lassen wir dergleichen Bösewicht entweder auf den Bock (stachligen Marterstuhl) spannen und unter dieser Tortur sie auch zuweilen mit Spitzruten streichen oder aber mit Anlassung des Bocks ihnen drei Tage nacheinander je 20, 25, 30—35 und zuweilen noch mehr Streiche, und zwar allezeit uneingeschmierter (ohne

Anwendung einer heilenden Salbe), mit den vorher in Weihbrunn eingeweichten Ruten nach Dexterität der Kommissarien durch den Scharfrichter geben. Hingegen was das Brennen betrifft, so werden dazu die Leibgürtel, Mutation der Kleider, Keuchen, auch die geweihten Wasser gebraucht, die Rasierung aber ausgelassen, und wird zu dieser Tortur eine Stange genommen, um diese in der Mitte ein eiserner Ring, (an) welche der Malefikant mit den Armen kreuzweis gleich denen, so am Charfreitag ausgespannt gehen, angebunden, hienach der Haken am Seil in den eisernen Ring an der Stange hineingethan und auf solche Manier mit zusammengebundenen Füßen von der Erde kniehoch aufgezogen und mit einer Fackel unter den Zexen bis auf das Gutbefinden der Kommissarien gebrannt, doch daß man nicht gar stets aneinander die Fackel unter den Zexen brennen lassen, sondern mit selbiger von- und zugefahren werden solle. Und diese Tortur ist unseres Erachtens die schärffte." Da der Scharfrichter in Dingolfing in der Tortur des Brennens nicht erfahren ist, wollen sie auf Verlangen den von München hinunterschicken. v. Hormayrs Taschenbuch, N. F., 1831, S. 332. — Ob es sich hier um einen Hexenprozeß handelt, ist nicht deutlich zu ersehen. In dem maleficium taciturnitatis und den vorgeschlagenen geistlichen Gegenmitteln liegt doch kein entscheidender Beweis dafür, da aus dem Erlaß hervorzugehen scheint, daß beides von den Hexenprozessen aus auch auf andere Prozesse, in denen kein Geständnis erfolgte, übertragen worden war. Jedenfalls aber dient der Erlaß durch seine Angaben über die Folter und besonders die Anwendung des Leibgürtels zur Beleuchtung der Hexenprozesse. Der (stachlichte) Leibgürtel wurde hienach vor dem Examen und vor der Tortur angelegt und nicht zur eigentlichen Tortur gerechnet. Sowohl dieser Erlaß als andere Erwähnungen der Sache machen sehr wahrscheinlich, daß Geständnisse, die vor der eigentlichen Tortur nur durch den Leibgürtel erzwungen wurden, als gütliche protokolliert wurden. Kreittmayr aber bezeichnet in seinen Anmerkungen den Leibgürtel als die schärffte und wirksamste Art der Tortur!

1715, 7. Juni. Kämmerer und Rat der Stadt Dingolfing, als rechte Urteilsprecher der Malefizschranne daselbst, sprechen das Urteil gegen die von dem Kurf. Pfleggerichte daselbst in puncto veneficii verhaftete, 46jährige Tagwerkerin Walburga Pillerin und ihre zwei Söhne. Die Pillerin, die nach ihrer peinlichen Aussage und ausgestandener Tortur zu Hexentänzen „und sonst um Schmalz und anderes" mit Hilfe des Satans ausgefahren ist, mit dem bösen Feind einen ausdrücklichen Pakt und Gemeinschaft geschlossen, Gott, alle Heiligen und sich selbst verleugnet und ihre eigenen zwei Kinder dem Teufel geschenkt hat, soll enthauptet und dann verbrannt werden, nach Laut der Carolina, der bayerischen Malefizprozeßordnung und specialiter der 1665 in Bayern emanierten Generalien. Ihr älterer Sohn Hans, 12 Jahre alt, der sich ebenfalls dem Teufel ergeben hat, von ihm in das Buch sich hat einschreiben lassen, auch zu verschiedenenmalen mit dessen Beihilfe zu Hexentänzen und sonst um Schmalz ausgefahren ist, soll in Anbetracht seiner Jugend an zwei Tagen nacheinander mit einem wohl bemessenen Schilling im Amthause

abgebüßt werden, soll der Exekution seiner Mutter auf dem Richtplatze bei=
wohnen, dann in tolerabili custodia eine Zeit lang gehalten, in der chrift=
lichen Lehre gründlich unterwiesen, unb, wenn keine Befferung zu verfpüren,
zu neuem Prozeß eingezogen werden. Dasselbe Urteil ergeht gegen den
9jährigen Sohn Gabriel, nur soll bei diesem der Schilling „nit gar so scharf"
fein. Kreisarchiv Landshut, Fasz. 168, Nr. 405 c. 8.

1715—1717. Freifing. 8= unb 9jährige Schulkinder hatten vor der Stadt
einen Disturs mit Bettelbuben über Zauberer, Mäusemachen u. bergl. Dies
gibt Anlaß zu ihrer gerichtlichen Vernehmung und zur Verhaftung des Lorenz
Riberberger, Hirtenfohnes von Habertshausen, und fünf anderer Bettelbuben.
Anton Castner von Riederhofen oberhalb des Heiligenbergs und Andre, ge=
nannt Trubenfänger, legen vor dem Stadt= und Landpfleggericht Freifing
angeblich gütliche Geständnisse über Hexerei ab, beschuldigen auch den Georg
Prölß von Piettrach, Ferkel und Mäuse gemacht und an Hexentänzen teil=
genommen zu haben. Der 23jährige Prölß, der sich nach verschiedenen Diensten
jetzt durch Betteln unterhält, weil er durch einen Beinbruch arbeitsunfähig
geworden ist, wird verhaftet, beteuert seine Unschuld und wird auf Befehl der
Regierung nach mehr als einjähriger Haft entlassen. Der gleichfalls beschuldigte
Miefenpäck dagegen wird, „doch ohne Gebrauch eines Leibringes" (durch den
wohl die sogenannten „gütlichen" Geständnisse der anderen erzielt worden waren),
im Gefängnis belassen. Die durch Aufziehen und Spitzrutenstreiche oder Angst
vor den letzteren erpreßten weiteren Geständnisse der Buben lauten auf Mäuse=
machen, Hexentänze in Vötting und anderen Orten, Teufelsverschreibung, Un=
zucht mit dem Teufel. Trubenfänger erhängt sich in der Keuche an seiner
Kette, auch die anderen sind „so defperat", daß sie sich hängen oder ersticken
wollen und ständig bewacht werden müssen. Die Vota der bürgerlichen
34 Recht= und Urteilsprecher gehen nur bezüglich der Hinrichtungsart (Ent=
hauptung oder Oeffnung der Adern in einer Wanne) auseinander. Die Regierung
bescheidet 5. November 1717: L. Riberberger, Michael Zeß und Balthasar
Miefenpäck follen mit dem Schwert gerichtet und ihre Körper verbrannt werden;
Veit Abelwart und Franz Weingartner follen der Exekution zusehen, dann mit
Ruten gestrichen und ihren Eltern wieder zugestellt werden. Reichsarchiv,
Hexenakten Nr. 8. Zum kleinen Teil auch in der Druckschrift: „Ausführliche
Erzählung des Verhörs und der Hinrichtung des der Hexerei beschuldigten
Georg Prölß. Aus den Gerichtsakten." 1806.

1715 sind in Untersuchung wegen Hexerei: beim Pfleggericht Wafferburg
neun Schulbuben, beim Pfleggericht Burgrain der Knabe Hochenätl Peterl, beim
Pfleggericht Haag der Gäuschulmeister auf der Laden (bei Haag, an der
Münchener Straße) Kaspar Schwaiger und ein Schulbube. Schwaiger wird
„mit sonderbar scharfem Zureden" peinlich examiniert. Er soll in der Schule
im Beisein der Buben zwei Wetter gemacht haben, ferner zweimal vor den
Buben in und außer dem Hause Mäuse, Ferkeln, Katzen und Hunde, die samt
dem Teufel aus einem Loch herauskamen, dann wieder verschwanden; er soll
den Buben aufgetragen haben, ihm, wenn sie zur Kommunion gingen, die

hl. Hostie zu bringen, und soll im Verein mit dem Gärtner zu Zeilhofen mit einer Pistole eine Hostie durchschossen haben; diese beiden sollen öfters nächt= lich ausgefahren sein, insbesondere einmal mit den Buben in einer vermeinten, mit sechs Rappen bespannten Kutsche durch die Lüfte in die Au nach München, wo sie an einem unsittlichen Hexentanz teilgenommen, mit Hexen oder Teufeln nach dem Tanz Unzucht getrieben haben u. s. w. Allen seinen Buben habe er an einer Hand die Haut geöffnet, eine Partikel von einer geweihten Hostie hineingesteckt, dann den Schnitt wieder zuheilen lassen; er habe sich dem Teufel verbunden, diesem die obscöne Reverenz erwiesen und die Buben zu gleichem Teufelsbündnis aufgestiftet. Im ganzen 44 Fragen, denen die wohl durch Folter oder deren Androhung erpreßten Denunziationen der Buben zu Grunde liegen.

Ein Bürger und Weber zu Dorfen sagt eiblich aus, Schwaiger habe ihm einmal mitgeteilt, er wolle, um aus der Not zu kommen, einen Schatz heben; sein früherer Lehrer, der Schulmeister zu Obing im Gericht Kling, besitze ein Buch, das dazu dienlich sei. Das letztere gibt Schwaiger zu, aber es sei nicht zur Ausführung gekommen und er habe sich dabei nichts Böses gedacht. Akten nur teilweise bei denen des Prozesses Endtgrueber.

1715, 1716 vor dem Pfleggericht Erbing Hexenprozeß gegen Johann Endtgrueber, Meßner und Schloßgärtner in der Guglerischen Hofmark Zeil= hofen, gebürtig aus Vötting bei Weihenstephan (dem Schauplatz der ältesten bekannten bayerischen Hexenverfolgung). E. ist gleich Schwaiger durch die Aus= sagen der in Wasserburg und Haag verhafteten Buben belastet. Ueber seinen Leumund werden viele Zeugen vernommen, die alle nur Gutes von ihm zu sagen wissen. Er selbst erklärt sich bei gütlicher Befragung unschuldig wie ein Kind im Mutterleibe. Bei der Konfrontation bezeichnen die neun Hexen= buben in Wasserburg und der Schulmeister „ganz unerschrocken lamentierlich" ihn als denjenigen, der sie ins Unglück gestürzt habe. „Der verstockte Gesell aber hat hartnäckig geleugnet." Vom Hofrat in München ergeht nun an den Erbinger Pflegkommissär Martin Wächinger der Befehl, Endtgrueber soll vom (Landshuter) Scharfrichter am ganzen Leib auf Stigmata untersucht, rasiert, dann mit einem Leibgürtel geschlossen, nach 2 oder 3 Tagen zur wirklichen Tortur geführt, auf den Bock gespannt und empfindlich mit Spitzruten, die in Weihwasser wohl einzuweichen, bis zu 60 Streichen angegriffen werden. „Die Tortur soll nicht ohne Effekt, aber auch nicht allzu scharf und gefährlich sein." Auch in die Speisen sind ihm geweihte Sachen einzumengen. Die Tortur wird auf das grausamste vollzogen, „also daß bei jedem Streif eine nit gemeine Blutrunsten zu verspüren". Auf dem Bock ist „das helle Blut zu sehen". Doch der Angeklagte „verharrt unter kontinuierlichem Schreien und Vorwendung seiner Unschuld immobiliter auf dem Leugnen", hat weder eine einzige Thräne vergossen, noch hat ihn, wie sonst bei dieser Tortur gewöhnlich ist, eine Ohnmacht oder Schwäche überkommen. Bei keinem Malefikanten hat man noch eine solche Hartnäckigkeit verspürt, ist wohl zu präsumieren, daß er heimlich mit dem „beneficium" taciturnitatis behaftet sein wird. Nach 20 Streichen wird daher die Tortur abgebrochen und an

ben Hofrat berichtet, ob neue Torturen oder die bisherigen per dies inter-
calatos iterato und abgeteilt vorgenommen werden sollen. Der Hofrat befiehlt
das letztere. Doch da man die Anstalten zur erneuten Tortur an dem Zerschun-
benen trifft, legt dieser ein volles Geständnis ab, nennt auch Weiber, die beim
Tanz waren. An der Kutsche, in der sie durch die Lüfte in die Au fuhren,
seien anstatt der Pferde Geisböcke angespannt gewesen. Beim Hexentanz hätten
verstellte Teufel auf dem Hackbrettl, Dudelsack und Schalmei aufgespielt. Die
nun angeordnete neue Konfrontation mit dem Schulmeister und den zehn Buben
scheitert jedoch an dem Zwischenfall, daß E. sein Bekenntnis widerruft und
erklärt, es sei nur durch Furcht vor der ihm bevorstehenden Marter erpreßt.
Der dem Gefangenen Tag und Nacht beigegebene Wärter berichtet, in der
Keuche sei eine solche Menge von Fliegen (wohl infolge der eiternden Wunden),
daß diese zuweilen das Nachtlicht auslöschen; bis er wieder ein neues Licht
bringe, vollziehe der Gefangene wohl seine Zaubersachen. Es ergeht Befehl
des Hofrats (20. April 1716), Endtgrueber sei ernstlich zu examinieren, woher
die Fliegen kommen. Ferner meldet der Pflegverwalter, daß das Amthaus
in der Nacht durch unnatürliches Unwesen, das auch die Arrestanten erschrecke,
investiert und beunruhigt werde; die eigentliche Causa dieses Tumultes sei der
verstockte Hexenmeister. Der Hofrat ordnet an, die Keuche mit benedizierten
Sachen ausräuchern zu lassen und an dem Gefangenen, wenn er auf seinem
Widerruf beharre, die ganze Tortur wieder von vorn zu beginnen. Da Endtgrueber auf diese Drohung den Widerruf zurückzieht, kann endlich am 12. Oktober
1716 von Bürgermeister und Rat als rechten Urteilsprechern der kurfürstlichen
Stadt- und Malefizschranne zu Erding das Urteil verkündet werden, daß Endtgrueber aus besonderer Gnade an einer Säule erdrosselt, dann zu Staub und
Asche verbrannt werden soll. Zur Malefizschranne war auch der Bannrichter
und Regierungsadvokat zu Landshut, Georg Golling, geladen. Der Hofrat
ratifiziert das Urteil. Das Gutachten seines Referenten lautet auf Erdrosselung vor dem Verbrennen, „weil propter periculum desperationis nicht leicht
erhört worden, daß, besonders in den Landen zu Bayern, ein Uebelthäter, so
groß er auch immer gewesen sein mag, lebendig verbrannt worden ist". Nach
den von Bezirksgerichtsrat Bachmair dem Historischen Verein von Oberbayern
geschenkten Akten (in dessen Archiv Nr. 6210).

1716. Im salzburgischen Mühldorf großer Hexenprozeß, meist gegen
Knaben, auch einige Erwachsene. Teils als Zeugen, teils als Angeklagte wird
fast die ganze Mühldorfer Bubenschar vernommen. Der Prozeß scheint aus
einem Kindergeschwätz erwachsen zu sein. Einer der Buben hatte in der Kirche
gesagt: Schaut's, schaut's, auf dem hochwürdigsten Gut sitzt der Teufel. Der
Schlosserbub Heller bekennt, daß er anderen Buben das Wettermachen gelehrt
habe. Er wird in das Gärtchen des Stadtschreibers geführt, wo er den
„Wetterhafpel" vergraben haben will. Man hat aber dort weder ein Loch
noch einen Wetterhafpel gefunden. Ebenso sucht man vergebens nach den
Hostien, die Heller angeblich vergraben hat. In der Nacht hört man den
Buben weinen und rufen: O, meine Mutter, o, meine Mutter, hilf mir!

Auf die Frage, warum er das verabreichte Brot nicht esse, antwortet er: es thue ihm das Herz so weh. Auch das „Mäusemachen" wird erwähnt. Der Salzburger Bote Simon Rogginger, als Zeuge wegen bezauberten Viehs ge= fragt, erklärt, er habe gegen die Verzauberung seines Pferdes geistliche Mittel angewendet und damit geholfen. Die Richter hatten aber den Eindruck, als ob er oder die Seinigen einst eine Weibsperson, auf einem Bock oder Roß reitend, angetroffen habe. Der Ausgang des Prozesses ist aus den fragmen= tarischen, wiewohl umfänglichen Akten nicht zu ersehen. Reichsarchiv Nr. 12.

1717. Vor dem salzburgischen Pfleggericht Mosham (an der steierischen Grenze, südlich der Radstädter Tauern), Prozeß gegen Ruepp (Ruprecht) Gell, vulgo Perger, und vier Komplicen, darunter zwei aus Tittmoning, wegen Magie und Lykanthropie. Die Anklage ging aus von der Aussage eines 17jährigen Bettelbuben, Philipp Ebmer, insgemein Böcken=Lippl genannt, welcher „ganz frei und unbegehrt" gestanden, daß er sich durch Einschmieren mit einer schwarzen Salbe zu einem Wolf machen könne, und die anderen angegeben hat. Die Angeklagten wurden demnach beschuldigt, als Wölfe Vieh und Hirsche niedergerissen zu haben und ihre Verwandlung durch Bestreichen mit einer schwarzen Salbe bewirkt zu haben. Einer der Verhafteten wurde auch bei der Visitation sowohl am oberen als unteren Leib ganz schmierig be= funden. Wenn man es durchaus haben wolle, bekennt Gell unter der Folter, so wolle er sagen, er sei als Wolf bei der Jagd dabei gewesen, wie viele Frischlinge sie aber dabei niedergerissen, wisse er nicht, da er und seine Kamera= den unschuldig seien und er solches nur aussage, um (von der Folter) lebig zu werden. Gesalbt habe er sich, erklärt er in einem späteren Verhör, aller= dings, und zwar mit Gloretöl, aber nur, weil ihm der Pfleger, als er am Mitterberg auf die Jagd ausging, durch den Gerichtsdiener Wastl ebenso wie auch seinen Kameraden (sie hatten wohl als Treiber etwas versehen) mit einem grünen Stecken 15 Prügel habe geben lassen. Das Hofgericht Salzburg erklärt auf die Berichte des Pfleggerichtes Mosham als erwiesen, daß die Angeklagten als verstellte Wölfe an 200 Stück Pferde und Vieh und 16 Hirsche und Wild niedergerissen und zu Grunde gerichtet haben, und verurteilt sie zur Landes= verweisung und 8jähriger Galeerenstrafe, worauf dieselben an die Republik Venedig ausgeliefert werden. Reichsarchiv. — Ueber das Verwandeln in Wolfs= gestalt vgl. Grimm, Mythologie [2], 1048; Solban=Heppe I, 60; Wilhelm Hertz, Der Werwolf, bes. S. 71. Werwolf (wer = Mann) ist nichts anderes als der Mann in Wolfsgestalt. Bei dem Tiroler Hexenprozeß gegen den Lauterfresser 1645 (Zingerle, Barbara Pachlerin, S. 40) tritt der Bär an Stelle des Wolfes.

1720. Vor demselben Gericht wieder ein Prozeß wegen Lykanthropie gegen den 24= oder 25jährigen Simon Windt oder Schenmayer, am Stein oder Räntingstein gebürtig. Derselbe wurde, wiewohl er verdient hätte, lebendig verbrannt zu werden, am 19. Juli 1720 zu Tamsweg mit dem Schwerte hin= gerichtet und dann verbrannt. Hat sich, wie der Richter an die Regierung nach Salzburg berichtete, vor seinem Ende „ziemlich konsoliert" und läßt sich beim Erzbischof für das gnädigst gemilderte Urteil (das Köpfen!) „in aller

Unterthänigkeit gehorsamst bedanken". A. a. O. — Wie man sieht, liegt der ergreifenden Novelle von Ebner-Eschenbach: „Er läßt die Hand" keine Uebertreibung zu Grunde.

1721, 1722. Bayerisches Pfleggericht Moosburg. Auf die Aussagen der neuerdings in Freising gefangenen Hexenbuben wird Georg Pröls (s. oben unter 1716) in der Hofmark Haag zum zweitenmal verhaftet und an das Pfleggericht Moosburg ausgeliefert. Mit ihm der 15jährige Bettelbub Ruprecht Widmann von Vollmannsdorf und bald nachher der ca. 18jährige Simon Hammerstock, geboren im Felde als Sohn eines zu Aufstein gefallenen Grenadiers. Später überliefert der rührige Verwalter von Haag noch zwei weitere Hexenbuben, Grienberger, ungefähr 20, und Steindl, ungefähr 15 Jahre alt, der Fronfeste zu Moosburg. Der letztere, mit der fallenden Krankheit behaftet, „ist mit Recht stupido et fatuo zu vergleichen". Während eines Verhörs wird er von seiner Krankheit befallen und gibt kein Zeichen mehr von sich. Er stirbt im Gefängnis, worauf ihn der Pfarrer in geweihtem Erdreich begraben läßt. Die Regierung erteilt dafür dem Pfleger einen derben Verweis „wegen grober Ignoranz", läßt die Leiche ausgraben und vom Scharfrichter unter dem Hochgericht begraben. Als Zeugen gegen Pröls werden drei Kinder von 9, 11 und 13 Jahren vernommen und sagen aus, Pröls habe in einer Sandgrube Ferkel und Mäuse gemacht. Bei erneuter ernstlicher Vernehmung erklärt das eine Mädchen, sie habe dies nur „närrischerweise" ausgesagt, das zweite: weil es geglaubt, dadurch eher nach Hause zu kommen u s. w. Die Regierung von Landshut ordnet an, den Prozeß gegen die gefangenen (damals fünf) Buben fortzusetzen, den Pröls durch den Scharfrichter am ganzen Leibe auf Zeichen untersuchen zu lassen, ihm in Speise und Trank geweihtes St. Johannis- und Ignaziwasser „unvermerkter" zu geben, auch sonst geistliche Sachen, im übrigen aber die Tortur mit Aufziehen und Spitzrutenstreichen zu applizieren. Dies wurde am 28. August 1721 vollzogen. Pröls erklärt anfangs noch unter der Tortur: wenn man ihn in tausend Stücke zerreißen sollte, müsse er sich unschuldig bekennen. Aus dem ausnahmsweise genau geführten Protokoll kann man ersehen, wie ihm die gesteigerte grausame Tortur allmählich die Geständnisse erpreßt. Nach der Tortur widerruft Pröls alles mit Ausnahme dessen, daß er im 13. Lebensjahre von einem Weber Wild auf dem Heuboden zu Bruckberg zu einer Teufelsverschreibung auf 15 Jahre verführt worden sei. Der Bearbeiter der Alten dürfte richtig urteilen, daß Wild seinen Spaß mit dem Knaben getrieben hat. Vor der Malefizgerichtsschranne zu Moosburg ergeht am 2. März 1722 gegen Pröls das Urteil, daß er auf dem Scheiterhaufen erdrosselt, dann verbrannt werden solle, und auf die Bestätigung der Landshuter Regierung wird dies zwei Tage darauf vollzogen. Nun aber scheint sich der Regierung Scheu zu bemächtigen, daß der Prozeß nach alter Art riesige Dimensionen annehme: auf die Nachricht der vollzogenen Hinrichtung bescheidet sie, die übrigen wegen Hexerei Verhafteten, auch die durch deren Geständnisse belasteten 13 weiteren Personen seien zu absolvieren und zu entlassen. S. die oben (S. 290) erwähnte Druckschrift von 1806, in Bayern

wohl die erste und zu Aufklärungszwecken erfolgte Veröffentlichung von Hexen=
prozeßakten. Akten im Reichsarchiv, Hexensachen Nr. 8.

Mehr Opfer forderten die im Zusammenhang mit diesem gleichzeitig in
Freising geführten Prozesse: 1721, 1722, Freising. Nachdem die drei Hexenbuben Hans, Michael, Lenzl
(s. oben) bereits hingerichtet sind, sind zu dieser Zeit wieder sechs andere von Frei=
sing und Umgegend in Haft. Jeder der Verhafteten wird gefragt, ob er einen
Rosenkranz besitze, und jeder kann es bejahen. Einige besitzen auch Agnus
Dei oder ein „Breve". Der vor 4 Jahren mit Ruten ausgestrichene, dann
entlassene Veit Abelwart legt „gütliche und ernstliche" Bekenntnisse von Hexen=
tänzen ab, die zum Teil in dem alten Hexendorf Vötting gespielt haben sollen,
und denunziert viele Personen. Der Teufel sei dabei erschienen „wie ein
rechter Gott, mit einer Krone, auf einem roten Throne sitzend, neben ihm zwei
rot und zwei grün Gekleidete als Jäger." „Ist allwegen aus der Höhe her=
unter und wieder hinauf gefahren". Die Zahl der Angeklagten und Verhafteten
steigt allmählich auf 22. Von diesen wurden 11 hingerichtet, nämlich Veit
Abelwart, 18 Jahre alt, Joseph Schwaiger (13 J.), Georg Mayr (14 J.),
Peter Grögl (14 J.), Johann Ostermayr (23 J.), Georg Zehetmayr (35 J.),
Kaspar Spitaller (16 J.), Matthias Paur (14 J.), Magdalene Högerin,
Maurerstochter (40 J.), Marie Kunstmannin, die Mutter des flüchtigen Franz
Weingartner, Antoni Paur (17 J.). Drei Frauen, darunter zwei Mütter von
hingerichteten Knaben, werden zu weiterer Verhandlung an das Gericht Burg=
rain ausgeliefert. Reichsarchiv, Hexenakten Nr. 9a—f, sechs hohe Aktenstöße.
Einiges aus diesen Prozessen erwähnt auch die oben zitierte Druckschrift vom
Jahre 1806.

1722, 1723 zuerst Monheim, dann Eichstätt, ein Fall, welcher lehrt,
daß sich auch im Eichstättischen bei den Hexenprozessen bis zuletzt der ganze
mittelalterliche Wahnwitz ungeschmälert behauptete. Gegen die 22jährige Marie
Walburga Rung von Buchdorf wurde zuerst vor ihrem heimatlichen pfalz=
neuburgischen Landgerichte Monheim verhandelt. Hier faßte der Landrichter
Graf Kreith das Ergebnis seiner Untersuchung dahin zusammen, daß die An=
geklagte zwar ein liederliches Weibsbild sei, daß sich aber der Verdacht auf
Hexerei gegen sie nicht bewahrheitet habe. In Eichstätt aber, wohin sie dann
ausgeliefert wird, wurden ihr durch die Folter die gewöhnlichen Hexengeständ=
nisse, darunter noch im Gefängnis(!) fortgesetzte Teufelsbuhlschaft, erpreßt, und
am 15. November 1723 ward sie verurteilt, zuerst enthauptet, dann verbrannt
zu werden. Ihr Gebaren, wie es die Zeugen schildern, sowie ihre peinlichen
Geständnisse deuten darauf, daß es mit ihrem Verstande nicht richtig bestellt
war. Die Eichstätter Richter aber erklärten dies dahin, daß sie sich auf Ein=
geben ihrer Lehrmeisterin in der Hexerei, der wahrscheinlich schon vorher hin=
gerichteten Boten=Bärbl, und ihres teuflischen Buhlen, des Jackl, bald besessen,
bald närrisch stelle. Die Hinrichtung gab, da der Scharfrichter unterlassen
hatte, Bretter auf den Richtplatz zu schaffen, noch Anlaß zur Erörterung der
schwierigen Frage, ob es zulässig sei, daß Hexen auf den bloßen Boden zu

stehen kommen (vgl. oben S. 135). Ein Mitglied des Rates Namens Wein=
hold erklärte dies als sehr bedenklich: wenn ein unglücklicher Zufall eintrete
(in der That mißglückte dann dem Scharfrichter der erste Streich), wolle er
entschuldigt sein. Dagegen erinnerte jedoch einer der Votanten, daß auch der
15jährige Hexenknabe Balthasar Gord vor einiger Zeit ohne Schwierigkeit auf
bloßer Erbe geköpft worden sei. Im Neuburger Kollektaneenblatt 1880, Bd. 44,
S. 59—78 veröffentlicht von Schnepf aus der (jetzt im Kreisarchiv Neuburg
bewahrten) Sammlung von Hexenprozeßakten im Besitze der Familie Graßegger
zu Neuburg.

　　1728—1734. Hochstift Augsburg, Gericht Schwabmünchen. Hexenprozeß
gegen elf Personen aus Bobingen, darunter sechs der Söldnersfamilie Schuster,
drei der Familie Miele aus Wehringen, ferner Anna Schreiberin, Johann
Wegele, Johann Semblacher, Schäffler zu Inningen, und dessen Stieftochter,
Georg Jakob, Antoni Geißler u. f. w. Die Anklage richtet sich zunächst gegen
die 25jährige Söldnerstochter Marie Schusterin wegen Kindsmords, gegen
sie und ihren Bruder Kilian wegen Inzestes und war soweit vielleicht be=
gründet — ein sicheres Urteil ist an der Hand von Verhörsprotokollen, die
unter der Herrschaft der Folter entstanden, nicht möglich. Die eidlich ver=
nommenen nächsten Nachbarn wissen von der Angeklagten „nichts als Liebes
und Gutes" zu sagen. Bald aber artet die Untersuchung in einen Hexenprozeß
aus, indem die Glieder der Familie Schuster der Apostasie, des Verkehrs mit
dem Teufel, Wettermachens u. f. w. beschuldigt, auch eine Menge anderer
Personen hereingezogen werden. Der Richter Jakob Joseph de Bally, bischöf=
licher Straß=, Vogtei= und Pflegverwalter zu Schwabmünchen, schreibt einige
während der Verhandlungen ausgebrochene Gewitter sowie eine plötzliche Er=
krankung des Aktuarius Stigler den verhafteten Hexen zu und gelangt zu der
Ueberzeugung, daß „an der ganzen Hoch= und kleinen Straße schier kein Ort
zu finden, wo dieses verteufelte Hexengesindel nicht in den letzten 40 Jahren
durch Schauer, Viehfall, absonderlich aber durch Wind dem Bauersmann ohn=
schätzbaren Schaden zugefügt habe". Alle Angeklagten werden rasiert, auf
Stigmata untersucht (M. Schusterin mit einer Visitiernadel nach vollzogener
Tortur) und mit Bock und Spitzruten grausam, einige zwei= und dreimal, ge=
foltert. Die Ehefrau Brigitta Mielerin, durch erpreßte Geständnisse ihres
Sohnes belastet (auch Inzest), wiedersteht lange der schärfsten Tortur („aller
angewandten menschenmöglichen Bemühung"), bis auch sie zusammenbricht.
Sie sucht sich dann im Gefängnis mit einem Messer zu erstechen, wird geheilt,
widerruft ihre Geständnisse, worauf der Richter, da sie in zwei Torturen schon
40 Rutenstreiche erhalten hat, „nach den bewährtesten Moralisten, wie Laymann,
Suarez, Delrio", u. a. vorschlägt, ihr das stigma diabolicum herauszuschnei=
den. Auch Marie Schusterin, die während der ersten Tortur „kein Wort von
sich gegeben, sondern nur wie ein Hund gebollen", später aber Besuche des
bösen Feindes sogar während ihrer Gefangenschaft u. a. bekannt hat, begeht
mehrmals Selbstmordversuche, so daß ihr zwei Wächter beigegeben werden.
Teils von ihr, die 5½ Jahre gefangen liegt, teils von Zacheus Miele wird

die Nennung von 19 complices in der Hexerei erpreßt. Die Angeklagten werden teils hingerichtet, teils mit Ruten ausgehauen, am Pranger ausgestellt und des Landes verwiesen. Die Prozeßkosten betragen 4439 fl. Reichsarchiv, Hexenakten Nr. 14 a—d.

1754 und 1756 wurden in Landshut die 13jährige Veronika Zerritschin, eine Bortenmacherstochter, und Marie Kloßnerin als Hexen verbrannt. So Buchner, Geschichte von Bayern IX, 261 ohne Quellenangabe. Vom Kreis= archiv Landshut, städtischem Archiv Landshut, Reichsarchiv und Kreisarchiv in München erhielt ich auf meine Anfragen den Bescheid, daß dort die Akten nicht liegen. Nach Kreittmayrs Anmerkungen zum Kriminalkober sollten nicht die Minderjährigen, wohl aber die Unvogtbaren, d. i. Personen unter 14 Jahren, von der Tortur befreit sein. Unter der Herrschaft des Codex Maximilianeus erscheint demnach die Ueberführung eines 13jährigen Mädchens als Hexe rätsel= haft, und der Verlust oder die Verborgenheit der Akten dieser allem Anschein nach letzten Hexenprozesse in Kurbayern ist auch aus diesem Grunde zu beklagen.

Länger als andere Länder hatte sich Bayern von dem Greuel der Hexenverfolgungen freigehalten. Eben hier aber fand derselbe nun einen seiner letzten Schlupfwinkel. War doch die Macht des Klerus nirgend größer und lag doch das Land seit Durchführung der Gegenreformation unter einem geistigen Drucke, der jeden freien Gedanken erstickte, jeden intellektuellen Aufschwung lähmte. Von dem damaligen Bayern vor allem gilt das Wort Kants, daß „der Klerus den Laiker strenge und beständig in seiner Unmündigkeit erhält". Das Wort: „Es steht geschrieben" hatte hier noch denselben magischen Klang wie im Mittelalter. Heilung vom Hexenwahn konnte nur erfolgen, wenn entweder die Macht des Klerus gebrochen oder dessen bessere Köpfe selbst für die Aufklärung gewonnen wurden. Thatsächlich hat sich die Entwickelung auf dem letzteren Wege vollzogen. Die Keime einer besseren Saat wurden in den Boden gesenkt, als am 28. März 1759 der Kurfürst Max Joseph die Akademie der Wissenschaften gründete und in dem Stiftungsbriefe als eine ihrer Aufgaben erklärte, „alle Teile der Weltweisheit von unnützen Schulsachen und Vorurteilen zu reinigen". Das Wappenschild der Akademie erhielt die Inschrift: tendit ad aequum. Sollte die Gesellschaft diese Aufgabe erfüllen und diesem Wahlspruch Ehre machen, so mußte von ihr der Weckruf erschallen, der das Gewölk des Aberglaubens zerteilte, die stillen Gegner des Hexenwahns sammelte und zu öffentlichem Auftreten ermunterte. Freilich in

dem Stiftungsbriefe der Akademie war auch ausgesprochen, daß
Glaubenssachen von ihren Aufgaben ausgeschlossen sein sollten.
Aber hatte sich die Hexerei nicht unbefugterweise unter die Glaubens=
sachen eingeschlichen? Die Akademie hat entweder diese Frage
bejaht, oder sie hat in dem Widerstreit zwischen dem gebotenen
Ausschlusse von Glaubenssachen und dem auferlegten Kampf gegen
Vorurteile dem letzteren das Uebergewicht beigemessen. Und so
durfte ein Ordensgeistlicher, ein Lehrer der Kirchengeschichte und
des Kirchenrechtes, den unsterblichen Ruhm erringen, im Schoße
der Akademie als der erste in Bayern die Losung gegen den
Hexenwahn auszugeben.

Den Tag, an dem dies geschah, den 13. Oktober 1766, darf
man den denkwürdigsten und erfreulichsten der bayerischen Ge=
schichte beizählen. Am 2. Oktober hatte das Mitglied der histo=
rischen Klasse der Akademie, der regulierte Priester des Theatiner=
ordens P. Don Ferdinand Sterzinger, der vorher drei Jahre lang
(1762—1765) seinem Münchener Kloster als Oberer vorgestanden
war, die Absicht kundgegeben, das bevorstehende Namensfest des
Landesfürsten durch eine Rede „von dem gemeinen Vorurteil der
wirkenden und thätigen Hexerei" zu feiern. Sein Vorhaben ward
gebilligt, am Festtage hielt Sterzinger die Rede, und noch am
selben Tage durfte er sie dem Kurfürsten „nicht ohne Höchst=
desselben Wohlgefallen" überreichen. Sterzinger[1] war von ade=
liger Abkunft — daher „Don Sterzinger" — der Sohn eines
Innsbrucker Gubernialrates, geboren auf dem Schlosse Lichtwehr
in dem 1504 von Bayern an Tirol abgetretenen Amte Ratten=
berg. Als Studierender und wieder als Vorstand seines Klosters
aus Anlaß eines Generalordenskapitels hatte er Rom besucht und
so Gelegenheit gehabt, die Zustände des engeren Vaterlandes an
denen anderer Länder zu messen und sich geistig über sie zu er=
heben. „Kaum wurde Sterzingers Rede abgelesen," — so schildert
Graf Zech in seiner Gedächtnisrede auf den Redner den Eindruck —
„so entstunden, wie man in einem schattichten Walde das ohn=

---

[1] Vgl. die Gedächtnisrede des Grafen Zech mit dem in Kupfer ge=
stochenen Bildnisse Sterzingers (1787), Reusch in der Allg. Deutschen Bio=
graphie XXXVI, 124 und die dort aufgeführte Litteratur.

versehene Sausen des Windes in den Gipfeln belaubter Aeste ver=
nimmt, schon während der Ablesung besondere Gährungen in den
Gemüthern der Zuhörer: man lispelte sich sogleich stille wechsel=
weise Entdeckungen in das Ohr, ja man glaubte kaum das Herab=
gelesene verstanden zu haben: man eilte nach Hause, man spitzte
die Federn zu Widerlegungen und die in so vieljähriger Ruhe
gebliebenen alten Klassiker (Hexenklassiker!) wurden von ihren
Winkeln aus ihrem spannhohen Staube hervorgerissen."

Von dem Optimismus, der nötig war, um inmitten dichter
Finsternis als Prediger der Aufklärung hervorzutreten, besaß
Sterzinger eine reichliche Gabe. Dem wissenschaftlichen Fortschritt,
der in allen Ländern jung war und Bayern eben erst zu be=
rühren begann, sah er bereits die höchsten Ziele nahegerückt.
„Unsere aufgeklärten Zeiten," so begann seine Rede, „in welchen
die Wissenschaften den höchsten Gipfel zu erreichen scheinen, ge=
dulden keine Vorurteile mehr." Wenn der Kurfürst München
mit einer Akademie geziert habe, habe er keine andere Absicht
gehabt, als die Wissenschaften von allen Vorurteilen zu reinigen
und zu jener Stufe der Vollkommenheit zu bringen, auf welcher
dieselben in den benachbarten Ländern rühmlich blühen. Sterzinger
erklärte, er habe es dem Canon Episcopi zu danken, daß er vor
ungefähr zwölf Jahren angefangen, an dem Hexensystem zu zwei=
feln. Er durchschaute, daß die alte Kirche den Hexenwahn als
Aberglauben verdammt hatte. Wohl habe es zu allen Zeiten Leute
gegeben, die durch Hilfe des Satans Wunder zu wirken ver=
meinten, aber sie brachten und bringen keine zustande. „Bei dem
gemeinen Volk werden Schäden, Krankheiten und Gebrechen des
Leibes, welche der Arzt, Schmied oder Freimann' (in München
Name für den Nachrichter) nicht erkennen und ihre Kunst nicht
heilen kann, als Werke der Hexen gehalten." „Ich bin der
Meinung, daß, wenn man die Leute nicht so sehr mit den Hexen=
geschichten unterhielte, in außerordentlichen Zufällen nicht so leicht
zum Segen seine Zuflucht nähme, den Hexenrauch brauchte, Amu=
leter anhängte und dergleichen geistliche Mittel vorkehrte, würde
die Hexerei gar bald aus der Mode werden und alle Achtung
verlieren." Von dem Wettermachen sagt er: „Können wir von
der unendlichen Güte und Weisheit Gottes glauben, daß er die

Natur in Unordnung setzen läßt, damit ein altes Weib ihre Rache
gegen den Nächsten ausübe?" Das nächtliche Ausfahren der
Heren sei ein „Irrtum und lächerliches Märchen, wie man es
auf den Waschplätzen vorzutragen pflegt". Die Herensalbe bestehe,
wie in Prozeßakten festgestellt sei, aus schlaf= und dumm machen=
den Dingen und verrücke alten Weibern die Einbildungskraft.
Den entsetzlichen Gedanken, daß die vielen Tausende verbrannter
Heren unschuldig hingemordet worden seien, konnte Sterzinger
noch nicht fassen. Auf die Frage, wie diese Hinrichtungen ge=
schehen konnten, wenn es keine Herenkünste gibt, antwortet er:
„Verdienen nicht diejenigen den Tod, die Gott lästern, den Teufel
anrufen und anbeten, unschuldige Kinder töten und Leichen aus=
graben, um dem Nächsten zu schaden?"

Die Bedeutung der Rede liegt vor allem darin, daß sie in
der Akademie der Wissenschaften von einem Geistlichen gehalten
wurde, und des Redners größter Verdienst ist, daß er den Mut
hatte, in Bayern und an solcher Stelle öffentlich auszusprechen,
was vor ihm schon andere verkündet hatten. Graf Zech rühmte
die „ganz unermeßliche Kühnheit, eine Feste zu bestürmen, die
durch ein vom grauesten Altertum verschanztes Herkommen" —
und setzen wir hinzu: durch die Gesetzgebung — „unübersteiglich
schien", und schreibt es mit Recht Sterzingers glühendem Eifer
zur Wahrheit zu, daß er solche Hindernisse durchbrang. Durch
wissenschaftlichen Gehalt ist Sterzingers Rede nicht hervorragend,
noch weniger durch Originalität. An Einsicht und Wissen, auch
an Kühnheit im Bruch mit der Tradition, wird der Theatiner
von einigen seiner Bundesgenossen überragt, deren Namen in der
Dunkelheit blieben. Die drückenden Schranken, in die seine An=
schauungen und seine Beweisführung gebannt blieben, treten in
der Verteidigung seiner Rede noch mehr hervor als in dieser
selbst. Sehr schwach ist es z. B., wenn er von der Bulle des
Papstes Innocenz VIII., welche die Gegner ihm vorzuhalten nicht
versäumten, bemerkt, dieselbe entscheide nichts, sondern setze als
Bedingung voraus: wenn es also ist, wie man vorgibt. Schon
der Verfasser der „Zweifel eines Bayers über die wirkende Zauber=
kunst und Hererei" (S. 68), Pfarrer Kollmann von Hochdorf,
hat dagegen bemerkt: „Ich weiß, daß alles in dieser Bulle ohne

Bedingniſſe und in größtem Ernſte gemeint iſt." Sterzingers
Standpunkt iſt gekennzeichnet durch den Satz in ſeinen „Geſpenſter=
erſcheinungen" (S. 12): „Teufel leugnen iſt ein Unglaube; ihm
zu wenig Gewalt zuſchreiben, iſt ein Irrglaube; ihm aber zu viele
Gewalt zueignen, iſt ein Aberglaube." Was die Originalität be=
trifft, hat der heſſiſche Hofrat und Leibarzt in Kaſſel, ſeit 1786
Profeſſor der mediziniſchen Fakultät in Marburg, Balbinger, in
ſeinem Neuen Magazin für Aerzte [1]) geltend gemacht, daß er ſchon
im Juli 1766 in einem Sterzinger zugeſandten Büchlein, das im
folgenden Jahre von der Wiener Bücherkommiſſion auf den Index
der verbotenen Bücher geſetzt worden ſei, dem Teufel den Krieg an=
gekündigt habe, worauf ihm Sterzinger im Oktober nachgefolgt ſei.
Sterzinger ſelbſt hat erklärt, daß er in ſeinem Vortrag das meiſte
aus Maffei und deſſen Ueberſetzer und Bearbeiter Dell' Oſa ent=
nommen habe. Ueberhaupt lehnte er ſich, da Thomaſius und
andere proteſtantiſche Bekämpfer des Hexenwahns ihm verſagt
waren, meiſt an Italiener an. Außer den Genannten rühmt er
„die herrlichen und gut katholiſchen Bücher" des Muratori, Tar=
tarotti, Baroni, Carli. Es iſt auch längſt erkannt worden, daß
man dieſe litterariſche Bewegung ins Auge faſſen muß, um Ster=
zinger die gebührende Stelle anzuweiſen.

1749 war in Würzburg die hochbetagte Nonne Maria Renata
Sängerin als Hexe verbrannt worden. Vor dem Scheiterhaufen
hielt der Jeſuit und Domprediger Georg Gaar eine ſalbungsvolle
Rede, worin er erklärte, Gott habe das Verbrechen u. a. wohl
deshalb zugelaſſen, weil es Leute gebe, die weder an Hexen, noch
Teufel, noch an Gott ſelbſt glauben. Gaars Rede wurde von
dem Roveretaner Abbate Tartarotti ins Italieniſche überſetzt und
nach Gebühr gloſſiert. Tartarotti hatte damals ſein umfaſſendes,
1750 gedrucktes Werk über die nächtlichen Hexenzuſammenkünfte
bereits geſchrieben, worin er riet, von Hexenverfolgungen abzu=
ſtehen, dann werde es keine Hexen mehr geben. Schon meinte
der große Hiſtoriker Muratori, der Tartarotti beglückwünſchte:
dem allgemeinen Gelächter würde ſich ausſetzen, wer es noch wagen

[1]) VIII. Bd., 1. Stück, 1786, S. 9 f.: Balbinger, Ein Beitrag zur Ge=
ſchichte des Ausbruchs des bayeriſchen Hexenkriegs im Jahr 1766.

wollte, die Ansicht des Pöbels zu vertreten. Da Tartarotti aber
im Gegensatze zur Hexerei an der Thatsächlichkeit der Zauberei
festhielt, wandte sich der Veroneser Maffei in zwei Schriften auch
gegen diesen Glauben. Der Franziskaner Bonelli griff Tartarotti
an, sein Landsmann Graser verteidigte ihn; Tartarotti's letzte
Schrift in dieser Fehde ward in Trient durch den Henker ver=
brannt[1]). In Deutschland unternahm es der von Neustadt a. S.
im Würzburgischen gebürtige, dem Kloster Erfurt angehörige
Augustiner=Eremit Jordan Simon, ein namhafter kanonistischer
Schriftsteller, in dem Buche: Das große weltbetrügende Nichts,
das 1761 und unter dem Titel: Die heutige Hexerei und Zauber=
kunst 1766 in Frankfurt und Leipzig erschien, Maffei's Schriften
zu übersetzen und zu bearbeiten. Simon hatte ein abenteuer=
liches Leben hinter sich, und sein Charakter wie seine Aufführung
scheinen nichts weniger als ehrenwert gewesen zu sein. Unver=
kennbar aber war er ein begabter und vielseitiger Kopf. Gleich
Spee setzte er sich durch seine aufgeklärten Ansichten in Wider=
spruch mit den in seinem Orden herrschenden und durfte wohl
auch aus diesem Grunde, nicht nur wegen seiner getrübten Ver=
gangenheit, nicht wagen, offen aufzutreten. Er verbarg sich unter
dem Pseudonym Arboino Ubbidiente Dell' Osa. Dieser Litteratur=
kreis und besonders Simons Buch boten zum großen Teil die
Grundlagen für Sterzingers Rede.

Noch größere Ausdehnung gewann nun die litterarische Fehde,
die Sterzingers Auftreten entzündete, der sogenannte bayerische
Hexenkrieg. Was in anderen Territorien des Reichs in aller
Stille vor sich ging, die Abwendung der öffentlichen Meinung
vom Glauben an die Hexerei, vollzog sich in Bayern unter einem
geräuschvollen Federkriege, der um so merkwürdiger ist, als Bayern
bis vor kurzem von allen deutschen Ländern dasjenige war, wo
man am seltensten zur Feder gegriffen hatte. „Die Rede Ster=
zingers", berichtet einer seiner Verbündeten[2]), „machte in Bayern

---

[1]) Vgl. Soldan=Heppe II, 281—292. Ueber Simon unterrichtet besser
als der sehr mangelhafte Artikel in der Allg. Deutschen Biographie: Baader,
Lexikon verstorbener bayerischer Schriftsteller I, 241.

[2]) Der Hexenprozeß ein Traum S. 6.

sehr viel Lärmen; in München war alles in Bewegung, nicht
nur die Gelehrten, auch der Pöbel war geteilt." „Da war kein
Palast, keine Hütte, keine Zelle, so still sie sonst sein mochte,"
sagt Westenrieder [1]), „die nicht ihre Stimme mit einem Eifer abgab,
als käme es auf sie an, die Sache zu entscheiden." Die Haupt=
gegenschriften gegen Sterzinger aber kamen aus dem Kreise seiner
akademischen Kollegen. Der erste, der den Fehdehandschuh auf=
hob, war der Münchener Augustiner=Eremit P. Agnellus Merz [2]),
Mitglied nicht nur der Akademie, sondern auch des akademischen
Zensurausschusses, durch dessen Bestellung diese den Plan des
Kurfürsten, ihre Schriften vor dem Drucke den Ingolstädter Jesuiten
zur Genehmigung vorzulegen, vereitelt hatte [3]). Dieser Ausschuß
schlief entweder 1766 oder Merz war in demselben überstimmt
worden. „Zu Sterzingen in Tirol" ließ nun Merz 1766 mit
Erlaubnis der Oberen, doch anonym, eine Gegenschrift unter dem
Titel: „Urtheil ohne Vorurtheil über die wirkend= und thätige
Hexerei" erscheinen. Der Augustiner begründet die Lehre von
der Hexerei aus der hl. Schrift, wo die Zauberer des Pharao,
die Hexe von Endor, Elymas und der Zauberer Simon angerufen
werden, aus Thomas von Aquino, den Bullen der Päpste (Alex=
ander VI. nennt er fälschlich V.) und dem geistlichen Recht.
Wenn sich Sterzinger auf den Canon Episcopi berufe, möge er
nur auch dessen Anfang beachten, welcher besage, daß die Bischöfe
und ihre Diener sich bemühen sollen, die Zauberer in ihren
Sprengeln auszurotten. Ueberführung der Körper durch die Luft
sei für Geister eine natürliche Sache; die Gewitter hängen aller=
dings von den Wirkungen der Natur ab, „aber diese begreift
weit klarer der durchdringende Verstand der Geister und bewirkt
durch Anwendung der erforderlichen Ursachen dergleichen Natur=

---

[1]) Geschichte der bayer. Akad. d. Wiss. I, 232.

[2]) Diese Schreibart des Namens ist der von seinen Gegnern gebrauchten
„März" vorzuziehen, da sie der Pater selbst auf dem Titel seiner „Vires
intellectus humani circa cognitionem rerum naturalium a P. Agnello
Merz, ord. Eremit. S. P. Augustini in conventu Monacensi Philosophiae
Lectore ordinario" (Monachii s. a.) angewendet hat.

[3]) Westenrieder a. a. O. 192, 193.

begebenheiten weit geschwinder, als sie sonst im orbentlichen Laufe
der Natur zu geschehen pflegen." Warum Bayern vor allen
anderen Ländern von Vorurteilen eingenommen sein solle, kann
der Verfasser nicht einsehen. Wie „die besondere Zierde des
Jahrhunderts unter den Gelehrten", P. Calmet (der Geschicht=
schreiber Lothringens), erklärt habe, sei Leugnung der Hexerei ein
offenbarer Angriff auf den Glauben der Kirche.

Sterzinger antwortete, ebenfalls mit Erlaubnis der Oberen,
in der Verteidigungsschrift: Betrügende Zauberkunst und träu=
mende Hexerei (1767). Mit Tartarotti betonte er nochmals nach=
drücklich, daß die Meinung von der Nichtigkeit der Hexerei der
uralte Glaube des Christentums gewesen sei. Aus Friedrich
Hofmanns Opuscula medico-practica citierte er: Wenn man in
Wälschland und Frankreich (jetzt) wenig oder nichts von Hexen
hört, liegt es daran, weil diese Leute gewohnt sind, zu arbeiten,
Wein zu trinken, sich mit vernünftigem Umgang und Bücherlesen
zu unterhalten, wärend man in den nordischen Ländern den
schweren Trank des Bieres hat und den Magen mit groben und
harten Speisen anfüllt. Daß der Pöbel in Bayern mehr als in
anderen Ländern mit Vorurteilen und abergläubischen Meinungen
schwanger gehe, wissen diejenigen am besten, die fremde Länder
durchreist haben. „Diese Art, aus der Himmelsgegend zu philo=
sophieren, nennt man die klimatische Philosophie", spottet der
Verfasser der „Zweifel eines Bayers" über die wirkende Zauber=
kunst und Hexerei" (An dem Lechstrom 1768 S. 21, 22). „Ich
glaube wir Bayern würden auch bei unserem schweren Bier
wenig oder gar nichts mehr von Hexen und Zauberern hören,
wenn nicht diese Schreckbilder mit Fleiß unterhalten würden."
Solban=Heppe (II, S. 301, Anmerk. 1; ähnlich Rapp S. 125 f.)
erklären die „Zweifel eines Bayers" als das Geistreichste, was
bei dieser Veranlassung geschrieben wurde. Bei aller Aner=
kennung des witzigen und eleganten Stils dieser Schrift darf
man jedoch nicht übersehen, daß sie nicht zu entschiedener Be=
kämpfung des Hexenglaubens, sondern nur zu Zweifeln und
einer neutralen Stellung zwischen den Parteien gelangt. Der
Verfasser ist Jakob Anton Rollmann, geboren zu Friedberg in
Oberbayern, 1761 Pfarrer zu Mehring, 1766 zu Hochdorf,

1770 als geistlicher Rat und Kanonifer am Frauenstift nach
München berufen[1]). Sterzinger war mit dem Schlusse seiner Verteidigung be=
schäftigt, als ihm zur rechten Zeit noch aus Wien das Mandat
der Kaiferin Maria Therefia vom 5. November 1766 zugeschickt
ward, das sich gegen ben zur Ungebühr angewachsenen Wahn vom
Zauber= und Herenwesen aussprach. Vielleicht, schloß Sterzinger,
gönnt uns die Vorsehung, daß diese weiseste Vorschrift in ganz
Deutschland allgemein werde.

Hinwiederum antwortete der Augustiner mit einer „Verthei=
bigung wider die geschwulstige Vertheidigung der betrügenden
Zauberkunst"[2]). Diese geschwulstige Verteidigung sei so schwach,
daß sie nicht von P. Sterzinger, sondern nur von einem unter
dessen Namen sich verbergenden und ausgelassenen „Halbweis=
ling" rühren könne. „Wenn man den Wahrgläubigen die Furcht
vor ben Nachstellungen des Satans benimmt, ihnen vorträgt, daß
seine Macht gänzlich gehemmt, daß er in der Hölle wie ein Ketten=
hund angebunden und keinem mehr schaden kann, so vereiteln
wir die heiligen Gebräuche der Kirche, wir erwecken in den Herzen
der Christen eine Verachtung der geistlichen Mittel, welche uns
die Kirche an die Hand gibt, weil sie auf diese Art unnütz
werden."

Erstaunlich war es nun, zu sehen, wie auf Sterzingers kühnen
Weckruf die wackeren Kämpen gegen ben Aberglauben, Mann für
Mann Kleriker, wie aus dem Boden wuchsen. Augenscheinlich
hatten auch sie ihre Ueberzeugung sich längst gebildet und wurden
durch Sterzingers Vorgang nur ermutigt, sie auszusprechen. Da
es aber auch dem Gegner nicht an Bundesgenossen fehlte, ent=
brannte der Kampf auf der ganzen Linie. Für Sterzinger ver=
öffentlichte F. N. Blocksberger, Benefiziat zu T., zu Straubing
(1767) sechs Sendschreiben an dessen Gegner, dessen Person nun

---

[1]) S. die unten erwähnten handschriftlichen Einträge und Baader, Das
gelehrte Bayern S. 617.

[2]) Bei Soldan=Heppe II, 300, Anm. 2 ist statt P. Angelus zu lesen:
P. Agnellus. Schon der erste Satz des Vorberichtes zeigt, daß die „Ver=
theidigung" von dem Verfasser des „Urtheil ohne Vorurtheile" rührt.

enthüllt wurde[1]). „Die gelehrte Welt soll und muß es wissen, wer dieser ungenannte Liebhaber der Wahrheit ist: P. Agnellus Merz, der durch seine in folio und quarto an das Licht gestellten scholastischen Deduktionen unter die Duodezgelehrten gerechnet werden muß." „Wenn Bayern und Pfalz Mann für Mann, wie es bei den Athenern der Gebrauch war, votieren könnten, so würden Sie auf meine Ehre maiora und Sterzinger nur saniora überkommen." Der Verfasser, der sich unter dem Pseudonym Blocksberger verbarg, war, wie sich nach dem Zeugnisse seines Freundes Clemens Alois Baader nicht bezweifeln läßt, der Regens= burger geistliche Rat Andreas Ulrich Mayer[2]) (geb. 1732 in dem bambergischen Städtchen Vilseck, gestorben 1802). Der satirische Ton, den das Pseudonym anschlägt und zu dem der Gegenstand geradezu herausforderte, ward mit Glück in der ganzen Schrift festgehalten. Daß aber die große Masse der Hexen unschuldig hingerichtet, daß ihre Geständnisse durch die von den Richtern suggerierten Fragen gewiesen und durch die Folter erpreßt seien, kam auch Blocksberger noch nicht in den Sinn, vielmehr suchte er die Ursache der Geständnisse in der Einbildungskraft und fand, daß der Aberglaube mit Recht bestraft werde.

Der Münchener Augustiner P. Agnellus Merz aber war noch ein achtungswerter Gegner Sterzingers im Vergleich mit seinem Namensvetter P. Angelus März[3]), einem Benediktiner des Klosters

---

[1]) Auch die Schrift für Sterzinger: Der Hexenprozeß ein Traum, verfaßt von Sterzingers jüngerem Halbbruder, Don Josef Sterzinger, nennt (S. 9) P. Agnellus Merz, der hier wie von Blocksberger „März" geschrieben wird, als den Verfasser. So nahe es liegt, bei den fast gleichlautenden Namen der beiden Hauptgegner Sterzingers an einen Irrtum zu glauben, sind doch beide über jeden Zweifel gesichert.

[2]) Baader, Lexikon verstorbener bayerischer Schriftsteller (1824) I, 2, S. 8 f. Auch in den unten erwähnten handschriftlichen Einträgen wird Blocks= berger als Andreas Mayer enthüllt. Mitglied der Akademie wurde Andreas Mayer erst 1792.

[3]) In den angeblich von Heinrich Braun verfaßten „Drei Fragen zur Verteidigung der Hexerei" wird (S. 23) erwähnt, daß eine Schrift des P. Angelus März von Scheiern: Disquisitio iuridica 1763 „ohne Zweifel wegen der bescheidenen Schreibart" in den Diözesen Constanz und Augsburg verboten worden sei.

Scheiern, dessen Gegenschrift in Ingolstadt in zweiter Auflage erschien, nachdem die erste in Freising „wegen ihrer feinen Schreib= art in der Geburt unterdrückt und zur Makulatur verdammt worden war" [1]. Sie ist betitelt: „Kurze Vertheidigung der thätigen Hex= und Zauberei wider eine dem hl. Kreuz zu Scheiern nach= theilige akademische Rede." Daß März seit 1763 ordentliches Mitglied der Akademie war [2]), zeigt, welche geringe Auslese von geistigen Kräften für die Wahlen zur Verfügung stand. Als pole= misch angelegt verrät ihn auch die 1765 gegen den Tegernseer Benediktiner Marianus Pruggberger gerichtete, dem Abte Joachim von Scheiern gewidmete Streitschrift de profanis paganorum oraculis, die er unter dem Namen Adolphus Malleolus veröffent= lichte, sowie die Schrift: Angelus contra Michaelem (Frei= sing 1761). Bei diesem Kämpen stand, wie schon der Titel seiner Schrift besagt, ein lokales Interesse im Vordergrund. „Vor anderen Gotteshäusern Deutschlands hat Scheiern allein die Ehre, sich des größten und mit Blut besprengten Partikels vom wahren Kreuze Christi [3]) zu rühmen. Andacht und Vertrauen zu diesem stiegen soweit, daß man endlich, um den Verehrern ein Genüge zu leisten, kleine teils von Silber, teils von Messing gegossene Kreuzl herstellen, an den Partikel anrühren und den Verehrern überlassen mußte. Diese Kreuzl dienen besonders wider Donner= und Schauerwetter, Zauberei und Hexerei, machen bezaubertes Vieh wieder gesund u. s. w. Hochwürdiger Herr Akademikus! Ist die Hexerei ein Fabelwerk, ein Vorurteil, so sind wir schei= rische Väter schändliche Betrüger, Wort= und Gaukelmacher, gleich jenen Marktschreiern, welche die hohen Berge, wo sich ein Kaiser Maximilian verirrt hat, auf= und abgeklettert." „Nicht nur in Bayern, Schwaben, Böhmen, Oesterreich, Mähren und Ungarn, sondern auch in Sachsen und Polen werden die scheirischen Kreuzeln gebraucht, also daß man nicht selten in einem Jahr bei 40000 ausgeteilt hat." Enthüllt hier der Hexenwahn seine enge Ver=

---

[1]) Richtige Verantwortung S. 8.

[2]) Westenrieder, Geschichte der bayer. Akad. d. Wiss. I, 424.

[3]) Aus neuester Zeit findet man eine Beschreibung dieses Kreuzpartikels in dem merkwürdigen Buche von Rohault de Fleury, Mémoire sur les Instruments de la Passion de N. — S. J. — C. (1870) p. 150.

bindung mit einer kirchlichen Richtung, für die man in unserer
Zeit den Namen Geschäftskatholizismus aufgebracht hat, so zeigen
zwei Erzählungen von Wohlthaten, die durch das hl. Kreuz in
Scheiern bewirkt worden, daß der in manchen Klöstern des Landes
herrschende Geist die Gefahr weiterer Hexenprozesse noch erschreckend
nahe legte. Ein Zeugnis dreier Abensberger Karmeliter vom
Jahre 1738 besagt, daß einer von ihnen 1719 in der Nacht
„unter sehr heftigem Bauchgrimmen, auch Verlust seines gänzlichen
Verstandes" erkrankte. Der herbeigerufene Beichtvater erkannte
Zauberei als die Ursache, legte dem Kranken „ein alle Zeit bei
sich habendes und an dem wahren Partikel berührtes Scheirer
Kreuz" auf das Haupt und gab ihm ein damit geweihtes Oel
zu trinken. Auf dies erfolgte drei Tage lang Erbrechen von genau
verzeichneten „Zauberstücken"[1]: Leder, Papier, Flintenstein, einem
halben Hechtskopf, Zwirn, Schweinsborsten, Rosenkranzperlen u. s. w.
und dann die Heilung. Fünf Jahre vor Veröffentlichung dieser
Schrift ferner reiste ein scheirischer Unterthan, um Geld einzu=
fordern, nach Schwaben. „Wie angenehm solche Abforderung seinen
Schuldnern gewesen, mußte er bald in seinem Leibe erfahren"(!).
Denn nach Hause zurückgekehrt, fing er an zu wüten und zu toben,
bis das aufgelegte hl. Kreuz den Teufel vertrieb. März versäumte
auch nicht, das geltende Strafgesetzbuch gegen seinen Kollegen
anzurufen: die Rückseite des Titelblattes seiner Schrift trägt in
hervorstechenden Lettern den Paragraphen desselben, der auf Hexerei
die Enthauptung setzt. Dagegen hätte sich Sterzinger auf den
hl. Augustin berufen können, der in seinen Bekenntnissen sagt:
„Jedes Glied, das die menschlichen Verhältnisse auflöst, die es
mit seinem Ganzen vereinigen, ist lasterhaft und verdorben. Ge=
bietet aber Gott selbst etwas gegen die Gebräuche und Vorträge
irgend einer Gesellschaft, so muß man es thun, wenn es auch
noch nie geschehen ist, muß es einführen, wenn es noch nicht
besteht, oder es wiederherstellen, wenn es abgekommen ist."

---

[1] Eine Parallele bietet die Erzählung bei Binsfeld, De maleficis et
mathematicis (1622, p. 475), was alles dem Bauern Ulrich Neußer in
Fugenstall (Fugelstal) bei Hilpoltstein im Stifte Eichstätt 1589 in den Leib
gezaubert worden sei.

Den Scheirer Gegner verklagte Sterzinger wegen Beleidigung beim geistlichen Gericht in Freising, und am 25. Februar 1767 er= schienen beide vor diesem Gerichtshof[1]). März mußte eine Erklärung auf breizehn von Sterzinger ihm vorgelegte Fragen abgeben, und ihm wie seinem Gegner warb auferlegt, eine „moderate" Schrift über die Streitfrage herauszugeben. Im ganzen sind aus Anlaß der akademischen Rede für und wider 28 Streitschriften in Quart gewechselt worden, deren Mehrzahl in drei starken Quartbänden gesammelt ist. Blocksberger ergriff in einem „Glückwünschungs= schreiben an den hochwürdigen P. Angelus März" (Strau= bing 1767) nochmals das Wort, gleich ihm schlugen die „Drei Fragen zur Vertheidigung der Hexerey" von J. F. Z. (für Ster= zinger) den satirischen Ton an. Durch historische Einsicht be= merkenswert, überhaupt wohl die inhaltsreichste und bedeutendste unter allen diesen Schriften ist die „Anpreisung der allergnädigsten Landesverordnung J. K. u. K. Majestät, wie es mit dem Hexen= prozeß zu halten sei", München 1767. Dem ungenannten Ver= fasser gebührt das Verdienst, unter den ersten den Ursprung des Greuels erkannt oder doch aufgedeckt zu haben. „Was war (S. 237) die Ursache, daß die Hexenprozesse so häufig, so grausam und so unglücklich geführt wurden? Ich will sie zum Entsetzen derjenigen, die sich für die Verteidigung dieser thörichten Hexen= kunst noch aufzuwerfen getrauen, mit aufrichtigen Worten hersetzen. Man gab gewissen, hiezu bevollmächtigten Geistlichen die Gewalt, die vermeinten Hexenprozesse zu führen, weil die Hexerei als Ketzerei angesehen wurde. Und diese geistlichen Männer hatten die welt= lichen Gerichte als untergeordnete an Handen. Das übrige wirkte die Grausamkeit der Folter. Die weltlichen Gerichte empfingen aus den Händen der Inquisitoren den geschlossenen Rechtshandel und führen nur zur Exekution zu." In einem Exemplar der gesammelten Schriften dieses bayerischen Hexenkrieges[2]) hat ein Zeitgenosse, wohl Akademiker, auf den Titelblättern der meisten anonymen Schriften die Verfasser bezeichnet. Die „Anpreisung" wäre hiernach von dem Augustiner P. Jordan Simon (Dell' Osa)

---

[1]) Richtige Verantwortung des P. März u. s. w. S. 9.
[2]) Münchener Staatsbibliothek, Bavar. 1681 in 4°.

verfaßt, dem schon als Sterzingers Quelle ein großer Teil von dessen Ruhme gebührt[1]). Auch als Verfasser der „Drei Fragen zur Vertheidigung der Hexerey", neben der „Anpreisung" und den „Zweifeln eines Bayers" wohl der bedeutendsten dieser Streit- schriften, wird der Träger eines kultur- und litterargeschichtlich klangvollen Namens genannt, der Kanoniker und (seit 1765) Aka- demiker Heinrich Braun in München, früher Professor der Theo- logie im Benediktinerkloster Tegernsee, der verdiente Reformator des bayerischen Schulwesens[2]). Mit Ausnahme des Wieners v. Sonnenfels und des Münchener akademischen Buchdruckers Friedrich Ott[3]) sind überhaupt, wenn man diesen handschriftlichen Angaben glauben darf, die Verfasser sämtlicher Streitschriften für und wider Sterzinger Kleriker, die der Gegenpartei ausschließlich Ordensgeistliche. In Bayern sind also von denselben Kreisen,

---

[1]) Dasselbe besagt die handschriftliche Bemerkung eines Exemplars in der Darmstädter Hofbibliothek. Soldan-Heppe II, 301. Baader weiß nichts davon. In der Allg Deutschen Biographie XXXIV, 377 ist diese hervor- ragendste und verdienstvollste Seite in Simons Wirken leider nicht erwähnt.

[2]) Seine Wochenschrift: Der Patriot in Bayern, die es freilich nicht über den ersten Jahrgang 1769 brachte, hatte vor allem die naturwissenschaftliche Auf- klärung des Publikums im Auge. Baader, Das gelehrte Bayern S. 131 f. kennt unter Brauns Schriften keine zur Hexenfrage. — Außer den bereits erwähnten werden ferner als die Verfasser anonymer Schriften im bayerischen Hexenstreit genannt: für „Eutychii Beniamin Transalbini Dissertatio philologica" etc. (1767) P. Fortunatus Durich, ord. st. Francisci de Paula, für „Drei wich- tige Fragen über das Hexensystem von einem gesunden, unverrückten Kopf diesseits der Donau" (1767) der Weltpriester Premb, für die „Richtige Ver- antwortung des P. Angelus März" (Vom Molbaustrom 1767) der Weltpriester Andreas Mayer (= Blocksberger), für „Vorgängiger Versuch zur Erwirkung eines Vertrags in dem bisherigen Hexerei-Kriege" (An dem Mainstrom 1767) Abt Oswald vom Prämonstratenserkloster Zell, für das „Sendschreiben an einen gelehrten Freund, betreffend die hitzigen Streitschriften von der Hexerei. Vom Donaustrom" der Benediktiner P. Janser. Der Verfasser der letzteren Schrift hält zwar an der Möglichkeit der Hexerei fest, macht aber der Auf- klärung das Zugeständnis: „Ich glaube ganz gern, daß vor Zeiten viele nur geglaubte Hexen verbrannt worden, weilen viele ihrer Richter die Philosophie vergessen, die Medizin niemal begriffen und in der Theologie über den Kate- chismus ihrer Jugend nicht weit hinausgesehen."

[3]) Der letztere soll verfaßt haben die „Gespräche von verschiedenem In- halt unter einer munteren Fastnachtcompanie".

die das Unheil in die Welt gesetzt hatten, litterarisch auch die
größten Anstrengungen zu seiner Vernichtung gemacht worden,
während der Widerstand, mit dem diese erleuchteten Geister zu
kämpfen hatten, litterarisch ganz auf den Klerus entfällt. Durch
die einzelnen Orden selbst ging Zwietracht: Benediktiner waren
sowohl die Verteidiger des Herenglaubens Angelus März und der
Nieberaltaicher P. Beda Schallhammer[1]) als sein Bekämpfer Hein=
rich Braun, Augustiner=Eremiten sowohl Agnellus Merz als Jordan
Simon. In diesen erhabenen Regionen tobte die Schlacht, deren
Ausgang über das Schicksal der Armen und Elenden entschied.
Die Juristen, welche die Sache doch auch etwas anging, verhielten
sich fast durchaus schweigsam und brachten der Welt noch einmal
zum Bewußtsein, daß sie in diesen Gewässern stets im Schlepptau
der Theologen fuhren. Nur ein jugendlicher Lizentiat der Juris=
prudenz, Johann Michael Mobel, verteidigte die Ausfahrt der
Heren wider den Herenstürmer Sterzinger und berief sich dafür
auf Aussagen der vom Zauberjackl verführten Angeklagten[2]),
eine „unleugbare Geschichte, zu deren Beglaubigung sich der
Gegner nur an das hochfürstliche Justizdikasterium zu Salzburg
wenden wolle".

Als der denkwürdige Vorgang in der Akademie sich jährte,
zur Feier des kurfürstlichen Namensfestes 1767, hielt Peter von
Osterwald die akademische Festrede „vom Nutzen der logikalischen
Regeln besonders wider die Freigeisterei und den Aberglauben".
Die Rede klang aus in der Mahnung, die vermeinten Heren=
geschichten nach den Regeln einer gesunden Logik zu prüfen. „Wie,
wenn die Geständnisse der Heren aus Wahnwitz oder aus Furcht
vor der unmenschlichen Folter geflossen wären? Hat man das
corpus delicti allemal richtig konstatieren lassen? Sind bei den
Verhören keine suggestiva gebraucht worden? Waren die Richter
nicht etwa selbst von den abergläubischen Vorurteilen ihrer Zeit
eingenommen?" Am Schlusse pries der Redner die Vorsehung,

[1]) Aliquid ex Theologia contra grande Nihilum seu Dissertatio de
Magia nigra. Straubing 1769.
[2]) Beantwortete Frage: Ob man die Ausfahrt der Heren zulassen könne?
(München, 1769) S. 19.

„welche uns in die heutigen Zeiten und unter die Regierung eines
so weisen Fürsten versetzt hat, wo es ohne Gefahr des Scheiter=
haufens erlaubt ist, zwischen Freiheit und Aberglauben das gott=
selige Mittel zu erwählen.“

Wie Graf Zech berichtet, machte ein landesherrlicher Befehl
dem litterarischen Kriege auf einmal ein Ende. Im Auslande
jubelte man Sterzinger zu. In Hamburg und Berlin, Dresden,
Leipzig und Wien erschienen rühmende Rezensionen über seine
Rede. Nach allem ist unverkennbar, daß dieselbe eine bedeutende
Wirkung hervorgebracht hat. Einen besseren Gewährsmann dafür
könnten wir uns nicht wünschen als Westenrieder, welcher urteilt,
daß Sterzingers Rede zwar nichts enthalte, was nicht schon längst
von anderen gesagt worden wäre, aber der vernünftigen Aufklärung
in Bayern „unglaublichen Vorschub“ geleistet habe [1]). Doch ge=
rade in den Kreisen, auf die es hauptsächlich ankam, in den richter=
lichen, läßt sich eine solche Wirkung nicht sogleich oder wenigstens
nicht allgemein verspüren. Solange die gesetzlichen Bestimmungen
des Kriminalkodex von 1751 über Hexerei in Kraft blieben und
solange noch der verdummende Einfluß eines abergläubischen Klerus
im Lande übermächtig herrschte, war trotz Sterzingers und seiner
Verbündeten mannhaften Auftretens die Gefahr neuer Hexen=
prozesse nicht ganz beseitigt. Dies beweist eines der traurigsten,
weil jüngsten Zeugnisse zur Geschichte des Hexenwesens in Bayern.
Es ist eine von 1769, also drei Jahre nach dem Vorgange in
der Münchener Akademie, datierte Anleitung zum Malefizinqui=
sitionsprozeß, „wie dieser in der Praxis nach der kurbayerischen
Malefizordnung und dem neuen Kriminalkodex bei den kurbaye=
rischen Gerichten auf dem Lande geführt werden solle“. Schue=
graf hat dieses merkwürdige Dokument in der Kelheimer Regi=
stratur gefunden und den von Zauberei und Hexerei handelnden
Abschnitt, den dritten Teil des zweiten Buches, veröffentlicht [2]).
Hier werden diejenigen, welche teuflische Hilfe gebrauchen, in sieben
Klassen geteilt: Schwarzkünstler, praestigiatores, Segensprecher

---

[1]) Geschichte der bayer. Akad. d. Wiss. 1, 154, 156.
[2]) Zum Hexenprozeß. Zeitschrift f. Deutsche Kulturgeschichte III (1858),
S. 764 f.

ober Exorziften, necromantici, venefici, Wahrfager, enblich 7.: sagne. lamine et striges, die Unholden. Abgesehen davon, daß der Ver= faffer die Unzucht mit dem Teufel nur in der Einbildung treiben läßt, vertritt er voll und unbedenklich den Standpunkt des Hexen= hammers. Von den Hexen, die in der Nacht ausfahren, behauptet er, daß sie während deffen ihre Teufel als Buhler unter mensch= licher Gestalt ihren Ehemännern an die Seite legen. Er rät, den gefangenen Hexen und Zauberern alle Haare abzuscheren, sie am ganzen Körper zu vifitieren, ihnen ein anderes „Malefizhemmet" zuzuwerfen u. f. w. Er legt dem Richter ein ausführliches Schema von Suggeftivfragen vor, das in einigen Punkten noch anstößiger spezialifiert ist als das von 1622. Für die Kinder, welche hexen können, stellt er — jedenfalls veranlaßt durch die vielen Kinder= hexenprozeffe feines Jahrhunderts — ein besonderes Fragenschema auf, da man Kinder „ganz glimpflich und mit Anstellung einer habenden Kuriofität" besprechen folle. Er weift an, auch auf die Mitschuldigen zu inquirieren. Merkwürdig ist, was er bezüglich der Inzichten zur Verhaftung eines Zauberers bemerkt: dabei komme viel auf das verständige Ermeffen eines Oberbeamten an, auch folle man auf Würde und Leumund der Personen Rückficht nehmen, „anfonften würde halt nach dem gemeinen Sprachgebrauch ein Hexenprozeß herauskommen und zuletzt die Verantwortungs= trümmer auf ihn (den Untersuchungsrichter) springen". Man fieht, daß jener grausige Eindruck der wie ein Schlinggewächs fort= wuchernden Verfolgungen, die 1630 die erfte Reaktion herauf= geführt hatte, nachhaltig fortwirkte und daß der Volksmund den Begriff Hexenprozeß nun speziell auf diese ausgedehnten Prozeffe beschränkte.

Im ganzen traut man feinen Augen nicht, wenn man dieses entfetzliche Wahrzeichen verspäteter Dummheit lieft, ein Schriftftück, das in den dunkelften Zeiten der Hexenprozeßepidemie entftanden fein könnte. Es läßt fich weder an einen Irrtum in der Datie= rung [1] noch an eine Myftifikation denken. Aber daß jedes Land=

---

[1] U. a. beruft fich der Verfaffer auf Prechtls Gerichtsgeschäfte. Das Manuale iuridicum des kurbayerischen Rates Prechtl, das ihm in einer handschriftlichen Ueberfetzung vorgelegen zu fein scheint, ist 1763 zu Straubing im Druck erschienen.

gericht, wie Schuegraf und mit ihm Soldan-Heppe II, 304 an=
nehmen, sich diese nicht gedruckte Anleitung abschreiben lassen
mußte, daß sie also offiziellen Charakter hatte, wird durch Schue=
grafs Mitteilungen nicht erwiesen und kann keine Wahrscheinlichkeit
beanspruchen. Vielmehr scheint nur die Privatarbeit eines unter
den Richtern ziemlich vereinsamten Reaktionärs vorzuliegen, die
in ihrem auf Hexerei bezüglichen Abschnitte nur bei wenigen mehr
Beifall gefunden haben dürfte.

Thatsächliche Berücksichtigung ward ihr allem Anschein nach
nirgend zu teil. Denn wir hören nichts mehr von bayerischen
Hexenprozessen [1] und dürfen, da solche bei der herrschenden Stim=
mung großes Aufsehen erregt haben würden, aus diesem Schweigen
den sicheren Schluß auf das Aufhören der Prozesse ziehen. Das
Beispiel der Nachbarstaaten und im Lande selbst die Macht der
öffentlichen Meinung, die mehr und mehr auch Geistliche in ihre
Kreise zog, hat den Hexenprozessen in Bayern ein halbes Jahr=
hundert früher Stillstand bereitet, als die Gesetzgebung diesem
Fortschritt ihr Siegel aufdrückte. Zwar wurden durch den Priester
Gaßner, der als Teufelsbanner unter dem Schutze des Regens=
burger Bischofs 1774 in Ellwangen und das Jahr darauf in
Regensburg sein Unwesen trieb [2], die Vorstellungen von teuf=
lischer Wirksamkeit unter den Menschen aufs neue belebt. Und
unter dem Kurfürsten Karl Theodor hob finstere Reaktion, ge=
tragen von den Günstlingen P. Frank und Lippert, noch einmal
ihr Haupt empor. Aber unter den Gebildeten war mittlerweile
der Geist der Aufklärung zu mächtig durchgedrungen, als daß sich
der Greuel der Hexenprozesse wieder entzünden ließ. Der litte=

---

[1] Unter den Beweisen für lange Dauer der Hexenprozesse in Bayern
liest man öfters (so bei Soldan-Heppe II, 331) von einem Greise, den Schue=
graf 1809 in Mitterfels kennen lernte: derselbe sei in seiner Jugend wegen
Zauberei gefoltert worden und habe beim Almosensammeln seine ausgerenkten
Hände und Füße gezeigt. Darin liegt nichts Unwahrscheinliches, indessen
besagt Schuegraf (a. a. O. 756) nicht deutlich, daß dieser Greis die Folter
wegen Zauberei überstanden habe, und selbst wenn dessen Aussage dahin
lautete, kann sie doch nicht als ausreichender Beweis betrachtet werden: 1809,
da man den Opfern des Hexenwahns die größten Sympathieen entgegenbrachte,
war es für Bettler doch allzu verlockend, sich als solche auszugeben.

[2] Vgl. Soldan-Heppe II, 305.

rarische Kampf gegen die Dunkelmänner ward von Sterzinger,
der in der Akademie 1769 zum Direktor der historischen Klasse
gewählt worden war, auch unter der Regierung Karl Theodors
unerschrocken fortgeführt. In den Jahren 1783—1786 ließ er
unter seinem Namen drei Schriften gegen Geister= und Gespenster=
glauben erscheinen. Als Gaßner in Ellwangen wirkte, war er
eigens dahin gereist, um dessen unheimliche Thätigkeit zu beobachten,
und hatte dann mehrere anonyme Schriften gegen den großen
Exorzisten veröffentlicht. Im Eingang seiner Schrift: Die Ge=
spenstererscheinungen eine Phantasie oder Betrug (1786) sagt er:
„Ich weiß wohl, wie gefährlich der Angriff auf eine Lehre ist,
die noch itzt durch das Ansehen der Gottesgelehrten geschützt wird,
und sollte billig keinem Aberglauben, keinem Vorurteil in der
Geisterlehre mich entgegensetzen, wenn ich zurücke denke, wie man
auf mich eingestürmt ist, wie man mich gelästert und verketzert
hat." Nach dem Zeugnis des Grafen Zech [1]) sah Sterzinger, der
1787 starb, in späteren Zeiten zu seinem Vergnügen selbst noch,
„daß seine Rede namhafte Wirkung nach sich gezogen, daß dieses
unbezwinglich geschienene Vorurteil in den Hauptörtern sehr nam=
haft, in den geringeren ziemlich, auch sogar auf dem Lande schon
in etwas zusammengeschmolzen sei." Zu den jüngsten Zeugnissen
von dem Fortleben des Hexenwahns in der hauptstädtischen Be=
völkerung gehört eine Sage von dem alten Scharfrichter Martin,
der um 1760, 1770 in München amtete. Von diesem hieß es,
er habe alle Hexen der Stadt so gebannt, daß sie beim Aus=
fahren zu ihren nächtlichen Teufelsfesten am Sendlingerthor an=
stoßen mußten — daher rühre der dort sichtbare schwarze Flecken
an der Stadtmauer [2]). „Am Ende des großen Aufruhrs unter
Gelehrten und Ungelehrten", sagt Westenrieder [3]), „war die wohl=
thätigste Epoche im Denken bewirkt. Gegenwärtig (1784) denkt
man allgemein über die Märchen des Hexenwesens ganz anders,
als man ehemals gedacht hat." Nach Sterzingers Tode trat be=
sonders Professor J. Weber in Dillingen als Kämpe gegen Hexen=

---

[1]) S. 14 seiner akademischen Rede auf Sterzinger.

[2]) A. Martin, Ueber ehemalige Richtstätten in München und ihre Volks=
sagen. Oberbayer. Archiv XXXI, 236.

[3]) Geschichte der bayer. Akad. d. Wiss. I, 231, 234.

und Gespensterglauben in die Fußtapfen des Münchener Aka=
demikers. Noch damals hatte der litterarische Kampf nicht völlig
ausgetobt. Gegen Weber vertheidigte „ein katholischer Weltmann",
wie er ironisch bemerkt, „noch in dem lichthellen Jahre 1787"
den Bestand der Hexerei [1]). Er erklärte es als gefährlich, Dinge
außer Kurs zu setzen, die als Folgesätze der beständigen Praxis
der Kirche, der Tradition wie der Erzählungen der hl. Schrift
von jeher ihren Glauben hatten. Um die Aufklärung sei es
allemal eine höchst verdächtige Sache, wenn man sie in Dingen
finde, die mit der Religion eine ferne oder nahe Verbindung
haben. „Ein anderer katholischer Weltmann zu Augsburg" kam
Weber zu Hilfe in der Schrift: „Was hält man anderswo von
Hexerei, Zauberei, Gespenstern, Amuleten, Ignazibohnen und ge=
weihten Kräutern [2])?" Charakteristisch für den neuen Geist ist ein
1787 (ohne Nennung des Druckortes) erschienenes „Anekdotenbuch
für katholische Geistliche". Es verfolgt den Zweck, Aufklärung in
den Kreisen des Klerus zu verbreiten. Die Fabeln, auf denen
das Ansehen der Wallfahrtsorte beruht, werden gewürdigt, der
Heiligenverehrung angemessene Grenzen gesteckt, das Quirinusöl
in Tegernsee (dem das Walburgisöl in Eichstätt hätte angereiht
werden können) als natürliches Steinöl ohne wunderthätige Kraft
enthüllt, die teufelsbannende Thätigkeit der Seefelder Mönche,
der abergläubische Gebrauch des Skapuliers, des Rosenkranzes u. s. w.
gegeißelt.

Ein 1786 erschienenes Schriftchen: „Neuester Hexenprozeß
aus dem aufgeklärten heutigen Jahrhundert oder so dumm liegt
mein bayerisches Vaterland noch unter dem Joch der Mönche und
des Aberglaubens, von A. v. M." berichtet von keinem Hexen=
prozeß, sondern von der Schandthat eines sogenannten Hexenpaters,
des Franziskaners P. Benno im Kloster F. „Haben wir nicht",
sagt der Verfasser, „in jedem Kloster einen Hexenpater? Unter
welch anderen Namen sind die P. Astery, ein Karmeliter zu
Straubing, P. Hugo zu Abensberg bekannt als Hexenpater? Ich

---

[1]) Ueber die Hexenreformation des Professors Weber zu Dillingen. Von
einem katholischen Weltmanne. 1787.

[2]) Stuttgart und Karlsruhe 1787.

selbst habe von ersterem einen Zettel gesehen, worauf er aus eigener Kraft dem Satan, den Hexen und allem Unheil befiehlt, dieses Haus nie zu betreten. In und um Straubing befinden sich auf sieben Stunden weit wenige Häuser, wo nicht ein solcher Zettel an der Thüre angebracht ist. Und dafür wird bezahlt wenigstens ein Pfund Butter!" Der Franziskaner P. Benno schäubete eine Bäuerin von Neuberg im Gericht Pfatter unter dem Vorgeben, ihr von Verhexung zu helfen, und riet ihr, ihre Schwiegermutter, welche die Kühe im Stall verhext habe, mit einem Prügel so= lange zu schlagen, bis Blut fließe. Mit diesem Blut seien sodann die Kühe zu bestreichen. Die Ausführung des hexenväterlichen Rates kostete der Schwiegermutter und hätte auch der Mörderin das Leben gekostet, hätte nicht ein verständiger Richter den Haupt= schuldigen in P. Benno entdeckt. Durch militärische Exekution ward den widerstrebenden geistlichen Gewalten die Verhaftung des Hexenpaters abgerungen und dieser zu zehn Jahren klösterlicher Haft bei Wasser und Brot verurteilt. „Wäre es nicht eine der notwendigsten Neuerungen," schließt die Schrift, „daß bei uns die Bettelmönche aufgehoben oder doch wenigstens ihr Wirkungskreis eingeschränkt würde? Aber das ist ein Wunsch, der keine Erfüllung hoffen läßt, solange als Frank ... (der geistliche Berater des Kurfürsten bleibt"). Gewiß: von dieser Seite oder von den Scheiter Enthüllungen des P. Angelus März aus betrachtet, wird die sieb= zehn Jahre später erfolgte Klostersäkularisation in Bayern als der wohlthätigste Fortschritt und als historische Notwendigkeit erscheinen.

Als Handbuch eines solchen „Hexenpaters" haben wir wahr= scheinlich eine Münchener Handschrift[1]) aus dem 18. Jahrhundert zu betrachten, die teils in lateinischer, teils deutscher Sprache eine Unzahl von Schutzmitteln und Rezepten gegen Zauberei und Ver= hexung enthält. Hier findet man Exorzismen, Benediktionen, An= weisungen zur Bereitung der Kreuze gegen die Hexen, des Oels, womit diese Kreuze gesalbt werden, des sogenannten Flagellum daemonum (Hexenwachs), des Agnus Dei, des Hexenrauchs (p. 44 und 89). Zu letzterem sind nicht weniger als 73 Kräuter und Pflanzen nötig, die im August oder zwischen Mariä Himmelfahrt

---

[1]) Cod. Germ. Monac. 3731.

und Mariä Geburt gesammelt werden müssen. Ferner Rezepte
für Herenpillen, für einen Balsam für verzauberte Glieder, jüdische
Feuersbrunstzettel (p. 55), die zum Schutze gegen Feuer an den
vier Ecken eines Hauses zu befestigen sind, Rezepte für einen
Spiritus für die verkrümmten Glieder der Verzauberten, für verschiedene Pflaster gegen Herenschäden, für Purgierlatwergen, für
Pulver und Tränke wider die Zauberei, für die Johanniskraut-
tinktur (p. 87). Ob ein Mensch verzaubert sei, kann man erkennen (p. 79), wenn man reine Asche in ein Töpflein legt, den
Patienten darauf seinen Urin gehen und die Asche dann an der
Sonne eintrocknen läßt. Wachsen dann Haare daraus, so ist dies
ein sicheres Zeichen, daß Zauberei vorliegt. Auch Mittel, um
Zauberer und Heren zu erkennen, werden mitgeteilt, unter anderem
das Rezept zur Bereitung eines Wachses: hält man dieses Wachs
in der Hand, müssen Zauberer und Zaubrerinnen, die zugegen
sind, sogleich ihr Wasser lassen. Weiter wird gelehrt, wie die
Besessenen zu traktieren, wie die Kinder vor Zauberbeschreiungen
und Herenbeschwörungen sowohl zu behüten als von denselben zu
befreien, wie die von Zauberei rührende Tollsinnigkeit und Raserei
zu vertreiben sei. Auch finden sich Arzneimittel wider die durch
Zauberei beigebrachten Philtren oder Liebesgifte, sowie gegen den
Zustand, daß einer infolge Verhexung ohne eine bestimmte Person,
es sei Manns- oder Weibsbild, durchaus nicht leben kann (p. 122,
135; vgl. dazu oben S. 196, 197 den Fall des Erzherzogs
Matthias). In einem Remedium, „damit die Heren und ihre
Meister im Examen alles gestehen müssen", fehlt nicht das im
Herenhammer empfohlene Mittel: der Zettel mit den sieben
Worten Christi am Kreuz.

Mit dem neuen Regenten Maximilian IV. Joseph stieg an
der Wende des Jahrhunderts auch für Bayern die Sonne eines
neuen Tags empor, der mit dem vorigen sich nicht verglich. Die
Säkularisation zerstörte die letzten, sozusagen offiziellen Schlupfwinkel des Herenwahns, die Klöster der Bettelorden, wo sich mittelalterliche Finsternis mit geschäftlicher Betriebsamkeit verbündet
hatte. In dieser Hinsicht reden die Schriften des P. Angelus,
die Thaten des P. Benno eine zu deutliche Sprache. Schon war
dieses Treiben dem größeren Teile des weltlichen Klerus selber

verhaßt. „Die Mendikanten", schreibt Pfarrer Kollmann [1]), „ver=
teilen bei ihrem Kollektieren ganze Säcke voll Hexenrauch." Wie
empfindlich man in der Laienwelt gegen allen Teufelsaberglauben
geworden war, könnte nichts deutlicher zeichnen als eine „Theater=
anmerkung" im Jahrgang 1803 des Münchner Tagsblattes (p. 151)
über eine Aufführung des vom Teufel geholten Don Juan. „Man
konnte fast jedem Zuschauer auf dem Gesichte lesen, was er von
dieser Läpperei halte. Es wäre Zeit, daß man einmal aufhörte,
Geister erscheinen zu lassen, weil solche Vorstellungen dem Pöbel
gefallen. Eine Vorstellung von der Art wie das Teufelholen und
das ganze Chor von Hexen, Gespenstern, Zaubereien muß den
verderblichsten Eindruck auf eine ohnehin überspannte Imagination
machen."

Lange genug war die Gesetzgebung hinter der öffentlichen
Meinung zurückgeblieben. Nun brach auch sie mit dem wüsten
Spuk des mittelalterlich=kirchlichen Wahns und Verfolgungsgeistes.
Am 7. Juli 1806 erfolgte die vollständige und gesetzliche Auf=
hebung der Tortur [2]), und in dem neuen Strafgesetzbuche, an dem
Feuerbach seit Jahren arbeitete und das am 1. Oktober 1813
veröffentlicht ward, fehlten die Begriffe: Ketzerei, Hexerei, Zauberei.
Nachdem Kreittmayrs Gesetz über die Bestrafung der Hexerei durch
die lebendige Ueberzeugung der Zeitgenossen schon seit einem
Menschenalter zum toten Gesetz geworden war, ermannte sich
endlich der Staat, den unwürdigen Dienst als Büttel des kirch=
lichen Aberglaubens zu kündigen. Artikel 264 des neuen Straf=
gesetzbuches besagte nur: Wer die Religion, eine religiöse Hand=
lung oder durch Religion geheiligte Sachen als Mittel zur Ausübung
eines Betrugs mißbraucht, soll als ausgezeichneter Dieb bestraft
und zuvor öffentlich ausgestellt werden. Dies richtete sich offenbar
mehr gegen die Kreise, aus denen vorher zu Hexenverfolgungen
geschürt worden war, als gegen solche, in denen man unter diesen
Verfolgungen gelitten hatte.

Aber man hatte zu lange gelitten, zu tief war seit mehr als
einem Jahrtausend von Geschlecht zu Geschlecht der heidnische, seit

---

[1]) Zweifel eines Bayers S. 73.
[2]) v. Mussinan, Bayerns Gesetzgebung S. 98.

mehr als drei Jahrhunderten in Wort und Schrift von Kanzeln und Hochgerichten herab der kirchliche Hexenwahn dem Volksgeiste eingeprägt worden, als daß er nun über Nacht verschwinden konnte. Zählen doch im Wachsen und Vergehen derartiger Wahnvorstellungen Generationen nur wie ein Tag! Und hat doch selbst ein Goethe geurteilt, daß der Aberglaube zum Wesen des Menschen gehöre! Wer das Volk in seinem mehr verborgenen Fühlen und Denken belauscht, mag noch heute hie und da durch Spuren eines fortlebenden Hexenwahns [1]) an die Verse des Euripides erinnert werden:

> „Des Vaters Ueberlief'rung, die mit uns erwuchs,
> Bewahren wir, und Weisheit ficht uns gar nicht an,
> Wär' selbst von großen Geistern sie geoffenbart."

---

[1]) Belege von verschiedenen Stämmen und Völkern findet man u. a. bei Soldan-Heppe in dem Kapitel: Hexerei und Hexenverfolgung im 19. Jahrhundert, und in den oben S. 56, Anmerkung, citierten Schriften von Nippold, Längin, Evans. Ueber einen Fall betrügerischer Spekulation auf den Dämonenglauben des Volkes in Chioggia 1896 berichtet die Gazetta di Venezia, 2. Aprile 1896 (Cose da medio evo).

Nachtrag

zu S. 37 und 43: die Beschuldigung der Hexerei auf Ketzer angewendet.

Während Inſtitoris 1501 den böhmiſch-mähriſchen Waldeſiern neben Beſeſſenheit wohl Leugnung, aber nicht Ausübung der Hexerei vorwarf (ſ. oben S. 101), hatten noch die Inquiſitoren, die 1459 und in den folgenden Jahren in den ſüdlichen Nieder= landen, in Flandern und Artois, große Hexenprozeſſe führten, zumal Pierre Le Broussart in Arras, gegen die Angeklagten auch die Beſchuldigung der Hexerei in vollem Umfang erhoben. Die verhafteten Waldeſier wurden durch die Folter gezwungen, die entſetzlichen und abſurden Verleumbungen, die in dieſer Richtung gegen ſie geſchleubert wurden, als wahr anzuerkennen, und die erpreßten Geſtänbniſſe wurden hinwieberum als Beweis für die Schänblichkeit dieſer Sekte benützt. Den Beweis dafür findet man in den Memoiren des Jacques du Clerq und in den Akten, geſammelt bei Fredericq, Corpus documentorum inquisitionis haereticae pravitatis Neerlandicae I, 345 f. Unter anderem heißt es von der in Douay verbrannten Deniſette oder Deniſelle Greniere, daß ſie auch eine venefica ſei und ein Teufelsbündnis geſchloſſen habe (p. 348, 355). Ein Kanoniker von Dorbrecht, Doktor der Theologie Johann Tinctoris, warf in einer Predigt, die er aus Anlaß dieſer Prozeſſe 1460 über die Sekte der Wal= beſier hielt, dieſen auch Hexereiverbrechen vor, Hoſtienſchänbung und Bereitung einer Salbe, wozu das Blut eines unſchulbigen getöteten Knaben verwendet werde. Durch Einſchmieren mit dieſer Salbe, ſagte der Prediger, erlangen die Waldeſier die

Fähigkeit, die Lüfte zu durchfliegen, Unfruchtbarkeit hervorzu=
bringen, Wetter zu machen u. f. w. Bei einigen dieser Walbesier=
prozesse in Arras 1460 lautet die Anklage auch auf Teufels=
buhlschaft. Der Teufel habe in Gestalt eines Menschen, eines
Stiers, eines Wolfs, eines Hasen mit den angeklagten Frauen
verkehrt (p. 369). Kurz das ganze System der Hexerei, wie es
von den Inquisitoren teils ausgeheckt, teils acceptiert worden
war, wurde von ihnen Andersgläubigen, die sich von der römischen
Kirche losgesagt hatten, aufgebürdet. Unter den hier Angeklagten
waren Schöffen und reiche Bürger von Arras (p. 373). Viele
der Unglücklichen endeten, nachdem sie grausame Folterqualen
bestanden hatten, auf dem Scheiterhaufen (u. a. p. 371).

Die von Fredericq gesammelten Dokumente zur Geschichte
dieser niederländischen Walbesierverfolgungen werden ergänzt durch
einen gleichzeitigen Traktat in der Pariser Nationalbibliothek,
cod. lat. 3446. Diese Handschrift des 15. Jahrhunderts (siehe
Catalogus cod. mspt. bibl. reg. III, p. 420) enthält 1. eine
Quaestio de strigis, verfaßt von dem Dominikaner, Magister der
Theologie Jordan von Bergamo; 2. des Presbyters Johann Vin=
centius, Priors der Kirche de Monasteriis super Ledum, Buch
gegen die magischen Künste und diejenigen, welche deren Wirk=
samkeit leugnen. Von dem dritten, für die Geschichte der In=
quisition, der Walbesier und der Hexenprozesse gleich wertvollen
Stücke lag mir, Dank der Freundlichkeit des Herrn Professors
J. Friedrich in München, der dasselbe zu veröffentlichen beab=
sichtigt, eine Abschrift aus Döllingers Nachlaß vor. Es ist betitelt:
„Recollectio casus, status et conditionis Valdensium Idolatrarum
ex practica et tractatibus plurium inquisitorum et aliorum
expertorum atque etiam ex confessionibus et processibus eorum-
dem Valdensium in Atrebato facta anno Domini millesimo
quatercentesimo sexagesimo" [1]). Der Verfasser ist · in einem
Inquisitor zu suchen, der vornehmlich Belehrung der weltlichen
Richter im Auge hatte — den Schluß der Abhandlung bildet

---

[1]) So unsere Abschrift. Der Pariser Katalog nennt die Jahrzahl 1468.
Daß die Prozesse in Arras 1460 spielten, wird durch die Urkunden bei Fredericq I, 368 f. erwiesen.

eine kurze Ermahnung an die Richter. Die Vermutung liegt nahe, daß die weltlichen Richter oder doch ein Teil derselben bei diesen Prozessen Anstand nahmen, den Inquisitoren den beanspruchten „blinden Gehorsam" zu leisten. Der erste Artikel handelt von der Möglichkeit, Wirklichkeit und Wahrheit der Thatsache, daß die Waldesier körperlich und in wachem Zustande von Teufeln durch die Lüfte zu ihren Versammlungen getragen werden. Dies sei durch ihre Geständnisse in Arras erwiesen. Weiter werden dafür angerufen das Speculum historiale des Vincentius (von Beauvais), wo erzählt werde de Valdensibus congregatis in quodam nemore prope Athrebatum, das Buch de donis spiritus sancti (p. I, cap. 5: de virtute st. crucis Christi) und die Vita st. Basilii in der Legenda aurea. Die häretischen Waldesier oder Armen von Lyon und die Albigenser, die vor ungefähr 270 Jahren blühten, seien von der jetzt verfolgten Sekte zu unterscheiden. „Illi enim erant patentes heretici, ut habetur in libro de Donis; isti vero proprie non sunt heretici, sed deteriores sunt, quia sunt secreti et occulti ydolatre, apostate, infideles, sacrilegi etc." Die Richter mögen darauf achten, daß sich bei den Hexen und Zauberern, „wenn man sie wohl examiniert", in den meisten Fällen herausstellt, daß sie Waldesier sind. Es liegt im Wesen der Waldesier (omnes Valdenses ex sua professione essentiali et formali seu recepcione ad congregationem habent), daß sie mit der Zeit Teufel anrufen. Teufelanrufung und Valdesia treffen nicht immer, aber in den meisten Fällen zusammen.

Der größere Teil der Abhandlung enthält Prozeßvorschriften und in diesen einen neuen Beweis dafür, daß die im Hexenhammer gelehrte Praxis im wesentlichen nur die alte Praxis der Inquisitionsgerichte ist. Unter anderem heißt es: die Zeugen oder Ankläger dürfen dem Angeklagten nicht vorgestellt werden, außer wenn man ihrer guten Disposition sicher ist. Aber auch in diesem Falle ist es gefährlich. Besonders vor der Hinrichtung widerrufen die Waldesier gern ihre Anklagen auf Dritte, aber wackere und ernste Männer geben nichts auf solchen Widerruf. Ferner: „Priusquam (reus) questionetur, deberet omnino exui vestimentis suis, radi et visitari in partibus omnibus, deberent ungues prescindi propter signum pacti seu propter aliquod

corporale parvum datum a demone, ut granum aliquod vel
pillum, annulum vel filum aut aliquod tale, quo existente
super eis sperant in auxilio et succursu demonis, neque verum
fatebuntur, quamdiu signum tale habebunt, aut si fateantur,
ad statim dicent se vi torture confessos esse." Wenn der
Gefolterte gestanden, aber dann sein Geständnis widerrufen hat,
soll er, „dum dolor recens est", aufs neue gefoltert oder er soll
in einem fürchterlichen Kerker eingeschlossen und dort schlecht genährt werden, da Hunger und ein finsteres Gefängnis vieles bewirken. Die Angeklagten sind auch nach allen näheren Umständen
und nach Mitschuldigen zu fragen. „Et attende, lector, quod
sepe nullos volunt accusare." Offen wird ausgesprochen, daß
man nur durch die peinliche Frage etwas aus den Angeklagten
herausbringen kann. „Non uti questione et tortura, ex qui-
bus solum communiter potest quicquam haberi ab
eis, nichil adesset quam aperte favere demoni, spreto Deo
vivo et vero." ... „Neque hoc genus demoniorum eici potest
nisi cum tortura et questione." Daher sind diejenigen, die das
Amt der Inquisition in seiner Thätigkeit zu stören suchen, erkommuniziert, sind hochverdächtig, selbst dieser Sekte anzugehören
und fürchten wahrscheinlich selbst angeklagt zu werden. Eine
Bemerkung, die kaum einen Zweifel darüber läßt, daß auch diese
niederländischen Inquisitoren — wahrscheinlich ebensowohl wegen
der Absurdität ihrer unerhörten Anklagen als wegen der Entsetzlichkeit ihres Prozeßverfahrens mit der Folter — auf Widerspruch
gestoßen waren, wie sich anderseits daraus die Gefährlichkeit jeder
Opposition ergibt. Die Besonderheit des Falles, sagt der Verfasser weiter, erfordere besondere Torturen (Singularitas
istius casus exposcit tormenta singularia). Die Inquisitoren,
von deren Hexenprozessen in der Pfalz Matthias von Remnath
berichtet, verfuhren, wie sie den niederländischen Kollegen zeitlich
nahestanden, nach demselben oder sehr ähnlichem System wie diese.
Wie Matthias von Remnath (S. 114) berichtet: „Wenn der arme
verführte Mensch sich dem Teufel zu Lehen ergeben hat, so gibt ihm
der Meister eine Büchse mit Salben, einen Stab, Besen oder was
dazu gehört", so heißt es in unserer Abhandlung (cap. 4): „Der
Teufel belehrt jenen, der sich ihm überläßt, über alles und gibt

ihm Salben, Pulver, einen Stab" u. s. w. Die Versammlung
der Walbesier wird auch hier (cap. 5) synagoge genannt ¹). Wie
es dabei zugeht, wird ganz ähnlich geschildert wie bei Matthias
von Kemnath: mit Verleugnung Christi, Schändung der Hostie,
welche der vorsitzende Dämon „turpe ydolum" nenne, Verun=
ehrung des Kreuzes, Teufelshuldigung, obscönen Handlungen, die
ausführlich geschildert werden, am Schlusse bei ausgelöschten
Lichtern, Tänzen, Schmausereien u. s. w. Der vorsitzende Dämon
verleihe den Mitgliedern der Sekte die Fähigkeit, verborgene
Schätze zu finden, es im Kampfe mit vier oder fünf Männern
aufzunehmen, Wetter zu machen, weltliche und kirchliche Würden,
auch Reichtümer zu erwerben u. s. w. Widerstrebende und Un=
gehorsame werden von den Teufeln gepeitscht. Das 6. Kapitel
beschreibt die Hexereien, welche die Walbesier verüben, wie sie
u. a. Häuser und Ortschaften in Brand stecken, durch in die Luft
gestreute Pulver Sturmwind, Hagel, Reif, Gewitter hervorbringen,
mit geweihten Hostien zaubern. Schamloser und fanatischer ist
die Verleumdung und Verfolgung von Andersgläubigen kaum
irgendwo betrieben worden als hier.

In ähnlicher Weise schildert ein in unserer Abschrift folgendes
Stück: „La Vauderye de Lyonois en brief" (lateinisch) die
Walbesier, „qui vulgo Faicturiers et Faicturières nuncupantur",
in dreißig Kapiteln als Hexenmeister und Hexen. Besonders
ausführlich wird hier der Hexensabbat behandelt, conventio, quae
„apud quosdam eorum gallice dicitur le Fait, apud alios le
martinet, sed vulgariter magis et communiter la syna-
gogue nuncupatur".

---

¹) Vgl. oben S. 73 und meine Geschichte Bayerns II, 225 f.

Beilage I.

Aus dem „Buch aller verbotenen Kunst, Unglaubens und der Zauberei", verfaßt vom herzoglichen Rat und Leibarzt Dr. Johann Hartlieb in München 1456.

(Cod. Palat. Germ. 478.) — Vgl. oben S. 65 f.

Das Buch beginnt mit einem Anrufe Hartliebs an die ewige Weisheit göttlicher Majestät, die Ursache aller gesetzten Dinge, das brennende Licht und den rechten Kompaß des wahren Weges der immerwährenden Seligkeit. Zauberei, Unglauben und Teufelsgespenst sind leider manchem hohen und niederen Menschenherzen eingewurzelt. Hartlieb will darüber schreiben (c. 2) auf Bitte und im Auftrag des Sohnes des Markgrafen Friedrich, des Markgrafen Johann von Brandenburg, eines rechten Liebhabers wahrer und rechter Kunst und eines getreuen Mitleibers aller Irregehenden, eines Fürsten, in dem kein Mangel und Gebrechen sei als allein Unkenntnis lateinischer Zungen. Es wäre sehr zu beklagen, wenn seine tiefe Weisheit in Zauberlisten und Unglauben verstrickt werden sollte. Hartlieb schreibt auch darum, daß alle Christenmenschen sich davor zu hüten wissen, und nur jener Kunst und Meisterschaft nachfolgen, die in der Natur verborgen, auch durch die christliche Kirche erlaubt ist. Darin liegt schon soviel verborgene Kunst und „Hüpschait", Leib, Seele und Gemüt zu erlusten, daß es nicht nötig ist, verbotene Kunst und Unglauben zu treiben.

Die sieben verbotenen Künste sind: Nigramancia, Geomancia, Ydromancia, Aremancia, Piromancia, Ciromancia (die Handschrift wiederholt statt dieser irrig: Aromancia) und Spatulamancia.

Der Mensch hat freien Willen. Alle Gespenster der Teufel können ihn nicht nötigen, wenn er nicht seinen Willen dazu gibt. Ohne große Sünde aber kann niemand Dienst und Rat des Teufels gebrauchen. Doch erklären Bonaventura und St. Thomas in der 8. Distinction, 1. Frage, daß Gott dem Teufel über keinen Menschen Wirksamkeit zulasse, es geschehe denn, um seine Glorie zu offenbaren, die Sünder zu strafen oder die Werke der göttlichen Ehre erscheinen zu lassen. Der Fürst möge sich wohl merken, daß viele Sternseher sich unterwinden alle Fragen zu beantworten: das ist thöricht und verdient schwere Strafe. Auch wenn der Teufel jemanden rät

ober unterstützt zu guten und ehrbaren Dingen, darf man dies nach Meinung
der Doktoren der hl. Schrift nicht annehmen. Es folgen (c. 12—16) Er=
zählungen aus der Schrift des Cäsarius (von Heisterbach) von den Wundern.
Das Beispiel des Ritters, von dem die letzte dieser Erzählungen berichtet,
möge der Fürst (c. 17) befolgen und sich ablehren von aller Zauberei und
von des Teufels und anderen verbotenen Künsten. „Achte ihrer nit; es ist
ein Tand; brauche deine hohe Vernunft zu dem Willen Gottes und den natür=
lichen Künsten; geruhe alle Zauberei und Unglauben zu fliehen!" „Du hast
fromme, getreue Ritter und Knechte, die dich und deine Lande schirmen, du
hast getreue Landleute, die dich nähren, du hast Verständnis in hohen, natür=
lichen Künsten über andere Leute, Gelehrte und Laien. Darum thu' von dir
des Teufels Gespenst und fliehe die Trügerei, die ohne Zahl ist!" [1]) „Doch
will ich dir nach den sieben verbotenen Künsten, die man nennt nigramanti-
cas, 83 beschreiben, die alle wider Gott und den christlichen Glauben sind."

Der Teufel (c. 19) kann keines Menschen Gemüt nötigen, aber er reizt
den Menschen mit bösen Gleichnissen und Ebenbildern, und sobald der Mensch
seinen Willen dazu gibt, erdichtet er alles, daran der Mensch Wohlgefallen
hat, und lehrt und hilft dazu. Wie derjenige, der vom bösen Teufel der
Unkeuschheit besessen ist, nicht ablassen mag von großer Schande und Laster.
Wäre der Abel solcher Missethat frei und ledig, so müßte (c. 21) das gemeine
Volk diese und andere Sünden auch lassen. Mancher gemeine Mensch wird
durch das böse Ebenbild des Abels verleitet und verführt. Daher möge der
Fürst sein Leben so führen, daß sich alle die Seinigen nach ihm bessern.

Nigramancia, die schwarze Kunst, ist (c. 22) die allerböseste, weil
sie zugeht mit dem Opfer und Dienst, den man den Teufeln thun muß.
Wer darin arbeiten will, muß auch mit den Teufeln Gelübde und Verbünd=
nis machen, dann sind sie ihm gehorsam. In dieser Kunst werden allerlei
Bücher, Figuren und Charaktere gebraucht (vgl. oben S. 209); ein Buch heißt
Sigillum Salomonis, das andere Clavicula Salomonis, das dritte Jer-
archia, das vierte Schamphoras. Etliche Bücher dieser Kunst lehren auch,
wie man den Teufel mit Kräutern, Steinen und Wurzeln bannen und be=
schwören soll. Weitere Bücher dieser Kunst, als Thebit, Phtolomeus, Liu-
poldus de Austria, Arnoldus, „auch alle Bücher, die dann geschrieben haben
von den Wilden", lehren, wie man der Planeten und Gestirne Bilder machen
soll, die Kraft haben zu Lieb und Leid, Sieg und Glück. „Es ist aber ein
Buch, das man nennt de annulis inpensis, das schreibt man zu Arnoldo de
Novavilla, das große Dinge lehrt, aber sie sind alle vermischt mit Unglauben."
Albertus und Thomas sollen auch von den Bildern und himmlischen Einflüssen
geschrieben haben, „doch glaube ich je nit, daß solche hochgelehrte Doctores

---

[1]) Derartige Mahnungen, nur kürzer gehalten, wiederholen sich im
Folgenden fast nach jedem einzelnen Aberglauben. Sie werden in diesem
Auszuge meist übergangen ebenso wie die immer wiederkehrende Versicherung,
daß alles Geschilderte Unglauben und Teufelslist sei.

solche Thorheit und Unglauben geschrieben haben; ich meine gänzlich, daß es ihnen zugesetzt sei". In einem Buche des Albertus Magnus, das anhebt: Occasione quorundam librorum, findet man viele der verbotenen Künste und Bücher. Ein Buch in dieser verbotenen Kunst (c. 28) heißt man „das gesegnete Buch und weicht man auf den hohen wilden Bergen". Dies Buch verführt alle, die damit umgehen, denn sie müssen sich dem Teufel ergeben und sich ihm mit ihrem eigenen Blut zinsbar verschreiben. „Und machen derselben Amt der Teufel 46, also muß der Meister jedem Amt sein besonderes Opfer geben". Das ist das allerschnödeste Buch, das in der Kunst ist. In diesem Liber consecraticus findet man alle List und „Uffset", die man in der Nigramancia erdenken mag. Nach Isidorus ist die Nigramancia die Kunst, die Toten zu erwecken, die dann künftige und vergangene Dinge sagen. Unter dem Namen Rotarey (c. 29) wird eine Kunst begriffen, „daß einer durch etliche Worte, Figuren und Charaktere alle Kunst lernen macht". Wiewohl diese Kunst zugeht mit Fasten, Beten, reinem und keuschem Leben, ist sie verboten. Darum fliehe diese Kunst, durchlauchtiger Fürst, da sie von der hl. Kirche verdammt ist. Es folgt wieder eine Geschichte aus Cäsarius von einem schwarzen Mönche. Das Buch Raselis (c. 30) lehrt wunderliche Sachen mit einem Schein, als wären es heilige Engel, denen man fasten, beten und Opfer brennen muß. „Fürst, ich sage deiner Gnaden, das Buch Raselis und alle Stücke, die man daraus zieht, als opus Urionis. soll dein Gnad meiden, es ist ein tötliches Gift der armen Seele."

Cap. 31 von dem Fahren in den Lüften. In der schnöden Kunst Nigramancia ist noch eine Thorheit, daß die Leute mit ihren Zauberlisten Rosse machen, die kommen dann in ein altes Haus, und so der Mann will, sitzt er darauf und reitet in kurzer Zeit viele Meilen Wegs. Wenn er absitzen will, hält er den Zaum, und so er wieder aufsitzen will, rüttelt er den Zaum, so kommt das Roß wieder. Das Roß ist in Wahrheit der Teufel. Zu solcher Zauberei gehört Jedermansblut, damit muß sich der Mensch dem Teufel verschreiben mit „unkunden" (unverständlichen) Worten als debra ebra. „Das Stück ist bei etlichen Fürsten gar gemein. Fürst, es wäre Schade, wenn deine hohe Vernunft mit solchen Diensten verknüpft und verleitet würde."

Cap. 32: wie das Fahren in den Lüften zugeht. „Zu solchem Fahren nützen auch Mann und Weib, nämlich die Unhulden, eine Salbe, die heißet Unguentum Pharelis." Dieselbe wird aus sieben Kräutern gemacht, deren jedes an dem Tag gebrochen wird, der diesem Kraut zugehört. Am Sonntag Solsequium, am Montag Lunaria, am Eretag Verbena, am Mittwoch Mercurialis, am Pfinztag Barba Jovis, am Freitag Capilli Veneris. (Samstag fehlt.) Daraus machen sie dann Salben, indem sie Blut von Vögeln und Schmalz von Tieren einmischen. Wenn sie dann wollen, bestreichen sie Bänke oder Säulen, Rechen oder Ofengabeln und fahren dahin. „Das alles ist recht Nigramancia und fast groß verboten."

Cap. 33 u. 34 s. oben S. 69 f. Cap. 35 fährt fort, von den Büchern über die Nigramancia zu berichten. Das Buch Piccatrix, für einen König von Spanien gesammelt, beginnt: Ad laudem dei et gloriosissimae virginis Mariae. Das Buch von den hl. drei Königen (c. 36) beginnt: In Egipto tres magi fuerunt. Sein Anfang ist süß, sein Ende aber ewige Verdammnis. Cap. 37 handelt von Zauberei mit einem Totenschädel, cap. 38 von der Be= schwörung des Geistes eines eben verstorbenen Menschen, daß er zurückkomme und dem Menschen diene. Cap. 39: Ob man einen sterbenden Menschen wieder laden mag, daß er zu den dreißig Tagen (zu dem kirchlichen Totenamt am 30. Tage nach dem Tode) komme? Einige sagen, wenn man darin nichts anderes sucht als die Erlösung seiner Seele, mag man dies thun. Hartlieb ist noch im Zweifel, hält aber die Sache für gar trüglich. Cap. 40: Opfer an den Wegscheiden, unter den Trüschübeln (Thürschwellen) Kerzen brennen, Rauch machen, auch mit seinem eigenen Blut Charaktere oder Figuren machen. Der Fürst soll dies nicht nur selbst nicht thun, sondern auch nicht gestatten, daß es in seinem Fürstentum geschehe.

Die Geomancia (c. 38, nach falscher Zählung) ist verschwistert mit der Astrologie und von der hl. Kirche verboten. Die Kunst wird zur Erfragung künftiger und vergangener Dinge getrieben, mit Erde oder mit Sand oder mit Kreide auf einem Brett, oder auch mit Tinte auf Papier. Wiewohl Albertus Magnus sagt, daß unter allen verbotenen Künsten keine gerechter sei als die Geomantie (c. 39), ist diese Kunst doch Sünde. Stellt man Fragen an Meister der Geomantie, so macht man die Erfahrung, daß ihre Antworten nicht über= einstimmen. Im Grunde ist diese Kunst nichts als Loswerfen, und dies ist durch die hl. Schrift verboten. Gott allein (c. 41) gibt die rechte Weissagung. Loosen (c. 42) ist dann nicht ziemlich, wenn es geschieht, um heimliche Dinge zu erfragen, denn in diesem Falle mischt sich der Teufel ein. Cap. 44 handelt von den Loosbüchern[1]), wo man zuweilen mit Würfeln wirft, zuweilen umwirft bis auf eine Zahl; nach der Zahl sucht man dann die Frage. Jeder Christen= mensch soll Loosbücher meiden. Auch wenn man (c. 45) diese Dinge nur zur Kurzweil treibt, ohne daran zu glauben, sind sie gefährlich. Haben aber nicht die hl. Zwölfboten um Matthias geloost (c. 46)? Ja, wenn man Gottes Ehre sucht, da mag man wohl loosen, z. B. wenn zwei wohlgelehrte Priester den Fürsten um eine Pfarrei bitten, mag der Fürst loosen lassen, welcher dem ge= meinen Volke besser sei. Etliche Zauberer (c. 47) wollen wissen, wer in einem Kampf obsiegt; sie schreiben die Namen der Kämpfer auf zwei Zettel, über= ziehen diese mit Wachs oder Leim und werfen sie dann in ein Becken voll Wasser. Ist großer Unglaube und Sünde. Eine vom Teufel erdachte List ist auch, wenn man (c. 48), um zu erfahren, wer in einem Stechen, Rennen oder Fechten obsiegt, der hl. Maria oder des hl. Jörg viel gedenkt. Samstag

---

[1]) Die Loosbücher waren gerade um die Mitte des 15. Jahrhunderts stark in der Mode; fast alle Loosbücher, welche die Münchener Staatsbibliothek besitzt: cgm. 252, 312, 328, 472, 982, 987, gehören dieser Zeit an. Nur cgm. 948 ist aus dem 16. Jahrhundert. Zingerle, Barbara Pachlerin S. 55 f. beschreibt ein Loosbuch von 1546.

Eritag, Pfinztag sollen der hl. Maria, die anderen Tage St. Jörgen zugehören, und damit rechnet man, welcher obsiege. Das ist zum Erbarmen. Ein Loos= buch, das dem Pittagoras zugeschrieben wird (c. 49), lehrt, wer unter Ehe= leuten zuerst stirbt. Der Fürst soll das in seinem Fürstentum nicht gestatten. Hat man etwas verloren (c. 50), so beschwören Leute ein Brot, stecken drei Messer in drei Kreuze, eine Spindel und einen „Enspin" daran, und halten das zweien Personen auf den ungenannten Finger und beschwören bei den hl. Zwölf= boten. Dadurch wird oft ein unschuldiger Mensch verargwohnt, daß er bis an seinen Tod „Unlewnt" haben muß. Oder man macht dies mit einem Psalter, um den eine Stola gebunden wird. Man findet (c. 51) Leute, die segnen einen Käse und meinen, wer an dem Diebstahl schuldig sei, könne nichts davon essen. Wiewohl darin etlich „Saiffen" für Käse gegeben wird. Warum aber (c. 52) trifft zauberische Kunst das einemal zu, das anderemal nicht? Weil der Teufel zu solchen Dingen zuweilen „verziehen" thut, um desto größere Ehre zu empfangen. Die vier verbotenen Künste (c. 53) sind nach vier Elementen genannt: Geo-, Ydro-, Are- und Pyromancia. Die vier Elemente sind mit des Teufels Listen und Gespenstern vergiftet, und niemand ist daran so sehr schuldig wie die leichtfertigen Fürsten, die keinen rechten wahren Glauben haben. Einer will Schatz graben, der andere eines Fürsten Geheimnisse erspähen, einer durch des Teufels Kunst sieghaft werden, einer mit solcher Zauberei buhlen, Liebe und Feindschaft machen.

Cap. 54 und die folgenden handeln von der Ydromancia. Am Sonn= tag vor Sonnenaufgang geht man zu drei fließenden Brunnen und schöpft aus jedem ein wenig Wasser in ein lauteres, poliertes Glas, trägt es heim in ein schönes Gemach, brennt Kerzen davor und thut dem Wasser Ehre an wie Gott selber. Danach nimmt man ein reines Kind und setzt das auf einen schönen Stuhl vor das Wasser. Hinter diesem steht der Zaubermeister und spricht ihm etliche unerkannte Worte in die Ohren, dann liest er unerkannte Worte und heißt sie das Kind nachsprechen: „Gelaub mir, hochgelobter Fürst, daß ich der Sach gar viel hab gesehen und gemerkt: wann man die Wort treib, daß die Kind merklich Gebrechen davon empfingen." Es ist Schade, daß die Priester den Unglauben und auch Zauberei mit der Fürsten Hilfe und Bei= stand nicht fester verbieten und wehren. Hat nun der Meister (c. 57) den Knaben also vor sich, so heißt er ihn sehen, was er sehe, und fragt dann nach dem Schatz, Diebstahl oder sonst, wonach er will, und die Einfalt des Kindes macht, daß es spricht, es sehe dies oder das. Darein mischt sich der Teufel und läßt oft das Unwahre für das Wahre erscheinen. Auch mit Weihwasser (c. 59) treibt man solche Zauberei, ja es geschieht selten eine Zauberei, bei der nicht die Meister und alten Weiber Weihwasser gebrauchen. Etliche Leute geben ihrem Vieh Weihwasser zu trinken und meinen, daß es dann von den Wölfen nicht gefressen noch beschädigt werde. Etliche Weiber (c. 60) besprengen auch ihr Kraut oder ihre Pflanzen mit Weihwasser in der Meinung, daß die Krautwürmer nicht daran kommen. Etliche Hofleute, wenn sie neue Sporen haben, stoßen diese mit den Rädlen in einen Weihbrunnen und sprechen: was sie damit hauen, das geschwell' nimmermehr. Etliche Zauberinnen gehen zu einem Mühlrad und fangen das von dem Rad auffspringende Wasser in der Luft, um damit zu zaubern. Besonders mit Taufwasser (c. 61) wird viel gezaubert; „ja, welches alte Weib den Tauf gehaben mag, die meint, sie habe den Hahn ertanzt". Etliche Zauberer (c. 62) gießen Blei oder Zinn in Wasser und zaubern damit. Man nimmt auch (c. 63) zwei Hölzlein, Hälmlein oder geringe Münzen, wie Heller, nennt eines nach einer Person, das andere nach einer anderen und läßt sie auf dem Wasser schwimmen, um zu sehen, ob sie zusammenkommen oder nicht. Oder in Beziehung auf zwei Eheleute: welches eher versinkt, muß eher sterben. Cap. 64: wie man um Kämpfe zaubert. An diesen Unglauben geht man an den heiligen Nächten, nämlich in der St. Thomas Nacht, in den drei Pfinztagnächten vor Weihnachten, auch in den hl. Weih= nächten und anderen Rauchnächten. Das ist nun in christlichen Landen so gemein, daß Rings (Jungs?) und Alts meint, es sei keine Sünde, es ist aber ein Un= glaube, den die Heiden vor langen Jahren getrieben haben und noch treiben, ist auch von der hl. Kirche verboten. Cap. 65: von St. Plasii Wasser. Man segnet Wasser an St. Plasius=Tag. Das nützt man anders, als von der Kirche gesetzt ist, und will damit oder mit anderen Wassern und Kräutern aus Wur= zeln Wunden heilen. Ein Unglaube ist auch (c. 66) das Kräutergraben, wenn man jegliches Kraut in seinem Monat gräbt.

Aremancia (c. 67): Diese Kunst geht zu mit dem Luft und wird stark von den Heiden getrieben, die das, was ihnen an einem Tage zuerst erscheint, selben Tags als ihren Gott verehren. Ein begegnender Hase bringe Unglück, ein Wolf großes Glück: derartiger Unglaube mit mancherlei Tieren ist gar viel. Fliegen die Vögel zur rechten Hand auf, bringt es Gewinn und Glück, zur linken Hand Unglück und Verlust. Es sind Leute, die großen Glauben haben an den Aren (Adlern) und meinen je, wenn er Taschen halb flieg', es bedeute großes Glück. Manche (c. 68) haben so großen Glauben daran, daß sie ihre Tasche an die andere Seite kehren, wenn der Aar sich auch umkehrt. Der Teufel verwandelt sich auch in solches Geflügel, um die Leute zu be= trügen. „Paiffen" (c. 69) und Jagen an bestimmten Tagen, und wenn der oder jener Wind weht, ist auch Unglaube. Freilich, daß man sich bei der Jagd nach dem Wind richtet, ist keine Sünde. Etliche tragen hohe Federn auf dem Hut, um zu wissen, von wannen der Wind geht, und meinen, daß sie in etlichen Sachen Glück haben wider den Wind, in anderen aber von dem Wind. Das ist alles Unglaube und Zauberei. Cap. 70: Wie man mit Federn zaubert und Unglauben treibt. Der Unglaube ist so fast neu worden, daß Hofleute, auch Frauen und Jungfrauen, Federn tragen und wissen selbst nicht, warum. Aber trotz ihrer Unwissenheit hat der Teufel sein Wohlgefallen daran. Dies und alles, was sich zu Unglauben zieht, solle der Fürst nicht gestatten; wenn er als der weiseste und älteste Fürst aller deutschen Landen es thue, so werden die Jungen auch nach seiner Regierung thun. Cap. 71: Eine Geschichte von Ruoland (aus dem falschen Turpin). Der Teufel (c. 72) hat seinen Meistern eingeblasen, die heiligen

Kämpfer Gottes, Karl der Große und Roland, hätten auch an die bösen, schnöden, verbotenen Künste geglaubt. Das Niesen (c. 73), womit sich das Hirn auf natürliche Weise räumt, wird für ein großes Zeichen des Glücks oder Unglücks gehalten. Nach Zahl und Zeit schreibt man dem Niesen Bedeutung zu: alles das ist Unglaube, wie die Meister in der Arznei wohl wissen. Das Niesen kommt von warmem Luft, der in dem Haupte entsteht und durch enge Löcher gar behende ausgeht: daher der große Hall. Etliche Meister (c. 74) nennen das Niesen „die minder Applexia"; denn wenn der Mensch niest, ist er vieler seiner Glieder in keinem Weg gewaltig, aber von der Gnade Gottes währt es nicht lange, das ist das beste.

Von den Kometen (c. 75), Zeichen in den Lüften, Sternen und was die Gemeinen Leute „Tracken" nennen, handelt die Astronomie. Ptolomeus, auch Albumasar haben viel davon geschrieben. Diese Zeichen bedeuten nur natürliche Einflüsse, die durch natürliche Ursachen geschehen. Legen die Sternseher die Zeichen nach ihrer natürlichen Ursache aus, so ist das nicht Sünde, wird aber anderes darein gemischt, so mangelt nicht des Teufels Gespenst. Die Menschen sollten darin vorsichtig sein, „das rat' ich, Doctor Hartlieb, wann ich weiß wohl große Meister, die damit fast ungelimbt worden sind". Die weisen Ärzte (c. 76), wie Avicenna in seinem 1. Buche, sprechen, daß diese Zeichen gewöhnlich Sterben und Pestilenz bedeuten. Redet aber ein Arzt von solchen Dingen mehr, als er mit natürlicher Ursache wohl wissen mag, so irrt er, „und ich besorg', daß sein Sagen nit mangel' des Teufels Einblasen und List". Die Zauberer (c. 77) legen die Zeichen des Lufts nicht natürlich aus, meinen, daß dieselben künftige Dinge und anderes, was sie geheim erfragen und wissen wollen, bedeuten. Etliche Leute, und vornehmlich große Fürsten, meinen, wenn „groß Ungestüm" kommt, daß dann große Verräterei geschehen soll. Wer aber wissen will, woher die großen Winde kommen, der lese die Bücher des Aristoteles Metherorum (sic). Verräterei geht aus eigenem freien bösen Willen zu, und niemand wird dazu genötigt. Etliche Zauberer (c. 78) töten Vögel, werfen das Blut in die Luft und behaupten, daß besondere Geister in den Lüften seien, denen sie dann opfern, um sie zu besänftigen und ihre Dienste zu erlangen. Etliche Zauberinnen (c. 79) machen Bilder und „Atzman" von Wachs und anderen Dingen zu gewissen Stunden, nennen kunde und unkunde Namen, hängen das in die Lüfte, und wenn der Wind es berührt, meinen sie, der Mensch, auf dessen Namen es gemacht ist, soll keine Ruhe haben. Etliche thun das auch mit einem Aspenblatt, schreiben darauf ihre Zauberei und meinen damit Liebe zu den Menschen zu machen. Von solchen „Atzmannen" habe ich viel gelesen in der Kunst Magica, da ist Einmischung der Gestirne und unkunder Worte und sonst vieler fremder Dinge. Ich habe auch oft sagen hören, daß die Weiber solche Atzman machen und sie bei einem Feuer bähen, damit sie dann die Männer löstigen. Leider will niemand anfangen, diese Leute, deren es viele gibt in deutschen Landen, zu strafen, ja solche schnöde, ungläubige Leute sind meistens durch die Fürsten beschirmt. O Jesus, erwecke einen rechtgläubigen Fürsten, der solche Zauberei vertilgen hilft!

In der fünften Kunst der Zauberei (c. 80), der Pyromancia, unter=
winden sich Männer und Frauen, geschehene oder künftige Dinge im Feuer zu
sehen. Die Meister und Meisterinnen dieser teuflischen Kunst haben besondere
Tage, an denen lassen sie sich Holz zubereiten, gehen an einen geheimen Ort
und führen mit sich die thörichten Menschen, denen sie wahrsagen wollen,
heißen sie niederknieen und dem Engel des Feuers, den sie ehren und anbeten,
auch opfern. Mit dem Opfer zünden sie das Holz an, und der Meister sieht
genau in dem Feuer, was ihm erscheint. Etliche behaupten (c. 81), sie sehen
in dem Feuer wie in einem Spiegel, andere sehen nur, ob die Flammen ohne
Irrung recht über sich brennen, andere merken, wie der Rauch geht. O lieber
Gott, wie grundlos ist diese Kunst! Denn in Wahrheit gibt grünes Holz
dicken, wässerigen Rauch, dürres und kleines Holz aber lichte und schöne
Flammen. Und ist es windig, so neigt sich der Rauch, und ist es „kusmig",
so bewegt sich die Flamme auf die Seite. Gewisse Meister nehmen „Baist"
von Tieren, die ich wegen des Aergernisses nicht nenne, brennen das und
meinen, in dem Rauch viele Dinge zu sehen. Etliche nehmen ganze Ein=
geweide, brennen die auf des Teufels Altar und weissagen aus dem Ansehen
des Rauchs. Dieser Unglaube hat einen besonderen Namen: auspicium.
Etliche Meister dieser Kunst (c. 83) nehmen ein reines Kind, setzen das in
ihren Schoß, heben seine Hände auf und lassen das Kind in seinen Nagel
(Nabel?) sehen, beschwören das Kind und den Nagel mit einer großen Beschwörung
und sprechen dem Kinde drei unkunde Worte in ein Ohr; das eine ist Oriel,
die anderen verschweig' ich wegen des Aergernisses. Dann fragen sie das
Kind und meinen, dieses sehe alles in dem Nagel. Oder man nimmt (c. 84)
Oel und Ruß von einer Pfanne, salbt damit einem reinen Kinde die Hand
und hebt die Hand an die Sonne, daß diese darein scheint. Oder sie heben
Kerzen gegen die Hände, lassen das Kind darein sehen und fragen es dann.
Vor solchen unkunden Worten (c. 85), wie sie bei dieser Zauberei gebraucht
werden, muß man sich sehr hüten. Eines heißt Ragel. Ich habe mir allezeit
viele Mühe gegeben, solche Worte zu erklären, habe auch Juden darüber be=
fragt, aber die Worte waren nicht in ihrer Kunde. Ich habe Griechen, Tar=
taren, Türken und ihre Aerzte und Sternseher, auch „die Jüdin" vergebens
darum befragt. Auch mit einem Spiegel von Stahl (c. 86), worin viele
Charaktere und fremde Figuren eingegraben sind, treibt man diese Kunst.
Auch raunt man dem Knaben heimlich verborgene Worte in die Ohren und
frägt ihn dann, was man will. Ich habe Meister gesehen, die sprechen, sie
könnten die Spiegel bereiten, daß jeder Mensch, Frau oder Mann, darin sehen
könnte, was er will. Diese Leute beichten vorher alle ihre Sünden, nur die
größte nicht: ihre Abgötterei und Zauberei. Beichten (c. 87), Fasten, Beten,
Feiern und alles dergleichen, was einen guten Schein hat: thut man es anders,
als die Kirche erlaubt und gesetzt hat, so ist es Todsünde und Abgötterei.
Auch (c. 88) mit einem schlechten (gewöhnlichen) Spiegel, in den man das
Kind sehen läßt, oder mit einem schön glänzenden, polierten Schwert wird die
Kunst getrieben. „Ich weiß selbst einen großen Fürsten, wer dem bringt ein

altes Häherschwert, der hat ihn hoch geehrt." Der allerschnöbeste und bösefte Wahn in dieser Kunst (c. 89—92) ist, daß die Knaben künftige und alle Dinge in einem Krystall oder Parill, den man weihen läßt, sehen sollen. Die ver= schiedenen Farben und Erscheinungen des Engels, den der Knabe darin sieht, und der ein rechter Teufel ist, haben verschiedene Bedeutungen. Andere Meister (c. 93) gehen schlecht um mit ihren Krystallen, halten sie nicht rein mit Baden und Gewand, und fasten und beten nicht vorher. Deren Sünde ist kleiner, weil sie dem Teufel minder Ehre erweisen. Es ist wohl geschehen (c. 94), daß etliche Priester die heiligen „Pat", darauf man Gott in der Messe han= delt und wandelt, nehmen und die Kinder darein sehen lassen — ein großer Unglaube. Es folgt (c. 95) eine auf die Erscheinung in der Paten bezügliche Erzählung aus dem Buche Cesarii. Auch mit zerlassenem Blei oder Zinn (c. 96) treibt man Zauber. Das gießt man in ein Wasser, nimmt es bald wieder heraus, beschwört (beschaut?) die Farbe und Löchlein des Bleies oder Zinns und sagt davon künftige oder vergangene Dinge. Ist ein Unglaube, denn je heißer das Metall ist, desto mehr Farbe gewinnt es, und je höher du es fallen läßt, desto mehr Stücke werden es; das alles ist natürlich und mag niemand daraus Böses oder Gutes sagen. Die visiones (c. 97) gehören nicht in die Kunst Pyromancia, sondern bilden einen besonderen Unglauben, den ich hernach beschreiben will, wenn ich von den anderen Künsten schreibe.

Die sechste Kunst (c. 98) ist Ciromancia: man sieht in der Hand, was einem geschehen soll oder geschehen ist. Die Kunst hat erfunden Mancius, der Zauberer. Man schaut dabei auf die Linien in der Hand, auch an den Fingern und „Tynnen". Diese Kunst ist Sünde, verboten und ein rechter Unglaube. Die Meister dieser Kunst (c. 99) halten sie für gerecht und begründen sie auf des Aristoteles Buch Phisononnia. Die Hand (c. 100) wird in dieser Kunst in Abschnitte geteilt, deren jeder seinen Namen hat, auch die Linien der Hand haben ihre Namen: die Lebenslinie, die Linie des Tisches, des Betts u.s.w. Diese Linien (c. 101) sollen ihre Bedeutung haben; z. B. wer einen weiten Tisch hat, der wird reich. Ist alles Unglaube, denn die Punkte und Linien der Hand kommen nur daher, daß sich die Haut rümpft oder sich sonst schürft. Glaubst du anders, so begehst du eine Todsünde. Auch die Finger (c. 102) werden angesehen. Reicht z. B. der kleine Finger über das obere Glied des Goldfingers, so soll dies großes Glück bedeuten. Mehr darüber findet man in dem Buche des Macrobius über den Traum Scipionis. Ein Volk zieht in der Welt herum (c. 103—105), das heißt Zygeiner, die treiben die Kunst gar sehr und verführen manchen einfältigen Menschen, doch hat ihre Kunst keinen Grund, sie wissen auch keinen Unterschied zwischen der Austeilung der Hand, wissen keine Linie noch „Pühel" (Erhöhung) zu nennen. Daraus ist wohl zu verstehen, daß sie gar nichts wissen. Ich habe viele Zigeuner gefragt, auch die weisesten und besten Frauen, und nie eine Kunst bei ihnen erfunden. Ihre Sache ist allein, daß sie die Leute um ihr Geld bringen „oder Gewand zu laichen". Sie treiben auch sonst mancherlei Zauberei, geben Lehre mit Kräutern oder Worten; das alles ist Erdichtung. Hochgelobter Fürst, wende das in deinem Fürstentum, dann folgen dir andere Fürsten nach. Daß man ihnen um Gottes willen Brot, Wein, Fleisch gibt, ist kleiner Schaden, aber daß sie solchen Unglauben und Zauberei hinter sich lassen, was nicht allein in den gemeinen, sondern auch in hohen und großen Menschen wurzelt, das ist verderblich. Ich, Dr. Hartlieb (c. 106), habe in der Kunst Ciromancia gar eine fremde Sache gesehen. Ich kam mit etlichen Freunden und Gesellen in ein Land, wo viel von einer Zauberin oder Wahrsagerin die Rede war. Anfangs gab ich nichts darauf, aber etliche meiner Freunde, auch mein Knecht und besonders ein Priester, der mit mir geritten war, machten viel Aufhebens von der Frau, die sie aufgesucht hatten. Der Priester zumal lobte sie hoch und ein Apotheker, ein rechter Walhe, den ich fünf Jahre im Dienst hatte und dem ich viel vertraute, der erzählte mir noch größere Dinge, die sie ihm gesagt hätte und die ihm in Püllen (Apulien) geschehen wären. Auch ein Ritter und ein Landherr erzählten große Dinge von ihr, viele lobten sie und niemand sprach übel von ihr. „Mein geschworener Bruder", der mit mir in demselben Lande war, bat mich oft und viel, nach dieser Frau zu senden. Endlich (c. 107) gab ich nach und ließ sie durch diesen holen, aber nicht in mein Haus. Da aber mein Bruder kam und berichtete, das Weib habe ihm große Dinge gesagt, die ihm in Frankreich geschehen wären, lud ich sie mit anderen ehrbaren Frauen zu Gast. Sie blieben bei mir zum Morgen- und Abendmahl. Die Frau sagte, daß die Kunst lange Jahre in ihrem Geschlechte wäre und nach ihrem Tode auf ihre Aelteste käme. Mir (c. 108) hat sie dann auch geweissagt, aber Dinge, die an mir nicht möglich sind, und ich verstand wohl, daß sie mir nur sagte, was ich gern hörte. Ich gab ihr in allen Dingen nach, wie billig ist, warte aber noch immer, das zu werden, was sie mir gesagt hat. Die ganze Kunst Ciromancia (c. 109—113) ist ein Tand, wie überhaupt (c. 114) alle Kunst, die des Menschen Willen zu nötigen vermeint.

Die siebente Kunst Spatulamancia (c. 115, 116), geht gar mit einem „spähen, fremden List" zu, ist wohl eine gespöttische und die grundloseste von allen. Die Meister dieser Kunst nehmen eine Schulter von einem toten Ochsen, Pferd, Kuh oder Esel — das beste ist eines Menschen Schulter, nach ihr größerer Tiere Schultern —, waschen die gar wohl mit Wein und danach mit Weihwasser, binden sie dann in ein reines Tuch, binden sie auf die Schultern und tragen sie außerhalb Tags an eine Statt. Dann sehen sie in die Schultern und meinen, daß sich diese nach jeglicher Frage verkehren (verändern). Auch auf die Farbe der Schultern am Ende, in der Mitte und an allen Orten sehen sie. Sie haben weder ein Licht noch Opfer. Aber großer Unglaube ist, daß sie die Schultern mit Weihwasser waschen, und daß sie glauben, daß sich diese durch ihre Fragen verkehren und verwandeln. Der Teufel (c. 117—120) kann keines Menschen Sinn nötigen, doch reizt er die Leute, daß er in ihr Gemüt Ebenbilder und Gleichnisse neigt, daß die Menschen daraus Nötigung abnehmen, auch mag er in der Phantasie erwecken, was vorher sehr vertieft war.

Von dem Unglauben mit dem Gänsbein (c. 121—123). Wenn
man zu St. Martins-Tag oder -Nacht die Gans gegessen hat, so behalten die
Aeltesten und Weisen das Brustbein, lassen das bis morgen früh trocken
werden und beschauen es dann nach allen Umständen vorn, hinten und in der
Mitte. Danach urteilen sie, wie der Winter werden soll, kalt, warm, trocken
oder naß, und ob der Schnee groß oder klein wird, und glauben so fest
daran, daß sie ihr Hab und Gut darauf verwetten. Vor Zeiten gingen die
alten Bauern auf den Einöden damit um. Jetzt ist dieser Unglaube gewachsen
in Könige, Fürsten und den ganzen Adel. Die Geistlichen darf ich nicht
nennen, denn diese wollen „strafen und ungestraft sein. Aber ich weiß ihrer
gar viel großer Prälaten, Erzbischöfe, Aebte, Pröpste und sonst gar viel
ehrbare Priester, die etlich und das meist Teil in ihrem Leben und Orden
unsträflich sind noch (und doch) glauben sie an das Gänsbein". Der Glaube
an das Gänsbein und die Bedeutung des Winters ist ein Tand, wiewohl
es etliche Zeichen an Geflügeln und Tieren gibt, woran man die Aenderung
des Wetters prüfen mag: das ist natürlich und davon hat Albertus Magnus
in dem Buche de signis serenitatis, pluviae geschrieben. Hochgelobter Fürst,
dieser Unglaube ist ein Gespenst des Teufels. Nach rechtem, natürlichem
Lauf und nach Sammlung des Gestirns als kalter und feuchter, trockener und
warmer Gestirnseinflüsse mögen die weisen Sternseher wohl die Gelegenheit der
vier Jahreszeiten erkennen, das ist aber nicht aus der Gans. Hüte dich,
christlicher Fürst, daß dich die Gans nicht auch verleite, „wenn ir Paissen
sind süß". (Ueber die Gans als Zaubertier vgl. Grimm, Teutsche Mythologie ³, 1051 f.)

Den Schluß bilden neun ungezählte Kapitel. Die Gänse, die man auf
die Nacht ißt, sind gar ungleich gemästet und erzogen, wie mögen sie denn
gleich ein Bedeuten haben? Die Bäuerinnen, mit denen du oft insgeheim
gewesen bist, haben dir das vielleicht gesagt, daß man die eine Gans mit
Haber, eine mit Rüben, eine mit Gerste, eine mit Kleien mästet, die eine
blendet, die andere in einen Hafen setzt, eine in einer Höhe unter dem Dach,
die andere in einer Krippe und im Keller mästet. Je nach der Mast wird die
Gans eine andere Natur und anderes Gebein gewinnen. Zur Sputulamancia
gehört auch diese böse Teufelslist, daß oft jemand ein Ding ansieht, daran
erschrickt und spricht: heute mag ich kein Glück haben! Auch der Unglaube
ist in der Kunst, daß die Leute oft sprechen: dieser oder jener hat mir mein
Kind oder mein Roß beschrieen, es muß nun verschwinden (dahinschwinden)
oder abnehmen. Die natürlichen Aerzte wissen wohl, daß eine Krankheit sei,
die heißt Bolismus oder Apetitus comunis (Hdschr.: camunis), die mag man mit
keinem Essen oder Trinken als allein mit Arznei erfüllen, denn alle Speise geht
unverdaut durch den Leib. Das macht das Kind so ungestalt und darum heißt
man die Kinder „Wechselkinder". In einer Schrift, aber keiner bewährten, habe
ich gefunden, auch (mehr von Weibern als von Mannen) sagen hören, daß solche
Wechselkinder, so sie zu etwa drei Jahren gekommen sind, angesichts ehrbarer
Frauen und Mannen verschwunden sind und gar verloren. Die Meinung

der hl. Schrift ist, daß der Erkenner der Herzen wohl weiß, welche Liebe oder Trost etliche Leute zu ihren Kindern haben, unb baß fie dabei Gott unb aller Gnaden, die ihnen vorher geschehen sind, vergessen; nun will Gott nicht, daß sie verloren werden, er entzieht ihnen die Freude, damit sie wieder an ihn gebenten, unb um die Sünde, die Vater unb Mutter gethan haben an ihm, will Gott sie strafen unb legt ihnen solches Gespött an.

„Aber ein Hystory von dem Genßpain." Vor kurzem, heuer in dem Jahr 1455 an St. Niclaustag, sprach zu mir ein großer siegreicher Capitany, an den große Fürsten großen Glauben haben, sowohl wegen seiner Thaten als wegen seiner Weisheit unb der Treue, die er alleroege in allen Nöten seinem Erbfürsten gehalten hat: „Lieber Meister, wie wirb ber Winter heuer stehen nach dem, was ihr Sternseher glaubt?" Ich sprach: „Herr, Saturnus geht in dem Monat in ein Feuerzeichen, so sind auch andere Stern danach geschickt, baß in breien Jahren kein harter Winter wird." Der unverzagte Mann aber, der christliche Hauptmann zog aus seiner Wend den keherischen Unglauben, das Gänsbein, und zeigte mir, baß nach Lichtmeß sehr große Kälte werden sollte unb möcht' nicht gefehlen. Er sagte mir, baß die teutschen Herren in Breussen alle ihre Kriege ¹) nach dem Gänsbein getrieben hätten; wie das Gänsbein gezeigt hätte, also hätten sie ihre Zufahrt, die eine im Sommer, bie andere im Winter ausgerichtet. So lange der Deutsche Orden dem Bein folgte, hätten sie große Würde unb Ehre gehabt. Seit sie aber bas gelassen haben, weiß Gott, wie es um sie steht. Ich antwortete: Hätte der Deutsche Orden kein andere Kunst, Hilfe unb Steuer gehabt als bas Gänsbein, dann wäre ihre Zuversicht klein. Damit schieb ich von meinem reichen Wirt unb klage noch, baß er solchen Glauben zu bem Gänsbein hat. Doch von Gottes Gnaden ist der Winter fast (sehr) weich, unb die Gans, die schon manchen verleitet hat, hat in diesem Jahr auch gefehlt bis auf den Sonntag Reminiscere ²).

Der Teufel mischt sich in diese Sachen unb gibt bazu Steuer unb Hilfe, damit leichtfertige Menschen noch mehr in den Unglauben fallen unb darin versinken. Das hat nun die hl. Kirche gemerkt unb ben großen Verlust der Seelen angesehen unb hat alle solche Kunst, Zauberei unb Unglauben schwer bei bem Feuer verboten in bem Dekretal. In weltlichen Rechten sind diese Künste noch schwerer verboten, denn die Bücher sagen, baß man solche Zau=berer „unb Abgötter" mit glühenden Zangen unb „Krauppen" zerreißen soll ohne alle Gnade unb Barmherzigkeit. So steht in den Rechtsbüchern. Andere Strafen, die solchen Zauberern unb Verführern zugehören, „die will ich nennen unb erzählen an bem Ende dieses Buchs unb babei durch die Geschrift be=währen, wo es geschrieben steht".

¹) Bei der mittelalterlichen Kriegführung in Preußen spielte bekanntlich die Frage, ob die vielen Gewässer im Winter zufroren unb baburch der Ver=kehr erleichtert rourbe, eine Hauptrolle.

²) 1456, 21. Februar. Die Entstehungszeit der Schrift ist damit gegeben.

Beilage II.

Interrogatoria, darauf ungefehrlich die zauberisch oder Hexen Perfohnen peinlich examinirt werden mochten.

(Aus der „General- und Special-Instruction über den Hexenprozeß im Churfürstenthumb Bayrn de anno 1622.") Bgl. oben S. 215 f.

Münchener Reichsarchiv, Hexenakten Nr. 1½.

Erstlich in gemain ihres Namens, Alters, das Ort, da Sye geboren, und wer ir Batter und Muetter seye.

Item was die Ursach, das Sie bey meniglich oder vill (wie es etwann in der Geschicht seyn wurdet) Hexenwerchs halben verruecht, verdechtig und im Geschrey seye.

Ob sye sich nit an den laydigen Sathan ergeben, Gott und seine Heiligen, auch die hl. Sacramenta verlaugent haben.

Wie sye hinder das Laster gerathen, waß sye darzue bewegt, wer sye es, und was sye für Stuck gelehrnet, wie und an waß Orten das geschehen, und wie lang sye es getriben habe.

Item was für Unehr sye den heyligen Sachen, sonderlich dem hl. Sacrament, wann sye etwann communicirt, angethan habe,

unb was sye sonsten für Gottslästerung mehr getriben,

Ob sye nit Zauberey getriben, das sye darmit zuekonftige Ding, Haimbligleiten und Anschlag der Menschen erkennen wellen, durch Prillen sechen, oder dergleichen.

Ob sye sich auch nit understanden habe, mit sonderlichen Worten oder Teufelskünsten Krankheiten zu vertreiben.

Was dasselb für Krankheiten gewesen und was für Mitl sye dargegen gebraucht, gegen weme es geschehen.

Item ob sye nit Krankheitten und anders Uebl mehr den Leuten und dem Vich, und wie sye ihnen dasselb zuegefügt.

Welchen, wie oft und aus was Ursachen.

Ob denen, so etwan noch leben und also verletzt weren, nit mehr ze helfen seye, und wie.

Item ob sye nichts andern zu Verlezung eingraben habe, wohin, wo manns zu bekommen, und wann es geschehen.

Was es benienigen, so es gemeint oder die sonsten ungefehr darüber gehen, für Schaden bringen solle.

Item wo sye ihre Salben und hexische Sachen hinbehalten, wer ihr dieselbe geben, und aus wem die gemacht seyen.

Wie oft sye gefahren, auf welche Tagzeit und Stund, mit welchen Personen und wer ihre Mitgesellschaft gewesen, was sye verbracht und gehandlet haben.

Ob sye nie und (in) welchen Keller gefahren, den Wein ausgeschossen und wer aller mitgewesen.

Ob ihr Mann oder contra beß Weib solcher Laster nie vermerkt und wie es hab verdeckt und verschwigen bleiben können.

Item ob sye nit Ungewitter, Regen, Reiff, Tonner, Pliz oder Hagel zu machen sich unterstanden, was Maas und Weis, wie oft und ob es Schaden gebracht, auch wann und wie es abgangen seye, was sye darzue gebraucht.

Wie ihr teifflischer Puell heiße, was für Gemeinschaft sye mit demselben gehabt, und was Gstalt sye ihme verpundten.

Wie sye yberall zusammen kommen und was sye miteinander verbringen.

Ob sye nie in Gestalt wunderbahrlicher Thiere zu Erschreckung und Verblendtung der Leut erschienen und in was Gestalt, wem, wo und wann.

Item ob keine Leut von ihr gelembt oder gar getödet worden, sonderlichen, ob sye die jungen Künder nit verletzt, gestollen und hinweggeführt oder die ungetaufften ausgraben oder vor dem hl. Tauf verlezt habe, wie vill, an was Orten und durch was Gestalten.

Was sye mit den ausgrabnen Kündern oder ihren Gepainneren gemacht, zugericht oder für Zauberey gebraucht.

Ob sye mit keinen Gifft umbgangen, Schlangen oder andern vergiften Thieren, wann, und was sye damit gethonn, obs nit Zwispalt und Unainigkeit zwischen den Eheleuten zuegericht, und was Mitl und warumb.

Ob sye auch nit teuflische unzichtige Lieb hab gemacht oder geursacht, darburch etwann die Frauen oder die Mannen zu Fall kommen und in Ehebruch oder andere unehrliche Sachen gerathen, gegen weme das beschechen, warumb und wie.

Obs auch nit Jungfrauen oder junge Gesellen gelernet, mit dergleichen teuflischen Sachen ihren Muthwillen zu verbringen.

Welche dieselb gelernet, ob sye es zu lernen begehrt und angesprochen oder sye es ihnen selbsten zuegemuthet, was Orts und was sye darzue gebraucht.

Obs auch nit wiberumben solche Sachen und malefizin aufgelösst habe.

Mit was seltsamen teuflischen Worten, Puegstaben und dergleichen zauberischen Seegen sye die Leut betrogen.

Obs keinen sein verlohren Guett durch solche Mittl zuwegen gebracht, weme, was sye darzue gebraucht, geröbt und wie sye es wissen mögen.

Item wan sye auch ausgefahren, an was Orten sye gemainiglich seyen zusammen komen, wie vill der Heren ufs meist allweegen beyeinander gewesen, ob sye es alle, und wem Sye darunder gelenbt.

Wer die fürnembst gewesen, und was sye jedesmahls beschlossen haben.

Ob sye kainen nie mitgeführt habe, der sonsten der Sachen nit interessirt seye, wenn und warumb.

Die ybrigen Fragstuck wird ein jeder Inquisitor, bieweill die Fäll unber= schiblich, selbsten seiner Discretion mit allen Umbstenbten barzue zu thun wissen.